EVERYTHING 一切以
未成年人优先

IS PRIOR TO JUVENILES

性 侵 害 未 成 年 人 犯 罪 刑 事 政 策 研 究

THE RESEARCH ON CRIMINAL POLICY
FOR THE CRIME OF SEXUAL ABUSE OF JUVENILES

魏 红 著

社会科学文献出版社
SOCIAL SCIENCES ACADEMIC PRESS (CHINA)

序　一

近年来我国性侵害儿童的犯罪一直呈现高发态势。据央广网 2019 年 7 月 25 日报道，2017 年至 2019 年 6 月，全国法院共审结猥亵儿童犯罪案件 8332 件，而在这些被查办的案件之外，还有不少出于各种原因隐而未发的性侵害儿童案件，明案和隐案两项相加，性侵害儿童犯罪的数量可能更大。

面对如此严峻的性侵害儿童犯罪形势，民间"杀无赦"之呼声不绝于耳。最高司法机关也及时表态：人民法院对此类犯罪历来坚持零容忍的立场，对犯罪性质、情节极其恶劣，后果极其严重的，坚决依法判处死刑，绝不姑息。

如此事后"严惩"的态度对于治理性侵害儿童犯罪而言固然重要，但事后刑罚处罚绝非唯一途径。治理性侵害儿童犯罪是一项系统工程，相关刑事政策的构建必须借助理论研究成果的支持。

《一切以未成年人优先——性侵害未成年人犯罪刑事政策研究》便是一部可以为治理性侵害儿童犯罪刑事政策构建提供理论支持的学术著作。该书系魏红在其博士学位论文基础上修改而成，全书约 40 万字。

该书具有如下特点。

第一，研究方法科学、多元。一方面，该书立足当今中国的性侵害未成年人犯罪刑事政策实践（分析了近 2000 份涉性侵害未成年人犯罪案件的判决文书，实地走访了部分性侵害未成年人犯罪高发的西部偏远地区，发放了近 5000 份调查问卷），重点考察部分国家和地区应对性侵害未成年人犯罪的成熟理论与立法、司法经验。另一方面，该书采用了多学科的研究方法，即除了运用刑法、刑事诉讼法、犯罪学与监狱学等法学学科的理论、方法，还涉及心理学、精神病理学、教育学、性学、人口学、社会学以及公共政策学等跨学科的理论和方法。

第二，理论观点新颖、可信。该书运用"犯罪化学反应方程式"理论分析性侵害未成年人犯罪生成机制，把性侵害未成年人犯罪的形成视为一个受到社会生态环境与个体因素综合影响的演变过程；确立了双重刑事政策犯罪应对策略，即严厉刑事政策与积极刑事政策，主张改变重事后治理、轻事前预防的思路，转向犯罪事先预防、再犯预防与犯罪惩治、犯罪人矫治并重的策略。

第三，政策构建务实、可行。在构建性侵害未成年人犯罪严厉刑事政策中，该书提出了性侵害未成年人犯罪刑法体系化、性侵害未成年人犯罪刑事司法从严化、未成年人特殊保护制度化等建议；在构建积极刑事政策中，该书提出了构建性侵害未成年人犯罪预警机制、完善社会主义道德体系、修复社会支持系统、重视对危险性侵害犯罪人的评估与矫治、构建未成年人多元化保护体系、编织留守流动儿童关爱网络等建议。凡此种种，都是说务实之言，献可行之策。

难能可贵的是，该书旗帜鲜明地坚持未成年人权利保护优先的刑事政策立场，即以"未成年人优先"为性侵害未成年人犯罪刑事政策的价值取向。从世界各国刑事政策实践来看，刑事法理论界一直对"严惩"性侵害未成年人罪犯的做法（如化学阉割、公开犯罪人信息等）存有异议。一些学者扛着人权保障的大旗，认为化学阉割、公开犯罪人信息等做法侵犯了罪犯的生育权与隐私权，缺乏正当性与合法性。

就性侵害未成年人犯罪刑事政策价值选择而言，存在未成年人权利保护与犯罪人权利保障之间的冲突。理想的选择是，性侵害未成年人犯罪刑事政策的构建既能够实现对未成年人权利的保护，又能够实现对犯罪人权利的保障，即所谓的两种权利的平衡。然而，人类犯罪治理实践表明，完全平衡未成年人权利保护与犯罪人权利保障价值的刑事政策是不存在的。实际上，未成年人权利与犯罪人权利是相互对抗的，是一种"零和博弈"，任何对于犯罪人的同情、对其权利的争取及希望使刑罚更人道的努力，都很容易造成对未成年被害人及其家人权利的漠视。

长期以来，一些刑事法学者深受刑罚人道主义的影响，日渐强调刑事政策的人权保障机能。但在他们眼中，人权保障主要是对犯罪人的人权保障。过分强调对犯罪人人权的保障，必然会忽视对被害人权利的保护。

本人坚决支持未成年人权利保护优先的刑事政策立场。在性侵害未成年人犯罪刑事政策构建过程中，必须转变过于强调犯罪人人权保障的观念，实体公正和程序公正的内涵不仅仅包括犯罪人的权利保障，更应该包括对未成年被害人及其家人权利的救济与保护。人权不是犯罪人的专利，刑事法治不能以未成年被害人及其家人的痛苦为代价，不能只让犯罪人享受法治的红利。

魏红是我指导的博士研究生，指导其论文写作的过程，亦是自我学习和提升的过程。魏红读博之前已有教授职称，在学术上已有一定建树。她选择读博并非仅仅为了获得博士学位，更有其社会责任的驱动。正如她在书的后记中所写的：人类精神文明的神圣希望和荣光，刑事法律学术学科的社会责任，替那些可怜的孩子们撑伞和发声，是写作本书的最初动力和持久的精神指向。

是为序。

汪明亮

2020 年 4 月 2 日于上海

序 二

性侵害未成年人犯罪已经成为世界各国普遍性的社会问题。对于中国来说，这也是广为人们所关注的、沉重而颇感棘手的话题。之所以说它沉重，是因为未成年人是国家与社会的未来和希望，性侵害未成年人犯罪行为，无疑就是扼杀我们未来和希望的严重罪行。大凡真正有社会担当的法律人、社会学者和政治家，都无法回避这一现象及其对策研究。之所以说颇感棘手，是因为性侵害未成年人犯罪在形成原因、惩治与防范对策等方面涉及犯罪学、社会学、心理学、刑法学、刑事政策学等多个领域，影响因素十分复杂，某一领域的研究或单一机制，难以为遏制这种犯罪现象提供有效的指引和保证。也正因如此，各个领域的研究者对这一课题往往望而却步，或浅尝辄止，或浮光掠影，或流于宏大叙事。就刑事法领域而言，性侵害未成年人犯罪虽然并非刑法规范意义上的一类独立的犯罪，但理应成为刑法学、犯罪学、刑事政策学研究的重点对象，然综观近年来我国刑事法研究状况，对性侵害未成年人犯罪的研究多为片断性、概念演绎和逻辑推理式的研究，缺乏在实证分析基础上真正将性侵害未成年人犯罪作为特殊"现象"的对策研究。尤其是站在法学理论特别是刑事政策学理角度，高度全面而体系化地勾画性侵害未成年人犯罪惩治与预防的成果几乎是空白的。

魏红女士在其博士学位论文基础上撰写的《一切以未成年人优先——性侵害未成年人犯罪刑事政策研究》正是填补这一空白的一部力作。我有幸在该著作出版之前得以阅读，读后体会很深，并从内心对魏红对性侵害未成年人犯罪刑事政策所作的研究、目前其他人在该领域尚无法企及的专注和认真而表示钦佩。这一定是她倾注了很多心血、耗费了大量精力所取得的成果。通读该著，我认为其有以下一些值得称道的地方。

第一，在研究方法上，体现了将实证调查与逻辑分析相结合的特点。作者对我国性侵害未成年人犯罪的实际情况，不仅仅停留于对中国司法裁判文书所公开的案例进行综合分析得出结论，还通过多种途径（包括问卷调查、实地访谈等）获得第一手的案件资料与相关信息，这为提出和分析问题奠定了真实基础，提供了可靠前提。作者的实证调查不仅地域分布广、样本充足，而且对象种类多样、代表性全面——作者曾面向全国23个省（自治区、直辖市）的法律工作者和非法律人士进行调查和统计分析；通过深度访谈重点案件相关人员就犯罪有关核心问题进行了调查和分析，亲自了解一般民众对我国性侵害未成年人犯罪的认识以及对当前相关刑事政策的态度与意见、建议。对于所获得的资料、信息的分析，作者也抛弃了进行简单统计的做法，而是采取了多元角度的考量分析。比如，在对性侵害未成年人犯罪发生区域的特征进行分析时，作者注意到，从数据上看，此类犯罪在我国东部区域发生数量相对较多，中部次之，西部最少，对此，作者指出有一些因素可能影响数据结果，包括东部区域法保障程度相对高于其他区域，而西部区域与其他区域由于多方面因素影响，犯罪"黑数"较大；东部区域大量外来青壮年劳动力的流入加大了性侵害发生的风险，导致犯罪发生率提升。由此论证了在性侵害未成年人犯罪案件中，中、西部区域的实际案发率未必较东部低，在推行刑事政策和制定犯罪预防方案、对策时对于此种情况应有所把握。我认为，这种研究方法本身反映了作者在研究问题时具有完整和周延的思维路径，是十分值得肯定的。

第二，在研究视野方面，体现了国际视野与本土关怀相结合。性侵害未成年人犯罪作为一个国际性的普遍问题，为国际社会和世界各国所关注。我国作为《儿童权利公约》的缔约国之一，在国际社会日益注重未成年人权利保护和我国性侵害未成年人犯罪形势较为严峻的情形下，国际社会和世界其他国家、地区的刑事政策、刑事立法和司法理念、机制，无疑都有值得我国借鉴、移植的成分。该书在研究视野上，紧密结合国际社会以及世界其他国家、地区在未成年被害人的司法、社会保护方面的共识和共性问题，但始终着眼于中国本土的实际问题及其可行性解决方案。尤其是对于中国本土的特殊因素，立足于中国社会、文化、民众观念，研究探讨得细致入微。比如，在评析我国性侵害未成年人刑事政策价值取向问题时，作者比较分析了西方国家和我国存在的不同文化观念影响，中国的"性禁忌""性禁锢"文化观念不仅使未成年被害人成为犯罪的被害人，而且成为性禁忌下的受压者；在分析我国性侵害未成年人犯罪态势及原因时，作者关注到我国城镇化进程中劳动力外出导致留守儿童更易成为性侵害犯罪对象的问题。这些独特的研究视野，是发现问题与不足、审视我国现有性侵害未成年人犯罪刑事政策、合理构建未来相关刑事政策体系必不可少的。

第三，研究维度开阔，论证结论新颖。该书从犯罪学、刑法学、社会学、心理学、人口学、公共政策学等多学科角度，对与性侵害未成年人犯罪相关的"性骚扰""性剥削""性暴力""性侵"等范畴进行了厘清界定，借鉴、运用"犯罪化学反应方程式"理论分析了我国性侵害未成年人犯罪生成机制，并结合犯罪一般理论与社会支持理论，提出具有高生态效能、符合我国国情的性侵害未成年人犯罪生成机制。作者在理论上首次提出以"未成年人优先"为性侵害未成年人犯罪刑事政策的价值取向，明确了我国应对性侵害未成年人犯罪的出发点和追求目标，为今后我国相关刑事与行政立法、规范性文件的制定以及司法、社会政策制定提供了优势选择标准与依据。作者还主张采取"严厉刑事政策与积极刑事政策并行"的性侵害未成年人犯罪应对策略，通过积极刑事政策发挥积极预防作用，针对性侵害未成年人犯罪形成的第一、二阶段，从根源上抑制犯罪人格与犯罪动机形成；针对犯罪形成第三阶段，通过严厉刑事政策严密法律体系、从严惩治犯罪、特殊司法保护未成年人以遏制与阻断性侵害犯罪发生或重复发生，以达到标本兼治的效果。这些观点和见解具有独创性与新颖性，也具有较高的司法运用价值。

综上，魏红女士的这部专门研究性侵害未成年人犯罪刑事政策的著作，具有开创性的理论意义和实践价值，对于研究性侵害未成年人犯罪问题的理论工作者和从事相关工作的实务部门人士来说，是十分值得阅读的。

魏红女士曾经是我在贵州大学挂职任校长助理、法学院院长期间法学院的同事，在职攻读刑法学硕士。我当时作为她的硕士生导师，与之来往较多。她学习研究的认真态度和待人的真诚热心给我留下了很深的印象。看到她学问上的成长进步，我非常高兴，祝愿她在学术之路上有不断的收获！

　　是为序。

肖中华

2020 年 4 月 2 日于北京昌平·珑原

目　录

导　论

　　对妇女、儿童权利的尊重程度与保障力度，是一个社会文明程度的标志之一。南非前总统、全球儿童运动①领头人纳尔逊·曼德拉曾经说过："没有什么比我们对待孩子的态度更能折射这个社会的核心价值追求了。"

　　现代社会推翻了传统社会中以父权为基础的观念，代之以代表着纯洁与潜能，作为未来与真理保证的儿童为信念基础。当未来变得不可预测的时候，人们总是将全部希望寄托在儿童身上。而性侵害未成年人犯罪毁灭的正是这种神圣化的希望和存在感，因此，施加在未成年人身上的罪行就是残暴行径的代表。② 正如国外学者所说："对儿童的侵犯成了社会第一恐惧的东西，这是一种极端的暴力……一旦触及儿童，这难道不是犯下了滔天大罪？"③

　　杀人、放火、抢劫等具有自体恶性质的一般性犯罪，破坏人类基本生存条件，违反人类基本生活准则，不论在任何时代、何种社会形态中都会受到道德的谴责和法律的惩罚。④ 较之于一般性犯罪，性侵害未成年人犯罪是在挑战人类社会道德的底线和未来希望，威胁人类对于爱的良善坚守

---

① 全球儿童运动，是在 21 世纪初，为建立一个适合儿童的世界，在联合国基金会号召下掀起的。其核心内容是为达到 2015 年国际发展指标和千年首脑会议的各项指标，决心在 2000～2010 年，将儿童健康、教育，保护儿童不受虐待、剥削和暴力，以及防治艾滋病等方面作为重点关注领域。同时呼吁开展全球保护儿童运动，通过捍卫包括诸如"儿童第一"等十项原则和目标的承诺，建立一个适合儿童生长的世界。全球儿童运动领头人为南非前总统纳尔逊·曼德拉和他的夫人，以及莫桑比克前教育部长格拉萨·马歇尔。参见王雪梅《儿童权利论——一个初步的比较研究》（第 2 版），社会科学文献出版社，2018。

② 参见乔治·维加莱洛《性侵犯的历史》，张森宽译，湖南文艺出版社，2000，第 310 页。

③ 乔治·维加莱洛：《性侵犯的历史》，张森宽译，湖南文艺出版社，2000，第 298 页。

④ 梁根林：《刑事政策：立场与范畴》，法律出版社，2005，第 224 页。

和寄予未来的存在与意义，因此，更应受到全世界的谴责、唾弃与严惩。

随着近年我国性侵害未成年人犯罪形势持续严峻、危害性严重，未成年人的健康、快乐成长受到了巨大的威胁，也引发了社会民众的极大道德恐慌和愤怒。

一方面，受传统的贞洁观、"性禁忌"、"家丑不可外扬"社会心理以及缺乏完备的性侵害未成年人事件强制报告制度等影响，性侵害未成年人犯罪"黑数"极高；另一方面，各地法院的审理情况以及司法部门的相关数据表明性侵害未成年人犯罪的严峻程度超过民众的想象。这种现象背后的原因是对性侵害未成年人犯罪的关注、调查、认识、研究以及刑事政策的跟进远不能适应犯罪的发展。其中重要的原因是性侵害未成年人犯罪刑事政策价值取向不清晰，刑事政策应对策略错位，没有随着犯罪状况的发展变化而调整适应。最高人民检察院历史上首份检察建议书——高检建〔2018〕1号检察建议书（以下简称"一号建议"）于2018年10月19日发送到教育部，就性侵害幼儿园儿童、中小学生犯罪提出"刚性"检察建议。历史上最高人民检察院"一号建议"就发送给教育部，表明性侵害未成年人犯罪形势的现实严峻性以及国家层面的极大关注。

我国历来重视惩治侵害未成年人的犯罪，对此也采取了一系列对策与措施。但整体而言，当前我国对性侵害未成年人犯罪问题的认识与应对仍处于对该问题从"有所认识"转向"开始重视"并着手解决问题阶段，处于性侵害未成年人犯罪刑事政策体系全面构建的重要时期。因此，本书研究具有正当其时的现实意义与系统构建的理论意义。

一 研究背景

世界卫生组织2014年《全球预防暴力状况报告》显示，全球范围内每5名女性中就有1名、每13名男性中有1名在18岁之前受到过性侵害。在某些国家，甚至每3名女童中就有1名受到过性侵害。[①] 国际"禁止拐卖和强迫儿童卖淫组织"在2016年《移动的犯罪》报告中指出："没有哪

---

① "Global Status Report on Violence Prevention 2014", WHO, http：//www. who. int/violence_injury_ prevention/violence/status_ report/2014/en/ ［2016 – 02 – 22］.

一个国家没有性侵害犯罪的发生。"①

　　有关研究表明，全球受到过多种形式性侵害的未成年人占未成年人总数的 10% 以上。推算下来，在中国 3 亿儿童中，约有 3000 万人在成年前可能曾经历过某种形式的性侵害，300 万人左右受到插入式的性虐待。② 我国民间社会组织③连续几年自发组织对新闻媒体报道的性侵害儿童案件进行的统计分析发现，2014 年新闻媒体曝光数据统计逾 500 起，比 2013 年增长达 406%④；2016 年媒体公开报道性侵害儿童案件比 2015 年报道案件数量增长近 28%⑤；2017 年媒体报道案件中，还出现性侵害新现象——受害对象中男童所占比例增加（10%），发生在住所与公共场所案件比例上升，网络未成年人色情淫秽图片与视频泛滥。⑥

　　我国长期形成的儒家文化实质是性禁锢文化。儒家伦理观认为人心有善、恶两种可能，人欲却一定是恶的："人之一心，天理存则人欲亡，人欲胜则天理灭，未有天理人欲夹杂者"⑦，将"礼"与"欲"绝对对立，且"万恶淫为首"，超过一切其他社会越轨、违法行为。因此，"性"是可耻的，要尽量克制到最低限度，且仅能存在于婚姻中以"上以事宗庙，下以继后世"的目的而存在，是不能在人前提起的话题与禁忌。"性禁忌"

---

① Angela Hawke, Alison Raphael, "Global Syudy on Sexual Exploitatuin of Children in Travel and Tourism", ECPAT, 2016, 转引自曹兴华《台湾地区未成年人性侵害防范制度研究》,《中国青年研究》2017 年第 7 期。

② 北京师范大学社会发展与公共政策学院家庭与儿童研究中心：《儿童保护制度建设研究——目标、策略与路径》，社会科学文献出版社，2017，第 15 页。

③ 中国少年儿童文化艺术基金会女童保护基金，全国各地百名女记者 2013 年 6 月 1 日联合京华时报社、人民网、凤凰公益、中国青年报及中青公益频道等媒体单位发起"女童保护"公益项目。2015 年 7 月 6 日，"女童保护"升级为专项基金，设立于中国少年儿童文化艺术基金会下。"女童保护"以"普及、提高儿童防范意识"为宗旨，致力于保护儿童，远离性侵害（以下简称"女童保护"）。

④ 资料来源："女童保护"2015 年发布报告《2014 年儿童防性侵教育及性侵儿童案件统计报告》，网易教育，http://edu.163.com/15/0302/17/AJNGBVCM00294N01.html［2016 - 02 - 22］。

⑤ 资料来源："女童保护"2017 年发布报告《2016 年性侵儿童案件统计及儿童防性侵教育调查报告》，中国女性网，http://www.wgcmw.com/news/content_19661.htm［2018 - 06 - 10］。

⑥ 资料来源："女童保护"2018 年发布报告《"女童保护"2017 年性侵儿童案例统计及儿童防性侵教育调查报告》，https://baijiahao.baidu.com/s? id = 1593915148651696990&wfr = spider&for = pc［2018 - 06 - 10］。

⑦ 任继愈：《中国哲学史（三）》，人民出版社，2010，第 253 页。

是社会对性的一种深层次极端的社会规范，起源于原始初民对于自然现象与社会现象的愚昧无知而产生的恐惧与无能为力①，是一种用于控制与调节原始人类性行为与性关系的禁规。仍然存在于相当一部分人伦理观念中的"贞洁"观与"处女情结"就是"性禁忌"的现代遗存，这些造成了在性侵害未成年人案件中，未成年人不仅是性侵害的受害人，而且是"性禁忌"下的受压者。② 因此，长期以来，为了保护家庭与未成年人的名誉，许多受害人及其家庭选择了隐忍不告发犯罪人。这就不可避免地造成性侵害未成年人犯罪"黑数"高，社会对此问题认识不足、关注不够的局面。

整体上看，近几年新闻媒体公开报道的数据均大大超过前几年，曝光频率也在加快。一方面，体现了我国目前严峻的性侵害未成年人犯罪形势，全社会对此社会现象关注度也显著提高；但另一方面，由于该类案件较为隐蔽，被害人家庭不愿声张与报案，犯罪"黑数"高。加之受到社会认知、传播规律等主客观因素影响，犯罪披露数量与实际发生犯罪数相比，仅仅是冰山一角。社会各界对当前性侵害未成年人犯罪严重形势仍估计不足，有效应对不够。

美国儿童性侵害研究著名学者戴维·芬克霍尔（David Finkelhor）教授曾经提出一个著名观点，认为人们对性侵害问题的认识一般要经历三个发展阶段："第一阶段，由于人们对问题的认知和关注不够，存在着忽略和某种程度的否定；第二阶段，即认识阶段，人们高度警觉并认识到问题的严重性与广泛性，关注性侵害的发生率和严重影响；第三阶段，人们开始面对并着手解决问题。"③

近年来，随着新闻媒体与公众自媒体频繁曝光，性侵害未成年人事件不断暴露于社会公众视野之中，引发了广大民众对此类犯罪的极大愤慨和关注，同时也引起社会组织对性侵害未成年人犯罪现象的重视与研究。2009～2010年，中国青年政治学院与未成年人保护公益网站"春风网"发

---

① 参见陆士桢、李玲《揭露，为了预防——我国儿童性侵犯研究报告》，华东理工大学出版社，2011，第55页。

② 参见陆士桢、李玲《揭露，为了预防——我国儿童性侵犯研究报告》，华东理工大学出版社，2011，第56页。

③ 徐菁菁、王海燕：《打破沉默，正视真相——向儿童性侵说"不"》，《三联生活周刊》2017年第37期。

起"儿童性侵犯调查"公益活动,截至活动结束,有9573人报名参加调查。[①] 由"女童保护"组织的"性侵儿童案件统计及儿童防性侵教育"调查活动,从2013年开始至今已连续发布6届调查报告,每年的报告发布不仅使公众了解到性侵害未成年人犯罪的严重性与危害性,更重要的是引起了全社会对性侵害未成年人事件的关注与重视。

与此同时,我国也先后颁布《未成年人保护法》、《预防未成年人犯罪法》、《儿童发展纲要》(2001~2010、2011~2020)、《关于依法惩治性侵害未成年人犯罪的意见》(以下简称《性侵意见》)、《关于做好预防少年儿童遭受性侵工作的意见》(以下简称《预防性侵意见》)、《关于依法处理监护人侵害未成年人权益行为若干问题的意见》(以下简称《监护侵害意见》)等一系列保护未成年人、惩治性侵害犯罪的规范性文件,司法实务部门积极探索并实践防控对策与措施。这些都说明我国对性侵害未成年人犯罪已有一定认识,开始重视并面对问题,并着手建立与完善性侵害未成年人犯罪防控体系,处于对性侵害未成年人犯罪问题回应的第二阶段向第三阶段转型之际。因此,本书在此阶段开展对性侵害未成年人犯罪刑事政策的研究,具有较强的社会现实意义和理论价值。

二 研究动态

国外近几十年来较关注性犯罪与性侵害未成年人犯罪。

英国性社会学家韦罗妮克·莫捷在《性存在》[②] 中全面论述西方的性存在状况及其历史演变,认为虽然性规范发展趋势总体上越来越多元、性道德约束也越来越宽松,但是,与此形成较大反差的是公众对成年人与儿童的性关系采取了更为严苛的态度,对于儿童遭受性虐待现象,公众越发怒不可遏。[③]

在美国一系列关于性侵害未成年人犯罪的研究报告中,如2007年美国司法部司法统计局公布的《2006年联邦起诉儿童性犯罪者报告》指出,性

---

① 参见《儿童性侵犯调查期待您的参与——留守不流泪〔Ⅱ〕》,http://gongyi.qq.com/activity/activityinfo/883/〔2016-02-22〕。

② 韦罗妮克·莫捷:《性存在》,刘露译,译林出版社,2017,第109页。

③ 韦罗妮克·莫捷:《性存在》,刘露译,译林出版社,2017,第109页。

侵害儿童犯罪是整个联邦增长速度最快的犯罪种类之一[①]；美国司法部 2010 年又发布《预防和禁止剥削儿童国家战略》，要求采取多样化措施加大对儿童性剥削类犯罪的打击力度，如增雇专司儿童色情犯罪案件的检察官，锁定未经登记的高危险性性犯罪者，建立专门数据库等。[②] 近年来，美国刑事政策发展体现着这样一种转变：从积极保障人权转向保守严苛。[③] 美国刑事社会学家大卫·加兰德（David Garland）的研究也印证了这一点，其认为从 20 世纪 70 年代开始，美国刑事政策越来越严苛，重刑报应思想广为流行。保护潜在被害人即社会大众安全成为刑事政策的首要任务。[④] 在此重刑化思想及趋向的影响下，包括性侵害未成年人在内的整个性侵害犯罪刑事政策也愈发严苛。美国甚至不惜打破其一向标榜的人权理念，采取措施限制性侵害犯罪人的宪法权利，社会大众也在严惩性侵害犯罪的程序与实体法律障碍逐渐被清除时，进一步要求对此类犯罪人进行更高密度的监管。美国性犯罪人信息登记与公告制度随后也成为其他国家与地区纷纷效仿的对象。[⑤] 不论是英国、韩国还是我国香港地区都注重对性侵害犯罪人的矫治与监控，只是英国与我国香港地区更多考虑了性侵害犯罪人的个人权利保护与社会秩序保障之间的平衡。

在国外研究中，性侵害未成年人犯罪除了心理学、临床医学以及社会学角度的研究成果众多外，对包括性侵害未成年人在内的性侵害犯罪再犯预防研究也较为全面。芬克霍尔教授在 20 世纪 80 年代前期就提出要重视研究犯罪的促发要素，沃尔夫（Wolf）提出犯罪循环理论，尼尔森（Nelson）与卡明（Comming）等学者延续并发展其构想，认为：由于性侵害犯罪再犯路径是固定的，明确了犯罪人犯罪路径，便能够阻绝其再犯。在这

---

① 孙秀艳：《美国联邦反儿童性侵害犯罪立法沿革及评价》，《青少年犯罪问题》2009 年第 3 期。

② 资料总结自美国《环球法讯》，http：//rmfyb. chinacourt. org/paper/html/2010 - 08/06/content_13619. htm? div = -1（2010 - 08 - 06）［2016 - 10 - 27］。

③ Joseph E. Kennedy，"Monstrous Offenders and the Search for Solidarity Through Modern Punishment"，Katherine Beckett，"Make Crime Pay：Law and Order in Contemporary American Politics"，转引自李佳玟《近年来性侵害犯罪之刑事政策分析——从妇运的角度观察》，《中原财经法学》2005 年第 14 期。

④ David Garland：《控制的文化——当代社会的犯罪与社会秩序》，周盈成译，台湾巨流图书公司，2006，第 620 页。

⑤ 王金鑫：《域外性犯罪人信息登记和公告制度的本土化思考》，《河南警察学院学报》2015 年第 1 期。

一思路基础上发展出被统称为"再犯预防"的犯罪预防技术。在上述研究成果指导下,各国开展了对性侵害犯罪的再犯预防工作。美国在1994年的一次大规模调研中发现,较为有效的性侵害犯罪治疗模式是认知行为疗法,经研究证明,该疗法可使性侵害犯罪再犯率降低50个百分点。佛蒙特州性侵害犯罪处遇方案负责与执行人从再犯预防角度提出"性侵害犯罪社区监督钻石方案",取得良好效果,其他各州纷纷效法。①

国外研究侧重于从实证角度对理论进行验证与总结,注重犯罪预防与犯罪人矫治方案设计与提出,相比较而言已经形成了一些较为成熟的理论与行之有效的经验,值得我们参考与借鉴。但是,也要清醒认识到域外研究都是立足于国外犯罪状况,研究结论与成果并不一定全都适合我国,甚至有的还存在明显差异。如国外不存在城乡二元体制,也没有性侵害农村留守儿童、城镇流动儿童等特殊犯罪现象。因此,研究必须立足于我国犯罪现实状况才能真正解决问题。

当前关于我国性侵害未成年人犯罪刑事政策的研究与探索方兴未艾,研究空间较大。以知网为检索工具,截至2018年10月5日,以"性侵害未成年人犯罪刑事政策"进行"篇名"搜索,在"学术期刊"、"博硕论文"、"会议"与"报纸"数据库中查询结果为零;以此为"主题"搜索仅出现3篇文章,2篇是司法实务部门关于《性侵意见》的解释与适用,1篇是关于从严惩治与司法解释严格责任之间的关系②;以"性侵害未成年人犯罪"加上"刑事政策"为主题词进行搜索,也只有2篇③;以"性侵害未成年人犯罪"进行"全文"搜索,研究则较为丰富,出现1662条检索结果。除去无关文章,有关性侵害未成年人犯罪研究的文章有近千篇。

---

① 本段资料总结自以下文献 Cumming, G. & McGrath, R. J. , "Outcome of the Vermont Department of Correction Intensive Prison Treatment Cumming", 2002; G. & McGrath, R. J. , "External Supervision – How Can It Increase the Effectiveness of Relapse Prevention?", 2002, 转引自郑添成、陈英明、杨士隆《性犯罪加害人之处遇——国内外现主要制度评述》,《犯罪与刑事司法研究》2004年第2期。

② 3篇论文分别是卫磊:《从严惩治性侵害未成年人犯罪与刑法解释的严格责任化》,《青年探索》2014年第5期;周峰、薛淑兰、赵俊甫、肖凤:《〈关于依法惩治性侵害未成年人犯罪的意见〉的理解与适用》,《人民司法》2014年第1期;刘立杰:《〈关于依法惩治性侵害未成年人犯罪的意见〉解析》,《人民司法》2014年第1期。

③ 2篇论文分别是赵国玲、徐然:《北京市性侵未成年人案件的实证特点与刑事政策建构》,《法学杂志》2016年第2期;卫磊:《从严惩治性侵害未成年人犯罪与刑法解释的严格责任化》,《青年探索》2014年第5期。

从上述研究成果的时间发布情况看，不论是从媒体关注度还是学术关注度来看，其主要集中在 2013 年以后。

从研究领域看，现有研究学科分布广泛，除了 50% 从刑法方向进行研究，还有分别从诉讼法与司法制度、行政法与地方法制、公安学与社会学以及教育理论与教育管理等众多学科出发，对该问题进行的多视角研究与讨论（见图 0-1）。专门从刑事政策层面对性侵害未成年人犯罪进行探讨的并不多见，未见专门进行性侵害未成年人犯罪刑事政策体系化的研究。因此，本书具有一定的研究领域开创性意义。

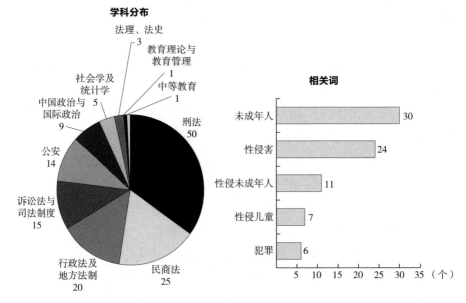

图 0-1　论文研究学科分布

现有性侵害未成年人犯罪研究范围主要集中在对此类犯罪的理论讨论与实践经验总结，时间阶段主要集中在 2013 年《性侵意见》出台之后。由于未成年人保护事关国家和每个家庭的未来，性侵害未成年人犯罪成为亟待解决的社会问题。因此，性侵害未成年人犯罪相关问题不仅成为刑法学界重要的研究对象，也受到其他学科与媒体的关注，是一个多学科、多层面关注和讨论的主题。

从研究专题上看，我国关于性侵害未成年人犯罪研究，主要集中在相关概念界定、犯罪发生率、犯罪特点、犯罪原因分析以及对策与措施等方面。

在相关概念界定上，首先是对性权利概念的界分。为此，学者们分别提出了贞操权说①、性自主权说②、配偶性权说与性利益说③等多种观点。但也有学者认为性权利如世界性学大会通过的《性权宣言》中所称是一种"基本、普世之人权"。④ 还有学者对性权利进行划分，认为性权利是保持性生理载体健康和完整的权利，即物质性权利，包括身体安全权和性健康权，同时也包括性平等权和性自由权，即精神性权利。⑤ 关于未成年人性权利，学者们认为不仅成年人享有性权利，儿童也应享有性权利⑥；未成年人的性权利应当"以实现未成年人性利益为最高目标，包括性自治权、性健康权、性平等权、性教育权和性发展权等，其中，性自治权是性权利的核心"⑦；未成年人性自治权与成年人性权利相比有着更为广阔的范围，还应包括未成年人的性完整与性身体安全权、性隐私权、性发育健康权与性教育权。⑧

在性侵害未成年人行为概念界定上，有学者认为是侵害人利用优势地位强迫或引诱未成年人与其发生性关系，且对被害人造成伤害的行为。⑨ 认为性侵害未成年人是一个总括性概念，并非仅指强奸未成年人行为，同时还应涵盖猥亵未成年人等多种带有性侵性质的行为。⑩ 因此，性侵害未成年人是侵害人以满足性欲为目的，采用暴力或引诱等方式与未成年人进

---

① 王利明：《人格权法新论》，吉林人民出版社，1994，第 530 页；江平：《民法学》，中国政法大学出版社，2000，第 286 页。
② 李银河：《中国当代性法律批判》，《南京师范大学学报》（社会科学版）2004 年第 1 期。
③ 李拥军：《性权利与法律》，科学出版社，2009，第 75 页；何立荣、王蓓：《性权利概念探析》，《学术论坛》2012 年第 9 期。
④ 赵合俊：《作为人权的性权利——一种人类自由的视角》，《中国社会科学院》2002 年第 6 期。
⑤ 袁翠清：《我国网络环境下儿童性权益保障的缺失及对策探讨》，《北京青年研究》2014 年第 4 期。
⑥ 袁翠清：《我国网络环境下儿童性权益保障的缺失及对策探讨》，《北京青年研究》2014 年第 4 期。
⑦ 董有恒：《性侵未成年人犯罪的性法学思考》，《法制与经济》2015 年第 Z3 期。
⑧ 持此类似观点的有谢俊龙：《我国刑法加强未成年人性权利保护的角度探寻》，《青少年犯罪问题》2016 年第 4 期；陈鸿鹏、郭荣龙：《儿童性权利保护相关概念的刑法学界定》，《闽南师范大学学报》（哲学社会科学版）2015 年第 4 期。
⑨ 周玲：《性侵幼女犯罪之成因及其防范》，《政法学刊》2013 年第 6 期。
⑩ 何挺、林家红：《中国性侵未成年人立法的三维建构——以美国经验为借鉴》，《青少年犯罪问题》2017 年第 1 期。

行直接性接触的行为。① 但是，也有学者认为性侵害包括身体性接触和非身体性接触②，认为性侵害行为还应包括性交易、媒介卖淫等活动。③ 有关概念、界定观点争议较大，至今尚未形成统一认识。

学者们对性侵害未成年人犯罪率研究主要采用两类方式。一类是通过查阅相关统计报告或总结司法案例和媒体公开报道进行分析，如"女童保护"从 2013 年开始，每年对新闻媒体公开报道性侵害儿童案件进行统计分析，发现此类案件曝光率逐年增加且频率加大④；莫洪宪教授等依据《中国统计年鉴》（2003～2012）资料分析得出奸淫幼女案件成倍增长的结论⑤；刘守芬教授进行实证研究⑥，以及部分学者通过对司法实务部门案件进行定量分析亦得出相类似结论。⑦ 另一类是通过回溯统计调查总结案件发生率，如陈晶琦⑧、李成齐⑨、王永红⑩分别对大、中专学生儿童时期性虐待经历回顾研究发现，16 岁以前首次受到性虐待的有近 1/3，12 岁以前

---

① 朱眉华、刘茂香：《中小学校园性侵害探析》，《华东理工大学学报》（社会科学版）2005 年第 2 期。
② 刘娥：《论性侵害犯罪中受害儿童的权益保护》，《中国青年政治学院学报》2010 年第 3 期。
③ 熊伟：《儿童被害及其立法预防》，《青少年犯罪问题》2015 年第 4 期。
④ 《2014 年儿童防性侵教育及性侵儿童案件统计报告》，网易教育，http://edu.163.com/15/0302/17/AJNGBVCM00294N01.html［2016－02－22］；《"女童保护"2015 年性侵儿童案件统计及儿童防性侵教育调查报告》，今日头条，http://toutiao.com/i6257750510179189249/［2018－06－10］；《2016 年性侵儿童案件统计及儿童防性侵教育调查报告发布》，中国女性网，http://www.wgcmw.com/news/content_19661.htm［2018－06－10］。
⑤ 莫洪宪、任娇娇：《试析性侵儿童案件立案难之原因及对策》，载赵秉志《刑法论丛》，法律出版社，2015，第 422 页。
⑥ 刘守芬、申柳华：《强奸案件的加害与被害——71 个强奸案例的法律实证分析》，《犯罪研究》2004 年第 4 期。
⑦ 此类研究成果主要有王晨：《江苏省灌南县人民检察院 2006—2012 年度性侵幼女案件调查报告》，《法制博览》（中旬刊）2013 年第 11 期；张晓燕、潘涛、李娟：《女童屡遭性侵之殇与防范保护之策——日照市东港区人民法院对性侵女童案件进行调查分析》，《山东人大工作》2013 年第 9 期；上海市奉贤区人民检察院课题组、孙静：《性侵害未成年人犯罪案件的惩治、预防、救助机制研究——以 S 市 D 区人民检察院实践为例》，《犯罪研究》2016 年第 4 期；刘金莲：《黔东南州性侵未成年人犯罪分析及预防研究》，西南政法大学，2014。
⑧ 陈晶琦：《565 名大学生儿童期性虐待经历回顾性调查》，《中华流行病学杂志》2004 年第 10 期；陈晶琦、韩萍、Dunne，M. P.：《892 名卫校女生儿童期性虐待经历及其对心理健康的影响》，《中华儿科杂志》2004 年第 1 期。
⑨ 李成齐：《大学生儿童期遭受性侵害的回顾性调查研究》，《中国特殊教育》2008 年第 4 期。
⑩ 王永红、陈晶琦：《1762 名大专学生童年期虐待经历及影响因素分析》，《现代预防医学》2012 年第 18 期。

首次受到性虐待的超过一半；有些学者研究发现性侵害未成年人犯罪还具有报案率低、犯罪"黑数"高的特点①，往往暴露出来 1 起，背后至少还隐藏着 6 起。②

在对性侵害未成年人犯罪特点的分析中，学者们研究发现，熟人在侵害人中所占比例大③，而且师源性性侵害问题在我国"尊师重道"的社会背景下较为突出，引发社会关注较多④。近年来此类案件频繁发生，被害者多为低龄女童⑤；具有不易被发现、持续时间长、侵害面广等特点；我国大部分省（区、市）都有涉案⑥；从犯罪区域看，西部偏远农村由于信息闭塞、文化生活单调、人们法治观念淡薄，女童自我防卫意识不强、基层组织不健全，成为社会控制薄弱地带⑦，是性侵害儿童事件高发区域。⑧

在未成年人遭受性侵害原因方面，有学者认为缘于社会不良文化与环境影响，人们越是能轻易获取各类色情资讯、图片与视频，也就更容易选取儿童为性侵害对象⑨；也有人认为是陈旧的传统贞操观助长了性侵害犯罪⑩；还有学者认为学校和家庭教育中性教育缺失也是一个重要因素⑪；有

① 申群翼：《论儿童性侵害案件侦查难点及对策》，《铁道警察学院学报》2016 年第 3 期。
② 康均心、刘猛：《我国中小学校园性侵犯罪的防制》，《青少年犯罪问题》2014 年第 2 期。
③ 孙言平、段亚平等：《606 名成年男性儿童期性虐待发生情况调查》，《中国行为医学科学》2004 年第 6 期；李长山：《701 名成年女生儿童期性虐待发生情况及危险因素分析》，《中国性科学》2004 年第 10 期；江海燕：《我国儿童性侵害法律保护现状及对策分析》，《法制与社会》2013 年第 30 期。
④ 康均心、刘猛：《我国中小学校园性侵犯罪的防制》，《青少年犯罪问题》2014 年第 2 期；钟昭会、常静：《农村留守儿童遭受"禽兽教师"性侵之家庭原因与防范对策》，《贵州大学学报》（社会科学版）2015 年第 6 期；张晓玲：《农村教师对中小学生性犯罪的启示与思考》，《法制博览》2016 年第 4 期。
⑤ 何荣华、袁海龙：《中小学生遭遇性侵害之特点、原因及防范》，《安庆师范学院学报》（社会科学版）2011 年第 4 期。
⑥ 林雪卿：《教师对学生实施性侵害的特点、危害、原因及对策》，《长春教育学院学报》2005 年第 3 期。
⑦ 于力：《未成年女性遭受性侵害的特点、原因及对策》，《新疆警官高等专科学校学报》2005 年第 3 期。
⑧ 赵丽：《偏远地区为何成儿童性侵案"重灾区"》，《法制日报》2014 年 7 月 6 日，第 4 版。
⑨ 参见孙晶《我国社会转型期儿童性侵害现象的社会成因探究》，《齐鲁学刊》2016 年第 4 期。
⑩ 陈伟、金晓杰：《性侵未成年人案现状、原因与对策一体化研究》，《青少年犯罪问题》2016 年第 4 期。
⑪ 石化东：《论国民教育体系中开设防范犯罪侵害教育课程》，《青少年犯罪问题》2014 年第 6 期。

学者从犯罪人角度分析，认为犯罪人往往具有"个体性原因"①，存在人格心理偏差与障碍，具有性倒错、恋童癖等倾向②，具有"社会化障碍而日益与社会脱节，内在病态人格与外在有利条件相结合"③ 成为性侵害未成年人犯罪发生的重要原因；还有学者认为法制保障不完善、立法保护存在疏漏④、刑事惩罚不够严厉⑤、司法救济不足等亦影响犯罪形成。⑥

在性侵害未成年人犯罪对策方面，学者意见与建议主要集中于完善刑事立法、从严惩治犯罪、加强对未成年人司法救济与性教育、注重社会机构防控机制建设等方面。在刑事立法完善建议中，有学者提出坚持严厉化刑事政策导向⑦，将政策规定中较为成熟的做法上升为法律⑧；部分学者建议在奸淫幼女行为认定中引进并适用"严格责任"⑨，并对特殊身份性侵害人从严、从重惩治。⑩ 在应对措施上，刘军教授从广义刑事政策角度出发，建议建立体系性犯罪记录制度，对高度危险的性犯罪人在一定时期内加强惩罚和监控，通过类型化剥夺犯罪能力预防性侵害犯罪⑪；我国台湾地区高凤仙教授建议参考美国经验，完善性罪犯登记公告制度⑫，并提出将化

---

① 刘邦惠：《犯罪心理学》，科学出版社，2004，第 195 页。

② 伊莱恩·卡塞尔、道格拉斯·A. 伯恩斯坦：《犯罪行为与心理》，马皑、户雅琦译，中国政法大学出版社，2015，第 207、208 页。

③ 赵国玲、徐然：《北京市性侵未成年人案件的实证特点与刑事政策建构》，《法学杂志》2016 年第 2 期。

④ 刘娥：《论性侵害犯罪中受害儿童的权益保护》，《中国青年政治学院学报》2010 年第 3 期；刘芳：《中国性犯罪立法之现实困境及其出路研究》，东北大学出版社，2015；孙晶：《我国社会转型期儿童性侵害现象的社会成因探究》，《齐鲁学刊》2016 年第 4 期；付玉明、席晓运：《防范校园儿童性侵害的法律对策》，《江西社会科学》2014 年第 5 期；何立荣：《性权利的刑法规制研究》，中国法制出版社，2017。

⑤ 邵宗林、曹琼洋：《论我国儿童性权利的法律保护》，《青年与社会》2014 年第 10 期。

⑥ 王慧、贾密：《惩治性侵害未成年人犯罪的现实困境与制度转型》，《法律适用》2014 年第 8 期。

⑦ 卫磊：《从严惩治性侵害未成年人犯罪与刑法解释的严格责任化》，《青年探索》2014 年第 5 期。

⑧ 付玉明、席晓运：《防范校园儿童性侵害的法律对策》，《江西社会科学》2014 年第 5 期。

⑨ 鲍书华、李庆：《域外惩治与预防性侵未成年人犯罪制度及其对我国的启示》，《中国检察官》2016 年第 9 期。

⑩ 常晖、琚红金：《对熟人性侵害未成年人犯罪的司法规制》，《人民司法》2015 年第 1 期。

⑪ 刘军：《性犯罪记录制度的体系性构建——兼论危险评估与危险治理》，知识产权出版社，2016，第 10 页。

⑫ 高凤仙：《性侵害及性骚扰之理论与实务》，五南图书出版股份有限公司，2016。

学去势作为一种强制治疗措施用于预防性犯罪人再犯[1]；许福生教授建议运用科技设施监控性侵害人并对其加强持续矫正和管束。[2] 对于未成年人特殊司法救济与保护，有学者从刑事诉讼特别权角度建议对性侵害犯罪被害人予以保护[3]，提出建立国家救助制度[4]、"一站式"综合保护救助制度[5]，切实保障其合法权益，体现国家与社会对未成年被害人的特殊关怀。在未成年人保护方面，学者认为不能单靠未成年人个人及其家庭，更重要的是形成社会、学校与家庭的联动式保护机制。[6]

除上述分类研究外，还有一些散布在其他相关专题的研究成果中。龙迪教授在 2007 年进行了儿童性侵犯社会工作个案研究[7]，2018 年出版《综合防治儿童性侵犯专业指南》[8]，从以儿童权利为本和社会性别敏感的视角，运用保护与赋权并举思路，为如何给受性侵害儿童提供帮助与支持提出清晰的"专业支援服务"指引。其研究重点在于预防教育和社会学、心理学专业的支援服务，但没有涉及有关法律和政策制定、实施方面内容。学者欧阳涛、刘德法教授编著了我国第一部系统探讨中外性犯罪专著[9]，通过对比研究国内外性犯罪，对性行为概念、种类等基础范畴进行界定。刘芳博士研究我国性犯罪立法问题[10]，提出解决立法现实困境建议。刘白驹教授在《性犯罪：精神病理与控制》一书中，从犯罪学和精神病理学角

---

① 高凤仙：《性侵害及性骚扰之理论与实务》，五南图书出版股份有限公司，2016，第339页。

② 许福生：《风险社会与犯罪治理》，元照出版有限公司，2010，第 164～170 页。

③ 杨杰辉、袁锦凡：《刑事诉讼视野中性犯罪被害人的特别保护研究——以强奸案被害人为主要视角的分析》，法律出版社，2013。

④ 常晖、琚红金：《对熟人性侵害未成年人犯罪的司法规制》，《人民司法》2015 年第 1 期；上海市奉贤区人民检察院课题组、孙静：《性侵害未成年人犯罪案件的惩治、预防、救助机制研究——以 S 市 D 区人民检察院实践为例》，《犯罪研究》2016 年第 4 期。

⑤ 樊荣庆、钟颖、姚倩男、吴海云、徐衍：《论性侵害案件未成年被害人"一站式"保护体系构建——以上海实践探索为例》，《青少年犯罪问题》2017 年第 2 期。

⑥ 赵国玲、徐然：《北京市性侵未成年人案件的实证特点与刑事政策建构》，《法学杂志》2016 年第 2 期；李志萍：《防范未成年女性被性侵的法治思考》，《成都师范学院学报》2014 年第 1 期；赵丽：《偏远地区为何成儿童性侵案"重灾区"》，《法制日报》2014 年 7 月 16 日，第 4 版。

⑦ 龙迪：《性之耻，还是伤之痛——中国家外儿童性侵犯家庭经验探索性研究》，广西师范大学出版社，2007。

⑧ 龙迪：《综合防治儿童性侵犯专业指南》，化学工业出版社，2017。

⑨ 欧阳涛、刘德法：《当代中外性犯罪研究》，社会科学文献出版社，1993。

⑩ 刘芳：《中国性犯罪立法之现实困境及其出路研究》，东北大学出版社，2015。

度探讨并提出性犯罪防控建议。① 上述研究成果虽然都以性犯罪（或性越轨行为）为研究对象，但并未对性侵害未成年人犯罪进行专门研究。

在有关性侵害未成年人犯罪的司法实践中，《性侵意见》起草部门出版了对意见理解和适用的专门性说明②，对于各级司法机关准确理解与正确把握惩治性侵害未成年人犯罪的法律政策标准，具有重要的指导意义；2015年中国检察出版社出版《性侵害犯罪公诉办案证据适用指南》③，针对司法实务中此类案件公诉证据审查疑难问题与实务应用进行分析；岳慧青主编《性侵害未成年人案件证据的运用》对性侵害未成年人犯罪案件进行系统分析，填补了国内对此类案件刑事证据研究的空白。④ 这些成果都主要是指导司法实务部门如何适用相关司法解释以及司法办案的指南，并未对性侵害未成年人犯罪进行系统性或综合性刑事政策研究。

从近年来对性侵害未成年人犯罪问题研究整体情况来看，大都是从刑法学、犯罪学、精神病理学或社会学角度进行某一方面问题的研究，有对理论问题进行的假设与分析，也有一些定量实证研究，但研究成果质量参差不齐。⑤ 在定量研究的成果中，样本量小、覆盖面不广，大多数仅涉及某一地区的案件，分析具有区域局限性；虽有部分报告分析样本数量较多，如民间公益组织对新闻媒体报道案件的分析，但依据新闻报道进行的分析缺乏原始第一手资料，而且交叉对比分析不足。定性研究中整体性与系统性研究有所欠缺，大多数研究对犯罪刑事规制较为关注，而对犯罪形成机制、长效治理干预方案重视不足；很少从刑事政策整体角度对性侵害未成年人犯罪进行全面探讨，不仅缺乏对指导刑事政策发展方向的价值取向研究，应对犯罪策略整体分析与评价也有待进一步深入，而且提出解决问题的对策措施也缺乏整合与制度化。

虽然相关研究已取得了较为丰硕的成果，并提出许多较好的意见与建

---

① 刘白驹：《性犯罪：精神病理与控制》（上、下），社会科学文献出版社，2017。
② 最高人民法院刑事审判第一庭：《最高人民法院、最高人民检察院、公安部、司法部性侵害未成年人犯罪司法政策案例指导与理解适用》，人民法院出版社，2014。
③ 胡志强、庄晓晶、张春宇：《性侵害犯罪公诉办案证据适用指南》，中国检察出版社，2015。
④ 岳慧青：《性侵害未成年人案件证据的运用》，法律出版社，2018。
⑤ 林萍、童峰、王颖：《未成年人女性遭受性侵害的文献研究评价——基于循证实践理念》，《重庆工商大学学报》2018年第2期。

议，具有一定的理论与实践借鉴与参考价值。但是从总体上看，大多数研究都局限于对性侵害未成年人犯罪某一方面问题的分析与讨论，系统性、综合性研究不足。因此，对性侵害未成年人犯罪刑事政策进行系统性研究具有一定的开拓性意义，并有较大的研究空间与提升幅度。

三 研究思路与方法

（一）研究思路

在国际社会日益注重未成年人权利保护以及近年来性侵害未成年人犯罪形势持续严峻的背景下，笔者前期对我国犯罪现实进行多途径的大量实证调研以揭示犯罪特征，然后对我国现有性侵害未成年人犯罪刑事政策进行理性评析以发现问题与不足，再进行刑事政策价值取向分析，并运用犯罪学理论解析性侵害未成年人犯罪生成机制。在后期研究中，笔者在科学分析性侵害未成年人犯罪生成过程与影响因素基础上，结合民众对当前刑事政策的态度与认识的实证调查，确定犯罪应对策略，建立相应的刑事政策犯罪应对机制，构建性侵害未成年人犯罪刑事政策体系，形成系统性犯罪防控和未成年人保护体系。

首先，本书立足于国内性侵害未成年人犯罪现实，客观分析犯罪形势及特征。笔者从实证研究出发，通过梳理与分析全国各地法院近 6 年上传到司法裁判文书网的性侵害未成年人案件，并深入部分性侵害未成年人犯罪高发地区实地调研，多种途径收集各方资料与数据；在尽可能全面地收集与占有相关材料基础上，客观分析和总结我国目前性侵害未成年人犯罪特征与发展态势。

其次，本书理性评析现有刑事政策，确立价值取向，科学分析犯罪生成机制。本书通过对现有性侵害未成年人犯罪刑事政策的理性认识与反思，了解民众对现有应对犯罪策略与措施的态度与认识，发现和认识存在的问题；在充分了解犯罪客观事实和理性评析现有刑事政策的基础上，本书运用"犯罪化学反应方程式"理论，并结合犯罪一般理论与社会控制理论解读性侵害未成年人犯罪生成机制，为合理地组织应对犯罪提供科学认识基础。

最后，本书建立针对性犯罪应对机制，系统化构建刑事政策体系。在明确刑事政策基本价值取向和犯罪生成机制后，本书提出双重刑事政策的犯罪应对策略，构建控制犯罪"治标"之策与预防犯罪"治本"之略并行的刑事政策体系，形成多元化未成年人保护机制，从根源上抑制与预防性侵害未成年人犯罪。

（二）研究方法

本书主要采用但不限于如下几种研究方法。

1. 实证研究法

本书收集全国各地法院 2010～2017 年 6 年间上传到中国司法裁判文书网以及北大法宝上的性侵害未成年人犯罪案件 1702 件（其中涉案犯罪人 1772 人，受害人 2255 人），通过对案件梳理与归类，并运用社会统计分析软件（SPSS）进行频率分析与交叉变量分析，归纳总结性侵害未成年人犯罪案件的特点。与此同时，笔者还到性侵害未成年人犯罪较为严重的西部地区（如贵州毕节、铜仁、黔南地区，云南昭通，重庆綦江等地）进行实地调查，获取第一手资料，了解并发现当前我国性侵害未成年人犯罪现实情况以及存在的问题。通过发放问卷调查方式（历时 1 年发放调查问卷 4491 份），面向全国 23 个省（区、市）的法律从业人员与非法律人士进行相关调查。然后，综合运用量化统计与质性访谈，了解一般民众对我国性侵害未成年人犯罪的认识以及对当前相关刑事政策的态度与意见、建议。

2. 交叉学科分析法

由于刑事政策涵括多种类的对策与措施，不仅包括刑事防控措施，还包括相关的综合性社会措施，因此，研究涉及学科面较广。本书研究除了运用刑法、刑事诉讼法、犯罪学与监狱学等法学学科的理论、方法外，还涉及心理学、精神病理学、教育学、性学、人口学、社会学以及公共政策学等跨学科的理论和方法，进行交叉分析。

3. 价值分析法

法律是否正确或符合正义，需要以其所追求的目的或基本价值秩序为判断标准。因此，对性侵害未成年人犯罪刑事政策进行价值分析，确立明确的、公正的价值取向，以具有目标性、价值性的刑事政策从根源上预防、抑制犯罪，实现刑事政策从实然向应然的转化，才符合刑事政策科学性与合理性的要求。

4. 比较分析法

从经验借鉴角度，本书重点考察部分国家和地区应对性侵害未成年人犯罪的成熟理论与立法、司法经验，结合我国犯罪实际情况进行分析与比较；参考、借鉴域外在刑事制裁、犯罪机会控制以及再犯预防等方面一些行之有效的制度与措施，完善我国性侵害未成年人犯罪刑事政策体系建设。

四　研究创新

本书的主要创新之处如下。

（一）厘清相关概念

本书全面、系统地梳理、归纳了"性骚扰"、"性剥削"、"性暴力"、"性侵"、"性侵犯"与"性侵害"等存在于各类论述和各类规范性文件中的提法，进行深入、详尽、充分的分析比较，提出"性侵害未成年人犯罪"类型化概念并确定其外延范围，对于明确我国当前性侵害未成年人犯罪的防控对象，清晰界定犯罪内涵与外延具有重要的理论与司法实践价值。

（二）多途径实证调研

本书同时通过四种途径进行实证调研：对近几年我国各地法院上传审理性侵害未成年人案件司法文书进行统计和分析；深入部分性侵害未成年人犯罪高发的西部偏远地区（如贵州毕节、铜仁、遵义，云南昭通，重庆綦江等地）进行实地调查、走访；发放近5000份问卷，面向全国23个省（区、市）法律工作者和非法律人士进行调查和统计分析；通过深度访谈重点案件相关人员就犯罪有关核心问题进行深入调查和分析。多途径实证调查采集的大量案例、资料和数据，为本书研究奠定坚实的客观事实基础，也为其他学者的进一步研究提供了资料与参考数据。

（三）明确价值取向

本书首次提出以"未成年人优先"为性侵害未成年人犯罪刑事政策的

价值取向，明确我国应对性侵害未成年人犯罪的出发点和追求目标，为立法、司法以及社会政策制定面临不同社会矛盾与利益冲突时，提供优势选择标准与依据；亦为性侵害未成年人犯罪刑事政策构建提供理论支撑，为性侵害未成年人犯罪刑事政策发展指明价值方向。

（四）科学分析犯罪生成机制

本书运用"犯罪化学反应方程式"理论分析性侵害未成年人犯罪生成机制，并结合犯罪一般理论与社会支持理论，提出具有高生态效能、符合我国国情的性侵害未成年人犯罪生成机制。该犯罪生成机制综合考虑影响犯罪生成的外在社会环境、制度因素与个体内在自我因素，将犯罪生成划分为三个互相影响、转化、发展的阶段，把性侵害未成年人犯罪形成视为一个受到社会生态环境与个体因素综合影响的演变过程，为提出具有针对性的刑事策略与对策提供了科学依据，具有一定的独创性与新颖性。

（五）确立双重刑事政策犯罪应对策略

在性侵害未成年人犯罪生成机制解析基础上，本书主张改变重事后治理、轻事前预防的思路，转向犯罪事先预防、再犯预防与犯罪惩治、犯罪人矫治并重的策略。本书提出采取严厉刑事政策与积极刑事政策并行的性侵害未成年人犯罪应对策略，通过积极刑事政策发挥积极预防作用，针对性侵害未成年人犯罪形成的第一、二阶段，从根源上抑制犯罪人格与犯罪动机形成，具有长期效应，属于"治本之略"；针对犯罪形成第三阶段，通过严厉刑事政策、严密法律体系、从严惩治犯罪、对未成年人给予特殊司法保护以遏制与阻断性侵害犯罪的发生或重复发生，具有现实意义，属于"治标之策"；通过双重刑事政策犯罪应对策略，分别针对犯罪形成不同阶段实行不同刑事政策，最终形成"标本兼治"、预防与惩治并重、保护与打击共行的双重刑事政策犯罪应对机制，具有较强的司法运用价值。

（六）形成犯罪生态防控系统

在双重刑事政策犯罪应对策略中，严厉刑事政策与积极刑事政策之间具有互补关系。前者"治标"，后者"治本"，"标本兼治"应对性侵害未成年人犯罪，通过构建与施行双重刑事政策形成性侵害未成年人犯罪生态防控系统。因为社会预防、情境预防不仅能够改善综合社会制度环境和未成年人生活环境，而且有利于司法预防与自我保护；而司法预防中完备法律体系、严厉惩治犯罪客观上又起到社会保护的功能并有利于社会预防。因此，每一项预防与保护措施的实施和功能发挥，客观上都会有利于其他预防与保护的开展。如此，形成一个具有自我良性累积循环的犯罪生态防控系统，最终实现对性侵害未成年人犯罪的有效控制与积极预防。

五　相关范畴

每一次性侵害儿童案件曝光后都会引发社会热议。各个案件都引发了社会对性侵害未成年人行为的一轮又一轮关注。但是，一直存在一个疑问，正如有记者问，"当我们在讨论儿童性侵时，我们究竟在讨论什么"①。该问题提示一个现象：从司法到公众都对性侵害未成年人犯罪缺乏基本共识。因此，厘清性侵害未成年人②犯罪相关概念是在探讨其他问题之前必须先明确的问题。

（一）未成年人性权利及内涵

在探讨未成年人性权利内涵之前，首先应明确未成年人是否享有性权利的问题，对此学者意见不一。持否定观点学者认为，未成年人不具有性权利，如有台湾学者认为儿童处于懵懂年纪，完全缺乏性自主意识与同意

---

① 徐菁菁、王海燕：《打破沉默，正视真相——向儿童性侵说"不"》，《三联生活周刊》2017 年第 37 期。

② 我国《宪法》规定，"中华人民共和国年满十八周岁公民，不分民族、种族、性别、职业、家庭出身、宗教信仰、教育程度、财产状况、居住年限都有选举权与被选举权"；2017 年通过的《民法总则》第 17 条明确指出："十八周岁以上的自然人为成年人。不满十八周岁的自然人为未成年人"；我国 2012 年修改通过的《未成年人保护法》第 2 条也明确规定，"本法所称未成年人是指未满十八周岁的公民"。联合国 1989 年通过的《儿童权利公约》认为儿童指 18 岁以下个人。同样，在国际劳工组织 1999 年批准的《关于禁止和立即行动清除最有害的童工形式》第 2 条规定：儿童包括 18 岁以下的所有人员。可见我国法律所指的未成年人年龄划分与国际性文件中对于儿童的规定是一致的，都是指 18 周岁以下所有人。因此，本书所称"未成年人"包括 18 周岁以下所有人群。依据我国法律与司法解释对不同年龄群体责任与权利的规定，本书所称"儿童""幼女"指已满 6 周岁不满 14 周岁的未成年人，已满 1 周岁不满 6 周岁为"幼儿"，不满 1 周岁为"婴儿"，在书中另有说明者除外。

能力①；与此相反，持肯定观点学者则认为，性自主权是个人对性行为自由决定的权利，属于个人自由权。而自由权属于人的基本权利，凡人皆有此权利，因此，未成年人也属于此项权利的主体。②

对此，本书认为，此争议将是否有权利与是否有能力行使权利这两个不同的问题混为一谈了。承认并尊重未成年人的权利和自治属于道德意义层面，也即表明任何人不能随意侵害其权利和自治，但并非意味着未成年人行使任何权利和自治的行为都是正确、恰当的。因此，未成年人的性权利必须得到承认与尊重，法律必须保护未成年人性权利；但是，由于未成年人的身心特点，其对性权利的行使应受到一定的限制与干预。因此，不同年龄阶段未成年人对性权利的行使是有所区别的，法律保护的程度也有所差异。由此，国际社会与各国基于儿童"最大利益原则"设置未成年人"自愿年龄线"，禁止与未成年人（自愿年龄线以下）发生任何性行为（包括基于自愿）。

儿童权利倡导先驱、波兰著名教育家雅努什·科扎克有一句话在儿童保护领域至今被反复强调："没有儿童只有人。儿童并非将要成为人，而是早已成为独立的人。"③ 因此，在未成年人保护进程中，首先应该做的是承认未成年人具有人的权利与尊严，才谈得上对他们的进一步保护。《世界性权宣言》认为性权利是一项基本的普通人权，虽然该宣言不是具有约束力的国际性法律文件，但是，性权利属于人权的观点已经得到越来越多人的认可。人权是一种"最低限度普遍道德的权利"④，既然性权利被视为人权的一个基本内容，那么，对未成年人性权利最低限度的、最基本的法律保护也就成为一个基本要求，更何况对未成年人权益的全面保障还蕴含着对未成年人健康成长保护的需要。

未成年人作为权利主体具有性权利这一观点已得到大多数人认可，那

---

① 参见甘添贵《台湾刑事法学会对于稚龄幼童遭受性侵害案件法律适用问题的声明》，《法官协会杂志》2010 年第 142 期。

② 黄惠婷：《性刑法防制儿童及少年性侵害之修法研究》，《警大法学论集》2013 年第 24 期。

③ 转引自帕维尔·亚洛斯《一种关于儿童权益和教育的国际性视角——雅努什·科扎克研讨会文集》，世界知识出版社，2015，第 47 页。

④ 参见 A. J. M. 米尔恩《人的权利与人的多样性——人权哲学》，夏勇等译，中国大百科全书出版社，1995。此为该著作的重要观点之一。

么未成年人性权利的核心内容是什么？包括哪些基本内容？

有关未成年人性权利内涵的认识也存在争议，主要有以下观点。

第一种观点认为未成年人性权利应当以实现未成年人的性利益为最高目标，具体"包括性自治权、性健康权、性平等权、性教育权和性发展权等内容。其中，以性自主权为核心"[①]，认为应当在没有强制与性压抑下自由发展，可以独立、负责地建立性关系。[②] 此类观点主要从积极性权利方面界定性权利的内容。

第二种观点与第一种观点相反，认为未成年人的性权利并非一种积极意义下让个人任意行使的性权利，而是指消极意义[③]下的抵御权，即"保护个人免受外界性侵害的自由"[④]；刑法所保护的法益只是未成年人的"性自主权得以自由发展的机会"[⑤]，也有学者称之为"不被破坏的性发展权"[⑥]。此类观点是从消极性权利方面规定未成年人性权利的内容，与前一种观点都仅强调了权利的一面，仍具有一定局限性。

第三种观点从平等角度出发，认为未成年人也享有性权利，包括"性教育权、性隐私受保护权、性表达权以及性平等权等"。[⑦] 虽然此种观点包括的权利范围与前面两种观点相比较有所扩大，但是，此观点简单地将未成年人的权利等同于成年人，未能重视未成年人身心的特殊性，也存在不足。

第四种观点认为与成年人性权利相比，未成年人的性权利应该有着更为广泛的范围；建议在性自主权（性自治权）外，还应包括"未成年人的

---

① 董有恒：《性侵未成年人犯罪的性法学思考》，《法制与经济》2015 年第 Z3 期。
② 黄惠婷：《从性自主权检视刑法保护儿童及少年之规定与修法建议》，《司法新声》2011 年第 1 期。
③ 消极的权利可解释为相当于"摆脱的自由"（freedom from），积极的权利相当于"自为的自由"（freedom to）。参见 J. 范伯格《自由、权利和社会正义——现代社会哲学》，王守昌等译，贵州人民出版社，1998。
④ Renzikowski, Schroeder – FS, 2006, SS. 603 – 604，转引自谢俊龙、田然《我国刑法加强未成年人性权利保护的前度探寻》，《青少年犯罪问题》2016 年第 4 期。
⑤ Thomas Fischer, Strafgesetzbuch, 63. Aufl. 2016. §176，Rn. 2，转引自谢俊龙、田然《我国刑法加强未成年人性权利保护的前度探寻》，《青少年犯罪问题》2016 年第 4 期。
⑥ Stephan, Sexueller Missbrauch von Jugendlichen, 2002, S. 77，转引自谢俊龙、田然《我国刑法加强未成年人性权利保护的前度探寻》，《青少年犯罪问题》2016 年第 4 期。
⑦ 袁翠清：《我国网络环境下儿童性权益保障的缺失及对策探讨》，《北京青年研究》2014 年第 4 期。

性完整与性身体安全权、性隐私权、性发育健康权、性教育权"①。此观点不仅看到了未成年人与成年人一样享有的权利，同时也注意到了基于未成年人自身特性而应拥有特殊的性权利，具有生理学和法学相恰合的合理性。

由于性权利与其他权利一样分为权利能力与行为能力，因此，主体性权利的能力也分为性权利能力和性行为能力。主体的性权利能力基于出生事实而产生，随着死亡而消灭，是主体依法享有性权利的资格，是个人性行为实施的前提，没有差别与限制（包括年龄）；而性行为能力则是主体"通过自身行为（包括但不限于性行为）依法享有性权利的能力，是性法律关系产生、变更或消灭的主体要件，只有具有性行为能力的人，才可以依法行使各项性权利"。② 未成年人与成年人都具有性权利能力。但是，由于未成年人生理与心理认知发育不成熟，在性行为能力方面与成年人有差异，一定年龄以下的未成年人不具备性行为能力，因此，绝大多数国家从保护未成年人角度出发，通过法律规定，一定年龄以下的未成年人所作出的任何性承诺都不具有法律效力。

本书认为，性权利既然是一种平等权利，是人人都应拥有并受法律约束和保护的基本权利，未成年人作为自然人也应拥有。因此，未成年人应享有积极性意义上的性权利和消极意义方面的性权利。同时，基于未成年人处于身心成长发展阶段的特点，与成年人相比其权利更具有发展性、依赖性与易受侵害性，因而应有更宽范围，还应包括性完整与性身体安全权、性隐私权、性发育健康权以及性教育权等；同时，由于未成年人与成年人相比处于弱势，未成年人性权利更侧重于消极性意义方面，重点在于具有免受侵害的权利，有权拒绝、排除与摆脱任何形式的性强迫、性剥削与性虐待，是应该得到相关救济与援助的权利。

（二）性侵害未成年人犯罪概念

1. 性侵害不同理解

近年来，在各种新闻报道和学术研究中，对与性相关的不利于未成年

---

① 谢俊龙、田然：《我国刑法加强未成年人性权利保护的前度探寻》，《青少年犯罪问题》2016 年第 4 期。

② 苏雄华、冯思柳：《淫促者性侵幼女的刑法规制研究——基于 124 份判决书的实证分析》，《江西社会科学》2019 年第 2 期。

人健康成长行为的相近表述多种多样，如有"性骚扰"、"性侵犯"、"性侵害"、"性虐待"、"性强制"以及"性暴力"等不同表述。本书分别以"性侵害未成年人"、"性侵未成年人"、"性侵犯未成年人"、"性骚扰未成年人"以及"性暴力未成年人"为主题，在中国知网系统中进行文献搜索，截至2018年1月1日，搜索结果分别为276条、203条、54条、13条以及7条，可见不同表述纷繁多样。

　　我国现有法律规定与规范性文件对性侵害未成年人犯罪也缺乏统一表述。本书对近年来我国性侵害未成年人犯罪的相关法律、司法解释、意见以及政府规范性文件进行梳理发现，相关表述主要集中在性侵害、性侵、性侵犯、性暴力与性骚扰等概念上。对此作者进行了分类梳理与归类列举（见表0-1）。

表0-1　规范性文件对性侵害未成年人行为不同表述及其内容梳理

不同表述	规范性文件	具体内容表述
性侵害	2013年修改的《未成年人保护法》	第41条规定："禁止拐卖、绑架、虐待未成年人，禁止对未成年人实施性侵害。"第56条："公安机关、人民检察院、人民法院办理未成年人遭受性侵害的刑事案件，应当保护被害人的名誉。"
	2013年最高人民法院、最高人民检察院、公安部、司法部共同制定发布《关于依法惩治性侵害未成年人犯罪的意见》（法发〔2013〕12号）	"为依法惩治性侵害未成年人犯罪，保护未成年人合法权益，根据刑法、刑事诉讼法和未成年人保护法等法律和司法解释的规定，结合司法实践经验，制定本意见。"
	2014年最高法、最高检、公安部、民政部《关于依法处理监护人侵害未成年人权益行为若干问题的意见》（法发〔2014〕24号）	"本意见所称监护侵害行为，是指父母或者其他监护人（以下简称监护人）性侵害、出卖、遗弃、虐待、暴力伤害未成年人，教唆、利用未成年人实施违法犯罪行为，胁迫、诱骗、利用未成年人乞讨，以及不履行监护职责严重危害未成年人身心健康等行为。"
	2015年最高检《检察机关加强未成年人司法保护八项措施》	"严厉惩处各类侵害未成年人的犯罪。对成年人性侵害拐卖、绑架、遗弃、伤害、虐待未成年人以及教唆、胁迫诱骗、利用未成年人犯罪等严重侵害未成年人身心健康和合法权益犯罪，坚持零容忍态度，依法从严从快批捕、起诉，加大指控犯罪力度，充分发挥法律威慑和震慑作用，坚决斩断伸向未成年人的黑手。"

不同表述	规范性文件	具体内容表述
性侵害	2014年公安部《性侵害案件法医临床学检查指南》（中华人民共和国公共安全行业标准 GA/T 1194–2014）	"术语和定义"部分对"性侵害"（Sexual Assault）定义为："未获得当事人合法有效之'同意'而与之发生的性接触。"
	2006年公安部《公安机关办理性侵害案件工作指导手册》	"性侵害犯罪，是指直接侵害他人性自由、性自决权和身心健康的非法性交行为或其他性淫乱行为。"
性侵	2013年教育部、公安部、共青团中央、全国妇联联合发布《关于做好预防少年儿童遭受性侵工作的意见》（政府文件教基一〔2013〕8号）	"各地教育部门、共青团、妇联组织要通过课堂教学、讲座、班队会、主题活动、编发手册等多种形式开展性知识教育、预防性侵犯教育，提高师生、家长对性侵犯犯罪的认识。"（在此文件名中表述为"性侵"，但是在文件内容中又采用"性侵犯"的表述。）
	中国法学会《中国法治建设年度报告》（2014、2015、2016年度）	中国法学会《中国法治建设年度报告（2014）》中表述：法院"依法严惩侵害妇女、未成年人权益犯罪，审结拐卖妇女儿童、性侵未成年人犯罪案件1048件"；中国法学会《中国法治建设年度报告（2015）》中表述：法院"依法严惩侵害妇女、未成年人权益犯罪，审结拐卖妇女儿童、性侵妇女儿童等犯罪案件5446件"；检察院"严惩性侵、拐卖、虐待未成年人犯罪，起诉严重侵害妇女人身权益犯罪24219人"；中国法学会《中国法治建设年度报告（2016）》中表述：法院"严惩侵害妇女儿童权益犯罪，审结拐卖、性侵妇女儿童犯罪案件5335件"。
	2016年最高检《"十三五"时期检察工作发展规划纲要》	"制定未成年人检察工作指引，细化讯问询问、审查批捕、审查起诉，出庭支持公诉、帮教考察等工作标准、程序，完善性侵未成年人等案件证据标准。"
性侵犯	2011年国务院《中国儿童发展纲要（2011—2020年）》	第三部分"发展领域、主要目标和策略措施"中有关"儿童与法律保护"内容中表述："保护儿童免遭一切形式的性侵犯。"
	2016年教育部《依法治教实施纲要》（2016—2020年）（教政法〔2016〕1号）	第三部分"深入推进教育部门依法行政"第三点"深化教育行政执法体制机制改革"内容中表述："对校园欺凌性侵犯学生等违法犯罪行为建立'零容忍'机制，加强部门合作，会同政法部门依法严肃查处。"

续表

不同表述	规范性文件	具体内容表述
性侵犯	2016 年国家卫生和计划生育委员会、中共中央宣传部、中央综治办共同发布《关于加强心理健康服务的指导意见》（国卫疾控发〔2016〕77 号）	第四部分"加强重点人群心理健康服务"第八点"全面加强儿童青少年心理健康教育"中表述："共青团等组织要与学校、家庭、社会携手，开展'培育积极的心理品质、培养良好的行为习惯'的心理健康促进活动，提高学生自我情绪调适能力，尤其要关心留守儿童、流动儿童心理健康，为遭受学生欺凌和校园暴力、家庭暴力、性侵犯等儿童青少年提供及时的心理创伤干预。"
	2016 年国务院新闻办公室发布的《国家人权行动计划》（2016—2020 年）白皮书	第三部分"特定群体权利"中第（三）点"儿童权利"中表述为："建立儿童暴力伤害的监测预防、发现报告、调查评估、处置、救助工作运行机制。依法打击拐卖、虐待、遗弃儿童，利用儿童进行乞讨，以及针对儿童的一切形式的性侵犯等违法犯罪行为。"
性暴力	2008 年最高人民法院应用法学研究所制定的《涉及家庭暴力婚姻案件审理指南》	"性暴力是加害人强迫受害人以其感到屈辱、恐惧、抵触的方式接受性行为，或残害受害人性器官等性侵犯行为。"
性骚扰	2011 年国务院发布的《中国妇女发展纲要》（2011—2020 年）	第三部分"发展领域、主要目标和策略措施"第（七）点"妇女与法律"内容中表述为："有效预防和制止针对妇女的性骚扰。建立健全预防和制止性骚扰的法规和工作机制，加大对性骚扰行为的打击力度。用人单位采取有效措施，防止工作场所的性骚扰。"

在表 0 - 1 所列举的我国各种法律法规、司法解释以及政府文件、报告与白皮书中，有关表述五花八门，本书在此未能全部穷尽，但已可窥一斑，说明我国目前尚未对性侵害未成年人行为形成统一认识和看法。

2. 相关概念辨析

由于目前我国有关性侵害未成年人行为的相关表述主要集中在"性骚扰"、"性暴力"、"性侵犯"、"性侵"与"性侵害"等概念上，因此，本书对上述概念进行一定分析与比较以期厘清概念，统一认识。

"性骚扰"[①] 这个提法源于西方国家，是女权主义兴起时代的产物。在

---

① 性骚扰一词是 1974 年美国康奈尔大学一名 44 岁名叫 Carmita Woods 的女性，因遭受其工作伙伴骚扰，其代理律师女权主义法学家 Catharine A. Mackian 为主张其权利而首先提出的。

《英汉妇女与法律词汇释义》中解释为："也是性伤害的一种形式，是性暴力延续的一部分。"① 美国平等就业机会委员会1980年对"性骚扰"定义为："以对不受欢迎的性要求、性接近或其他性接触等的顺从与否，作为个人就业或雇佣与否的基础，或将影响其工作环境或工作评价"②，范围较为广泛，包括语言表示与身体行动。我国台湾地区对"性骚扰"的规定更为广泛，在专门的"性骚扰防治法"中规定为："性侵害犯罪以外，对他人实施违反其意愿而与性别有关之行为"③，作为他人工作、教育、服务、训练等权益的条件。从上述不同规定可以看出此概念源于工作场景，行为发生往往具有特定工作情境，一方面，发生范围具有一定局限性与特定性；另一方面，并非以危害性或危害后果为成立条件，在我国大陆地区现有的法律体系下难以入罪。

世界卫生组织将"性暴力"界定为："任何性行为、企图获得一个性行为、有害的性评论或表示、买卖女性的性特征行为，用强迫性手段、使用有害性的或体力威胁，不论关系到受害者的任何人、在任何地方。"④ 此界定中行为的外延较为宽泛，从用枪威胁的强奸到以解雇为威胁的性强迫都可归入性暴力行为。⑤ 虽然该界定对行为表现方式规定得较为宽泛，但此概念仅强调对被害人的直接性强迫与威胁，不包括其他情形，界定过于狭隘，外延较窄。

"性侵犯"一般泛指违背他人意愿，对他人实施的任何与性有关的行为，如采取暴力、威胁、引诱或欺骗等方式进行的性接触，无论是身体、语言还是心理方面，包括强奸、企图强奸、威胁以及性骚扰等形式。⑥ "性侵犯"范围较为广泛，包括一切违背他人意愿的性行为，没有发生场景与

① 谭兢嫦、信春鹰：《英汉妇女与法律词汇释义》，中国对外翻译出版社，1995，转引自陆士桢、李玲《揭露，为了预防——我国儿童性侵犯研究报告》，华东理工大学出版社，2011，第3页。
② 王行娟：《性骚扰的现状与研究》，《妇女研究论丛》1998年第3期。
③ 高凤仙：《性侵害及性骚扰之理论与实务》，五南图书出版股份有限公司，2016，第6页。
④ Jewkes, R., Garcia-Moren, C., Sen, P., "Sexual Violence", In: *World report on violence and health Geneva*, World Health Organization, 2002: 149-181。
⑤ 世界卫生组织：《性暴力受害人法医学监护指南》，李旭译，人民卫生出版社，2006，第5页。
⑥ Muehlenhard, C. L., Powch, I. G., Phelps, J. L., et al., "Definitions of Rape: Scientific and Political Implications", *J. Soc Issues*, 1992: 23-44, 转引自隋双戈、陈柳月、袁晓飞等《城市女性遭遇性侵犯的风险因素》，《中国心理卫生杂志》2011年第11期。

范围的限制，也没有造成危害与后果的要求，既包括构成犯罪的强奸、猥亵等严重行为，也包括尚未构成犯罪的一般违法行为甚至更广泛的越轨行为与表现，如暴露、窥淫等；没有将一般违法、越轨行为与犯罪行为区别开来，司法实践中难以清晰界定与区别对待。而"性侵"一词一般是作为"性侵犯"的略称，同样具有概念外延较为广泛的特点，在此也就不再做过多解释。

"性侵害"是指违背他人意愿，侵害他人生命权、自由权及性自主权的行为。性侵害概念属于后果指向性词语，强调行为所带来的危害。[①] 此概念一方面要求行为必须具有违背他人意愿的特点；与此同时，又强调此类行为与一般性违反道德、社会良好风俗行为的区别，必须是侵害他人生命权、自由权以及性自主权等重要权利并具有一定危害性的行为。

故此，本书认为，性侵害是违背他人意愿，侵害他人生命权、自由权、性自主权并形成一定危害的行为。我国当前有关性侵害未成年人犯罪最重要的司法解释《性侵意见》采用的就是"性侵害"这一概念；保护未成年人的最重要法律《未成年人保护法》也采用"性侵害"表述；公安部《性侵害案件法医学临床学检查指南》也采用此概念。这说明，现有关于未成年人保护与惩治此类行为的重要司法文件中，对此概念的采用已成为一定范围内的共识。

因此，本书对相关概念、提法进行分析比较后认为，采用"性侵害"概念更能体现性侵害未成年人活动的实质与行为性质，并且也符合当前已有相关法律与司法解释的提法。故而，本书将侵害未成年人的此类犯罪统一称为"性侵害未成年人犯罪"。

3. 性侵害未成年人犯罪定义

有关性侵害未成年人犯罪或相类似犯罪的定义众多，既有国际组织、各国政府与机构的界定，也有社会组织与学者提出的不同解释。为便于认识与分析，本书分别从域外与域内两方面介绍相关定义与界定。

国外与我国港台地区的相关界定可以划分为以下几种。

第一种：在世界卫生组织关于儿童性虐待的预防磋商会议的详细论述

---

① 陆士桢、李玲：《揭露，为了预防——我国儿童性侵犯研究报告》，华东理工大学出版社，2011，第3页。

中认为性侵害未成年人行为，是未成年人在尚未具备完全理解能力无法给出知情同意表示，或由于发育程度尚未完全也不能给出性同意表示，或在违反法律、社会禁忌情况下卷入的性活动。[①] 还有学者认为必须同时具备三项条件：（1）侵害人与被害人之间存在年龄、成熟程度上的较大差异；（2）侵害人具有照顾未成年人的责任或处于相对强势地位；（3）侵害人采用强迫或引诱方式致使被害人参与违背其意愿的性行为。[②] 这类界定虽然肯定并强调了被害人与侵害人之间的不平等关系与差距，但并未对性行为做进一步解释，仍局限于身体直接接触；采取列举方式描述行为，但未总结性侵害未成年人犯罪实质，没有对性侵害未成年人犯罪作出清晰定义。

第二种：美国对性侵害未成年人的范围规定得较为广泛，甚至包括了一切不利于未成年人健康的性活动。如美国虐待和歧视儿童中心将儿童性虐待（Child Sexual Abuse）规定为："成年人为满足性冲动而对儿童施加性刺激的行为"[③]；我国香港地区民间公益组织"香港防止虐待儿童会"在其预防指导手册中也有相似界定。[④] 我国台湾地区学者认为所有使未成年人沦为"性"受害者的行为都属于性侵害[⑤]，甚至还有学者建议将性侵害范围扩展至一切违反未成年人意愿的与"性"有关的行为。[⑥] 但这些界定过于宽泛，并未对"性活动""性行为"范围进行限定，有可能将一部分可以通过法律以外其他规范调整的行为也包括进来，导致很多性侵害行为无法认定与界分，反而不利于真正实现对未成年人的保护。

第三种：我国台湾地区刑事相关规定所界定的性侵害犯罪，指"刑

---

① WHO/HSC/PVI/99.1. 参见世界卫生组织《性暴力受害人法医学监护指南》，李旭译，人民卫生出版社，2006，第 64 页。

② Finkelhor, D., "Child Sexual Abuse, Challenges Facing Child Protection and Mental Health ProfessionalsIn"; Ullman, E. and Hilweg, W. (eds.), *Childhood and Trauma: Separation, Abuse, war,* Aldershot, Hants, England; Brookfild, Vt: Ashgate, 1999, 转引自陆士桢、李玲《揭露，为了预防——我国儿童性侵犯研究报告》，华东理工大学出版社，2011，第 6 页。

③ 转引自孙晓勉、刘黎明、王懿《儿童性虐待》，《国外医学》（妇幼保健分册）2002 年第 1 期。

④ 参见广东律师协会《未成年人权益保护前沿与实践——律师视角》，法律出版社，2015，第 156 页。

⑤ 参见陈慧女《性侵害被害人的社区工作与辅导》，载林明杰《家庭暴力与性侵害的问题与对策》，元照出版有限公司，2013，第 287 页。

⑥ 参见黄惠婷《从性自主权检视刑法保护儿童及少年之规定与修法建议》，《司法新声》2011 年第 1 期。

法""妨害性自主罪"一章所定之罪及其结合罪或特别法规定的犯罪，包括"强制性交罪、强制猥亵、乘机性交猥亵、利用权势性交猥亵、诈术性交、强盗强制性交、海盗强制性交、掳人勒赎强制性交罪等；而性侵害未成年人犯罪是指 18 岁以下未成年人遭受性侵害的犯罪"①。此界定虽然明确了性侵害的行为范围，但过于狭窄，主要局限于强制性交与猥亵行为，没有将对未成年人危害性也较大的强制卖淫、色情表演等侵害行为包括在内。

我国大陆（或内地）目前对性侵害未成年人犯罪也缺乏统一认识与规定，存在不同的界定与解释。

第一种：有学者认为性侵害未成年人犯罪是"以奸淫或营利为目的、采用任何手段、侵犯未成年人受到法律保护的性权利的违法犯罪行为"②；也有学者认为是"侵害人为了满足性欲，采取强迫或引诱手段与未成年人性接触的行为"。③ 这些定义肯定了对未成年人性权利的保护，并认为此类犯罪具有特定目的性，规定有其合理之处；但对于性侵害行为的规定还是局限于直接身体性接触，仍具有局限性。

第二种：有学者提出此类犯罪"是一个总括性术语，并非仅指强奸未成年人行为，还涵盖强奸、猥亵未成年人等多种带有性侵性质行为"④。此定义虽然注意到对该类犯罪特征进行概括性规定，但是，对于性侵害行为缺乏类型化总结，对犯罪行为及其类型界定不够清晰、明确，仍存在不足。

第三种：针对第二种界定的局限性，有学者建议定义为"未成年男性或女性在威逼利诱下所卷入的任何违背个人意愿的性活动"⑤，并进一步将"性活动"解释为既包括有性含义的直接身体接触，也包括露体、观看色

---

① 参见高凤仙《性侵害及性骚扰之理论与实务》，五南图书出版股份有限公司，2016，第 194～195 页。
② 陆士桢、李玲：《揭露，为了预防——我国儿童性侵犯研究报告》，华东理工大学出版社，2011，第 8 页。
③ 朱眉华、刘茂香：《中小学校园侵害探析》，《华东理工大学学报》（社会科学版）2005 年第 2 期。
④ 何挺、林家红：《中国性侵害未成年人立法的三维建构——以美国经验为借鉴》，《青少年犯罪问题》2017 年第 1 期。
⑤ 龙迪：《性之耻，还是伤之痛：中国家外儿童性侵犯家庭经验探索性研究》，广西师范大学出版社，2007，第 13 页。

情制品等非身体接触，并列举了可能的侵害人，其中包括具有优势地位的特殊身份成年人。该界定对性活动给予了清晰解释，并且将行为范围扩大到了非身体接触活动，相比前述界定有进步完善之处。但遗憾的是，该定义忽略了将利用与剥削未成年人的性活动纳入性侵害范畴，对犯罪行为类别规制不完全。

第四种：还有观点认为该类行为是"性剥削未成年人或与之进行性行为，危害或损害未成年人健康、幸福的行为"[1]；也有司法实务部门定义为"对儿童奸淫、猥亵以及与儿童性交易相关的犯罪"[2]，认为"除了强奸行为以外，还包括一些非身体接触行为，如向儿童或女性展示生殖器官，用色情、猥亵语言挑逗儿童或女性，强迫儿童或女性观看自己与他人实施性交的行为，也属于性侵害犯罪范畴"[3]。上述界定虽然将性交易、性剥削纳入性侵害范畴，但并未对行为或活动表现进行相关实质性界定，尤其是对于"奸淫""猥亵"这些具有一定伦理价值判断的词语，在理解与认定中还需要进一步解释；而且没有对侵害的法益进行清晰界定，所提出"幸福""健康"等较为笼统、抽象的概念，在司法实践中也难以清晰认定。因此，上述定义仍未能清楚界定性侵害未成年人犯罪。

我国已有法律规定明确提出性侵害未成年人犯罪是在 2013 年的《性侵意见》中。但是，该意见仍未能对性侵害未成年人犯罪进行准确定义，仅采用简单列举方式进行罪名罗列，认为该类犯罪包括刑法规定针对未成年人实施的八种犯罪。该意见不仅未对性侵害未成年人犯罪进行概括与总结，而且在罪名列举中，虽然包括了部分利用未成年人从事卖淫活动或其他非法性行为的性剥削犯罪，但利用未成年人进行色情表演或充当色情素材的性剥削犯罪并没有被吸纳在内，这也是较为遗憾之处。

联合国《儿童权利公约》是儿童权利保护大宪章，系统性规定了对儿童权利的保护，要求世界各国与地区建立并完善相关制度，确保公权力对性侵害未成年人的一切行为进行干涉，承担保护未成年人免遭一切形式的

---

[1] 王大伟：《中小学生被害人研究》，中国人民公安大学出版社，2003，第 62 页。

[2] 黄尔梅、周峰、薛淑兰：《性侵害未成年人犯罪司法政策案例指导与理解适用》，人民法院出版社，2014，第 245 页。

[3] 公安部刑侦局、中国人民公安大学侦查系项目课题组：《公安机关办理性侵害犯罪案件工作指导手册》，中国人民公安大学出版社，2007，第 2 页。

色情剥削和性侵犯之害的责任。其中公约第34条要求各缔约国通过国内立法与制度完善，"保障儿童免受一切形式之性剥削与性侵犯"。公约及其任择议定书①都要求各国确保儿童不会受到任何形式的虐待、剥削或性侵害。国际刑事法院《罗马规约》也要求各缔约国将性侵害未成年人行为纳入预防严重犯罪之中。

当前国际社会已达成共识，一致认为性侵害未成年人行为是侵害未成年人性权利的犯罪，包括一切性虐待、性交易以及性剥削行为。我国在界定此类犯罪时，必须以国际社会共识为基础，并与我国已加入的国际公约接轨。

结合国际公约及其相关规定，本书认为性侵害未成年人犯罪是指：侵害未成年人性权利与身心健康权，引诱或强迫未成年人参加性活动、利用未成年人从事卖淫活动或其他非法性行为，或者利用未成年人进行色情表演或充当色情素材等侵害行为。此定义不仅明确了犯罪实质是侵害未成年人性权利与身心健康的行为，还扩大了性侵害行为外延，不仅包括直接身体性接触行为，也包括非直接身体性接触行为；既包括直接满足性需求的性活动，也包括利用和剥削未成年人参与的一切性交易、性剥削和利用行为。

（三）性侵害未成年人犯罪类型

由于犯罪类型划分有助于对犯罪进行分类分析，全面掌握各种犯罪的客观情况，并有利于采取针对性措施。因此，准确划分犯罪类型有着相当重要的作用。

目前，性侵害未成年人犯罪类型划分缺乏统一标准，以下是当前几种基本划分方式。

一分法：传统观点认为性侵害未成年人犯罪是指奸淫和猥亵未成年人的犯罪行为，以直接性接触为行为表现特征，主要包括强奸罪与猥亵儿童罪。② 这种划分认为性侵害类型仅有一种形式就是直接身体接触型，性侵

---

① 指《〈儿童权利公约〉关于买卖儿童、儿童卖淫和儿童色情制品问题的任择议定书》（以下简称《儿童色情制品任择议定书》）。
② 参见李成齐《儿童性侵害案件中司法访谈的现状及发展趋势》，《中国特殊教育》2008年第1期。

害行为表现类型较为单一。

二分法：我国台湾地区学者认为性侵害行为包括"接触的性侵害"（包括强制性交、强制猥亵、"性骚扰防治法"中的强制触摸）与"非接触的性侵害"（包括暴露癖、触摸癖、偷窥癖、打性骚扰电话）两类。① 这种划分方式主要从犯罪心理学角度以满足性需求的手段进行划分。我国香港地区防止虐待儿童会对性侵害儿童行为的分类也与上述观点相似，包括身体接触和非身体接触性侵害。② 我国大部分学者也持类似观点，将性侵害分为接触性与非接触性两类行为③，认为性侵害未成年人行为并非仅限于纯粹的性活动，还包括强迫未成年人露体以及观看色情音像、图片制品等非身体性接触等活动。④

三分法：在两分法基础上，有学者认为性侵害包含所有使人沦为"性"受害者的侵害行为，包括接触性（以暴力、胁迫或诱骗的手段达到直接性接触）、非接触性（如暴露性器官、猥亵电话等）、性剥削（利用他人从事与色情有关的性活动牟利）三种形式。⑤ 三分法划分丰富并扩展了性侵害犯罪行为方式，也扩大了对未成年人性权利的保护范围。但是三种行为类型划分标准不一，前面两种以是否直接性接触为划分依据，而最后一类划分标准则是依据行为性质，划分标准前后不一，难以准确区别犯罪行为类型。

联合国《儿童权利公约》第34条将性侵害儿童行为类型划分为："a. 引诱或强迫儿童参与任何非法的性活动；b. 剥削利用儿童从事卖淫或其他非法性行为；c. 剥削利用儿童从事色情表演和充当淫秽素材。"其将组织、强迫未成年人卖淫、色情表演、充当淫秽素材制作儿童色情制品等一系列行为都纳入并统称为性侵害未成年人行为，并且将性剥削纳入性侵害体系中单独作为一类性侵害行为。为了实现《儿童权利公约》宗旨并执

---

① 参见林明杰《家庭暴力与性侵害的问题与对策》，元照出版有限公司，2013，第223页。
② 转引自广东律师协会《未成年人权益保护前沿与实践——律师视角》，法律出版社，2015，第156页。
③ 参见陆士桢、李玲《揭露，为了预防——我国儿童性侵犯研究报告》，华东理工大学出版社，2011，第9页。
④ 参见龙迪《性之耻，还是伤之痛：中国家外儿童性侵犯家庭经验探索性研究》，广西师范大学出版社，2007，第13页。
⑤ 参见陈慧女《性侵害被害人的社区工作与辅导》，载林明杰《家庭暴力与性侵害的问题与对策》，元照出版有限公司，2013，第287页。

行其各项规定,《〈儿童权利公约〉关于买卖儿童、儿童卖淫和儿童色情制品问题的任择议定书》要求各缔约国禁止儿童卖淫和儿童色情制品。世界卫生组织也参考公约与任择议定书内容,采取类似划分。[①] 上述类型划分方式,一方面明确了性侵害未成年人犯罪的类型具有多样性,扩大了性侵害行为的范围;另一方面,又紧紧围绕着性虐待与性剥削、性利用的实质内容,集中保护未成年人权利,避免任意扩大犯罪惩治范围,具有科学性与合理性,值得参考、借鉴。

因此,借鉴国际公约以及相关法律规定,本书认为性侵害未成年人犯罪包括直接性接触行为与非直接性接触行为两大类,可以划分为三种类型:第一,引诱或强迫未成年人参与任何非法性活动;第二,剥削利用未成年人从事卖淫活动或其他非法性行为;第三,剥削利用未成年人进行色情表演或充当色情素材的行为。

(四) 性侵害未成年人犯罪刑事政策内涵

基于性侵害未成年人犯罪防控涉及教育、惩罚、矫治与监督等措施,本书同意并认为广义刑事政策的视角、理念应当是认识和考察刑事政策的出发点和方法论基础。[②] 从广义刑事政策概念出发,本书认为刑事政策所关注领域除了刑法实践外,还应包括其他社会控制活动的探索与发展;刑事政策主体包括国家与社会团体,刑事政策是由国家与社会团体对犯罪予以合理、有效的反应。刑事政策追求的是通过预防与抑制犯罪,维护社会秩序,保障公民自由与安全,保护被害人权利,缓和社会普通人报应感情;通过司法预防、社会预防、社会保护和自我保护等多重手段和方式,达到防控犯罪维护社会秩序、保障公民自由与安全的目的。但是,刑法"依然是刑事政策最重要的核心、高压区和最亮点"[③],刑事政策关注重点仍然是国家如何运用刑事法惩罚、预防和控制犯罪的实践,刑事政策的核心也围绕着国家运用刑法惩罚和预防犯罪的有效性与正当性进行考察、评

[①] 参见世界卫生组织《性暴力受害人法医学监护指南》,李旭译,人民卫生出版社,2006,第 64 页。

[②] 参见梁根林《刑事政策:立场与范畴》,法律出版社,2005,第 12 页。

[③] 米海依尔·戴尔玛斯 – 马蒂:《刑事政策的主要体系》,卢建平译,法律出版社,2000,第 1 页。

析与改进；同时探索其他积极性政策措施，形成综合犯罪防控体系。

性侵害未成年人犯罪刑事政策属于类型犯罪的刑事政策，是"宽严相济"基本刑事政策的下位概念。本书认为性侵害未成年人犯罪刑事政策是国家与社会团体在当前犯罪形势下制定的，以预防、控制和惩治性侵害未成年人犯罪，保护未成年人权益为目的，以刑事法律为核心的一系列综合应对策略和措施的总和。

第一章　性侵害未成年人犯罪现状及态势

著名刑法学家李斯特曾说："谁想与犯罪作斗争，首先必须了解犯罪；他必须研究犯罪，不是作为概念上的抽象的犯罪，而是作为一种现象，作为社会事件和个人事件的犯罪。"[1] 因此，对我国性侵害未成年人犯罪状况的准确认识与了解，以及对犯罪发展趋势的分析与预测，是科学制定刑事政策，合理应对性侵害未成年人犯罪的客观现实基础。

第一节　我国性侵害未成年人犯罪现状

本章运用实证研究方式，通过收集近 6 年性侵害未成年人犯罪司法审判案例并到犯罪高发地区开展实地调查，收集大量有关性侵害未成年人犯罪第一手资料，然后进行整理、统计和分析，以求对我国当前性侵害未成年人犯罪现实状况有全面、客观认识，为下一步深入研究奠定基础（本章所用数据和图表，如无特别说明，均由本书作者自行收集或实地调查所得的资料数据经过统计、整理而成）。

一　案例收集路径与分析方法

本书作者对近 6 年我国各地法院上传性侵害未成年人犯罪案件司法文书进行统计和分析，同时深入部分性侵害未成年人犯罪高发的西部偏远地区（如贵州毕节、铜仁、遵义，云南昭通，四川綦江等地）进行实地调查和走访，并参考和借鉴其他学者、公益组织的研究报告、报纸报道和政府

---

[1]　冯·李斯特：《论犯罪、刑罚与刑事政策》，徐久生译，法律出版社，2016，第 15 页。

官网公开数据、资料，以弥补单一司法审判案例和数据全面性与客观性不足的问题，尽量做到以全面、客观、翔实的数据资料与案例事实为研究基础，对我国性侵害未成年人犯罪状况有较为全面、客观的认识。

本章收集的司法审判案件是 2010 年 1 月 1 日至 2017 年 1 月 1 日各地法院上传到"中国裁判文书网"和"北大法宝"的一审、二审刑事判决书与部分刑事裁定书，包括全国 31 个省（区、市）的强奸罪，强制猥亵侮辱妇女罪 [《刑法修正案（九）》后改为强制猥亵侮辱罪]，猥亵儿童罪，嫖宿幼女罪 [《刑法修正案（九）》后取消]，组织卖淫罪，强迫卖淫罪，引诱、容留、介绍卖淫罪和引诱幼女卖淫罪等案件，共计 1702 件；其中，涉案犯罪人 1772 人，受害人 2255 人。

本章采用社会统计分析软件（SPSS）为主要分析手段，将收集的案例资料，按照所设置"变量"进行编排，输入 SPSS 程序，通过调用分析—描述—频数等程序，得到有关性侵害未成年人犯罪基本状况相关数据，然后进行频率分析以直观地归纳总结犯罪案件发生的基本状况与特征，再通过交叉分析考察影响犯罪案件因素之间关系，对犯罪成因进行综合考察。在此基础上，本章再参考和补充实地调查数据与其他资料进行综合性比较分析，以勾勒和总结我国性侵害未成年人犯罪的基本状况与特征。

二 犯罪基本特征

本章通过对收集的资料和数据的整理、统计和分析，发现我国性侵害未成年人犯罪现状有以下特征。

（一）近年犯罪形势严峻

有关性侵害未成年人犯罪的数据，我国在 2000 年前报道与披露较少，进入 21 世纪后关于此类案件的报道才逐渐增多。据某知名网站数据，全国各地投诉"儿童性侵害"个案自 1997 年至 2000 年，三年间就猛增 20 多倍。本章在对近 6 年上传有犯罪时间记录的 1571 件性侵害未成年人案件分析发现，2013～2015 年是案件高发期，2013 年 327 件，2014 年案件数高达 485 件，平均每天 1.32 件；2014 年案件审理数也高达 516 件，平均一天审理 1.41 件；2016 年案发数与审判数略有下降（见图 1-1）。

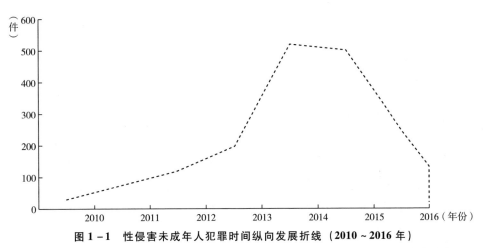

图 1 – 1　性侵害未成年人犯罪时间纵向发展折线（2010～2016 年）

资料来源：本书中所有图、表，除另有说明外，均为本书作者在自行收集的案件数据与实地调查获取的资料基础上，进行整理、统计与分析形成。

图 1 – 1 案件数量曲线说明，一方面，最近几年性侵害未成年人案件数上升迅速；另一方面，2016 年以来，犯罪上升趋势受到一定遏制，呈现一定下降形态。

然而，通过图 1 – 1 不能简单得出性侵害未成年人犯罪已经得到控制的结论。因为本章收集的上传案件是已审理完结案件，从案件发生到审理完毕并上传，本身就需要一段时间。同时，还要考虑到此类案件由于较为隐蔽、受害人年龄较小、犯罪"黑数"较高等因素，不能单纯从现有审理案件数下降就得出此类犯罪下降的必然结论。本章没有能力揭示导致数据曲线与直观感受相悖的隐藏逻辑和内在原因，也不愿做出推测性的解释，但最高检史上首份检察建议书于 2018 年 10 月发送给教育部的事实，很有说明问题的信服力。最高检"一号建议"强调，"以上率下""督促地方政府落实"，把该检察建议"做成刚性，做到刚性"。[①] 这种司法实务行为和严厉措辞应能旁证说明，我国性侵害未成年人犯罪形势在 2016 年至 2018 年至少处于持续严峻状态。

本章根据各地法院上传数据而制成的我国性侵害未成年人犯罪地图发现，每百万人中湖南省、浙江省、江苏省与河南省发案率较高，占到全国

---

① 蒋安杰：《最高检史上首份检察建议书为何发给教育部？》，http://www.china.com.cn/liang hui/news/2019 – 03/13/content_74564382. shtml［2019 – 03 – 15］。

案件总数的 33.3%；性侵害未成年人犯罪覆盖面广泛，并在部分区域呈现高发态势，犯罪形势仍然严峻。

（二）犯罪类型集中

在本章收集的性侵害未成年人犯罪案件中，强奸罪、猥亵儿童罪数量最多，分别占 45.6% 与 38.8%，在《刑法修正案（九）》生效前，嫖宿幼女罪占到 8.1%（见表 1-1）。可见，在我国过去 6 年中，以强奸罪、猥亵儿童罪为代表的性侵害是此类犯罪的主要类型。这说明在对此类犯罪的防控中，强奸与猥亵儿童罪是重点防范对象，不论是刑罚惩处还是犯罪预防都要重点关注这些犯罪。

表 1-1　各类性侵害未成年人犯罪所占比例

	类别	频率	百分比	有效百分比	累计百分比
有效	强奸罪	776	45.6	45.6	45.6
	强制猥亵侮辱妇女罪〔《刑法修正案（九）》〕	56	3.3	3.3	48.9
有效	强制猥亵侮辱罪〔《刑法修正案（九）》〕	10	0.6	0.6	49.5
	猥亵儿童罪	661	38.8	38.8	88.3
	组织卖淫罪	20	1.2	1.2	89.5
	强迫卖淫罪	35	2.1	2.1	91.5
	引诱容留介绍卖淫罪	5	0.3	0.3	91.8
	引诱幼女卖淫罪	1	0.1	0.1	91.9
	嫖宿幼女罪（《刑法修正案（九）》生效前）	138	8.1	8.1	100.0
	合　　计	1702	100.0	100.0	

（三）犯罪发生区域相对集中

本章为便于研究将全国划分为四大区域板块（见表 1-2）。

表 1-2　全国司法裁判文书地域划分

单位：个

划分区域	省级行政区名称	数目
东部区域	广东、江苏、北京、上海、浙江、山东、天津、福建、湖北、海南	10
中部区域	河北、河南、安徽、湖南、江西、山西	6
西部区域	四川、重庆、陕西、内蒙古、广西、新疆、贵州、宁夏、云南、甘肃、青海、西藏	12
东北区域	辽宁、吉林、黑龙江	3

此区域划分参照国家统计局统计公报中划分方式，参见《2016年国民经济和社会发展统计公报》，http：//www.stats.gov.cn/tjsj/zxfb/201702/t20170228_1467424.html［2017-03-10］。

从犯罪发生区域来看，东部区域数量第一，中部第二，西部第三（见表1-3）。这与人们一般认为中、西部地区该类案件频发的情况有所不同。这可能与以下因素有关：一是东部区域上传司法裁判文书时间最早，基数也最大，西部区域各级法院开始上传时间在所有区域中最晚，整体上传数量也少[1]；二是东部区域作为我国经济发达地区，司法保障程度也高于其他区域，而西部区域与其他区域相比较而言，受多方面客观原因以及法律保护意识程度不高等影响，且被害人中有相当一部分为留守儿童、自我保护意识不强、家长监护薄弱也影响该类案件的报告率，导致犯罪"黑数"较大，法院审理此类案件数也就少；三是执法水平影响，受东、西部执法水平高低差异影响，西部区域执法人员素质、能力与水平等较低，导致此类案件侦破率不高，也影响最终审判数量；四是东部区域作为劳动力流入地区，大量外来青壮年劳动力的流入也加大了性侵害发生的风险，导致犯罪发生率增加。这说明在性侵害未成年人犯罪案件中，中、西部区域的实际案发率不一定比东部低，此类地区犯罪情况不容忽视；同时，除了中、西部欠发达地区外，东部发达地区由于外来人口大量增长，也逐渐成为性侵害未成年人犯罪的高发区域之一，同样需要引起我们的重视。

---

① 《最高人民法院关于人民法院在互联网公布裁判文书的规定》（法释〔2013〕26号）第14条规定："各高级人民法院在实施本规定的过程中，可以结合工作实际制定实施细则。中西部地区基层人民法院在互联网公布裁判文书的时间进度由高级人民法院决定，并报最高人民法院备案。"当时并未要求中西部地区基层人民法院裁判文书全部统一上传，因此，该地区裁判文书全面上传时间晚于其他地区，影响了区域裁判文书统计总量。

表1-3　犯罪发生地所属区域

	区域	频率	百分比	有效百分比	累计百分比
有效	东部区域	628	36.9	36.9	36.9
	中部区域	508	29.8	29.8	66.7
	西部区域	445	26.1	26.1	92.9
	东北区域	121	7.1	7.1	100.0
	合　计	1702	100.0	100.0	

本章在调查中还发现一个现象：在性侵害人来源于教师与教辅人员的师源性性侵害犯罪中，中、西部地区案发情况较为突出，占到该类犯罪总数的近70%（见图1-2）；此类犯罪发生率排在前三位的省份分别是甘肃、湖南与河南（见图1-3），说明在中、西部地区对教师、教辅人员的入职审核和日常监督需要引起重视并进行加强。

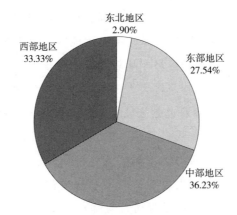

图1-2　师源性性侵害地区分布

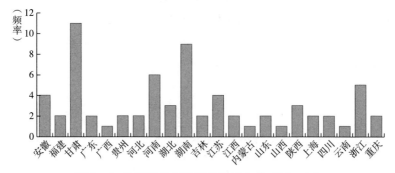

图1-3　师源性性侵害发生地所在省（区、市）

三 犯罪行为人特征

本章通过对近年性侵害未成年人犯罪案件中 1772 名犯罪人情况进行分析,发现以下特征。

(一) 集中于青壮年男性

犯罪人以男性为主,占到犯罪人总数的 98.9%,女性仅为 1.1%;犯罪人犯罪时平均年龄 36 岁,最小 14 岁,最大 88 岁;犯罪人年龄分布集中于 35~40 岁年龄段(见表 1-4、图 1-4),其中,18~40 周岁犯罪人占46.9%,40~60 周岁犯罪人占 43.1%。数据说明此类犯罪人集中于青壮年男性,这与性犯罪人的生理需求特性基本一致。

据国外研究发现,被判刑的犯罪人平均年龄在 36~40 岁,75% 的强奸犯罪人年龄在 30 岁以下,而 75% 的性侵害未成年人犯罪人年龄高于30 岁。统计还发现,此类犯罪人年龄一般高于其他类型性犯罪人,不同年龄阶段的犯罪人似乎偏好不同的受害儿童。如一般超过 50 岁的恋童癖者偏好选择未发育成熟儿童(一般为 10 岁以下),40 岁以下的恋童癖者偏好 12~15 岁的女孩。[①] 这说明性侵害未成年人犯罪人年龄分布与侵害对象选择异于一般性犯罪人,这也是性侵害未成年人犯罪的一个典型特征。

表 1-4　犯罪人年龄划分阶段

	年龄段	人数	百分比	有效百分比	累计百分比
有效	14~16 周岁(不包括 16 周岁)	20	1.1	1.1	1.1
	16~18 周岁(不包括 18 周岁)	79	4.5	4.5	5.6
	18~40 周岁(不包括 40 周岁)	831	46.9	46.9	52.5
	40~60 周岁(不包括 60 周岁)	763	43.1	43.1	95.5
	60 周岁以上	79	4.5	4.5	100.0
	合　　计	1772	100.0	100.0	

① 参见 Curt, R. Bartol, Anne, M. Bartol《犯罪心理学》,杨波、李林等译,中国轻工业出版社,2017,第 309 页。

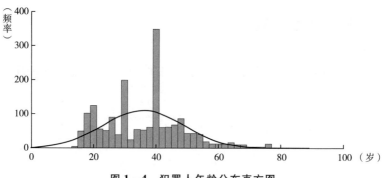

图 1 - 4 犯罪人年龄分布直方图

本章通过案例收集发现犯罪高发年龄段延续时间较长，有 4.5% 的犯罪人年龄在 60 岁以上；犯罪人年龄跨度较大，60 岁以上老年犯罪人有 79 人，占 4.5%，其中 70 岁以上老年犯罪人有 33 人，犯罪人年龄最高者为 88 岁。这与近年来社会人口整体寿命延长、医疗水平提高有关。因此，随着我国步入老龄化社会，有关老年人性侵害未成年人犯罪问题也要引起重视。

（二）非婚单身大龄男性所占比例大

近年来性侵害未成年人案件中犯罪人婚姻状况如下：在已有婚姻状况记录的 586 人中，未婚、离婚和丧偶的犯罪人占到有效数据的 72.5%，已婚犯罪人仅占 27.5%（见表 1 - 5）。大多数犯罪人家庭婚姻状况异常，非婚单身大龄男性犯罪人在性侵害未成年人犯罪中占到绝大多数，说明此类人群更容易成为潜在危险侵害人群，需要加以重点关注和管理。

表 1 - 5　犯罪人家庭婚姻状况

婚姻状况		人数	百分比	有效百分比
有效	未　婚	411	23.2	23.2
	已　婚	161	9.1	9.1
	离　婚	10	0.6	0.6
	丧　偶	4	0.2	0.2
	不　详	1186	66.9	66.9
	合　计	1772	100.0	100.0

（三）再犯情况突出

司法实务部门人员对近年司法实践中，法院审理性侵害未成年人案件进行特征分析后总结认为："有性犯罪前科的再次实施性犯罪比例相对较高。"[①] 本章在分析中也发现，再犯情况占到犯罪人总数的 15.6%，其中，同种性侵害犯罪再犯占 11.5%（见表 1-6），说明性侵害未成年人犯罪中再犯情况比较突出，在惩治与预防中必须重视这一特点，采取针对性措施。

表 1-6　犯罪人再犯情况统计

	类别	人数	百分比	有效百分比	累计百分比
有效	不是再犯	1495	84.4	84.4	84.4
	同罪再犯	203	11.5	11.5	95.8
	异罪再犯	73	4.1	4.1	99.9
	不　详	1	0.1	0.1	100.0
	合　计	1772	100.0	100.0	

（四）大多数为无业人员

本章对收集的案件中犯罪人职业状况进行分析后发现，"无业人员"数量占首位，占到犯罪人总数的 61.2%；其次为"农民"，占 18.6%；个体劳动者和临时工也占有一定比例，分别为 5.0% 和 3.7%；国家行政人员、事业单位人员、大学生及以上学历，所占比例很低，总共占 1.1%（见表 1-7）。

国外对性侵害人特征分析也有类似发现：犯罪人在初中、高中期间失学和辍学的比例较高；一般具有在非技术性的职场工作并具有不稳定的工作记录；往往来自较低的社会经济阶层。[②] 虽然犯罪人中大多数为无业人员，但也有例外情况，如在我国性侵害未成年人犯罪中，"中小学教师、

---

① 张尼：《侵害未成年人犯罪典型案例发布 此类案件有啥特点?》，http://www.chinanews.com/gn/2017/06-01/8239134.shtml［2017-06-10］。

② 参见 Curt, R. Bartol, Anne, M. Bartol《犯罪心理学》，李波、李林等译，中国轻工业出版社，2017，第309页。

表1-7 犯罪人就业/职业状况分布

类别		人数	百分比	有效百分比	累计百分比
有效	无业	1084	61.2	61.2	61.2
	个体劳动者	89	5.0	5.0	66.2
	建筑工地临时工	21	1.2	1.2	67.4
	其他行业临时工	45	2.5	2.5	69.9
	农民	329	18.6	18.6	88.5
	商务服务	42	2.4	2.4	90.9
	生产企业工人	39	2.2	2.2	93.1
	企业管理者	6	0.3	0.3	93.4
	事业单位普通人员（不包括中小学教师）	6	0.3	0.3	93.7
	事业单位管理人员（不包括中小学教辅人员）	1	0.1	0.1	93.8
	中小学教师	60	3.4	3.4	97.2
	中小学教辅人员	6	0.3	0.3	97.5
	国家行政单位普通工作人员	3	0.2	0.2	97.7
	国家行政单位领导干部	3	0.2	0.2	97.9
	中学生	33	1.9	1.9	99.7
	大学生及以上学历	5	0.3	0.3	100.0
合　计		1772	100.0	100.0	

教辅人员"在性侵害未成年人犯罪中也占有一定比例。

（五）整体受教育水平较低

在上传案件中有受教育情况记录的犯罪人（732人）中，初中及以下学历626人，占85.6%，高中学历47人，占6.4%，中专及以上（中专、大专、本科以及研究生等）59人，仅占8%。初中及以下学历的犯罪人占有效数据的绝大部分，其中有29.0%犯罪人仅受过小学教育，甚至有4.5%的犯罪人从未上过学，犯罪人整体受教育程度较低（见图1-5、表1-8）。

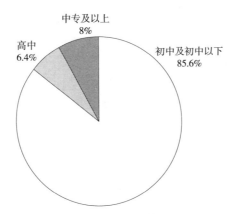

图 1-5　犯罪人受教育程度比例

表 1-8　犯罪人受教育程度统计

	类别	人数	百分比	有效百分比	累计百分比
有效	未上过学	33	1.9	1.9	1.9
	小　　学	212	12.0	12.0	13.8
	初　　中	381	21.5	21.5	35.3
	高　　中	47	2.7	2.7	38.0
	中　　专	25	1.4	1.4	39.4
	大　　专	25	1.4	1.4	40.8
	大学本科	8	0.5	0.5	41.3
	研究生及以上学历	1	0.1	0.1	41.3
	不　　详	1040	58.7	58.7	100.0
合　　计		1772	100.0	100.0	

四　犯罪行为特征

(一) 行为实施具有隐蔽性

在性侵害未成年人犯罪中，犯罪人采用暴力、威胁手段的占 33.4%，而采用引诱、诱骗等其他方式的占到 66.0%（见表 1-9），说明在此类犯罪中，犯罪人更多的是利用未成年人幼稚无知，采取小恩小惠引诱、诱骗等方式实施犯罪，这提醒我们在日常生活中需要加强学校与家庭对儿童的教育与监护。犯罪地点大多在犯罪人、被害人家中以及旅馆等临时性租住场所（见表 1-10），具有一定隐秘性，案件发现更加不容易，这也成为性侵害未成年人犯罪"黑数"高的一个重要原因；学校与公共场所占到15.5%，说明未成年人日常生活环境存在危险，要重视对未成年人生活、学习安全空间的建设与保障。

表 1 – 9　犯罪手段

类别		人数	百分比	有效百分比	累计百分比
有效	暴　　力	494	27.8	27.8	27.8
	威　　胁	99	5.6	5.6	33.4
	引诱、诱骗等手段	1169	66.0	66.0	99.4
	不　　详	10	0.6	0.6	100.0
	合　　计	1772	100.0	100.0	

表 1 – 10　犯罪发生场所

场所		人数	百分比	有效百分比	累计百分比
有效	学　　校	58	3.3	3.3	3.3
	被害人家中	289	16.3	16.3	19.6
	犯罪人家中	429	24.2	24.2	43.8
	旅馆等临时性租住场所	284	16.0	16.0	59.8
	其他秘密场所	349	19.7	19.7	79.5
	公共场所	217	12.2	12.2	91.8
	场所不详	146	8.2	8.2	100.0
	合　　计	1772	100.0	100.0	

（二）犯罪情节较为恶劣

依据《性侵意见》规定进行从重从严处罚的 7 种情节来看[①]，在性侵

---

① 性侵害未成年人情节较为恶劣的情况，《性侵意见》第 25 条规定："针对未成年人实施强奸、猥亵犯罪的，应当从重处罚，具有下列情形之一的，更要依法从严惩处：（1）对未成年人负有特殊职责的人员、与未成年人有共同家庭生活关系的人员、国家工作人员或者冒充国家工作人员，实施强奸、猥亵犯罪的；（2）进入未成年人住所、学生集体宿舍实施强奸、猥亵犯罪的；（3）采取暴力、胁迫、麻醉等强制手段实施奸淫幼女、猥亵儿童犯罪的；（4）对不满十二周岁的儿童、农村留守儿童、严重残疾或者精神智力发育迟滞的未成年人，实施强奸、猥亵犯罪的；（5）猥亵多名未成年人，或者多次实施强奸、猥亵犯罪的；（6）造成未成年被害人轻伤、怀孕、感染性病等后果的；（7）有强奸、猥亵犯罪前科劣迹的。"

害未成年人犯罪的强奸、猥亵犯罪中，有 80% 的犯罪人具有从重从严处罚情形（见表 1－11），说明上述犯罪中大多数危害较大、情节较为恶劣。其中，对"不满 12 周岁儿童、农村留守儿童实施犯罪"占犯罪总数的 23.6%，说明 12 周岁以下幼年人与农村留守儿童是高危易受侵害人群，提示我们对这部分未成年人群应予以重点保护。

表 1－11　强奸、猥亵犯罪中具有从重从严恶劣情节分布情况

	情节	人数	百分比	有效百分比	累计百分比
	否	207	13.3	13.3	13.3
有效	负有特殊职责人员、共同家庭生活成员实施犯罪	12	0.8	0.8	14.1
	国家工作人员或冒充国家工作人员实施犯罪	3	0.2	0.2	14.3
	采取暴力、威胁、麻醉等强制手段实施犯罪	278	17.8	17.8	32.1
	进入未成年人住所、学生集体宿舍实施犯罪	48	3.1	3.1	35.2
	对不满 12 周岁儿童、农村留守儿童实施犯罪	368	23.6	23.6	58.8
	对严重残疾或精神智力发展迟缓未成年人实施犯罪	28	1.8	1.8	60.6
	造成未成年被害人轻伤、怀孕、感染性病等严重后果	14	0.9	0.9	61.5
有效	猥亵多名未成年人或多次实施强奸、猥亵	175	11.2	11.2	72.7
	有强奸、猥亵犯罪前科	254	16.3	16.3	89.0
	含有两项及以上情节的	67	4.3	4.3	93.3
	不详	105	6.7	6.7	100.0
	合　　计	1559	100.0	100.0	100.0

（三）具有长期性、持续性、反复性

对收集案件分析发现，犯罪人性侵害的未成年受害对象往往不止 1 人，有 10.9% 的性侵害对象在 2 人以上（见表 1－12），有近 1/3 的犯罪人反复多次性侵害同一未成年被害人（见表 1－13），而且有 44.6% 的犯罪人持

续实施性侵害（见表1-14）。这说明性侵害未成年人行为较为严重，具有长期性、持续性与反复性特征。

表1-12　性侵害对象数（是否侵害不止1人）

类别		人数	百分比	有效百分比	累计百分比
有效	否	1579	89.1	89.1	89.1
	是　两人	166	9.4	9.4	98.5
	是　三人以上	27	1.5	1.5	100.0
	合　计	1772	100.0	100.0	

表1-13　罪犯是否多次性侵害同一被害人

类别		人数	百分比	有效百分比	累计百分比
有效	否	1286	72.6	72.6	72.6
	是	483	27.3	27.3	99.8
	不　详	3	0.2	0.2	100.0
	合　计	1772	100.0	100.0	

表1-14　性侵害持续状况

类别		人数	百分比	有效百分比	累计百分比
有效	无持续时间	981	55.4	55.4	55.4
	持续时间6个月以下	530	29.9	29.9	85.3
	持续6~12个月	60	3.4	3.4	88.7
	持续12~24个月	25	1.4	1.4	90.1
	持续24个月以上	35	2.0	2.0	92.0
	不详	141	8.0	8.0	100.0
	合　计	1772	100.0	100.0	

五　未成年被害人特征

（一）被害人幼龄化

本书对所收集案件中2255名未成年被害人分析发现，未成年被害人平均年龄为 11.5 岁（见图 1-6），14 周岁以下未成年人占未成年被害人总数的 80.7%，12 周岁以下未成年被害人占 48.6%。其中，6 周岁以下幼儿又占 12 周岁以下儿童被害人数的 26.2%（见表 1-15），被害人年龄呈幼龄化分布。有近 1/3 的未成年被害人至少受到两次或两次以上的性侵害（见表 1-16）。在性别分布上，幼女与未成年女性被害人占绝大部分，但也有 1.8% 的未成年男性被害人（见表 1-17），由此可见，性侵害男童案件也时有发生，对男童保护也不容忽视。

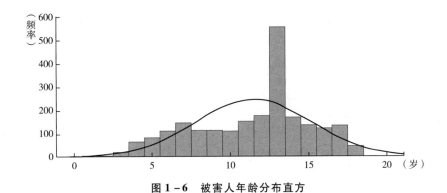

图 1-6 被害人年龄分布直方

表 1-15 12 周岁以下未成年被害人年龄分布

	年龄	人数	百分比	有效百分比
有效	1~6 周岁（不包括本数）	287	26.2	26.4
	6（包括本数）~12 周岁	808	73.8	73.8
	合　计	1095	100.0	100.0

表 1-16 被害人是否多次（两次及两次以上）被性侵害

	类别	频率	百分比	有效百分比	累计百分比
有效	否	1420	63.0	63.0	63.0
	是	671	29.8	29.8	92.7
	不详	164	7.3	7.3	92.7
	合　计	2255	100.0	100.0	

表 1 – 17　被害人性别比例

	性别	人数	百分比	有效百分比	累计百分比
有效	男	41	1.8	1.8	1.8
	女	2214	98.2	98.2	100.0
	合　计	2255	100.0	100.0	

（二）在校中小学生居多

对被害人受教育情况分析发现，初中以下学历的占到 83.1%，还有 12.5% 的被害人从未上过学（见表 1 – 18）；对被害人身份情况统计发现，"在校学生"人数最多，占到被害人总数的 66.0%（见表 1 – 19）。可见在预防性侵害未成年人犯罪系统工程中，学校作为一个重要的基地与平台，在性侵害预防的教育、宣传和监督、保护方面责任重大。

表 1 – 18　被害人受教育情况

	类别	人数	百分比	有效百分比	累计百分比
有效	未上过学	281	12.5	12.5	12.5
	小　学	971	43.1	43.1	55.5
	初　中	619	27.5	27.5	83.0
	高　中	119	5.3	5.3	88.2
	中　专	2	0.1	0.1	88.3
有效	大　专	2	0.4	0.1	88.4
	不　详	261	11.6	11.6	100.0
	合　计	2255	100.0	100.0	

（三）多数为祖父母隔代监护

本书对上传案件中未成年被害人监护情况分析发现，监护人类型中祖父母等隔代监护情况占一半以上（51.6%），还有兄、姐或关系密切的其他亲属、朋友为监护人的占 5.6%（见表 1 – 20）；另作者在贵州、重庆、四川等地走访调查中也发现，大多数未成年被害人与祖父母、外祖父母等老人共同生活[1]；说明未成年被害人大多数未能与父母一起生活，监护状况堪忧。

表 1 - 19 被害人身份/职业

	身份	人数	百分比	有效百分比	累计百分比
有效	儿童	463	20.5	20.5	20.5
	在校学生	1488	66.0	66.0	86.5
	无业人员	229	10.2	10.2	96.7
	临时工	43	1.9	1.9	98.6
	农林牧渔从业人员	1	0.0	0.0	98.6
	个体劳动者	1	0.0	0.0	98.7
	生产企业人员	8	0.0	0.4	99.0
	商业、服务业人员	10	0.4	0.4	99.5
	其他	12	0.5	0.5	100.0
	合 计	2255	100.0	100.0	

表 1 - 20 被害人受监护情况

	类别	频率	百分比	有效百分比	累计百分比
有效	父母（或父母单独一方抚养）	210	9.8	10.2	10.2
	祖父母（外祖父母）	1105	51.6	53.6	63.8
	兄 或 姐	118	5.5	5.7	69.5
	关系密切的其他亲属、朋友	3	0.1	0.1	69.5
	不 详	739	32.8	30.4	100.0
	合 计	2175	96.5	100.0	
	缺 失	0	80	3.6	
	合 计	1772	100.0		

---

[1] 作者 2015 年 7 月至 2017 年 2 月对贵州毕节、六盘水、遵义地区、重庆綦江地区、四川西昌地区走访调查发现，大多数农村地区的儿童由于父母打工外出，只能与爷爷、奶奶或外公、外婆一起生活。

（四）大多数与犯罪人相识

本书对案例分析还发现，犯罪人与被害人之间大多数相互认识，具有熟人关系的占到 59.7%（见表 1-21）。"女童保护"组织统计数据中也得出相同结论；在 2017 年公开报道的性侵害儿童案例明确表述人际关系的案件中，熟人作案占具有明确表述人际关系案件的 3/5。

表 1-21　犯罪人与被害人关系

	类别	人数	百分比	有效百分比	累计百分比
有效	陌生、无关系	523	29.5	29.5	29.5
	师　生	60	3.4	3.4	32.9
	养父女	18	1.0	1.0	32.9
	亲　戚	26	1.5	1.5	35.4
	恋　人	78	4.4	4.4	39.8
	先前有恋爱关系	9	0.5	0.5	40.3
	邻　里	258	16.1	16.1	56.4
有效	其他熟人关系	562	31.7	31.7	88.1
	不　详	191	10.8	10.8	98.9
	父女（包括兄妹、祖孙女等关系）	20	1.1	1.1	100.0
	合　计	1772	100.0	100.0	

还有部分性侵害来源于家庭内部成员，甚至有多起亲生父亲强奸、猥亵女儿的案件。如 2017 年成都市成华区法院审理的刘峻宏强奸案，自 2016 年 1 月以来，被告人多次性侵害其亲生女儿刘某某（案发时不满 12 周岁），并致其怀孕[①]；吉林省磐石市法院审理的唐君强奸、猥亵儿童案，被告人自 2001 年至 2003 年，采用殴打、恐吓等手段，多次强奸其大女儿，猥亵其二女儿、三女儿[②]，情节恶劣，令人发指。除此之外，还有 3.7% 左右的性侵害来自学校教师或学校职工（见表 1-7），有 3.4% 的犯罪人与被害人之间具有师生关系（见表 1-21），有 15.5% 的性侵害是发生在校

---

① 参见四川省成都市中级人民法院刑事裁定书，〔2017〕川 01 刑终 1124 号。
② 参见吉林省磐石市人民法院刑事判决书，〔2015〕磐刑初字第 226 号。

园、教室、游泳池等公共场所（见表 1 - 10）。如甘肃省武山小学教师李吉顺，在 2011～2012 年，利用教师特殊身份对 20 余名不满 12 周岁幼女多次在教室、校园内实施奸淫、猥亵，因危害后果严重、社会影响极其恶劣被法院判处并核准执行死刑。①

在教师及教辅人员实施性侵害未成年人犯罪中，有 51.5% 的犯罪人曾经因违法、犯罪行为受到行政处罚或刑事制裁。让人意想不到的是，有 40.9% 的犯罪人曾因性侵害违法、犯罪行为受到行政处罚或刑事制裁（见表 1 - 22），但仍然留在或进入了中小学从事教育工作，成为威胁未成年人安全的重大危险因素。中小学师源性性侵害需要引起关注与重视，对学校及中小学教职员工的入职审查与日常监督管理必须制度化、规范化与严格化。

表 1 - 22 师源性性侵害犯罪人是否曾因违法、犯罪受过处罚

	类别	频率	百分比	有效百分比	累计百分比
有效	否	32	48.5	48.5	48.5
	是 因性侵犯违法、犯罪行为曾受到行政处罚或刑事制裁	27	40.9	40.9	89.4
	是 因其他违法、犯罪行为曾受到行政处罚或刑事制裁	7	10.6	10.6	100.0
	合　计	66	100.0	100.0	

在犯罪人与被害人之间是否具有熟人关系这一特征上，性侵害未成年人犯罪与性侵害成年人犯罪有着显著差异。学者调查发现：被害人为成年人的性侵害犯罪中大多数罪犯是陌生人，在北京地区调查的陌生人比例为 92.4%，天津地区调查的陌生人比例为 93.3%②，被害人与犯罪人之间互相认识的情况不多。而性侵害未成年人犯罪中未成年被害人往往与犯罪人具有熟人关系，提示在此类犯罪预防中，未成年人周边生活、学习环境中存在的危险因素必须引起重视并予以控制，同时，要重视审核与监督经常

① 《人民法院依法严惩性侵害未成年人犯罪》，http：//news. xinhuanet. com/legal/2015 - 05/28/c_127853537. htm ［2017 - 03 - 10］。

② 张乐宁、史蒂文·F. 梅斯纳、林少伟：《中国女性性犯罪受害特征研究》，林少伟译，《青少年犯罪问题》2014 年第 2 期。

接触未成年人的相关从业人员情况与日常行为表现，为未成年人创造一个安全的日常生活环境与空间。

第二节　我国性侵害未成年人犯罪态势

据学者预测，随着我国经济发展增速减缓，"社会矛盾和各类风险叠加积聚、外部环境不稳定和不确定因素的增加、国内社会经济矛盾的涌动、新科学技术的迅速发展都加剧了犯罪形势和犯罪形态的变化"[①]。一般而言，现代社会中影响犯罪率的因素是多面向的[②]，包括犯罪机会增加、情境控制降低与不足、犯罪暴露度下降、高危受害人群增多，以及随着社会生态改变带来的社会控制与自我控制的降低。

一　网络途径性侵害增加

互联网在未成年人中普及性极高，在给学习、社交带来前所未有的便利与帮助的同时，也存在巨大风险——互联网也为性侵害未成年人犯罪提供了新的路径与渠道。联合国儿童基金会 2016 年《风险和机遇：成长于互联网时代》调查报告显示，有 80% 未成年受访者认为面临网络性侵害风险[③]；我国台湾地区，由于网友性侵害事件大量增加，已从 2003 年开始在各地方政府上报"性侵害通报表"的侵害人字段中要求加入"网友"选项。[④] 我国台湾地区"卫生福利保护服务司"统计数据显示，在 2014 年网络性侵害案件中，"网友"在侵害人中所占比例已排到第三位。[⑤]

---

① 靳高风、王玥、李易尚：《2017 年中国犯罪形势分析及 2017 年预测》，《中国人民公安大学学报》（社会科学版）2017 年第 2 期。
② 参见 David Garland《控制的文化——当代社会的犯罪与社会秩序》，周盈成译，巨流图书有限公司，2006，第 122 页。
③ 参见倪红梅、顾震球《联合国调查发现未成年人面临网络性侵风险》，http://news.cyol.com/content/2016-06/08/content_12759385.htm［2017-10-06］。
④ 钟佩怡、沈黎、吕静淑：《让陌生人走进——网络性侵害幸存少女的自我揭露历程研究》，《青年学报》2017 年第 1 期。
⑤ 许正昊、林明杰、姚冠汶：《网络与手机软件导致少儿性侵害之现状与对策——并兼论亲子学习单元的建构》，《亚洲家庭暴力与性侵害期刊》2014 年第 1 期。

我国大陆地区，网络社交媒介与平台在某些地方已成为性侵害犯罪的主要犯罪工具或手段，有 54% 的青少年被害人因在网络中交友并与网友见面而被性侵害。[①] 天津市高院在向媒体通报性侵害儿童犯罪情况时称，当前"网络及社交软件已经成为猥亵性侵儿童犯罪的重要媒介"[②]；浙江温州永嘉县检察院分析 2016 年间受理性侵害未成年人案件发现，在 40% 的强奸案件中，14 周岁以下被害人都是通过 QQ 或者微信等交友软件与嫌疑人相识，在发展成"男女朋友"或者关系较好朋友后，初次见面时就被强迫或者自愿与嫌疑人发生性关系。[③] 上述案例与数据都说明，不论是在境外还是境内，随着互联网运用的不断普及，未成年人受到性侵害的风险都在增大。

（一）青少年网民数量迅速增长

近年来，我国处于互联网运用加速发展阶段，互联网络信息中心数据显示：截至 2015 年 12 月，我国青少年网民规模已达到 2.87 亿人，占到全国青少年人口总数的八成以上。[④] 在网络即时通信、微博和论坛（BBS）的使用率上，青少年网民分别占到了 92%、38% 和 18%，都高于网民的平均水平。[⑤] 截至 2017 年 6 月，我国网民[⑥]人数已达 7.51 亿人，占世界网民总数的 25%；我国互联网普及率已达 54.3%，超过全球 4.6% 的平均水平。[⑦] 目前，我国网民集中于 10～39 岁人群，占到网民总体人数的 72%，其中，20～29 岁年龄段网民占比最高，将近 1/3（29.7%），10～19 岁青少年群

---

① 《北京市遭性侵未成年人呈低龄化趋势》，新语，http：//news. k618. cn/society/201706/t20170616_11719844. html［2017 – 10 – 06］。

② 张晓敏：《呼吁增强儿童性自护意识 堵塞可能遭致性侵漏洞——天津高院通报性侵儿童犯罪状况》，《人民法院报》2015 年 5 月 28 日，第 1 版。

③ 《未成年人玩智能手机遭性侵案频发 检方：父母监管》，http：//news. 163. com/16/1010/15/C31CBC3I00014SEH. html［2017 – 10 – 06］。

④ 《2015 年中国青少年上网行为研究报告》，中国互联网络信息中心，http：//www. cnnic. cn/hlwfzyj/hlwxzbg/［2017 – 10 – 06］。

⑤ 《2015 年中国青少年上网行为研究报告》，中国互联网络信息中心，http：//www. cnnic. cn/hlwfzyj/hlwxzbg/［2017 – 10 – 06］。

⑥ 中国互联网络信息中心（CNNIC）对网民的定义为，"半年内使用过互联网的 6 周岁及以上中国公民"。

⑦ 《第 40 次中国互联网络发展状况统计报告（全文）》，中共中央网络安全和信息化领导小组办公室，http：//www. cac. gov. cn/2017 – 08/04/c_1121427728. htm［2017 – 10 – 06］。

体占到了20%。微信朋友圈、QQ空间作为即时通信工具所衍生的社交服务功能，用户使用率分别为84%和66%；网络视频用户规模达5.65亿人，用户使用率达75%，其中，手机视频用户规模为5.25亿人，手机网络视频使用率为73%。① 庞大的青少年网民群体的存在，尤其是高频率使用即时通信与社交平台，往往成为网络色情或其他以网络为手段的性侵害犯罪的潜在侵害对象。

（二）新型网络色情犯罪大量涌现

早在2001年"第二届世界反儿童性剥削大会"上，与会专家就一致认为，互联网高速发展与普及加大了对儿童性剥削犯罪的打击难度，互联网已经成为恋童癖者从事儿童色情犯罪活动的主要场所。正如英国"儿童国际"组织负责人所言："互联网已经成为恋童癖者的新乐园"。②

随着互联网与多媒体技术广泛渗入儿童色情制品的制作与传播过程，网络上色情制品具有虚拟化、信息化与多媒体化特点。③ 社交网络平台的兴起更是推动了儿童淫秽制品的商业化快速、广泛传播，也成为性剥削未成年人犯罪不断蔓延的起因。台湾"励馨基金会"2015年对未成年人接触性产业途径调查发现，有44%的人通过即时通信软件、25%的人通过交友网站或各种交友App、12%的人通过色情网站④，接触并参与性产业链。另一项全美青少年调查显示：有59%的被调查者认为"网络色情会促进青少年性早熟"，49%受调查者认为"网络色情使人产生对妇女的负面态度"，还有49%的人认为"网络色情会促使人认为无保护的性行为是可取的"，⑤ 说明大多数人都认为网络色情对青少年具有危害性。

在我国大陆地区，最近几年有关利用网络进行淫秽物品传播、牟利的

---

① 《第40次中国互联网络发展状况统计报告》，中共中央网络安全和信息化领导小组办公室，http://www.cac.gov.cn/2017-08/04/c_1121427728.htm［2017-10-06］。
② 笠萍：《网上儿童色情泛滥 各国政府高度重视》，《法制日报》2001年12月22日，第4版。
③ 皮勇：《网络淫秽信息涉罪的几个问题分析》，《人民检察》2005年第11期。
④ 台湾励馨基金会：《二十年，儿少性剥削与色情减少（杜绝）了吗?》，财团法人励馨社会福利事业基金会，https://www.goh.org.tw/tc/p2-news.asp?Class1=aBNMaB32//；曹兴华：《台湾地区未成年人性侵害防范制度研究》，《中国青年研究》2017年第7期。
⑤ 转引自姚建平《国际青少年网络伤害及应对策略》，《山东警察学院学报》2011年第1期。

案件频发，多次引发社会关注与热议，产生恶劣社会影响。一系列利用网络传播平台和互联网社交媒介传播淫秽物品牟利的案件呈现井喷态势。由此可见，利用互联网直播或传播淫秽物品也成为色情犯罪的一种新途径。与此同时，随着近年来我国青少年网民数量增长迅猛，再加上未成年人对新奇事物具有强烈的好奇心，新型网络色情犯罪对未成年人的危害与影响更甚于传统犯罪。

二　性剥削犯罪倾向凸显

长期以来，强奸、猥亵儿童等直接性接触的性侵害犯罪，触及了社会大众心理道德的"底线"，民众对此"同仇敌忾""人神共愤"，不论个人心理还是社会伦理道德都不能接受这些犯罪行为。而对于非接触式的性剥削犯罪，如利用未成年人从事色情表演或充当淫秽素材类的犯罪，由于具有非暴力性、非直接性接触等特点，一般被认为属于牟利型犯罪，危害的严重性无法与强奸、猥亵等行为相提并论，并没有引起社会大众与舆论的足够重视与聚焦。但近年来，随着互联网在社会普及应用程度加深，此类行为在性侵害未成年人犯罪中迅速突起，已经引起世界各国的重视与关注，也成为网络时代性侵害未成年人犯罪发展的新趋势之一。

随着互联网在社会生活各方面的渗透，利用未成年人从事色情表演和充当淫秽素材类犯罪也日趋泛滥。互联网观察基金会 2012 年资料显示，该年度共收到来自世界各国有关儿童色情举报近 4 万例，其中绝大部分是对色情儿童网站的举报，306 件是关于包括杂志的举报，专家对举报分析后认为有近 1 万件举报确实涉及儿童色情制品犯罪。[1] 另据英国广播公司（BBC）2017 年报道，在欧洲（包括俄罗斯和土耳其）发现 3 万多个网页能显示儿童性虐待内容。在荷兰，负责监督反虐待热线电话的议员表示，2015～2016 年互联网服务提供商对性虐待图像的举报数量也呈现"整体上升"趋势。[2] 据菲律宾当地为女性未成年人提供保护

---

① 崔小倩：《网络儿童色情犯罪若干问题研究》，复旦大学，2014。

② 《欧洲已成网上儿童性虐待视频图像"内容中心"》，http://www.guancha.cn/europe/2017_04_03_401933.shtml［2017 - 10 - 06］。

的非营利组织称,该国每年平均有 6 万名左右儿童被逼迫参与网络色情表演行业。据统计,全球约有 75 万人通过网络购买这些视频图片服务。① 对此,联合国官员表示:"这个行业没有边界可言,残忍又粗俗,但却能带来数十亿美元的生意。"② 由于我国对持有儿童色情制品并未规定为犯罪,相关法律制度的配套与细化程度不足。2001 年第二届国际反对儿童商业性剥削大会资料显示,我国已成为网络儿童色情泛滥情况较为严重的几个国家之一③,这一严峻的现实必须引起我国政府与民众的重视。

三　高危受害人群集中

改革开放以来,我国面临着社会与经济转型的压力并与城市化进程相伴。美国经济学家库兹涅兹认为,"发展中国家在经济结构转换时期往往面临着产业发展和人口分布的非均衡状态,这一时期出现大规模的人口流动就具有某种必然性"④。随着我国城镇化进程深入,大量农村劳动力外出,对户籍地犯罪具有一定反向刺激作用。这是因为,一方面,作为家庭主要支撑的青壮年劳动力外出,使家庭其他成员对犯罪防御能力下降,犯罪侵害人的犯罪成本降低;另一方面,劳动力外出后,家庭中留下老人与妇女、儿童,由于身体、生理上的脆弱性易成为潜在犯罪对象,尤其是缺乏父母监护的留守儿童更易成为性侵害犯罪对象。

学者对我国家庭发展状况调查结果显示,当前家庭发展呈规模小型化、类型多元化趋势,流动与留守家庭已成为常规模式,流动家庭已占家庭总数的 1/5,与此同时产生了留守儿童、妇女与老人。⑤ 于是在城乡二元

---

① 《菲律宾贫困村成全球网络儿童色情中心 2 岁女童也未能幸免》,http://www.jiemian.com/article/217004.html〔2017 - 10 - 06〕。

② 《arieljwang 全球儿童网络色情猎猎:夫妻逼 7 个孩子镜头前"表演"》,http://news.qq.com/a/20160608/044698.htm〔2017 - 10 - 06〕。

③ 参见皮勇《网络犯罪比较研究》,中国人民公安大学出版社,2005,第 252 页。

④ 转引自陈刚、李树、陈屹立《人口流动对犯罪率的影响研究》,《中国人口科学》2009 年第 4 期。

⑤ 参见孙丹《我国以 2 人或 3 人家庭为主体 家庭收入最高差 19 倍》,http://www.ce.cn/xwzx/gnsz/gdxw/201505/13/t20150513_5354169.shtml〔2018 - 02 - 22〕。

制背景下，出现了我国特有的农村留守儿童①、城镇流动儿童②（以下简称"留守流动儿童"）现象。据 2016 年民政部公布的农村留守儿童数据，其已超过 900 万人；教育部《2016 年全国教育事业发展统计公报》显示，全国义务教育阶段在校生中进城务工人员随迁子女已达 1300 万人。③ 留守流动儿童问题已成为我国重要的社会问题。

近年来留守儿童在全国各地区分布并不均衡，早在 2013 年全国妇联的调研报告发现：我国留守流动儿童"主要集中在四川、河南、安徽、广东、湖南等劳务输出大省……以上省份留守儿童在全国留守儿童总量中占到 43.64%"④。据 2016 年中国教育在线发布数据，中、西部农村留守儿童总数有 815 万人，占到全国总数的 90.35%。⑤

留守、流动家庭模式的普遍化影响了对留守流动儿童的全面家庭监护。近年妇联组织对贵州留守流动儿童家庭监护情况调查发现，儿童中"隔代监护"（由祖父母、外祖父母充当监护人）比例高达 75.4%，居于首位；"同代监护"（包括哥、姐监护与自我监护两种）比例为 17.9%，

---

① 农村留守儿童定义有多个不同界定，2013 年全国妇联课题组《我国农村留守儿童、城乡流动儿童状况研究报告》中的定义为，"农村留守儿童是指父母双方或一方从农村流动到其他地区，孩子留在户籍所在地的农村地区，并因此不能和父母双方共同生活在一起的儿童"。但 2016 年民政部《国务院关于加强农村留守儿童关爱保护工作的意见》对于农村留守儿童定义为："父母双方外出务工或一方外出务工另一方无监护能力，无法与父母正常共同生活的不满十六周岁农村户籍未成年人。"联合国《儿童权利公约》中儿童是指 18 周岁以下未成年人，因此本书所称农村留守儿童是指：父母双方外出务工或一方外出务工另一方无监护能力，无法与父母正常共同生活的不满 18 周岁农村户籍未成年人。

② 不同时期"流动儿童"定义有所不同，1998 年教育部对流动儿童的定义为，"6～14 周岁（或 7～15 周岁）随父母或其他监护人在流入地暂时居住半年以上有学习能力的儿童少年"。——参见教育部《流动儿童少年就学暂行办法》（教基〔1998〕2 号）。但是后来教育部已经很少用流动儿童这个词语了，取而代之的随迁子女概念是指"户籍登记在外省（区/市）、本省外县（区）的乡村，随务工父母到输入地城区、镇区（同住）并接受义务教育的适龄儿童少年"。——参见教育部《2015 年全国教育事业发展统计公报》。本书依据联合国《儿童权利公约》对儿童范围的界定包括所有 18 周岁以下的未成年人。因此，本书所称流动儿童是指：随外出务工父母到户籍所在地以外、生活学习半年以上的 18 岁以下未成年人。

③ 徐明磊、陈福宽：《基础教育体检报告：热点　痛点　发力点》，《光明日报》2016 年 12 月 1 日，第 13 版。

④ 全国妇联课题组：《我国农村留守儿童、城乡流动儿童状况研究报告》，《中国妇运》2013 年第 6 期。

⑤ 徐明磊、陈福宽：《基础教育体检报告：热点 痛点 发力点》，《光明日报》2016 年 12 月 1 日，第 13 版。

居于第二位；"长辈监护"（由父母同辈或亲朋好友充当监护人）居于第三位，占 6.7%。① 从上述监护状况看，隔代监护受祖父母、外祖父母年龄（平均 65 岁以上）、精力、文化程度以及观念等影响，难以承担教育儿童的重任，再加上农活、家务等负担，对儿童监护与教育力不从心；同代监护中，由于作为监护人的兄、姐自身年龄不大，一般也是未成年人，其监护与保护弟、妹的能力也很有限。因此，目前留守儿童受监护状况堪忧，大量缺乏有效家庭监护的未成年人容易成为性侵害的潜在对象。

以上数据说明中、西部是留守流动儿童主要聚集区域，结合本章第一节数据分析发现，湖南、安徽、河南以及贵州、四川等中、西部省份也是性侵害未成年人案件高发地区。如果在未来一段时间内，留守流动儿童的监护状况得不到明显的加强与改善，中、西部地区留守流动儿童成为高危受害人群的风险很难降低。

四　犯罪形势持续严峻

前文实证分析显示，虽然从 2016 年开始法院审理的性侵害未成年人案件数量与 2013 年、2014 年相比略有下降（见图 1 - 1），但正如前文已谈到的，由于案件审理上传具有一定的滞后期，同时还要考虑到性侵害未成年人案件具有较高犯罪"黑数"，犯罪学家普遍认为性侵害案件是所有刑事案件中犯罪"黑数"最高的一类案件。② 同时，受传统文化的贞操观、名节观影响，被害人及其父母不愿意声张受害事实，很多性侵害案件往往存在"私了"或隐瞒不报的情况。官方数据尤其是审判案件数据与实际案发量存在较大差异。故此，不能单纯从法院审理案件数量的变化就简单得出此类犯罪形势已经缓和化的结论，还要综合参考其他材料与相关因素。

本书根据各地上传性侵害未成年人犯罪案件，与《中国法律年鉴》2010 年至 2015 年公安机关立案数相比较发现，已判决的强奸未成年人案

---

① 罗宁、陆卫群：《贵州妇女社会地位研究》，中国妇女出版社，2014，第 388 页。
② 参见黄品源《台湾地区性犯罪防治对策之研究》，载《2007 年海峡两岸暨香港、澳门警学研讨会论文集》，2007，http：//d. g. wanfangdata. com. cn/Conference _ 7224914. aspx〔2017 - 06 - 07〕。

件占全部强奸案件立案数的百分比逐年显著增加（见图1-7）。虽然法律年鉴缺乏对性侵害未成年人案件的单独统计数据，但是以强奸罪（强奸未成年人）作为典型性侵害案件进行分析比较，能在一定程度上说明性侵害未成年人犯罪仍处于上升发展趋势。

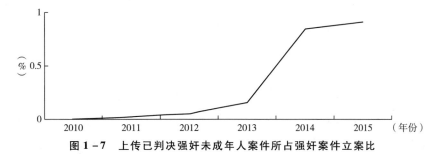

图1-7　上传已判决强奸未成年人案件所占强奸案件立案比

资料来源：本图为作者依据收集法院近6年上传审理强奸未成年人案件资料，与2010~2015年公安机关强奸案立案数比较，整理分析后自行制作而来。其中公安机关强奸案立案数据资料来源于《中国法律年鉴》2010~2016年统计资料数据部分。

同时，"女童保护"2017年对新闻媒体公开报道性侵害未成年人案件调查①显示，性侵害未成年人案件数量还在上升。曹建明在2016年全国人大做工作报告时提到，当年检察机关起诉性侵、拐卖等侵害未成年人人身权益犯罪人1.6万人，起诉侵害农村留守儿童权益犯罪2600多人②；2017年6月，最高法在"惩治侵害未成年人犯罪典型案例"发布会上公布，2013~2016年全国法院共审结猥亵儿童犯罪案件10700余件③；同年，北京市检察院对外公布，近3年办理性侵害未成年人案件1100多件，1255人，并认为从办案情况看，以性侵害为主的侵害未成年人犯罪仍然呈上升

---

① 据"女童保护"组织在2017年5月发布的《"女童保护"2016年儿童防性侵教育调查报告》披露："2016年全年媒体公开报道的性侵儿童（14岁以下）案件433起，受害人778人（表述为多人受害但没写具体人数的，按3人计算），平均每天曝光1.21起。2015年这一数据是340起，每天曝光0.95起，同比增长27.35%。"参见《"女童保护"2016年儿童防性侵教育调查报告》，http：//gongyi. ifeng. com/a/20170303/44550261 _ 0. shtml ［2017-05-06］。

② 钮东昊：《检察机关起诉性侵、拐卖等侵害未成年人犯16078人》，2017全国两会，ht-tp：//www. china. com. cn/lianghui/news/2017-03/12/content_40445447. htm ［2017-05-06］。

③ 程姝雯、刘嫚：《最高法发布惩治侵害未成年人犯罪典型案例 保护联动机制将推广全国》，http：//www. toutiao. com/a6426554294766371073/，《南方都市报》 ［2017-05-26］。

趋势①；2018 年 10 月，最高检"一号建议"强调全国检察院系统针对性侵害幼儿园儿童、中小学生犯罪，"刚性落实检察建议，进一步健全完善预防性侵害的制度机制"②，这也说明了犯罪形势的持续严峻。

综合司法实际情况来看，性侵害未成年人犯罪形势正如最高法刑一庭负责人所认为的："现阶段，性侵未成年人犯罪仍然处于易发多发态势。"③

小 结

综合近年各地法院审理案件情况以及实地调研数据，结合已有研究成果与新闻媒体报道等多方资料交叉印证可知，目前犯罪形势仍较为严峻，犯罪类型集中于强奸、猥亵儿童等对未成年人具有较大人身危险性的犯罪，犯罪区域相对集中于我国中、西部区域；犯罪行为人主要为单身青壮年男性，该部分群体整体受教育程度低、无业人员占大多数，部分性侵害犯罪人来源于教师或教辅人员，犯罪人还具有再犯突出特征；在犯罪行为方面，性侵害未成年人行为一般具有长期性、持续性与反复性特点，犯罪情节较为恶劣，往往以 12 岁以下幼年人与留守、流动儿童为侵害对象，社会危害性较重；在被害人方面，性侵害犯罪被害人绝大多数是女童，但也有男童受性侵害现象，并且被害人年龄呈低龄化趋势，大部分被害人为在校中、小学生；未成年被害人与侵害人之间大部分认识，甚至有部分性侵害源于教师、教育培训机构人员或来自被害人家庭成员。

从性侵害未成年人犯罪发展态势分析，由于我国处于社会转型时期，各种社会矛盾与风险叠加，严峻的犯罪现实还无法在短时间内得到明显缓解，将会持续一段时间。此外，由于网络信息技术飞速发展，出现了性侵害未成年人犯罪的新途径，网络色情犯罪大量涌现、利用未成年人从事色情表演和充当色情素材犯罪迅速增加，加大了未成年人遭受性侵害的风

---

① 徐日丹、杨永浩：《北京：近三年办理侵害未成年人犯罪案件 1108 件 1255 人》，http：//news. sina. com. cn/c/2017 - 05 - 25/doc - ifyfqqyh8260842. shtml［2017 - 05 - 26］。

② 蒋安杰：《最高检史上首份检察建议书为何发给教育部》，中华人民共和国最高人民检察院，http：//www. spp. gov. cn/spp/zdgz /201903/t20190313 _ 411640. shtml［2019 - 03 - 15］。

③ 张尼：《侵害未成年人犯罪典型案例发布 此类案件有啥特点?》，http：//www. china. com. cn/news/2017 - 06/01/content_40940767. htm［2017 - 08 - 26］。

险。再者，城市化过程中大量中、西部地区农村劳动力外出务工，导致留守儿童、流动儿童缺乏有效的家庭监护与教育，增加了遭受侵害的风险，使这部分未成年人群体成为易受性侵害高危人群。因此，在犯罪防控措施中，上述问题应该予以重视并据此慎重考虑刑事策略的选择与政策的制定。

第二章　现行性侵害未成年人犯罪
刑事政策评析

儿童问题研究专家保罗·塞·皮涅罗教授在向联合国提交的独立专家报告中，就当前各国在应对的暴力侵害情况指出："解决针对儿童的暴力问题的行动经常是被动反应，把重点放在现象和后果上，而没有放在原因上。战略常常是支离破碎的，而不是完整的，用于解决问题的资源也不足。"① 我国应对性侵害未成年人犯罪现行刑事政策是否也存在类似问题？为了对现行刑事政策有一个全面、客观的认识，本书通过政策梳理与分析、民众问卷调查等方式对现行刑事政策予以评析，以了解所取得的成果和经验，更为重要的是分析其中存在的问题以及背后的原因，为下一步解决问题厘清认识并确立思路。

第一节　现行性侵害未成年人犯罪刑事政策梳理

"任何一种存在之理解都必须以时间为其视野。"② 我国对性侵害未成年人犯罪问题的认识与关注，也存在一个随时间变化而逐渐关注与重视的过程。

---

① 联合国人权理事会 2011 年 3 月通过的《买卖儿童、儿童卖淫和儿童色情制品问题特别报告员和暴力侵害儿童问题秘书长特别代表的联合报告》（联合国文件 A/HRC/16/56，paras. 90.）United Nations Official Document，http：//www. un. org/en/ga/search/view_ doc. asp? symbol = http：// www. un. org/zh/documents/index. html&Lang = C ［2018 - 05 - 30］。

② 马丁·海德格尔：《存在与时间》（修订译本），陈嘉映、王庆节译，三联书店，2012，第1 页。

一　规范性文件指向变化

性侵害未成年人行为自古有之，但是将此类行为作为一类严重侵害未成年人人身权益的犯罪，是最近这几十年才形成的共识。我国刑事政策对性侵害未成年人犯罪的关注也存在一个逐渐变化的过程。

（一）混同于一般犯罪（1997年以前）

由于1979年首部刑法的"打击锋芒是针对反革命和其他犯罪行为"①，重点在于"重大的反革命罪和那些情节恶劣、危害社会后果严重、群众痛恨的刑事犯罪"，如杀人、抢劫、放火、爆炸、投毒等犯罪，并没有将强奸罪包括在内。有关性侵害未成年人犯罪的规定仅有《刑法》第139条第2款将奸淫14岁以下幼女行为以强奸罪从重处罚的规定。虽然1983年《全国人民代表大会常务委员会关于严惩严重危害社会治安的犯罪分子的决定》对流氓集团首要分子、携带凶器实施流氓犯罪情节严重行为，以及引诱、容留、强迫妇女卖淫情节特别严重的行为②，可以在《刑法》规定最高刑以上处刑，直至死刑。但该决定的目的，仍在于维护社会公共秩序，并没有单独提出惩治性侵害未成年人犯罪行为。

进入20世纪90年代以来，全国人大常委会颁布了两个重要的单行刑事法律规定，开始涉及未成年人性侵害的犯罪内容。一个是1990年颁布的《关于惩治走私、制作、贩卖、传播淫秽物品的犯罪分子的决定》，规定对教唆18岁以下未成年人走私、制作、复制、贩卖、传播淫秽物品的从重处罚；另一个是1991年《关于严禁卖淫嫖娼的决定》中，要求对强迫、引诱14周岁以下幼女卖淫或嫖宿的行为从重或者从严惩处。但是，这两个决定一个是为了"加强社会主义精神文明建设，抵制资产阶级腐朽思想的侵蚀，维护社会治安"③；另一个是基于"一些地方卖淫嫖娼活动又蔓延起

---

① 参见1979年6月26日全国人大常委会副委员长彭真在第五届全国人民代表大会第二次会议上《关于七个法律草案的说明》。

② 参见1983年9月2日第六届全国人民代表大会常务委员会第二次会议通过的《关于严惩严重危害社会治安的犯罪分子的决定》。

③ 参见1990年12月28日第七届全国人民代表大会常务委员会第十七次会议通过的《关于惩治走私、制作、贩卖、传播淫秽物品的犯罪分子的决定》。

来，严重败坏社会风气，使早已根绝的性病死灰复燃，危害社会秩序"①，为了"维护社会治安秩序和良好的社会风气"② 而制定，对性侵害未成年人犯罪的惩处混同于其他犯罪之中，并未对此类犯罪予以单独规定。

在其他单行法律的刑事责任条款中，1991年《未成年人保护法》也仅在第51条、第53条规定，"向未成年人出售、出租或者以其他方式传播淫秽的图书、报刊、音像制品等出版物的，依法从重处罚""引诱、教唆或强迫未成年人吸食、注射毒品或者卖淫的，依法从重处罚"。1994年修改的《治安管理处罚条例》规定嫖宿14周岁以下幼女行为依强奸罪论处。

这说明性侵害未成年人犯罪问题已开始引起有关部门注意，从1988年开始的刑法修改过程中已有所体现。如全国人大常委会法工委1988年9月刑法修改稿中，对《刑法》第4章建议增加："胁迫、诱骗不满十八岁的人表演恐怖、残忍或者淫秽节目，摧残身心健康，构成犯罪"③，遗憾的是，在1993年刑法修改稿中该项建议消失。但该修改稿中首次出现了有关猥亵儿童犯罪的内容，在扰乱社会管理秩序罪第11条规定："有下列流氓行为之一，情节严重的，处五年以下有期徒刑、拘役或者管制；危害严重的处五年以上有期徒刑；流氓集团的首要分子或者其他罪行特别严重的，处无期徒刑或者死刑：……（三）猥亵妇女或儿童的"④；在制造、贩卖淫秽物品罪第3条第4款、第5款规定："向不满十八岁的未成年人传播淫秽物品的，从重处罚""不满十六岁的未成年人传抄、传看淫秽的图片、书刊或者其他淫秽物品的，家长、学校应当加强管教"⑤；在组织卖淫罪中，规定强迫与引诱不满14岁幼女卖淫作为强迫卖淫罪从重情节，嫖宿不满14岁幼女依照强奸罪处罚。⑥ 1996年8月刑法修改稿第一次将猥亵儿童罪

---

① 参见1991年6月21日全国人大法制工作委员会副主任顾昂然在第七届全国人民代表大会常务委员会第二十次会议上的《关于严禁卖淫嫖娼的决定（草案）的说明》。

② 参见1991年8月29日全国人大法律委员会副主任顾明在第七届全国人民代表大会常务委员会第二十一次会议上《关于严禁卖淫嫖娼的决定（草案）》审议结果的报告。

③ 参见高铭暄、赵秉志《新中国刑法立法文献资料总览》（第2版），中国人民公安大学出版社，2015，第341页。

④ 参见高铭暄、赵秉志《新中国刑法立法文献资料总览》（第2版），中国人民公安大学出版社，2015，第392页。

⑤ 参见高铭暄、赵秉志《新中国刑法立法文献资料总览》（第2版），中国人民公安大学出版社，2015，第395页。

⑥ 参见高铭暄、赵秉志《新中国刑法立法文献资料总览》（第2版），中国人民公安大学出版社，2015，第396页。

单独作为一款规定，并要求从重处罚。①

除此之外，其他部门在 1979 年刑法修改意见中也提出，将奸淫幼女与强奸单独分开，不宜一律以强奸论处。如最高法刑法修改小组在 1989 年 3 月《关于刑法分则修改的若干问题（草稿）》中建议："奸淫不满十四岁幼女的，依照前款的规定处罚"，理由是强奸罪与奸淫幼女罪是两个独立的罪名，"以强奸论"容易造成混淆。而且奸淫幼女情况复杂，有些案件情节较轻，不宜将所有奸淫幼女案件一律从重②；该修改小组在 1993 年《关于刑法修改若干问题的研讨与建议》中，提出将流氓罪分解为若干独立罪名，建议增加"猥亵儿童罪"，不论犯罪分子采取何种手段，也不论侵犯对象是幼女还是幼童，均构成该罪③；而到 1996 年，修改小组在修改流氓罪的意见中，又倾向于保留流氓罪，但在保留的同时，严格限定流氓罪行为，其中就包括：强制猥亵妇女或者猥亵不满 14 岁的幼女、强制鸡奸或者鸡奸不满 14 岁的男性幼童，同时，建议分解出一个妨害社会风化罪。④

以上情况说明，我国在 1997 年前仍把性侵害未成年人犯罪混同于一般犯罪。

（二）有所认识（1997～2013 年）

1997 年刑法对性侵害未成年人犯罪有所认识，对部分此类犯罪行为予以单独规定或者作为所属罪名的从重情节。其中独立成罪的有：第 236 条第 2 款奸淫幼女罪、第 237 条第 3 款猥亵儿童罪、第 301 条第 2 款引诱未成年人聚众淫乱罪、第 359 条第 2 款引诱幼女卖淫罪、第 360 条第 2 款嫖宿幼女罪。并且奸淫幼女罪、猥亵儿童罪与引诱未成年人聚众淫乱罪分别依照强奸罪、强制猥亵妇女罪、聚众淫乱罪从重处罚。没有单独规定罪名

---

① 参见高铭暄、赵秉志《新中国刑法立法文献资料总览》（第 2 版），中国人民公安大学出版社，2015，第 493 页。

② 参见高铭暄、赵秉志《新中国刑法立法文献资料总览》（第 2 版），中国人民公安大学出版社，2015，第 1119 页。

③ 参见高铭暄、赵秉志《新中国刑法立法文献资料总览》（第 2 版），中国人民公安大学出版社，2015，第 1159 页。

④ 参见 1996 年 5 月 30 日最高人民法院刑法修改小组《对修改刑法的十个问题的意见》。参见高铭暄、赵秉志《新中国刑法立法文献资料总览》（第 2 版），中国人民公安大学出版社，2015，第 1166 页。

而将性侵害未成年人行为作为所属罪名从重情节的有：《刑法》第 358 条"强迫不满 14 周岁的幼女卖淫的"，属于组织卖淫罪与强迫卖淫罪的从重情节；《刑法》第 364 条将"向不满 18 周岁的未成年人传播淫秽物品的"，作为传播淫秽物品罪与组织播放淫秽影像制品罪的从重处罚情节。

《刑法修正案（八）》虽然没有直接对有关性侵害未成年人犯罪进行规定，但是对部分犯罪，包括强奸罪在内的严重性侵害犯罪的刑罚执行方式进行规定与限制①，客观上对打击强奸未成年人等犯罪具有指导意义；在《刑法》第 72 条增加缓刑禁止规定，要求对被宣告缓刑犯罪人可以根据犯罪情况，禁止其在缓刑考验期限内从事特定活动或进入特定区域、场所，接触特定的人。上述规定说明，立法者注意到了包括性侵害犯罪在内的部分犯罪的严重人身危险性，要求在刑罚执行过程中对此类犯罪人进行特殊限制。《刑法修正案（八）》还修订了《刑法》第 358 条内容②，针对社会上出现的专门为卖淫场所招募、运送人员的组织和个人，对这种"帮凶"行为追究刑事责任③，将协助组织未成年人卖淫行为直接规定为犯罪。

行政法有关性侵害未成年人行为追究刑事责任的内容也逐渐增多，如1999 年通过的《预防未成年人犯罪法》④ 规定制作、出版宣扬淫秽内容的未成年人出版物，或者向未成年人传播此类出版物，构成犯罪的依法追究刑事责任；2006 年修订的《未成年人保护法》⑤ 首次出现了"未成年人遭受性侵害"的字样，并要求司法机关在办理此类案件时注意保护被害人

---

① 《刑法修正案（八）》将《刑法》第 81 条修改为："对累犯以及因故意杀人、强奸、抢劫、绑架、放火、爆炸、投放危险物质或者有组织的暴力性犯罪被判处十年以上有期徒刑、无期徒刑的犯罪分子，不得假释。"

② 《刑法修正案（八）》将刑法第 358 条原第 3 款"协助组织他人卖淫的"修改为现第 4 款："为组织卖淫的人招募、运送人员或者有其他协助组织他人卖淫行为的"，单独构成协助组织卖淫罪。

③ 参见高铭暄《中华人民共和国刑法的孕育诞生和发展完善》，北京大学出版社，2012，第582 页。

④ 1999 年通过的《预防未成年人犯罪法》第 52 条规定，"制作、复制宣扬淫秽内容的未成年人出版物，或者向未成年人出售、出租、传播宣扬淫秽内容的出版物的，依法予以治安处罚；构成犯罪的，依法追究刑事责任"；第 56 条规定，"教唆、胁迫、引诱未成年人实施本法规定的不良行为、严重不良行为，或者为未成年人实施不良行为、严重不良行为提供条件，构成违反治安管理行为的，由公安机关依法予以治安处罚；构成犯罪的，依法追究刑事责任"。

⑤ 2006 年修订的《未成年人保护法》第 56 条规定："公安机关、人民检察院、人民法院办理未成年人遭受性侵害的刑事案件，应当保护被害人的名誉。"

名誉。

在其他规范性文件中，如国务院《中国儿童发展纲要（2011—2020年）》要求严厉打击强奸等侵害儿童人身权利犯罪，以及组织、胁迫、诱骗、利用儿童卖淫等违法犯罪行为，保护儿童远离性侵害，并建立强制报告、辅导等综合工作机制，说明我国对性侵害未成年人问题有所认识并逐渐予以重视。

（三）开始重视并着手解决（2013 年以来）

2013 年四部院联合发布《性侵意见》，标志着我国对性侵害未成年人犯罪的重视与惩治的决心。为了保护未成年人合法利益，依法惩治性侵害未成年人犯罪，该意见首次将刑法规定针对未成年人实施 8 种性侵害犯罪①统称为性侵害未成年人犯罪。该意见通篇体现了"最高限度保护""最低限度容忍"的指导思想，重点明确对性侵害未成年人犯罪的认定原则，突出对未成年人特殊、优先保护。意见共 34 条，主要包括了依法严惩性侵害犯罪、加大未成年人保护力度两个层面，涵盖 11 个方面内容②，成为我国当前指导惩治性侵害未成年人犯罪的纲领性文件。

以《性侵意见》为转折点，我国开始重视对此类犯罪的惩治。在《刑法修正案（九）》中，又有部分规定涉及性侵害未成年人犯罪。第一，增加"从业禁止"制度，规定在《刑法》第 37 条增加"从业禁止"。依据此条规定，对未成年人负有特殊职责人员实施性侵害的，法律明确规定可以禁止其从事与未成年人相关职业或进入相关行业，对性侵害未成年犯罪人实行特殊预防。第二，扩大强制猥亵对象。修改《刑法》第 237 条强制猥亵对象范围，从"妇女"扩大为"他人"，并增设"有其他恶劣情节

---

① 《性侵意见》第 1 条规定："本意见所称性侵害未成年人犯罪，包括刑法第二百三十六条、第二百三十七条、第三百五十八条、第三百五十九条、第三百六十条第二款规定的针对未成年人实施的强奸罪，强制猥亵、侮辱妇女罪，猥亵儿童罪，组织卖淫罪，强迫卖淫罪，引诱、容留、介绍卖淫罪，引诱幼女卖淫罪，嫖宿幼女罪等。"

② 《性侵意见》共 34 条，涵括 11 个方面内容，包括依法及时发现并制止侵害犯罪，严厉惩处性侵害幼女行为，严惩"校园性侵"，加重处罚公共场所当众猥亵等行为，对强奸、猥亵犯罪中多种情节从重处罚，严惩组织、强迫未成年人卖淫等犯罪，从严控制缓刑适用，注重未成年被害人隐私权保护，坚持"不伤害原则"，避免给未成年被害人造成"二次伤害"，构建未成年被害人保护网络，对未成年被害人与犯罪嫌疑人实行"双向保护"原则等方面内容。

的"的规定。扩大强制猥亵犯罪的对象范围至男性，解决了以往对猥亵 14 周岁以上未成年人行为无法惩治的问题。第三，增加组织、强迫未成年人卖淫为组织卖淫罪、强迫卖淫罪的从重情节。第四，取消嫖宿幼女罪。

从 1997 年《刑法》单独规定嫖宿幼女罪到 2015 年废除，历时 18 年有关嫖宿幼女罪存废之争最终以废除结束。嫖宿幼女罪最早出现在 1991 年《关于严禁卖淫嫖娼的决定》①，在刑法修订过程中，立法机关曾多次修订与调整。对此过程，高铭暄教授曾经有过详细描述，说明了当时嫖宿幼女独立成罪，是基于该罪中幼女具有卖淫行为应区别于一般性侵害被害人的考虑，因此单独规定于 1997 年刑法中，沿用至《刑法修正案（九）》。近年来，贵州习水、云南曲靖、河南永城以及浙江永康、临海等地的官员、商人等特殊群体性侵害未成年人案件的频繁曝光，引发公众认为嫖宿幼女罪是"官员特权罪"而要求予以废除的热议。因此，有学者认为，2013 年《性侵意见》的颁布就是"为了顺应民众的呼声"。② 该意见要求，"以金钱财物等方式引诱幼女与自己发生性关系的；知道或者应当知道幼女被他人强迫卖淫而仍与其发生性关系的，均以强奸罪论处"，实际上已经将嫖宿幼女罪架空了。在《刑法修正案（九）》修法过程中，社会民众要求取消嫖宿幼女罪的呼声非常高，也得到了妇联、少儿保护团体等部门与组织的支持。但是学术界对该罪是否应该取消存在较大争议，主流观点认为应该保留该罪，原因主要有两方面：一方面认为，该罪的取消并不能解决受害幼女的污名化问题，因为还是存在其他与幼女卖淫有关罪名；另一方面，取消该罪也不会带来幼女保护力度增大的效果，因为从刑罚角度看，除了最高刑之外，嫖宿幼女罪的法定刑是明显高于强奸罪的。③ 虽然取消该罪仍存在许多问题，但是立法机关最终还是顺应社会民众呼声取消了嫖宿幼女罪。就此来看，其表明国家对性侵害未成年人犯罪这一"重大社会关切问题"④ 的回应，体现了对性侵害未成年人犯罪的重视。

在 2014 年最高法、最高检、公安部、民政部联合发布的《监护侵害

---

① 1991 年《关于严禁卖淫嫖娼的决定》第 5 条规定："嫖宿不满十四岁的幼女的，依照刑法关于强奸罪的规定处罚。"
② 张明楷：《简评近年来的刑事司法解释》，《清华法学》2014 年第 1 期。
③ 参见赵秉志《中国刑法最新修正宏观争议问题研讨》，《学术界》2017 年第 1 期。
④ 参见赵秉志《中国刑法最新修正宏观争议问题研讨》，《学术界》2017 年第 1 期。

意见》（法发〔2014〕24 号）规定了监护侵害未成年人行为①，将父母、监护人性侵害等严重危害未成年人的行为统一视为监护侵害行为，并"纳入社会治理议程和政府公共服务政策范围"②；2017 年《民法总则》第 191 条规定，延长了性侵害未成年被害人的损害赔偿请求权诉讼时效，为在成长阶段不能独立判断是否要主张损害赔偿请求权或没有及时行使请求权的未成年被害人——正如媒体所言——"秋后算账"留个机会③；国务院 2017 年发布的《关于加强中小学幼儿园安全风险防控体系建设的意见》（国办发〔2017〕35 号）也要求对性侵害等危害学生人身权利的违法犯罪行为实行"零容忍"制度，并依法严厉惩处。

2013 年教育部、公安部、团中央、全国妇联联合发布《预防性侵意见》，要求各地各部门做好性侵害预防教育，积极构建长效工作机制；2015 年最高法、最高检、公安部、司法部《关于依法办理家庭暴力犯罪案件的意见》（法发〔2015〕4 号）也规定，对于强奸、猥亵儿童等侵害公民人身权利的家庭暴力犯罪，严格依照刑法有关规定判处；2018 年，为解决包括性侵害未成年被害人在内的涉案未成年人所面临的急迫困难，从特殊保护、及时救助理念出发，最高检发布《关于全面加强未成年人国家司法救助工作的意见》，将因性侵害等犯罪"心理遭受严重创伤，因不能及时获得有效赔偿，造成生活困难的"未成年人，作为救助对象。④

在其他规范性文件中，民政部 2014 年发布的《关于开展第二批全国未成年人社会保护试点工作的通知》（民函〔2014〕240 号）要求：建

---

① 《关于依法处理监护人侵害未成年人权益行为若干问题的意见》（法发〔2014〕24 号）第 1 条："本意见所称监护侵害行为，是指父母或者其他监护人（以下简称监护人）性侵害、出卖、遗弃、虐待、暴力伤害未成年人，教唆、利用未成年人实施违法犯罪行为，胁迫、诱骗、利用未成年人乞讨，以及不履行监护职责严重危害未成年人身心健康等行为。"

② 《〈关于依法处理监护人侵害未成年人权益行为若干问题的意见〉解读》，http://jzglz. changde. gov. cn/art/2016/11/14/art_22075_830152. html〔2018-07-06〕，转引自张世峰司长对最高人民法院、最高人民检察院、公安部、民政部《关于依法处理监护侵害未成年人权益行为若干问题的意见》的解读，摘自张世峰司长 2015 年 4 月应邀出席全国妇联未成年人权益保护研讨班上的讲话。

③ 李婧、张雨：《给遭性侵未成年人"秋后算账"留个机会》，http://legal. people. com. cn/n1/2016/1102/c42510-28827369. html〔2018-07-06〕。

④ 于子茹：《最高检刑事申诉检察厅负责人解读〈最高人民检察院关于全面加强未成年人国家司法救助工作的意见〉》，http://www.xinhuanet.com/legal/2018-03/06/c_129823705htm〔2018-05-20〕。

立困境未成年人发现报告机制以增强社会公众对侵害未成年人事件报告意识①；国务院发布的《国家人权行动计划（2016—2020 年）》提出，争取在 2020 年建立针对侵害儿童违法犯罪行为和暴力伤害儿童行为的监测预防与处置救助工作机制；国务院 2016 年发布《关于加强农村留守儿童关爱保护工作的意见》（国发〔2016〕13 号），要求全社会积极参与关爱保护农村留守儿童，有效遏制侵害事件发生②；教育部 2016 年发布的《依法治教实施纲要（2016—2020 年）》（教政法〔2016〕1 号）要求深化教育行政执法体制改革，对性侵犯学生、校园欺凌等违法犯罪行为建立"零容忍"机制。③

上述法律、法规和政策规定，都显示了我国当前对性侵害未成年人问题的极大关注与重视。但是，各类涉及控制与防范性侵害未成年人犯罪的要求散见于多部法律中，还有各种规定分布在不同单位、部门的政策意见中。而且很多政策与意见是在一些重大侵害未成年人事件发生，受到民众与媒体的极大关注后才出台的，立法进程往往是基于舆论的被动推进，不仅积极性、主动性不够，而且有计划、有安排的系统性立法也远远不足。

二　司法惩治情况

《2018 年最高人民法院工作报告》指出，过去 5 年里法院加大对妇女、儿童权益保护，严惩针对妇女、儿童的暴力、性侵害犯罪，审理相关案件 13 万件以上④；《2018 年最高人民检察院工作报告》亦指出，检察院在过去 5 年中注重对未成年人的保护，从严打击性侵害未成年人等犯罪，发布

---

① 《民政部关于开展第二批全国未成年人社会保护试点工作的通知》（民函〔2014〕240 号），http：//www.mdjmzj.gov.cn/411/5840.html［2018 - 05 - 26］。

② 参见《国务院关于加强农村留守儿童关爱保护工作的意见》（国发〔2016〕13 号），http：//www.moe.edu.cn/jyb_xxgk/moe_1777/moe_1778/201602/t20160215_229575.html［2018 - 05 - 26］。

③ 参见《教育部关于印发〈依法治教实施纲要（2016—2020 年）〉的通知》，http：//www.moe.edu.cn/srcsite/A02/s5913/s5933/201605/t20160510_242813.html［2018 - 05 - 26］。

④ 参见《2018 全国两会周强作最高人民法院工作报告》，https：//city.shenchuang.com/2016lianghui/20180309/870783.shtml［2018 - 05 - 26］。

有关未成年人司法保护八项措施，强化留守儿童、困境儿童司法保护等工作。① 然而当前相关犯罪形势仍然严峻，2018 年 5 月最高检未成年人检察工作负责人在新闻发布会上提出："侵害未成年人犯罪案件仍呈多发态势……以猥亵儿童罪这一罪名为例，近五年来一直呈现上升态势"②；仅2017～2018 年，就起诉侵害未成年人犯罪嫌疑人 6 万人③；人民法院受理性侵害未成年人犯罪案件数量也呈增长态势，以猥亵儿童案件为例，2013～2015 年全国法院审结此类案件数达 7610 件，案件数增长近 50%（49.93%）。④

本书对近 6 年间各地法院上传的性侵害未成年人案件统计发现，以案件发生时间统计，1996 年仅有 1 件，到 2014 年快速增长到 485 件；以法院案件判决时间统计，2010 年仅有 31 件，到 2014 年增加到 523件，增长了近 16 倍。同时，本书对案件刑罚惩处情况分析发现，在统计的 1772 名犯罪人中：97.0% 被判处有期徒刑，0.2% 的犯罪人被判处无期徒刑，还有 2.1% 的犯罪人被判处死刑（包括死缓）（见表 2 - 1）；参考司法实践中一般以 5 年以上有期徒刑为较重的处罚标准进行统计，在所有犯罪人中被判处 5 年以上（包括 5 年）有期徒刑、无期徒刑、死刑的占总人数的 34.82%。

为了能够较为客观地判断当前我国司法实践中性侵害未成年人犯罪刑罚量刑情况，本书依据《中国法律年鉴》数据资料，对全国法院 2002 年至 2016 年的生效判决中，判处 5 年以上有期徒刑、无期徒刑及死刑犯罪人数量及其所占犯罪人总数比例进行计算与比较发现，近 15 年来我国法院生效判决中的重刑率呈逐渐下降趋势，从 2002 年的 22.68% 下降到 2016 年的 8.01%（见图 2 - 1），降低了近 15 个百分点。

---

① 参见《2018 曹建明作最高人民检察院工作报告》，http：//www.mnw.cn/news/china/1954492.html［2018 - 05 - 28］。
② 于潇：《最高检：侵害未成年人犯罪案件仍呈多发态势》，http：//news.jcrb.com/jxsw/201805/t20180529_1871705.html［2018 - 05 - 30］。
③ 于潇：《最高检：去年 1 月至今年 4 月批捕侵害未成年人犯罪 4.42 万人》，http：//news.jcrb.com/jxsw/201805/t20180529_1871699.html［2018 - 05 - 30］。
④ 参见方芳《人民法院惩治侵犯未成年人权益犯罪工作综述》，中华人民共和国最高人民法院，http：//www.court.gov.cn/zixun - xiangqing - 21471.html［2018 - 05 - 30］。

表 2 - 1　性侵害未成年人犯罪人所处主刑罚占比情况

单位：%

		频率	百分比	有效百分比	累计百分比
有效	拘　役	11	0.6	0.6	0.6
	有期徒刑	1719	97.0	97.0	97.6
	无期徒刑	4	0.2	0.2	97.9
	死　缓	10	0.6	0.6	98.4
	死刑（立即执行）	27	1.5	1.5	99.9
	定罪免除刑罚	1	0.1	0.1	100.0
合　计		1772	100.0	100.0	

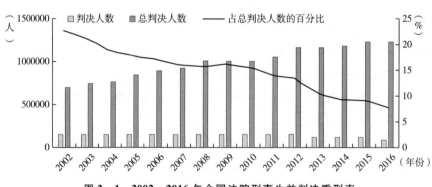

图 2 - 1　2002 ~ 2016 年全国法院刑事生效判决重刑率

　　与我国近 15 年法院生效刑事判决刑罚判处情况相比较，我国近年来对性侵害未成年人案件的刑罚惩处重刑率远高于平均率，对犯罪的刑罚惩处不谓不重，但是犯罪形势仍较为严峻，这不能不引起我们思考。虽然严厉惩处对于严重的性侵害犯罪是必要的，甚至在有些犯罪上还需加重处罚，但是对犯罪的控制还应考虑其他手段与措施，仅仅依靠单一的事后严厉惩罚不是解决性侵害未成年人犯罪问题的根本之道。

三　社会预防与监督

　　在严峻犯罪形势下，我国了采取多种举措抑制、预防性侵害未成年人犯罪。不仅《刑法修正案（八）》《刑法修正案（九）》设置了从业禁止制度①，而且司法实务部门也开展了大量探索与实践。如最高院积极探索儿童司法保护与行政、家庭、学校以及社会保护衔接工作机制，进行预防惩治侵犯未成年人权益犯罪联动机制试点，2014 年、2015 年确定山东青岛、四川眉山开展"预防惩治侵犯留守儿童权益犯罪联动机制试点"。随后，最高法指导各试点单位起草发布联动机制实施意见，明确、细化各部门在保护未成年人权益方面的职责与任务。② 2016 年 4 月，为加强关爱保护留守儿童工作以预防性侵害等行为，国务院建立农村留守儿童关爱保护工作部际联席会议制度，建立健全农村留守儿童救助保护机制③；2017 年最高检发布《未成年人刑事检察工作指引（试行）》（高检发未检字〔2017〕1 号），初步制定了适合未成年人身心特点的检察院办案机制，以防止性侵害犯罪未成年受害人在刑事诉讼中受到"二次伤害"；2018 年 12 月教育部发布《关于进一步加强中小学（幼儿园）预防性侵害学生工作的通知》（教督厅函〔2018〕9 号），要求各教育行政部门和中小学（幼儿园）"进一步完善教师准入制度，强化对拟招录人员品德、心理的前置考察，联合公安部门建立性侵害违法犯罪信息库和入职查询制度"④。

全国各地也积极开展有关预防性侵害未成年人犯罪探索与改革。2016 年浙江慈溪检察院联合相关部门出台《性侵害未成年人犯罪人员信息公开办法（试行）》，建立性侵害未成年人犯罪人信息登记数据库⑤；2017 年 8

---

① 有关从业禁止制度基本规定，《刑法修正案（八）》第 11 条规定，"宣告缓刑，可以根据犯罪情况，同时禁止犯罪分子在缓刑考验期限内从事特定活动，进入特定区域、场所，接触特定的人"。《刑法修正案（九）》第 1 条规定，第三十七条后增加一条，作为第三十七条之一："因利用职业便利实施犯罪，或者实施违背职业要求的特定义务的犯罪被判处刑罚的，人民法院可以根据犯罪情况和预防再犯罪的需要，禁止其自刑罚执行完毕之日或者假释之日起从事相关职业，期限为三年至五年。"
② 参见方芳《人民法院惩治侵犯未成年人权益犯罪工作综述》，中华人民共和国最高人民法院，http：//www. court. gov. cn/zixun－xiangqing－21471. html〔2018－05－28〕。
③ 参见 2016 年 2 月 4 日国务院发布的《关于加强农村留守儿童关爱保护工作的意见》（国发〔2016〕13 号）。
④ 参见《教育部办公厅关于进一步加强中小学（幼儿园）预防性侵害学生工作的通知》，http：//www. moe. gov. cn/srcsite/A11/s7057/201812/t20181221_364370. html〔2018－12－28〕。
⑤ 参见屠春技、岑瑾浙《浙江慈溪：公开性侵未成年人犯罪人员信息》，中华人民共和国最高人民检察院，http：// www. spp. gov. cn/dfjcdt/201606/t20160613_119788. shtml〔2018－05－30〕。

月，上海闵行区正式启动全国首个特定行业涉性侵害违法犯罪记录人员禁止从业制度，制定《关于限制涉性侵害违法犯罪人员从业办法（试行）》①；2017 年 12 月，江苏淮安淮阴区司法机关共同制定《关于性侵害未成年人犯罪人员从业禁止及信息公开制度》②；2018 年 5 月，上海市也开始探索建立市级性侵害未成年人违法犯罪人员从业禁止和信息查询制度。③

虽然，我国已采取多项措施与对策应对性侵害未成年人犯罪，但是，犯罪形势依然不容乐观，法律体系建设仍然存在问题与不足。正如联合国对各国为保护儿童免受暴力侵害所做努力的评价：各国尽管为此做出巨大努力，但这些努力依然缺乏系统性，尚不足以保护儿童免遭暴力侵害；现有机制往往缺乏法律依据，对其任务、作用和职责没有明确界定；国家儿童行动计划，或专门打击暴力侵害儿童行为的行动计划，以零散方式处理这些机制问题，缺乏确保及时和有效干预所必要的资源，并很少对这些机制进行评估，也未对后续措施的有效性或儿童的影响作出评价。④ 因此，在性侵害未成年人犯罪应对措施系统化、体系化与科学化发展道路上，我国才刚起步，还有很多路要走。

第二节　当前刑事政策实施效果反馈——民众态度实证调查

保护民众是刑事政策永恒的目标之一，"尊崇民意的是非善恶共识是现代民主宪政的要求，是现代刑事立法正义的要求"⑤。从公共政策学角度来说，在现代国家政府运行过程中，民意即"群众性利益输入与表达，是政治系统正常运行与合理输出的基本前提，也是政府政策输出的基本'原

---

① 程琳：《闵行建涉性侵犯罪人员名单 禁从事接触未成年人行业》，http：//sh. sina. com. cn/news/m/2017 - 08 - 26/detail - ifykkfas8679520. shtml［2018 - 05 - 28］。
② 白阳、丁小溪：《我国探索对侵害未成年人犯罪人员从业禁止和信息公开制度》，http：//www. xinhuanet. com/2017 - 12/30/c_1122190364. htm［2018 - 05 - 30］。
③ 黄安琪、仇逸：《上海探索对性侵害未成年人违法犯罪人员进行从业禁止》，http：//www. xinhuanet. com/2018 - 05/03/c_1122780128. htm［2018 - 05 - 30］。
④ 参见联合国人权理事会第十六届会议通过的《买卖儿童、儿童卖淫和儿童色情制品问题特别报告员和暴力侵害儿童问题秘书长特别代表的联合报告》（联合国文件，A/HRC/16/56），United Nations Official Document，http：//www. un. org/en/ga/search/view_doc. asp? symbol = A/HRC/16/56&referer = http：//www. un. org/zh/documents/index. html&Lang = C［2018 - 05 - 30］。
⑤ 参见张武举《刑法的伦理基础》，法律出版社，2008，第 232～233 页。

料'来源"①。由于"法律的生命从来不是逻辑：法律的生命从来都是经验……无论是公开宣布的还是下意识的——公共政策的直觉甚至法官与同胞国人分享的偏见，都要比演绎推理作用大得多"②。因此，民众对当前性侵害未成年人犯罪相关政策的看法与意见是什么，有什么要求与建议，这应该是制定性侵害未成年人刑事政策"原料"来源的重要内容。

应对犯罪策略的选择与制定，不仅要立足于犯罪事实基础，重视对已有犯罪应对措施的认识与反思；同时，由于现代民主社会中"民意常被视为一项重要且具有合法性的'社会事实'"③，因此是公共政策制定的"原料"与依据。在作为公共政策的性侵害未成年人犯罪刑事政策制定中，必须充分考虑与吸纳民众的意见与建议。本书作者通过问卷调查、到部分性侵害未成年人重大案件发生地区实地走访与座谈等方式，了解民众对现有性侵害未成年人犯罪应对策略和措施的认识和态度，评估现有刑事政策的实施效果，力求宏观上回应民众期待，微观上持"合比例原则"平衡民众与犯罪人之间的利益④，为进一步完善性侵害未成年人犯罪刑事政策体系奠定社会事实基础。

作者于 2015~2017 年，采取包括发放问卷调查、实地走访、座谈等多种方式，了解民众对当前性侵害未成年人犯罪的认识，对犯罪惩治情况的感受，以及对性侵害未成年人犯罪预防与控制的看法与意见，以分析民众对我国现行性侵害未成年人犯罪刑事政策的看法与意见。

一 调查方法

本书采取多种调查方式，一方面采用问卷调查，历时 1 年多发放问卷4491 份，范围涉及全国 23 个省（区、市），以尽量较为全面地了解民众态

① 参见戴维·伊斯顿《政治生活的系统分析》，王浦劬译，华夏出版社，1999，第 429 页，转引自莫晓宇《民意的刑事政策分析：一种双向考量后的扬弃》，《甘肃政法学院学报》2007 年第 5 期。
② Oliver Wendell Holmes, Jr., "The Common Law", Little, Brown, and Company, 1948, p. 1，转引自苏力《司法解释、公共政策和最高法院——从最高法院有关"奸淫幼女"的司法解释切入》，《法学》2003 年第 8 期。
③ Steven Stack, Liqun Cao, Amy Adamzyck:《犯罪率、法律与秩序》，蔡宏瑀译，《犯罪与刑事司法研究》2010 年第 3 期。
④ 参见陈金林《刑罚的正当化危机与积极的一般预防》，《法学评论》2014 年第 4 期。

度；另一方面，深入性侵害未成年人犯罪较为特殊、典型地区开展实地调研，如选择贵州毕节市重点实地调查区域之一。我国性侵害未成年人犯罪中有一个突出现象，近年来农村留守儿童已成为高危受侵害对象。贵州省民政厅公布数据显示，截至 2017 年 6 月 30 日，全省农村留守儿童共有60.7 万人①，而毕节市就占到全省留守儿童总数的近 1/3。② 该地区性侵害农村留守儿童案件近年来频繁曝光，如 2014 年 4 月司法机关接到报案，毕节市七星关区某小学教师黎某强奸 12 名幼女，被害儿童年龄最大的 12 周岁，最小的 8 周岁③；同年 7 月另一起案件被发现，毕节市七星关区某小学领导杨某某在担任校长期间，多次在教室、办公室等场所对多名小学生进行猥亵、强奸④；2015 年 5 月又暴露一起恶性性侵害案件，毕节市大方县某村小学教师韦某某在课堂上猥亵 7 名小学生，受害学生多为留守儿童。⑤ 因此，作者选择该地区进行实地调查，希望能够深入了解在性侵害未成年人犯罪高发区域一般民众与未成年人的看法与意见，以弥补一般性问卷调查中无法发现的问题。

（一）问卷调查

发放问卷调查范围涉及全国 23 个省（区、市），发放对象既包括法院、检察院、公安机关、律师事务所、高等院校中的法律专业类人员，也有中小学校、行政机关、事业单位、企业中的非法律专业类人员和农村、城镇无业人员。⑥ 本调查问卷发放与回收时间为 2016 年 6 月至 2017 年 6月。问卷发放、回收方式有普通邮件寄送，电子邮件寄送或电话访问、传

---

① 《贵州省留守儿童信息录入系统显示全省留守儿童总数同比减少 21.9%》，http：//china. huanqiu. com/hot/2017 - 07/11042205. html ［2017 - 07 - 18］。
② 贵州省毕节市留守儿童数量，是作者实地调研时贵州省毕节市民政局于 2017 年 5 月提供的。
③ 《毕节教师性侵至少 12 名女童多为留守儿童》，http：//news. 163. com/16/0114/11/BD9LMU7800014N4Q. html ［2018 - 01 - 06］。
④ 《贵州毕节小学校长性侵 6 名幼女一审获死刑》，http：//news. sohu. com/20150706/n416269865. shtml ［2018 - 01 - 06］。
⑤ 《贵州毕节大方县 7 名女童遭教师猥亵嫌疑人被刑拘》，http：//hebei. news. 163. com/15/0526/17/AQIDPICR02790DNK. html ［2018 - 01 - 06］。
⑥ 本次调查的 23 个省（自治区、直辖市）分别是：北京、福建、甘肃、广东、广西、贵州、河北、河南、湖南、吉林、江西、内蒙古、山东、山西、陕西、上海、四川、江苏、新疆、云南、重庆、浙江、黑龙江。

真发送，或者前往被调查者所在单位、地区采用随机现场访问填写等方式。共发放问卷 4491 份，收回 4405 份，有效问卷 3698 份，其中法律专业类有效问卷 1547 份，非法律专业类有效问卷 2151 份。[①]

参与问卷调查对象基本情况如下。

1. 男女比例基本对等：本次问卷调查中，男性被调查对象占总人数的 51%，女性占总人数的 49%。

2. 居住地以中等城市居多：被调查对象居住地在大城市的占总人数的 30%、中等城市的占 40%、小城镇的占 19%、农村的占 11%，被调查对象居住地从大城市到城镇、农村都有一定代表，其中，居住地为中等城市的人数最多。

3. 职业状况：非法律从业人员被调查对象中，学生占 49%，企业工作人员占 16%，机关、事业单位工作人员占 16%，农民占 2%，个体工商户占 5%，服务业人员占 5%，无业人员占 2%，其他职业占 3%；法律从业人员被调查对象中，来自法院的人员占 11%、检察院的占 10%、公安机关的占 10%、律师事务所的占 27%、高校的占 38%，来自其他单位的占 4%。

4. 受教育程度：小学及以下学历被调查对象占总人数的 1%、初中学历占 7%、高中或中专学历占 5%、大学专科学历占 9%、大学本科学历占 55%、硕士及以上学历占 23%；整体学历较高，这与被调查对象中有一半为法律从业人员有关，该行业对从业人员学历要求一般为本科以上。

(二) 实地专题调查与深度访谈

由于问卷调查对象大多集中于城市，而且被调查对象受教育程度较高，为了了解农村地区尤其是西部经济欠发达地区以及留守儿童较多、性侵害儿童事件频发区域的普通农民、一般群众和未成年人的态度与看法，本书作者选取贵州省毕节市大方县瓢井镇为实地专题调查与深度访谈地区。

毕节市大方县瓢井镇位于大方县北部，全镇总土地面积 128.35 平方公

[①] 问卷来源地分布情况：北京 267 份，福建 125 份，甘肃 91 份，广东 233 份，广西 122 份，贵州 364 份，河北 247 份，河南 219 份，湖南 95 份，吉林 85 份，江西 237 份，内蒙古 49 份，山东 68 份，山西 184 份，陕西 205 份，上海 225 份，四川 65 份，新疆 6 份，江苏 52 份，云南 93 份，重庆 163 份，浙江 247 份，黑龙江 256 份。

里，常住人口约 2.84 万人；镇内居住着苗族、彝族、白族和仡佬族等少数民族，少数民族人数约占总人数的 1/5。受地理、气候等多重因素影响，当地经济水平相对落后，2015 年人均纯收入 6000 元左右①，不仅远低于同年全国农村居民人均可支配收入 11422 元②，也低于贵州省农村居民人均可支配收入 7300 元。③ 因此，该镇青壮年人口基本上长年在外务工，形成了当地留守儿童数量较多的情况。截至 2016 年 8 月，全镇共有留守儿童 1953 人④，占到全镇总人口的 6.9%。

本书作者在大方县瓢井镇的调查中，首先选择具有较高易受侵害性的中小学生为调查对象。在 2016 年 7~8 月，2017 年 7~8 月，分别以瓢井中学初二年级 5 个班、瓢井中心小学六年级 2 个班 271 名中小学生为调研对象，开展个别访谈、小组座谈及问卷调查等方式，针对未成年人性侵害的防范意识以及对性教育的态度进行调研。

2017 年 12 月至次年 1 月，选取瓢井镇普通村民和儿童 36 人为访谈对象。其中 18 岁以下被访谈对象占 43%，年龄在 19~55 周岁被访谈对象占 40%，年龄在 56 周岁以上被访谈对象占 16%。被访谈对象受教育程度为初中的占被访谈对象总数的 64%，高中或中专的占 14%，大专及以上的占 11%，小学及未受过教育的占 11%。被访谈对象的身份大多数为农民与中小学生。

二 调查数据统计

调查主要围绕三方面内容进行。

第一，被调查对象对性侵害未成年人犯罪的基本认识与态度。涉及问题如下。1. 您是否知道或听说过性侵害未成年人犯罪或案件？2. 通过何种渠道了解性侵害未成年人犯罪？3. 您认为哪一类性侵害未成年人行为对未

---

① 资料来自贵州省大方县人民政府门户网站，http://www.gzdafang.gov.cn/ZGDF/A/02/200428.shtml ［2016-01-06］。
② 《2015 年国民经济和社会发展统计公报》，http://www.stats.gov.cn/tjsj/zxfb/201602/t20160229_1323991.html ［2016-03-30］。
③ 国家数据，http://data.stats.gov.cn/easyquery.htm? cn = E0103&zb = A0A05&reg = 520000&sj = 2015 ［2018-05-30］。
④ 资料来自贵州省大方县人民政府门户网，http://www.gzdafang.gov.cn/ZGDF/A/02/200428.shtml ［2016-03-30］。

成年人伤害最大? 4. 您认为未成年人容易受到哪些人的性侵害? 5. 如果遇到有人正在性侵害未成年人,您会怎么做?

第二,被调查对象对性侵害未成年犯罪处罚轻重的认识。涉及问题如下。1. 您认为当前司法机关惩处性侵害未成年人犯罪量刑是否适当? 2. 您认为性侵害未成年人(情节严重)的应判处何种刑罚?

第三,被调查对象对性侵害未成年人犯罪预防的认识。涉及问题如下。1. 是否需要对已经刑满释放的性侵害未成年人犯罪人进行监督管理? 2. 对具有性侵害未成年人犯罪前科的人员应怎样进行管理? 3. 我国是否有必要开展未成年人性教育?

以下是调查相关情况。

(一) 民众对性侵害未成年人犯罪的基本认识与态度

主要通过以下问题了解民众对该类犯罪的基本认识与一般态度。

1. 您是否知道或听说过性侵害未成年人犯罪或案件?

在问卷调查中,法律从业人员问卷反馈中有 94% 的人知道或听说过,有 89% 的非法律从业人员表示知道或听说过。在实地调研与毕节大方县瓢井镇中小学生座谈时,有一半左右的未成年人表示听说过,但还有相当一部分孩子比较茫然,不清楚性侵害是什么;在走访当地村民时,初中以下文化程度的人大部分不清楚性侵害未成年人是怎么回事。这说明受教育程度较高的被调查对象对性侵害未成年人犯罪的认识、了解程度高于受教育程度低的被调查对象;法律从业人员的认识程度高于非法律从业人员。

2. 您通过何种渠道了解性侵害未成年人犯罪(多选)?

对调查问卷反馈数据见表 2-2。

表 2-2　通过何种渠道了解性侵害未成年人犯罪 (问卷调查)

单位:次,%

指标	非法律从业人员		法律从业人员		合计	
	选择次数	指标占非法律从业人员总次数百分比	选择次数	指标占法律从业人员总次数百分比	总选择次数	百分比
电视栏目	1749	27	1364	22	3113	24
新闻网站	1836	28	1503	24	3339	26

续表

指标	非法律从业人员		法律从业人员		合计	
	选择次数	指标占非法律从业人员总次数百分比	选择次数	指标占法律从业人员总次数百分比	总选择次数	百分比
报纸杂志	850	13	848	13	1698	13
微博、微信	1728	26	1350	21	3078	24
广播	435	6	282	5	717	6
案件材料	—	—	952	15	952	7
合计	6598	100	6299	100	12897	100

问卷统计数据反映了被调查对象了解性侵害未成年人犯罪渠道呈多样化，其中选择新闻网站、电视栏目以及微博、微信渠道的频次最高；在到毕节大方县实地调查中，中小学生选择电视栏目的占 29.76%，新闻网站占 26.59%，选择微博、微信占 18.12%，报纸杂志占 16.67%，广播占 8.86%。这说明传统媒体仍然是民众了解性侵害未成年人犯罪的主要渠道，但新兴媒体发展迅速也逐渐成为了解犯罪的重要渠道，甚至在不久将来会取代传统媒体成为民众接收与传递信息的主要渠道。

3. 您认为哪一类性侵害未成年人行为对未成年人伤害最大？

对该问题问卷调查反馈数据见表 2 - 3。

表 2 - 3　对未成年人危害较大的性侵害行为（问卷调查）

单位：人，%

指标	非法律从业人员		法律从业人员		合计	
	人数	指标占非法律从业人员总次数百分比	人数	指标占法律从业人员总次数百分比	总人数	百分比
强奸	1075	50	872	56	1947	52
猥亵、侮辱	170	8	77	5	247	7
性骚扰	52	2	24	2	76	2
引诱、容留、介绍卖淫	118	5	55	4	173	4
强迫卖淫	654	31	491	31	1145	31
组织卖淫	82	4	28	2	110	3
合计	2151	100	1547	100	3698	100

在问卷调查中不论是法律从业人员还是一般民众，有一半以上人选择强奸是最严重的性侵害行为，选择危害性排在最后三位的行为分别是引诱、容留、介绍卖淫，组织卖淫和性骚扰。在毕节大方县的实地调研中，当地被调查对象也认为强奸是最严重的性侵害，但选择强迫卖淫的比例高于问卷调查（见表2-4）。

说明强奸是最严重的性侵害这一看法得到一致公认。调查数据显示，公众较为关注"引诱或强迫未成年人参与任何性活动"类犯罪，对于"利用未成年人从事卖淫活动或其他非法性行为"以及"利用未成年人进行色情表演或以之为主题制作淫秽材料的活动"两大类型犯罪的危害性认识不足，尤其是对于最后一种类型犯罪认识欠缺。

表2-4　对未成年人危害较大的性侵害行为（实地调查）

单位：人，%

指标	强奸	猥亵、侮辱	性骚扰	引诱、容留、介绍卖淫	强迫卖淫	组织卖淫
选择人数	101	15	6	11	100	38
占总人数的百分比	37.27	5.54	2.21	4.06	36.90	14.02

4. 您认为未成年人容易受到哪些人的性侵害（多选）？

问卷调查中被调查者选择频次最高的是陌生人选项，而且非法律从业者比法律从业者更加倾向于陌生人可能对未成年人实施性侵害；在对未成年人身边熟悉的人选项中，被选择次数排列前三位的选项分别为：教师（占总选择次数的17%）、同乡（占总选择次数的14%）和朋友（占总选择次数的12%）（见表2-5）。

表2-5　未成年人容易受到哪些人的性侵害（问卷调查）

单位：次，%

指标	非法律从业人员		法律从业人员		合计	
	选择次数	指标占非法律从业人员总次数百分比	选择次数	指标占法律从业人员总次数百分比	总选择次数	百分比
教　师	928	16	962	17	1890	17
朋　友	691	12	708	12	1399	12
同　学	519	9	609	11	1128	10
恋　人	559	10	567	10	1126	10

续表

指标	非法律从业人员		法律从业人员		合计	
	选择次数	指标占非法律从业人员总次数百分比	选择次数	指标占法律从业人员总次数百分比	总选择次数	百分比
亲　戚	503	9	578	10	1081	9
陌生人	1601	28	1300	22	2901	25
同　乡	767	13	832	14	1599	14
家　人	151	3	228	4	379	3
合　计	5719	100	5784	10	11503	100

在西部地区实地调研中，被调查的中小学生选择陌生人的占总选择次数的31.04%（见表2-6），依然是最高选项；对未成年人身边熟悉的人选项中，被调查中小学生认为身边存在性侵害威胁最高的"熟人"是朋友，而不是问卷调查中被调查对象认为的"教师"。这说明未成年人更倾向于认为性侵害来自陌生人，对可能来自身边熟人性侵害的警惕性不强。

表2-6　未成年人容易受到哪些人的性侵害（实地调查）

单位：次,%

指标	教师	朋友	同学	恋人	亲戚	陌生人	同乡	家人
选择次数	59	111	55	110	52	221	91	13
占总选择次数的百分比	8.29	15.59	7.72	15.45	7.30	31.04	12.78	1.83

5. 如果遇到有人正在性侵害未成年人，您会怎么办？

对此问题，绝大多数被调查者表示会采取积极行动，选择报警的占到总数的71%；选择出面制止的占总数的20%（见表2-7）；大多数人认为公力救济比私力救济更有效，通过报警引入司法机关是大多数人的首选。

表2-7　如果遇到有人正在性侵害未成年人您会怎么办（问卷调查）

单位：人,%

指标	非法律从业人员		法律从业人员		合计	
	人数	指标占非法律从业人员总次数百分比	人数	指标占法律从业人员总次数百分比	总人数	百分比
打电话报警	1539	72	1101	71	2640	71
出面制止	407	19	338	22	745	20

续表

指标	非法律从业人员		法律从业人员		合计	
	人数	指标占非法律从业人员总次数百分比	人数	指标占法律从业人员总次数百分比	总人数	百分比
高声呼救	157	7	97	6	254	7
什么也不做	48	2	11	1	59	2
合　计	2151	100	1547	100	3698	100

6. 在解决性侵害未成年人犯罪中哪一方面问题最为重要？

在对此问题的回答中，绝大多数民众（66%）认为未成年人的安全保障是最为重要的，仅有7%的民众认为惩治犯罪是首要问题，有27%的民众认为保护未成年人与惩治犯罪都很重要（见表2-8）。从此问题的反馈可以发现，民众将未成年人的安全保障放在首要位置。

表2-8　您认为在解决性侵害未成年人犯罪中哪一方面问题最为重要（问卷调查）

单位：人，%

指标	非法律从业人员		法律从业人员		合计	
	人数	指标占非法律从业人员总次数百分比	人数	指标占法律从业人员总次数百分比	总人数	百分比
未成年人的安全保障	1481	69	974	63	2455	66
惩治犯罪	181	8	77	5	258	7
二者都重要	489	23	496	32	985	27
合　计	2151	100	1547	100	3698	100

（二）民众对刑罚惩处轻重的认识与态度

这部分内容主要通过以下问题了解民众对此类犯罪刑罚惩处轻重的认识与看法。

1. 您认为当前惩处性侵害未成年人犯罪的量刑是否适当？

总体来说，大多数被调查者认为当前对此类犯罪处罚较轻的占到总人数的64%，认为量刑较重的占总人数的7%，认为量刑恰当的占29%。虽然大多数被调查对象都认为惩罚力度不足、较轻，但非法律从业人员选择认为较轻的高于法律从业人员6个百分点（见表2-9），说明一般民众更倾向于重处性侵害未成年人犯罪。

表 2 - 9　当前性侵害未成年人犯罪的量刑是否适当（问卷调查）

单位：人，%

指标	非法律从业人员		法律从业人员		合计	
	人数	指标占非法律从业人员总次数百分比	人数	指标占法律从业人员总次数百分比	总人数	百分比
轻	1424	66	932	60	2356	64
重	192	9	63	4	255	7
恰当	535	25	552	36	1087	29
合 计	2151	100	1547	100	3698	100

在西部地区实地访谈中发现，大多数被访谈人认为当前性侵害未成年人犯罪处罚过轻，强烈要求政府加大对犯罪人的惩处。如在一次访谈中（被访谈人：018 号；性别：女；年龄：50 周岁；身份：个体工商户）问："您认为现在政府对性侵害未成年人犯罪人的惩罚怎么样？是轻了还是重了？还是合适的？"答："还是轻了，坏人根本不怕。还有的人认为赔些钱给女娃儿家就没得事了，政府应该多抓一些坏人，让他们多坐几年牢。"这说明在西部地区性侵害未成年人犯罪较为严重地区的民众，对此类犯罪要求严厉惩罚的态度更为强烈。

2. 您认为性侵害未成年人情节严重的可以判处何种刑罚？

在对严重性侵害未成年人犯罪人建议判处刑种的选择上，选择无期徒刑人数最多，占总被调查人数的 35%，有近 1/3 的被调查者选择对严重侵害未成年人的犯罪人判处死刑（见表 2 - 10）。

表 2 - 10　性侵害未成年人（情节严重）的应判处何种刑罚（问卷调查）

单位：人，%

指标	非法律从业人员		法律从业人员		合计	
	人数	指标占非法律从业人员总次数百分比	人数	指标占法律从业人员总次数百分比	总人数	百分比
死　刑	731	34	410	27	1141	31
无期徒刑	725	34	579	37	1304	35
有期徒刑	695	32	558	36	1253	34
合 计	2151	100	1547	100	3698	100

在曾经发生性侵害儿童恶性案件的毕节市七星关区、大方瓢井镇进行实地访谈后发现，对于严重性侵害未成年人犯罪，被访谈对象中有 50% 以上认为应当判处死刑，尤其是对于教师强奸幼女、智障儿童等犯罪强烈要求政府予以严惩。

（三）民众对犯罪预防的认识

1. 您认为是否需要对刑满释放性侵害未成年人犯罪人员进行监督管理？

在问卷调查中，占总人数 85% 的被调查对象认为应当进行必要的管控（见表 2 - 11）。

表 2 - 11　刑满释放的性侵害未成年人犯罪人员是否需要监督管理（问卷调查）

单位：人，%

指标	非法律从业人员		法律从业人员		合计	
	人数	指标占非法律从业人员总次数百分比	人数	指标占法律从业人员总次数百分比	总人数	百分比
是	1818	85	1331	86	3149	85
否	333	15	216	14	549	15
合　计	2151	100	1547	100	3698	100

2. 您认为对具有性侵害未成年人犯罪记录人员应该怎样监督？（对上一个问题选择是的才需回答）

被调查者选择"定期进行思想教育"最多，占总选择次数的 28%；选择"密切监控动向，如发现异常随即进行相应处罚"的占 21%，"禁止进入与未成年人接触密切的场所"的占 19%，"由相应国家机关登记信息，并在社区、网络公开"的占 14%，有 6% 被调查者选择"严重犯罪者进行药物治疗"（见表 2 - 12）。

在毕节市曾经发生过性侵害未成年人案件村寨的实地访谈中发现，所有的被访谈对象均表示对于有性侵害未成年人犯罪记录的人员应当进行监督管理。就如何选择监督管理方式、途径的问题，有 47% 的被访谈者认为不能接受这类人在其村寨居住，要求其搬离以免再次犯罪；有 44% 的被访谈者表示能接受在当地居住，但是应当公开信息，提醒村民注意保护好未成年人；其余 9% 的被访谈者未对此问题作出回应。上述调查结果说明，民众都充分认识到对此类犯罪人持续监督管理的重要性，一致要求进行长

表2-12 对有性侵害未成年人犯罪记录人员应怎样监督管理（问卷调查）

单位：次，%

指标	非法律从业人员		法律从业人员		合计	
	选择次数	指标占非法律从业人员总次数百分比	选择次数	指标占法律从业人员总次数百分比	总选择次数	百分比
由相应国家机关登记信息，并在社区、网络公开	846	16	578	12	1424	14
定期进行思想教育	1576	29	1176	25	2752	28
禁止进入与未成年人接触密切的场所	996	19	949	20	1945	19
密切监控动向，如发现异常随即进行相应处罚	1222	23	882	19	2104	21
提醒居民注意身边有性犯罪记录的人	730	13	416	10	1146	12
严重犯罪者进行药物治疗	—	—	636	14	636	6
合　　计	5370	100	4637	100	10007	100

期监督，但是对于监督管理的手段与方法有多种看法与选择。

3. 您认为是否有必要开展未成年人性教育？

对此问题，选择"是"的被调查者占总人数的97%，仅有3%的人选择"否"（见表2-13），几乎所有被调查对象都认为进行性教育能够预防性侵害，是有必要的。

表2-13 我国是否有必要开展未成年人性教育（问卷调查）

单位：人，%

指标	非法律从业人员		法律从业人员		合计	
	人数	指标占非法律从业人员总次数百分比	人数	指标占法律从业人员总次数百分比	总人数	百分比
是	2068	96	1501	97	3569	97
否	83	4	46	3	129	3
合　　计	2151	100	1547	100	3698	100

在实地调研与走访中，作者在与所接触的中小学生交谈中发现，大多

数未成年人缺乏一般的性侵害防范意识，对性的认识与了解甚少，甚至当性侵害发生在自己身上时也无法辨别，这也说明加强对未成年人性教育的必要性与紧迫性。近年来我国此类案件频发，其中很多案件发生是由于未成年人自我保护意识欠缺，而性教育的缺失也是其中重要原因之一。因此，在此状况下社会舆论要求在中小学中增设性知识课程的呼声较为强烈。

三　调查结论与启示

对上述问卷调查及实地调研的结果进行整理和分析，就有关性侵害未成年人犯罪相关问题可得出以下结论和启示。

（一）民众对性侵害未成年人犯罪问题较为关注

民众普遍对性侵害未成年人犯罪较为关注，大多数人都曾经听说过，或通过电视节目、微信、微博等传统媒体或新媒体知道或了解性侵害未成年人案件（犯罪）；对性侵害未成年人犯罪都极为愤慨，一旦发现该类行为都表示愿意采取报警、出面制止等积极行为；对性侵害未成年人犯罪内容认识不全面，一般认为强奸、强迫卖淫是危害较大的性侵害行为，而对猥亵，引诱、介绍、容留卖淫等行为的危害性认识不足；对最有可能进行性侵害的人选择为陌生人较多，尤其是未成年人对来自身边熟人性侵害的警惕性不足。上述反馈情况也说明，我国民众仍未真正清楚性侵害的准确含义，对性剥削未成年人类型犯罪的危害性认识不足。据此，本书认为，我国需要尽快完善相关立法与规定，准确界定性侵害未成年人犯罪，并补充完善性剥削未成年人犯罪规定，尤其是有关性侵害未成年人制品犯罪的规制，以完善对未成年人权利的保护；加大防范性侵害未成年人犯罪的宣传与教育，消除一些错误认识与误区，提高预防此类犯罪的警惕性。

（二）民众认为未成年人利益应优先保障

在调查中，绝大部分民众认为未成年人的利益保障是解决性侵害未成年人犯罪的首要问题，一切都应以未成年人的利益保障为出发点。不论是打击犯罪人还是保障社会秩序，最终目的都是给未成年人创造一个安全、健康的成长环境。虽然也有部分人认为惩罚犯罪与保护未成年人同等重要，但都不否认未成年人的安全保障是惩治犯罪的目的。民众基本一致认为，一切以未成年人优先，应成为国家在解决与未成年人有关问题时的首要考虑与衡量标准。

（三）民众普遍要求严惩性侵害未成年人犯罪

在调查中，一半以上的被调查对象认为目前惩罚严厉度不够，甚至有1/3的被调查者要求对严重性侵害未成年人的犯罪人处以死刑，强烈要求对教师、官员等特殊群体，性侵害幼童、智力障碍者等特殊对象的性侵害行为从严、从重处罚。但也有相当一部分民众认为，虽然严厉惩罚是必要的，但是仅仅依靠事后惩罚无法根本解决问题，建议在加大惩罚力度之外，多做一些提前预防与保护未成年人的工作，真正防范性侵害未成年人犯罪的发生。

（四）民众认识到性侵害未成年人犯罪预防的重要性

几乎所有被调查对象都认为开展未成年人性教育很有必要，可以有效预防未成年人受到侵害。为了预防性侵害犯罪人再次实施犯罪，受调查对象普遍认为对有性侵害记录的犯罪人进行预防性监督管理非常重要，不仅可以减少此类人员再次犯罪的机会，还可以提醒民众警惕；至于对此类人员监督管理的方式有多种不同意见，认为可以进行思想教育，也可以实行限制行动范围，或实行个人信息登记、公开，甚至对人身危险性严重的犯罪人员实行药物治疗控制。调查中也有部分人对可能引发对性犯罪人员隐私权等权利的侵犯而有所顾虑。这也从另一角度说明，正是由于一切以未成年人优先的理念与意识尚未全面形成，人们思考问题的出发点与视角仍然从成年人的角度与利益出发，并未以未成年人的利益为首要考虑。

从上述调研中发现，性侵害未成年人犯罪已成为全社会关注的严重社会问题，民众对此类行为深恶痛绝。因为未成年人是每一个家庭的未来与希望，性侵害未成年人犯罪就是摧毁家庭的希望，不仅是对人类道德底线的挑战，也是对人们最基本信念的冲击。因此，民众一方面强烈要求国家对此类犯罪予以严厉惩治，另一方面也希望通过采取多种形式积极预防犯罪发生。

法国著名刑法学者斯特法尼认为，"民众的愤恨就是惩罚犯罪行为的道德目的，道德目的是与刑罚的报应性质相联系的。人们对犯罪的愤恨影响与引导着社会对犯罪所作的反应，这种愤恨对社会的正义是不可缺少的……法律往往因为符合了道德目的，条文才具有正当性"[1]，刑罚最终成为社会伦理谴责的体现。只有当"刑法获得了道德权威的声誉——即，如果人们将刑法思维按照与人们的正义观相符合的方式妥当地施加刑罚——它就能够利用这些规范性力量"[2]。

因此，民众对性侵害未成年人犯罪人的认识和强烈要求严厉惩处的要求，对当前应对措施的看法与意见，应成为合理制定刑事政策的重要社会事实基础。

第三节　现行性侵害未成年人犯罪刑事政策存在的问题

通过对现行性侵害未成年人犯罪刑事政策进行梳理与分析，结合社会民众对近年来刑事政策实施效果的认识和态度综合分析发现，现行性侵害未成年人犯罪刑事政策同时存在两方面问题，即刑事政策的严厉性与积极性均存在不足。

一　刑事政策严厉性不足

性侵害未成年人犯罪刑事政策严厉性的价值与意义，主要在于可以有效地阻断犯罪发生、阻止犯罪蔓延和遏制严峻犯罪形势的发展。因此，性侵害未成年人犯罪刑事政策严厉性的体现不仅仅在于惩罚严厉，还有多方面内容：包括要求法律规范体系严密以发挥法律的威慑作用；执法严肃认真，使严重危害未成年人安全的性侵害未成年人犯罪受到应有惩罚；特殊司法保护未成年被害人，阻断犯罪并防止未成年被害人受到"二次伤害"。因此，本书从法律规范体系是否严密、刑事惩处力度是否与危害程度相适应、未成年被害人是否受到特殊司法保护这几方面进行分析，以发现现行性侵害未成年人犯罪刑事政策是否存在不足与问题。

---

[1]　斯特法尼：《法国刑法总论精义》，罗结珍译，中国政法大学出版社，1998，第 29 页。

[2]　保罗·H. 罗宾逊：《进行中的刑罚理论革命：犯罪控制意义上的公正追求》，王志远译，《当代法学》2012 年第 2 期。

(一) 法律规范体系严密性不足

1. 对性侵害未成年人犯罪缺乏准确法律界定

迄今为止，我国没有一部法律或法律条文专门对性侵害未成年人犯罪进行准确界定。因此，司法界与学界对性侵害未成年人犯罪都有着不同的提法与认识。有的称为性侵犯行为，有的称为性侵害行为，还有的称为性暴力、性虐待。① 在刑法中也仅有具体的个罪罪名，没有专门的"性侵害未成年人犯罪"的界定。与未成年人关系最为密切的《未成年人保护法》也仅规定"禁止对未成年人实施性侵害"，但究竟什么是性侵害也没有界定与说明。即使被誉为"近年来未成年人权益保护领域中具有里程碑意义"② 的司法解释——《性侵意见》也未对性侵害未成年人犯罪进行严格界定，仅采用列举罪名的方式罗列了 8 种具体侵害罪名，仍然未对此类犯罪进行概括和界定。最高法 2018 年发布的《涉及家庭暴力婚姻案件审理指南》将性暴力界定为"加害人强迫受害人以其感到屈辱、恐惧、抵触的方式接受性行为，或残害受害人性器官等性侵犯行为"，但也仅仅是对性暴力进行界定，仍然没有对性侵害未成年人犯罪进行解释与定义。

对犯罪的准确界定是惩治与预防犯罪的基本前提。当前我国缺乏对性侵害未成年人犯罪明确的法律界定与指导，必将影响对此类犯罪的惩罚与控制。

2. 罪名体系不完整

当前我国已有的性侵害未成年人犯罪规定尚未与国际公约接轨，现有罪名体系不完整，未能实现我国在加入相关国际公约时对此类犯罪行为予以国内化立法的承诺。如我国现有法律规定对于"剥削利用未成年人从事色情表演和充当淫秽素材类犯罪"（也有的国际公约或条约称为"与儿童色情有关的犯罪"）的重视程度不够，未将儿童色情制品相关犯罪予以刑法规制并视为性侵害未成年人犯罪。

---

① 本书作者在导论中，专门在规范性文件中对性侵害未成年人行为不同表述方式及其内容进行梳理，参见导论第五部分内容。
② 参见黄尔梅、周峰、薛淑兰《最高人民法院、最高人民检察院、公安部、司法部性侵害未成年人犯罪司法政策案例指导与理解适用》，人民法院出版社，2014，第 1 页（编写说明）。

据《儿童权利公约》第 34 条规定，儿童性剥削和性虐待包括三类，分别是"引诱或强迫儿童从事任何非法的性活动、利用儿童卖淫或从事其他非法的性行为、利用儿童进行淫秽表演和充当淫秽题材"① 的行为。执行《儿童权利公约》的任择议定书规定："缔约国应根据本议定书规定，禁止买卖儿童、儿童卖淫和儿童色情制品"②，要求各缔约国对制作、传播、发布与拥有儿童色情制品的行为予以法律规定并严厉惩治。

我国作为上述公约与任择议定书的签署国，承诺对上述犯罪行为予以惩治。虽然《刑法》第 363 条、第 364 条有关于制作、传播、复制、出版、播放淫秽物品行为构成犯罪的一般性规定，并将向未成年人传播淫秽物品作为从重处罚的情节，而且第 365 条也规定了组织淫秽表演罪，但是，迄今为止，我国并未将利用未成年人进行淫秽表演和以此充当色情制品素材的行为独立成罪，或者作为犯罪的加重情节；未对儿童色情制品进行专门法律规定，认定标准混同于一般成人淫秽物品；并未将持有儿童色情制品视为犯罪。即使已有的罪名规定主要也是侧重于对社会管理秩序的保护，优先于对未成年人利益的保护，并未被视为性侵害未成年人犯罪。

国际社会中很多国家都将持有儿童（未成年人）色情制品视为犯罪，如联合国儿童权利委员会在审查芬兰《儿童权利公约》执行情况的第 2、3 次报告时，肯定并欢迎芬兰将拥有儿童色情制品入罪的完善法律的行为。③ 与国际公约的规定与要求不一致的是，我国一直未将持有儿童色情制品视为犯罪。这些都不能不说是我国惩治性侵害未成年人犯罪法律体系上的不足与遗憾。我国作为未成年人保护相关国际公约的缔约、签署国，如果对

---

① 参见《儿童权利公约》第 34 条规定，缔约国应承担其义务，保障儿童免受一切形式之性剥削与性侵犯（sexual exploitation and sexual abuse）（或者称为儿童的获得保护权）。基于以上目的，各缔约国尤应采取一切合理的国家性的、双边和多边的措施以预防下列情形的出现：（a）引诱或强迫儿童参与任何非法的性活动（The inducement or coercion of a child to engage in any unlawful sexual activity）；（b）剥削利用儿童从事卖淫或其他非法性行为（The exploitative use of children in prostitution or other unlawful sexual practices）；（c）剥削利用儿童从事色情表演和充当淫秽题材（The exploitative use of children in pornographic performances and materials）。参见《儿童权利公约》，http：//www.ccc.org.cn/html/report/1078 – 1.htm［2017 – 4 – 15］。

② 《〈儿童权利公约〉关于买卖儿童、儿童卖淫和儿童色情制品问题的任择议定书》（A/RES/54/273）第 1 条，NR047481.pdf，https：//documents – dds – ny.un.org/doc/RESO-LUTION/GEN/NR0/474/81/IMG/NR047481.pdf? OpenElement［2018 – 05 – 30］。

③ 参见段小松《联合国〈儿童权利公约〉研究》，人民出版社，2017，第 277 页。

性侵害未成年人犯罪没有清晰认识与全面规制，将难以实现加入国际公约时对未成年人利益予以全面保护的承诺。

3. 法律规定系统性不足

我国当前有关保护未成年人防止性侵害的规定不少，但是大部分是各类规范性文件，法律级别不高，规定较为散乱，缺乏专门立法规定；即使在现有法律规定中，也缺乏相关配套制度与执行措施，有机衔接不足。

（1）规定分散

除了刑法是惩治性侵害未成年人犯罪最主要的法律依据外，其他法律与规范性文件也有相关规定。如：2006 年修订的《未成年人保护法》严厉禁止性侵害未成年人；2011 年《中国儿童发展纲要》（2011—2020 年）规定，"保护儿童免遭一切形式的性侵犯"①；2013 年教育部等四部门联合发布《预防性侵意见》，强调防止儿童遭受性侵害是一项庞大系统工程，要求建立"六位一体"的中小学生保护机制②；2014 年最高法、民政部等四部门联合发布文件规定，监护人如果存在包括性侵害行为在内的严重危害未成年人身心健康的行为，法院应依法撤销监护人监护资格③；2015 年最高检提出加强未成年人司法保护的八项措施，要求"建立检察机关内部保护未成年人联动机制"④；2016 年教育部印发《依法治教实施纲要》（2016-2020 年），提出"对校园欺凌、性侵犯学生等违法犯罪行为建立'零容忍'机制"⑤；同年国家卫计委、中宣部、中央综治办等部门联合发布《关于加强心理健康服务的指导意见》，提出"对遭受性侵犯、家庭暴力等妇女及时提供心理援助，加强对流动、留守妇女和儿童的心理健康服务"⑥。

---

① 新华网授权发布《中国儿童发展纲要（2011—2020 年）》，http：//education. news. cn/2011-08/08/c_121830087. htm〔2016-05-30〕。

② 参见教育部、公安部、共青团中央、全国妇联联合发布《关于做好预防少年儿童遭受性侵工作的意见》（教基一〔2013〕8 号）。

③ 参见最高人民法院、最高人民检察院、公安部、民政部联合发布《关于依法处理监护人侵害未成年人权益行为若干问题的意见》（法发〔2014〕24 号）。

④ 《检察机关加强未成年人司法保护八项措施》，中华人民共和国最高人民检察院，http：//www. spp. gov. cn/flfg/nbgz/201505/t20150527_98154. shtml〔2017-05-30〕。

⑤ 参见 2016 年 1 月 7 日教育部发布的《依法治教实施纲要（2016—2020 年）》（教政法〔2016〕1 号）。

⑥ 参见 2016 年 12 月 31 日国家卫生计生委、中宣部、中央综治办等部门发布的《关于加强心理健康服务的指导意见》（国卫疾控发〔2016〕77 号）。

除了《性侵意见》是专门针对性侵害未成年人犯罪的司法文件外，其他很多相关规定都分散于各部委的纲要、意见和规定中，政策性规定多，专门性立法少，规定较为散乱。

（2）有机衔接不足

现有法律规定中相互衔接与配合不足。如为未成年被害人提供法律援助的规定，由于《刑事诉讼法》没有相关内容，而是在刑诉法适用司法解释中补充规定："未成年被害人及其法定代理人因经济困难或者其他原因没有委托诉讼代理人的，人民法院应当帮助其申请法律援助"①；检察院有关办理未成年人案件规定提出："人民检察院应当充分维护未成年被害人的合法权益。对于符合条件的被害人应当及时启动刑事被害人救助机制，对其进行救助。对于未成年被害人，可以适当放宽救助条件、扩大救助的案件范围。"② 但2012年公安部修订发布的《公安机关办理刑事案件的程序规定》并没有相应为未成年被害人提供法律援助的内容。2013年两院两部联合发布的《关于刑事诉讼法律援助工作的规定》也没有将其纳入法定法律援助范围。③ 因此，在《性侵意见》起草过程中，有人提出侦查阶段就应赋予未成年被害人申请法律援助的权利，但随即有人指出，该意见与其他法律规定不符。即使是上述相互协调与配合不足的规定也并非专门针对性侵害未成年被害人的保护，而是散见于其他一般性规定中。因此，人大常委会王胜俊副委员长指出："社会管理法律中缺乏对未成年人特殊保护的规定……在相关法律中虽然有一些儿童福利的调控，但缺乏对保障对象、实施主体、资金来源、保障方法和保障水平的系统规范。"④ 如果法律规定仍然将性侵害未成年人犯罪与其他犯罪"一视同仁"，性侵害未成年人犯罪防控工作就难以取得明显效果。

---

① 参见2012年11月5日最高人民法院审判委员会通过的《最高人民法院关于适用〈中华人民共和国刑事诉讼法〉的解释》（法释〔2012〕21号）第473条规定。

② 参见2013年12月19日最高人民检察院修订通过的《人民检察院办理未成年人刑事案件的规定》（高检发研字〔2013〕7号）第12条第2款规定。

③ 参见2013年最高人民法院、最高人民检察院、公安部、司法部联合发布的《关于刑事诉讼法律援助工作的规定》。

④ 付中正：《保护未成年人 斩断伸向孩子的魔爪》，http://edu.cztv.com/news/gn/2014/04/2014－04－304377387.html［2018－05－30］。

（3）缺乏专门法律体系性规定

现有政策、规定尚未形成一个专门法律体系。虽然有刑法相关罪名规定，但分散布局于刑法不同章节。而且现有罪名分别侧重保护不同法益，未能形成以未成年人保护为核心、针对性侵害未成年人这类严重犯罪行为的专门犯罪群或罪名体系。《性侵意见》虽然在近几年打击性侵害未成年人犯罪中发挥了重要作用，但是该意见仅仅是司法适用性指导意见，无法也不能够担当起统领防控性侵害未成年人犯罪的重任。因此，性侵害未成年人犯罪法律规定的专门化、系统化建设势在必行、刻不容缓。

4. 法律规定内容存在疏漏

（1）未能优先、特殊保护所有未成年人

依据联合国《儿童权利公约》，18 周岁以下未成年人都被视为儿童，要求给予优先、特殊保护。我国刑法对强奸罪、猥亵儿童罪的犯罪对象规定仅仅对 14 周岁以下未成年人予以特殊保护，而 14~18 周岁未成年人被排除在上述犯罪的特殊保护范围之外，不能适用"从重处罚"条款。《性侵意见》第 21 条第 1 款规定，对 14 周岁以下幼女负有一定特殊职责的人员，只要与幼女发生性关系的事实得到确证，就应当认定为强奸罪；而第 2 款规定，上述负有特殊职责人员对已满 14 周岁的未成年女性实施奸淫构成强奸罪的，必须具有"利用优势地位"或者被害人处于"孤立无援的境地"而违背其意志迫使未成年人就范，才能以强奸罪定罪处罚。此款要求对 14 周岁以上未成年人实施奸淫构成强奸罪，要求必须满足"违背被害人意志"条件，即犯罪是犯罪人利用优势地位的权势作用，通过一定客观条件对被害人施加压力，在被害人的意志自由受到较大压制的情况下非自愿发生性关系，强奸罪才能成立，对犯罪成立标准的要求显然高于犯罪对象为 14 周岁以下的幼女。

在司法实践中，大多数性侵害未成年人犯罪中，被害人与侵害人之间都具有熟人关系，很多侵害人是被害人的亲戚、长辈，甚至还有部分是被害人的老师、监护人或者家庭成员。在未成年被害人与行为人具有特殊关系的情况下，被害人究竟是处于压力下被迫容忍还是出于利害关系而自愿进行性交易有很大争议，甚至有犯罪人辩称属于双方自愿的"援助交际"行为。由于性侵害这类犯罪的特殊性，很少有第三方证人，往往被害人与犯罪人处于"一对一"的情境，作为涉世未深的未成年人更是处于"孤立无援"的境地，很难举出有利于自己的证据证明确实不是出于自愿。因此，司法实务中对此类案件处理争议较多。法律对奸淫 14 周岁以上未成年人的性侵害犯罪没有实行特殊的认定标准，没有真正体现对未成年人的特殊、优先保护。

（2）未能平等保护未成年男性与女性的权利

我国法律将未成年幼女作为重点保护人群，是因为 14 周岁以下女童属于最易受到性侵害的传统高危受侵害群体。但是法律条文中幼女字眼频繁出现，也从另一侧面反映出法律对未成年人特殊保护性别上的单一性。虽然《刑法修正案（九）》将《刑法》第 237 条第 1 款强制猥亵、侮辱妇女罪的犯罪对象从妇女扩大到所有人，也涵盖了 14～18 周岁的男性未成年人，第 237 条第 2 款猥亵儿童罪对性侵害未成年男性与女性也予以平等保护，但是在作为性侵害犯罪中最严重的犯罪——强奸罪——中的犯罪对象只包括女性，司法实践就会存在如此尴尬情形：强行与 14～18 周岁男性发生性关系（包括"鸡奸"行为）属于强制猥亵罪，只能处以 5 年以下有期徒刑，在具有"聚众或公共场所当众实施"或有其他恶劣情节时才能处以 5 年以上有期徒刑，也仅是依照前两款从重处罚；而与幼女发生性行为则构成强奸罪，应当予以从重处罚，最高可判死刑，量刑差异巨大。由此造成司法实践中，"同样性侵害未成年人的案件，性侵害未成年女性的可按强奸罪判处有期徒刑 10～15 年甚至死刑，但性侵害未成年男性的案件中，几乎没有判处有期徒刑 5 年以上的案件"[①]。虽然《性侵意见》第 22 条第 2 款规定，对未成年男性实施性侵害，造成被害人轻伤以上后果，可以故意伤害罪或者故意杀人罪处罚。[②] 此种转化"虽然能在量刑上达到与强奸罪相当的程度，却回避了未成年人男性遭遇性侵害的客观事实，不仅是对男性性权利的不尊重"[③]，而且还具有其他的附随后果。正如有学者提出，"该规定以故意伤害罪或故意杀人罪之罪名界定性侵害事实，干扰了犯罪

[①] 刘冠南、万晓华：《保护受害男童，扩大强奸罪法律定义》，《南方日报》2014 年 8 月 5 日，第 A13 版。

[②] 《性侵意见》第 22 条第 2 款规定："对已满十四周岁的未成年男性实施猥亵，造成被害人轻伤以上后果，符合刑法第二百三十四条或者第二百三十二条规定的，以故意伤害罪或者故意杀人罪定罪处罚。"

[③] 何挺、林家红：《中国性侵害未成年人立法的三维构建——以美国经验为借鉴》，《青少年犯罪问题》2017 年第 1 期。

记录的准确性，可能会影响社区公告制度和犯罪历史审查等预防性立法在实践中的实施"①。

除了造成量刑差异、影响性侵害预警立法实施之外，女性主体强制与男童"性交"构成猥亵儿童罪，这里实际上是将与幼男发生"性交行为"解释为"猥亵"，将"猥亵"外延扩大为一切具有性意义的行为，甚至包括"性交"在内的行为。② 近年来，此类案件在我国时有发生③，并非杞人忧天的理论假设，而国外发生的此类案件大多认定为强奸罪。这里且不说会导致强奸罪与强制猥亵罪的客观行为混淆不清，还出现了犯罪人实施同样的行为，但由于受害人性别不同而构成不同犯罪，难道性侵害男童的危害性就低于女童吗？显然答案是否定的。

但是从另一角度观察，对强奸罪的犯罪主体规定中，没有给予同样为性自主权主体的女性以强奸罪主体的身份，这又是另一层面上的男女不平等问题。上述情况显现了当前法律规定对未成年男性与女性性权利法律保护的不平等，并由此导致对部分犯罪人惩罚的缺位或者使其未能受到应有的惩罚。

（3）对核心性侵害行为理解狭隘

《刑法》第 236 条以及《性侵意见》第 19 条、第 20 条多处以"强奸""奸淫"等词语表述性侵害未成年人犯罪中最为重要的客观行为。但是，对该行为如何理解和准确认定，至今没有明确统一的法律规定和解释。

从传统"阳具中心性交观"理解，"所谓奸淫，是指男性生殖器奸入女性性器官。至于其他行为，即使是猥亵行为，也不是奸淫"④，这种观点

① 参见何挺、林家红《中国性侵害未成年人立法的三维构建——以美国经验为借鉴》，《青少年犯罪问题》2017 年第 1 期。

② 如果一概将"猥亵"行为限制解释为除性交以外的性行为显得合乎逻辑，这也是对"猥亵"行为长期以来的通说。但是，当妇女对 14 岁以下男童实施性交以外的行为构成猥亵儿童罪，而与男童发生性交行为反而不构成犯罪时，这将明显导致刑法的不协调。鉴于此，张明楷等学者主张这里的"猥亵"解释为包括性交在内的具有性的意义的行为。参见张明楷《刑法学》，法律出版社，2011，第 787 页。

③ 据《现代快报》2017 年 5 月 31 日报道，江苏常州市金坛区某中学女老师黄某因与未满 14 周岁的男学生多次发生性行为，被法院认定构成猥亵儿童罪并判处有期徒刑 3 年。参见阮占文《女老师性侵男学生被判猥亵 男童不该被法律"歧视"》，http：//news. ifeng. com/a/20170601 /51190462_0. shtml［2018－05－30］。

④ 木村龟二：《刑法学词典》，顾肖荣等译，上海翻译出版公司，1991，第 610 页，转引自李拥军《现代西方国家性犯罪立法的特点与趋向——关于完善我国当前性犯罪立法的一点思考》，《河北法学》2006 年第 7 期。

源于将"性行为"单纯定位于为生育而进行的活动的传统观念，也与传统性侵害犯罪侧重于保护妇女贞操的定位有关。认为性侵害犯罪侵犯了被害女性的丈夫或者父亲（如果女性未出嫁）的财产权，损害的是女性在婚姻交易市场中的价值——体现为贞操权——导致交易价格受到影响。因此，男性生殖器进入女性生殖器与否是判断女性是否"失贞"的唯一标准。甚至在现代社会的今天，在西班牙法典中仍然能发现"侵犯性自由及贞操罪"[1] 这样的表述形式。

现代社会中，性观念已发生较大转变。一方面，人们对性行为的认识已不再局限于生育功能，而更为重视身心愉悦等其他功能，已经远远突破对生殖器之间交合的限制，出现了多种途径以实现性满足功能；另一方面，随着西方女权运动兴起、妇女权利意识的觉醒与发展，妇女更加重视的不是道德上的"贞操"，而是对自我权利的保护，即使没有实施生殖器官插入的行为方式也同样能够采用其他方式形成对妇女的性自决权的侵害。因为"强迫性的身体奸淫成为一个强大的隐喻，象征了女性这一性别在我们的文化中曾遭受的强暴——无论是身体上的、情绪上的还是精神上的"[2]；对于未成年人而言，生殖器官接触以外的行为，以及其他形式的性侵害同样能造成对未成年人身心健康的严重危害。但在现行法律中，男性生殖器插入行为构成强奸罪，而基于同样目的，强行插入阴道、肛门棍棒等异物的行为却只能构成处罚较轻的强制猥亵罪、猥亵儿童罪。问题原因在于，将强奸"奸淫"行为方式局限于"男女生殖器官接触"的观点，实际上否定了强奸罪与奸淫幼女行为所保护法益为妇女性自主权，即决定与谁发生性关系、以什么方式发生性关系的权利和幼女的身心健康权，而是将其限制为不得以男性生殖器官以外的方式性交的自主决定权。[3] 传统父权社会中贞操权观念，与现代社会中注重性人权保护及性权利保护的广泛性与全面性远远不相适应。

（二）刑事惩处力度与危害程度不相适应

最高法公布数据显示，仅在 2013～2016 年，全国法院审结的猥亵儿童

---

① 参见《西班牙刑法典》，潘灯译，中国政法大学出版社，2004，第 68 页。
② 韦罗妮克·莫捷：《性存在》，刘露译，译林出版社，2015，第 71 页。
③ 参见黎宏《中国性侵害防治之法律现状》，《亚洲家庭暴力与性侵害期刊》2009 年第 2 期。

案件就高达 1 万件以上，平均每天就有 7 名以上儿童受到性侵害。① 据《法制晚报》记者调查发现，2010～2014 年全国共曝光 44 起幼儿园恶性事件，其中，16 起属于性侵害幼儿案件，但仅有 6 起有"结论"，而且犯罪人被判处 6～20 年不等有期徒刑的低于四成。② 2013 年，云南大关县法院审理的国家机关工作人员郭某强奸 4 岁女童案件，一审仅判处郭某有期徒刑 5 年并不承担民事责任。此案明显过轻的判决结果引起了社会舆论哗然，最后导致上级检察机关抗诉。③

近年来，性侵害未成年人犯罪尤其是部分恶性案件的惩处，与恶劣的危害行为、严重的危害后果和社会影响不相适应。如 2015 年，福建政和县发生的被告人徐某"侵入式"猥亵 6 个月婴儿案中，法医鉴定婴儿伤情为轻伤二级。但法院一审宣判徐某构成猥亵儿童罪，判处有期徒刑 5 年，并驳回原告代理人全部经济赔偿请求；在河南平顶山 3 岁女童被性侵害案件中，法院认定被告多次猥亵侵害幼女"小草莓"。一审中公诉机关提出处以 5 年以上量刑意见，法院认为因不具有"聚众"或"在公共场所当众"情节不予支持，最后认定被告人构成猥亵儿童罪判有期徒刑 4 年 6 个月。④ 一审后"小草莓"母亲认为判处过轻不服要求上诉，并上传有关该事件的微博，在不到一周时间内微博转发量超过十万次，引发公众极大关注。上述案件发生后，学者与有关部门也纷纷发文要求对恶性性侵害案件予以严惩。全国妇联呼吁加大对恶性性侵害儿童犯罪的惩处，要求明确"侵入式"猥亵行为属于《刑法修正案（九）》中的"其他恶劣情节"予以从重处罚。⑤ 全国妇联的呼吁也体现了广大民众对性侵害未成年人恶性案件予以严惩的强烈要求。

这些事实都说明司法实践中还存在执法、惩处不严的情况，与近年来性侵害未成年人犯罪案件呈高发态势，以及民众对性侵害未成年人犯罪要

① 周佳佳：《近在咫尺的"恶魔"！最高法：4 年中每天超 7 个孩子遭性侵》，http：//www.rmzxb.com.cn/c/2017-08-16/1726930_1.shtml ［2018-05-30］。
② 王晓易：《近年 24 省发生 44 起幼儿园恶性事件 仅 6 起追刑责》，http：//news.163.com/14/0326/13/9O90HV0F0001124J.html ［2018-05-30］。
③ 本报评论员：《最高限度保护最低限度容忍 依法严惩性侵未成年人犯罪》，《法制日报》2013 年 10 月 25 日，第 1 版。
④ 齐永：《河南女童遭幼儿园园长丈夫性侵案原被告均提出上诉》，http：//gz.people.com.cn/n/2014/0511/c344102-21181041.html ［2018-05-30］。
⑤ 《关于加大对恶性性侵儿童犯罪的惩处和受害人保护力度的建议》，《中国妇运》2016 年第 4 期。

求严惩的呼声是不相适应的。

（三）对未成年被害人特殊司法保护不足

随着性侵害未成年人案件的揭露，人们已认识到"性犯罪中的儿童被害人实际上遭受了比来自犯罪本身更多的源自刑事诉讼的损害"。① 在性侵害未成年人犯罪中，处于生长发育阶段的未成年人身心尚未成熟，对外界反应较为敏感，容易受到不利影响甚至遭受"二次伤害"。此类犯罪由于案件特殊、证据特殊、取证方式特殊、诉讼程序特殊、办案机构特殊以及救助开展特殊等特点②，司法过程中，要求性侵害未成年被害人应受到有别于成年被害人的特殊保护与帮助。

早在 1985 年联合国通过的有关保障罪行受害者权利的国际宣言就要求各国采取积极措施，"确保普遍而有效地承认和尊重罪行和滥用权力行为受害者的权利"③。联合国《儿童权利宣言》进一步要求："儿童应受到特别保护。"④ 儿童权利纲领性文件——《儿童权利公约》也要求各缔约国在所有涉及儿童的行动中，应首先考虑"儿童利益优先"。《儿童权利公约》的相关问题实施的任择议定书也要求，各"缔约国应当采取适当措施，在刑事司法程序各个阶段保护受本议定书所禁止的行为之害的儿童的权益"⑤。欧洲委员会的《儿童保护——防止儿童性剥削和性侵害公约》也专章规定了"保护性措施与受害儿童援助"内容。⑥

我国作为《儿童权利公约》与相关国际公约、议定书的缔约国、签署

---

① 汉斯·约阿希姆·施耐德：《国际范围内的被害人》，许章润等译，中国人民公安大学出版社，1992，第 420 页。

② 参见樊荣庆、钟颖、姚倩男等《论性侵害案件未成年被害人"一站式"保护体系构建——以上海实践探索为例》，《青少年犯罪问题》2017 年第 2 期。

③ 参见联合国《为罪行和滥用权力行为受害者取得公理的基本原则宣言》（A/RES/40/34），https：//documents－dds－ny.un.org/doc/RESOLUTION/GEN/NR0/474/81/IMG/NR047481.pdf？OpenElement［2018－05－30］。

④ 参见李双元、李娟《儿童权利的国际法律保护》（第 2 版），武汉大学出版社，2016，第 299 页。

⑤ 参见联合国第五十四届会议文件《〈儿童权利公约〉关于买卖儿童、儿童卖淫和儿童色情制品问题的任择议定书》（A/RES/54/263）第 8 条，https：//documents－dds－ny.un.org/doc/UNDOC/GEN/N00/625/66/PDF/N0062566.pdf？OpenElement［2018－05－30］。

⑥ 参见黄尔梅、周峰、薛淑兰《最高人民法院、最高人民检察院、公安部、司法部性侵害未成年受害人司法政策案例指导与理解适用》，人民法院出版社，2014，第 19 页。

国，在国内法律制定中一直注重未成年人利益保护。未成年被害人权利保护内容在《未成年人保护法》《刑事诉讼法》中也都有一定规定。尤其在2013 年《性侵意见》中更有显著进步，该意见充分考虑未成年被害人身心脆弱、敏感、易受伤害等特点，以"特殊、优先保护"为主线，在具体办案过程中坚持"不伤害"原则、"一次询问"原则等，对未成年被害人的保护具有积极意义。2014 年《监护侵害意见》在对受监护人侵害的未成年被害人临时安置和人身保护等方面都做了相关规定。2017 年新的《民法总则》也延长了性侵害案件中未成年被害人的损害请求权诉讼时效等。这些都体现了我国对性侵害未成年被害人的重视与保护。

但是，相对于此类被害人所受危害程度和影响的深远性和广泛性而言，这些保护还远远不够。2014 年全国人大在检查《未成年人保护法》实施情况时指出："在全面准确执行未成年人司法保护规定过程中存在偏差……忽视对未成年被害人的保护与救济。"① 当前我国有关未成年人特殊保护的规定仅零散地分布在一些法律、司法解释与政府文件中，不仅缺乏明确统一的价值理念指导，也没有系统的制度设计，并缺乏专门机构设置实施、执行。虽然我国部分地区司法机关积极实践探索并推动"一站式"保护体系构建②，但仍处于司法探索阶段，尚未形成专门化、制度化的性侵害案件未成年被害人保护机制，距联合国要求对未成年被害人实现全面、特殊保护的目标尚有一定距离。

二　刑事政策积极性不足

刑事政策是国家应对犯罪的刑事战略、刑事策略（刑事方针）和刑事战术的总称③，策略是"根据形势发展而制定的行动方针和斗争方式"④。性侵害未成年人犯罪刑事策略就是在当前犯罪形势下，制定的一系列打击性侵害未成年人犯罪的指导方针与行动方式，是刑事政策的重要组成部

---

① 参见王胜俊《全国人民代表大会常务委员会执法检查组关于检查〈中华人民共和国未成年人保护法〉实施情况的报告》，《全国人民代表大会常务委员会公报》2014 年第 5 期。
② 参见樊荣庆、钟颖、姚倩男等《论性侵害案件未成年被害人"一站式"保护体系构建——以上海实践探索为例》，《青少年犯罪问题》2017 年第 2 期。
③ 参见刘远《刑事政策哲学解读》，中国人民公安大学出版社，2005，第 71 页。
④ 参见程孟辉《新华汉语词典》，商务印书馆国际有限公司，2004，第 124 页。

分。作为战略性、指导性策略，不仅在面临犯罪浪潮涌入时需要制定整体应对策略，更重要的是发挥前瞻性与宏观性指导作用，注重犯罪的长远预防效果。因此，刑事政策应该是积极的、主动的，注重公众多方参与全面预防的犯罪策略体系。本书从惩罚理念、应对策略和社会治理三个方面进行分析与评价，发现我国当前性侵害未成年人犯罪刑事政策存在积极性不足的问题。

（一）在惩罚理念上偏于被动惩罚

性侵害未成年人犯罪具有不同于其他类型犯罪的特征，其中最为明显，也为众多犯罪学者研究所证实的是犯罪人具有较高的再犯风险。[①] 这首先与性侵害犯罪的高再犯率特征密切相关。加拿大公共安全部 2004 年发表对近 3 万名美国、英国和加拿大的性侵害犯罪人长达 15 年的持续追踪研究报告。该报告指出在犯罪人被释放后 4～6 年，有 14% 的性相关犯罪再犯率，释放 15 年后有 24% 的再犯率。2001 年美国俄亥俄州、2002 年纽约州立矫正机构所做的类似追踪研究，也得出相似结论。[②]

我国学者对近 10 年的性侵害犯罪人的研究分析发现，整体再犯率为 12.8%。[③] 本书对我国近 6 年法院审理案件分析后也发现，性侵害未成年人犯罪人再犯率达到 15.6%（见表 1－6）。因此，该类犯罪人再犯特征应该引起重视，在惩罚犯罪时必须重视再犯预防。

我国当前刑事立法规定了以强奸罪、猥亵儿童罪为核心的性侵害未成年人犯罪，对此类犯罪规定了较为严厉的处罚标准，如奸淫不满 14 周岁幼女的，以强奸罪从重处罚；强迫幼女卖淫为强迫卖淫的加重处罚情节，在量刑上也突出对该类犯罪从严惩处。《性侵意见》明确提出从严惩治的司法政策导向，最高法 2013 年 12 月进行量刑指导意见修订时，将普通情节的奸淫幼女犯罪量刑起点从 3～5 年有期徒刑调整为 4～7 年有期徒刑，将具有加重情节的量刑起点从 10～12 年有期徒刑调整为 10～13 年有期徒刑，

---

① 参见姚建龙、刘昊《"梅根法案"的中国实践：争议与法理——以慈溪市〈性侵害未成年人犯罪人员信息公开实施办法〉为分析视角》，《青少年犯罪问题》2017 年第 2 期。

② 参见顾立雄、苏孝伦《"性犯罪加害人登记及社区公告制度"之合宪性检验及刑事政策分析》，《万国法律》2011 年第 12 期。

③ 参见田刚《性犯罪人再次犯罪预防机制——基于性犯罪记录本土化建构的思考》，《政法论坛》2017 年第 3 期。

都说明我国立法较为重视对此类犯罪的惩罚。

我国司法适用对犯罪实害情节在量刑中的运用优于人身危险情节。① 本书依据最高法《关于常见犯罪的量刑指导意见》（法发〔2017〕7 号）的量刑基本原则与量刑基本方法，以性侵害犯罪中危害性较大的强奸罪（奸淫幼女行为）为例进行量刑适用分析。在强奸罪量刑过程中，第一步，依据基本构成事实确定量刑起点。奸淫幼女 1 人的在 4 ~ 7 年有期徒刑范围内确定量刑起点，如有"情节恶劣、奸淫幼女 3 人以上、公共场所当众强奸、轮奸、强奸致被害人重伤或其他严重后果的"，可以将量刑起点提高至 10 ~ 13 年有期徒刑。② 第二步，依据强奸妇女、奸淫幼女情节恶劣程度、强奸人数、致人伤害后果等犯罪事实，增加刑罚量确定基准刑。第三步，综合考虑全案确定宣告刑，包括考虑未成年人犯罪、未遂犯、从犯、自首和立功情节，是否自愿认罪、赔偿被害人经济损失并取得谅解，是否达成刑事和解协议，是否为累犯、具有前科记录，是否为特殊犯罪对象，以及犯罪是否发生在重大自然灾害、预防、控制突发传染病疫情等自然灾害期间。

在上述量刑认定过程中，第一与第二阶段的认定依据包括犯罪行为、犯罪后果、犯罪数额以及行为次数等犯罪实害情节，基本决定了"量刑起点"与"基准刑"；在第三个阶段的考虑因素中，主犯、从犯、未遂等量刑情节可以划分为实害情节③，累犯、前科、未成年等情节归为人身危险性因素。在犯罪情节对刑罚轻重的影响中，"实害情节是决定刑罚轻重的重要情节……表明人身危险性的量刑情节只在量刑中起辅助作用的'辅料'"④。犯罪实害情节很大程度上决定了犯罪行为的轻重，而人身危险性情节只在量刑中起着次要但不可替代的作用。在犯罪量刑认定中，犯罪实

① 在犯罪量刑情节中，我们可以将影响犯罪构成的犯罪数额、犯罪次数、犯罪后果等犯罪事实称为实害情节；将犯罪人对犯罪发生可能性大小具有影响的人身危险性称为人身危险情节，如累犯、再犯、未成年等。参见白建军《刑法规律与量刑实践——刑法现象的大样本考察》，北京大学出版社，2011，第 142 ~ 143 页。

② 参见 2017 年修订发布的《最高人民法院关于常见犯罪的量刑指导意见》（法发〔2017〕7 号）。

③ 白建军教授对影响量刑的情节研究认为，主犯、从犯是以其在犯罪中所起的实际作用的大小来划分的，未遂从相反的方向来表明犯罪实害的大小，因此属于实害情节。

④ 参见白建军《刑法规律与量刑实践——刑法现象的大样本考察》，北京大学出版社，2011，第 143 页。

害情节优先于人身危险性情节，体现出对刑罚报应价值的侧重，重视对已然发生实害行为的否定评价与惩罚，远超过对行为人再犯危险性及其程度的关心。因此，我国从惩罚理念上看更偏重于事后被动惩罚，而对事前积极预防重视不足。

（二）在应对策略上轻于社会监督和矫治

在司法实践中，有相当一部分性侵害未成年人犯罪人屡教不改，再次犯罪手段更加残酷恶劣。如 2012 年广东吉安市 8 岁女孩卢某被性侵并杀害案的犯罪嫌疑人曾某武，就是一名曾多次实施性侵害犯罪的人。该犯罪人早在 2002 年就因强奸罪被判刑 7 年，2008 年又因强奸罪被判刑 3 年半。[①] 还有上海闵行区法院 2008 年审理的庞某猥亵儿童案，犯罪人庞某因强行猥亵两名幼女被判猥亵儿童罪。该犯罪人自 1980 年以来，先后 6 次由于性侵害幼女被判处刑罚或劳动教养。但在庭审过程中，庞某并未有所悔悟而是气焰嚣张，并扬言除非被判处死刑，否则出狱后还会继续性侵害幼女。[②] 在 2017 年 6 月最高法发布的典型案例——湖南古丈县特大强奸幼女案中，犯罪人李轶先后 26 次奸淫 14 名 6～7 岁幼女。该犯罪人曾因奸淫幼女罪被判刑 10 年，释放不久又多次对多名幼女实施强奸。[③] 上述案例给我们展现了一幅性侵害未成年人犯罪人长期、反复、多次性侵害未成年人的情景，这种情况绝非个案，而是具有一定的代表性。

性侵害犯罪是所有犯罪行为中再次犯罪概率较高的犯罪类型。其他类型人身暴力犯罪，如杀人或者伤害犯罪，一般会随着犯罪人年龄的增长，再犯可能性具有逐渐降低的趋势。但是，这种随着年龄增长而降低犯罪的特点在性侵害犯罪中不明显。此外，某些犯罪人在长期监禁之后再犯危险性会有所降低（部分是年龄增长的效应），而性侵害犯罪人多半监禁至刑期期满（未获假释），出狱后再犯概率仍然偏高，也显示出传统的矫正或

---

① 刘岗：《8 岁女孩遭强奸累犯性侵杀害 | 强奸累犯，性侵女童，奸杀女童》，http://news. sina. com. cn/s/p/2012 - 05 - 23/123624464353. shtml［2018 - 05 - 30］。

② 参见周波、褚玉耀《论我国累犯制度的不足与完善——一起猥亵儿童案引发的思考》，《湖南公安高等专科学校学报》2010 年第 3 期。

③ 《湖南一男子两年强奸 14 名幼女 被执行死刑》，http://news. china. com/socialgd/10000169/20170601/30621077. html［2018 - 05 - 30］。

监禁本身难以减少和抑制性侵害犯罪的再度发生。① 对于具有较强人身危险性的性侵害犯罪人，单纯的刑罚效果式微，难以起到很好的预防再犯效果。因此，"女童保护"运动发起人之一的孙雪梅女士表示："对于有性侵儿童前科的人，我们一直呼吁和倡导建档，一定程度上向社区公开他的信息，防止重犯"②。

我国在《性侵意见》中，规定了对判处性侵害未成年人犯罪的缓刑犯罪人可以宣告从业禁止，"禁止其在考验期内从事与未成年人有关工作，禁止其进入未成年人集中的场所"。③ 最近两年全国各地陆续开展了对性侵害未成年人案件的从业禁止司法宣告，但由于缺乏有效监督管理和配套制度、措施，所起犯罪预防作用有限。2018 年 12 月教育部要求各地教育部门联合其他部门建立"性侵害违法犯罪信息库和入职查询制度"④，但至今仍缺乏进一步法律规定与配套制度保障。目前，从业禁止的施行范围具有区域性限制，缺乏全国统一性机制。从 2016 年浙江慈溪实施公开性侵害未成年人犯罪人员信息管理办法，到 2017 年上海闵行区限制涉性侵犯罪人员从业机制，都只是在部分区域实施，并非全国通行。⑤ 而且，从业禁止适用缺乏人身危险性评估⑥，制度设计存在不足，存在侵害犯罪人权益的风险。现有规定和司法实践探索仍是较为零散的个别法律规定，或者是处于司法实务部门的地方区域性试点探索中，尚未形成全国统一的系统性规定与实施机制。

除此之外，还存在的问题是，对于性侵害未成年人犯罪人缺乏狱后相关矫治与监督管理的规定。不论是刑法修正案还是《性侵意见》都强调对性侵害犯罪人如何惩罚及其执行。此部分犯罪人在监狱执行刑罚时缺乏针

---

① 参见杨士隆、郑添成、陈英明《性犯罪者之处遇与矫治制度》，《月旦法学杂志》2003 年第 5 期。

② 崔宁宁：《透视性侵儿童案①重复性侵累犯多发，专家建议公开案犯信息》，http://edu. youth. cn/jyzx/jyxw/201701/t20170111_9029286. htm［2018 - 05 - 30］。

③ 参见《性侵意见》第 28 条第 3 款。

④ 2018 年 12 月教育部发布《进一步加强中小学（幼儿园）预防性侵害学生工作的通知》（教督厅函〔2018〕9 号），要求各教育行政部门和中小学校（幼儿园）"进一步完善教师准入制度，强化对拟招录人员品德、心理的前置考察，联合公安部门建立性侵害违法犯罪信息库和入职查询制度"。

⑤ 李宁：《性侵未成年人犯罪禁业限制应全国推广》，http://www. chinacourt. org/article/detail/2017/08/id/2982780. shtml［2018 - 05 - 30］。

⑥ 由于该问题在第八章第二节要进行详细分析，此处先不进行讨论。

对性矫治措施，出狱后缺乏持续性矫治与社会监督管理。总之，我国现行刑事政策对具有较高再犯风险的性侵害犯罪人，重视犯罪惩罚但疏于专业性矫治和社会监督管理。

（三）在社会治理上欠于公众积极参与

依据著名刑事政策学者马蒂教授的模式划分法，刑事政策可以分为国家主导型、社会型及混合型三种模式。① 我国学者严励教授也将刑事政策分为三种类型，即国家本位型、国家·社会双本位型和社会本位型，认为在社会转型时期，我国刑事政策面临着从国家本位型向国家·社会双本位型的转变。② 著名刑法学家储槐植教授早在 20 世纪 90 年代就指出，随着市场经济发展，我国"国家本位的犯罪控制模式也要朝着'国家·社会双本位'控制模式转换"③。经过一定时期的司法改革探索，我国当前处于双本位模式构建阶段。④

在性侵害未成年人犯罪防控体系中，公众参与有着重要的作用。公众参与不仅有助于抑制潜在性侵害人形成，也是性侵害犯罪人出狱后矫正与社会监督的重要依靠力量。同时，公众参与还是未成年人多元化社会保护的基础与保障，因此，在合理组织应对性侵害未成年人犯罪防控体系中，公众的积极参与是必不可少的重要力量。

首先，公众参与能够抑制潜在性侵害人形成。潜在性侵害犯罪人是指具有犯罪人格的人，其犯罪人格形成与个体社会化不足存在联系。个体社会化是指"个人在社会生活中通过相互作用与影响，学习社会生存方式、发展自我个性的成长发展过程。家庭、同辈群体、社区对社会化都有着影响"。⑤ 犯罪人格的形成不仅有个人素质因素，还有家庭、学校和社会方面的环境因素，当"个体素质与环境因素相互发生作用时，共同导致犯罪人

① 米海依尔·戴尔玛斯－马蒂：《刑事政策的主要体系》，卢建平译，法律出版社，2000，中文版序言4。
② 参见严励《中国刑事政策的建构理性》，中国政法大学出版社，2010，第 37 页（代自序），第 431 页。
③ 参见储槐植《刑事一体化与关系刑法论》，北京大学出版社，1997，第 90 页。
④ 参见严励《中国刑事政策的建构理性》，中国政法大学出版社，2010，第 454～456 页。
⑤ 参见张小虎《犯罪学的研究范式》，《法学研究》2001 年第 5 期。

格的形成"①。因此，充分发挥社会公众在个体社会化中的积极教育与行为规范约束作用，可以抑制潜在性侵害人的形成。

其次，公众参与社会监督预防可以降低犯罪与再犯风险。性侵害未成年人犯罪人再犯风险大，单纯的刑罚处罚效果有限，犯罪人需要针对性矫治与社会监督。不仅需要刑中矫治，在刑满释放后还需要持续性监督与管理。公众参与可以很好地发挥全方位与全天候的社会监督预防作用。如我国香港地区的"防止虐待儿童会"和"护苗基金"在预防儿童性侵害犯罪、举办社区教育活动方面开展多种工作，起到了增强民众防范性侵害儿童意识等积极预防犯罪作用。②

最后，公众参与未成年人保护，有助于形成多元化未成年人保护体系。"现代社会中可被侵害犯罪目标的大量增多和有能力'保卫者'的减少是'日常活动'变化的结果"③，性侵害未成年人案件增多与家庭监护弱化和具有易受侵害性的未成年人大量存在，加之存在合适的犯罪时空条件有着密切关系。因此，公众参与不仅可以强化犯罪情境预防，并能够与行政保护、家庭保护、学校保护一起，形成公众参与的多元化未成年人保护体系。

在我国刑事政策国家·社会双本位模式构建时期，公众参与是性侵害未成年人犯罪防治的重要依靠力量。但在现阶段，我国对性侵害未成年人犯罪的控制与预防仍主要以国家为主体，除了政策制定与提供出自国家之外，不论是对性侵害的发现和打击，还是犯罪人出狱后的社区矫正执行，以及对未成年被害人的支持与援助，仍然以国家为主体，社会力量与公众的介入与参与度不足，公众作为社会主体力量的代表没有起到应有的监督、督促与支持作用。虽然近年来我国也有诸如"女童保护"等民间公益组织，积极投入宣传和预防性侵害儿童事业，但整体上公众力量参与仍较为薄弱。又由于我国传统"性禁忌"观念的延续，家庭教育中"性"是不能提起的话题，更别说进行性教育了，家庭性教育功能缺失也影响对犯罪

---

① 参见汪明亮《犯罪生成模式研究》，北京大学出版社，2007，第 6 页。

② 参见江宝详《与有性侵犯他人问题人士共行的探索旅程——香港的经验》，《亚洲家庭暴力与性侵害期刊》2009 年第 2 期。

③ 参见乔治·B. 沃尔德、托马斯·J. 伯纳德、杰弗里·B. 斯奈普斯《理论犯罪学》，方鹏译，中国政法大学出版社，2005，第 260 页。

的抑制。

因此，在性侵害未成年人犯罪的防控活动中，还存在整体上公众参与度不足的问题。

（四）社会支持弱化及多元化保护体系尚未完全形成

从社会治理角度来看，对性侵害未成年人犯罪风险的防控应从两个层面着力：一方面是尽力降低犯罪形成的风险；另一方面是加强对未成年人的保护。前者主要是通过加强对社会个体的社会控制，培养其自我控制能力，降低危险人群成为潜在侵害人的风险；后者则是针对受侵害对象，强化对未成年人的保护，增强抵御犯罪风险的力量。

在社会转型时期，随着城市化进程的深入，流动人口增加、就业压力加大、人口性别比失衡、"婚姻挤压"加剧等一系列社会现象的出现，社会成员面临着日益增长的社会压力。而在传统社会关系逐渐消失过程中，社会个体面临的风险环境取代了原来的"熟人社会"，"现代性破坏了亲属关系的显著性，割裂了当地社区的控制"[①]，虽然增加了本体的不安全感，但是削弱了社会环境对自我的约束力。由于基于传统亲属、家族关系的"信任环境"的消解，而新的基于现代社区、社团组织甚至是网络联结的信任关系尚未稳固形成，整体的社会支持网络较为薄弱，不利于对潜在性侵害危险个体的社会控制，难以实现降低犯罪风险的社会治理目的。

保护未成年人远离性侵害，责任不在孩子而在成人社会。因此，这不是一个家庭的事，也不是被害儿童个人的事，而需要全社会的积极参与。对此，我国已经认识到了全面保护未成年人的重要性，政府部门采取一系列积极措施。民政部在2013~2014年开展的未成年人社会保护探索中，进行了"'监测预防、发现报告、帮扶干预'联动反应机制"[②]的社会治理创新实践。2013年教育部、全国妇联等部门联合发布的《预防性侵意见》就要求建立长效机制，实现"推动社会保护与家庭保护、学校保护、司法

[①] 戈登·休斯：《解读犯罪预防——社会控制、风险与后现代》，刘晓梅、刘志松译，中国人民公安大学出版社，2009，第189页。

[②] 参见《民政部关于开展未成年人社会保护工作试点的通知》（2013年）；《民政部关于开展全国第二批未成年人社会保护试点工作的通知》（2014年）（民函〔2014〕240号）。

保护的有效衔接，建立未成年人社会保护服务网络"①。这些都表现了政府对多元化保护的重视。

但当前存在的问题在于没有进一步的配套制度与落实措施，有关要求仍难以落实。如《预防性侵意见》要求"开设自护教育热线，组织专业社工、公益律师、志愿者开展有针对性的自护教育、心理辅导和法律咨询"。② 然而在我国农村地区，尤其是在性侵害未成年人案件较为高发的西部偏远农村地区，连律师与义工都很少，更别说公益律师与专业义工了，志愿者人数也非常有限。这些要求与规定在农村基层地区，尤其是在西部经济欠发达地区难以落实。因此，虽然我国已经重视未成年人社会保护，但是多元化社会整体保护体系尚未真正形成，未成年人保护工作还任重道远。

第四节　现行性侵害未成年人犯罪刑事政策存在问题之缘由

犯罪是一种社会现象，受多重社会因素制约，犯罪应对与治理是一项系统性工程，不能仅靠单一的举措或措施，而有待于形成一个综合且有针对性的犯罪应对机制。从宏观上看，刑事政策是决策科学，是对待犯罪的宏观策略，刑事政策的价值取向是社会公众对未来生存和发展环境的基础保障的诉求和指向，对刑事政策体系的构建至关重要；从微观上看，有效的犯罪应对机制的建立有赖于对犯罪生存机制科学深入的认识和解析。从这两个视角来观察，本书认为我国现行性侵害未成年人犯罪刑事政策严厉性和积极不足的原因，就是价值取向模糊和对犯罪生成机制认识不清。

一　刑事政策价值取向模糊

马蒂教授认为，刑事政策是"具有一定目的性的行动战略或运动，这

---

① 参见姚建龙、滕洪昌《未成年人保护综合反应平台的构建与设想》，《青年探索》2017 年第 6 期。

② 参见 2013 年教育部、公安部、共青团中央、全国妇联联合发布的《关于做好预防少年儿童遭受性侵工作的意见》（教基一〔2013〕8 号）。

种运动正是以政策所确立的价值为导向进行"①。刑事政策不论是在界定犯罪现象还是制定对犯罪的反应措施时，都必须依据不同的基本价值对安全需要予以评估、感觉和理解，从而产生不同的选择与取向。"刑事政策价值是刑事政策的客体对于刑事政策主体的意义和效用"②，而刑事政策作为"国家借助于刑罚以及与之相关的机构，同犯罪作斗争的基本原则的整体"③，与其他社会政策一样，都是立足于决策者所倡导的价值取向之上并极力实现其追求。作为宏观导向的刑事政策价值取向，能够直接影响并决定刑事立法、刑事司法、刑事执行以及社会整体应对犯罪的整个过程。这种影响既可能是建设性的也可能是破坏性的；既可能导致社会价值"崩溃或失范状态出现，引发犯罪与越轨行为多发、混乱的社会局面，也可能促使适应时代要求的更加健康的新的价值观念诞生，最终社会形成共同价值目标，实现团结一致、和谐有序"。④ 因此，清晰而肯定的价值取向是科学、合理的刑事政策的灵魂和核心。

当前我国性侵害未成年人犯罪刑事政策存在诸多问题的首要缘由，就在于尚未形成统一而清晰的价值取向。

（一）未形成统一而清晰的价值取向

20 世纪 90 年代以来，西方国家性侵害儿童案件大量曝光、犯罪数量飙升⑤，此类犯罪已成为公众最为关注和亟待解决的社会问题。在欧洲，针对儿童的性侵害犯罪已成为推动法律惩罚监管和人权保护措施发展的国际政策主题。⑥ 近年来，西方性侵害未成年人犯罪刑事政策更加侧重对社会最柔弱部分——未成年人的保护，未成年人保护成为性侵害未成年人犯

---

① 米海依尔·戴尔玛斯 - 马蒂：《刑事政策的主要体系》，卢建平译，法律出版社，2000，第 26 页。

② 参见严励《中国刑事政策的建构理性》，中国政法大学出版社，2010，第 36 页（代自序）。

③ 冯·李斯特：《论犯罪、刑罚与刑事政策》，徐久生译，北京大学出版社，2016，第 212 页。

④ 参见肖扬《中国预防犯罪通鉴》，人民法院出版社，1998，第 414 页。

⑤ 美国 1976 年报告的性侵儿童案件只有 6000 件，而到了 1992 年则飙升到 50 万件。参见牛旭《性侵未成年人犯罪及风险治理——一个新刑罚学的视角》，《青少年犯罪问题》2014 年第 6 期。

⑥ 安妮·玛丽·麦克阿灵登：《欧洲性犯罪管理研究：刑罚政策、政治经济学以及风险制度化》，蒋圣力译，《犯罪研究》2013 年第 5 期。

罪刑事政策的首要目标。

法律制定与执行，首先应明确的是价值选择问题。正如著名法学家魏德士在《法理学》一书中所指出："法律规范是永远不能从逻辑意义上的真实概念角度被判定'正确的'或'真实的'，只能从法所追求的目的的角度，即从基本的价值秩序来判断法律规范可能是适当的、有益的、必要的。因此，首要的不是正确的逻辑，而是正确的目的论。"① 正是法律追求的目的决定了立法的价值取向，也决定了对不同法益之间的选择和侧重。

我国当前有关性侵害未成年人犯罪的规制是政策多、立法少，而且立法在很多情况下的主要动力源于社会舆论及其压力，属于舆论驱动下的被动式立法②，并非基于清晰价值目标支配下的积极、主动和有序的立法。

在已有的刑法规定中，与性侵害未成年人犯罪相关的罪名也是分别散见于刑法不同章节。除了引诱或强迫未成年人参与非法性活动犯罪类型中的强奸罪以及强制猥亵、侮辱罪、猥亵儿童罪规定在刑法第四章外，其他犯罪分布于刑法第六章妨害社会管理秩序罪中。性侵害未成年人犯罪归属章、节分散，难以看出立法者制定此类犯罪背后明确的价值取向和清晰的法益保护目的。除此之外，一些个罪的设置和犯罪情节认定存在混淆不清情况，也加深了对此问题的质疑。

1. 嫖宿幼女罪设置的争议

以过去十几年一直饱受争议的嫖宿幼女罪为例，在该罪尚未取消前，学者们除了争议该罪是否应该存在之外，就是对该罪立法价值取向的疑问。

奸淫幼女行为属于社会公认的严重犯罪。1950 年《刑法大纲草案》第131 条规定："奸淫十四岁以下之幼女或鸡奸十四岁以下之幼童者，处三年以上十五年以下监禁。情节特别严重者，处死刑或终身监禁。"③ 此外，不论是 1979 年刑法还是 1997 年刑法④，都规定奸淫 14 周岁以下幼女以强奸罪从重处罚。嫖宿幼女是奸淫幼女的一种行为，但嫖宿幼女行为并非一开始就是一种独立犯罪，其间几经演变。"嫖宿幼女"的提法源于 1986 年

---

① 魏德士：《法理学》，丁晓春、吴越译，法律出版社，2005，第 59 页。

② 参见付玉明、席晓运《防范校园儿童性侵害的法律对策》，《江西社会科学》2014 年第 5 期。

③ 高铭暄、赵秉志：《新中国刑法立法文献资料总览》（第 2 版），中国人民公安大学出版社，2015，第 84 页。

④ 1979 年《刑法》第 139 条第 2 款、1997 年《刑法》第 236 条第 2 款规定："奸淫不满十四周岁的幼女的，以强奸论，从重处罚。"

《治安管理处罚条例》的规定①，1991 年《关于严禁卖淫嫖娼的决定》延续其提法。② 在 1997 年新刑法修订征求意见时，有人认为虽然嫖宿幼女行为社会危害性大，但带有性交易的性质不仅侵害幼女身心健康也危害社会管理秩序，与一般奸淫幼女行为有差异。考虑到司法实践中一些卖淫幼女很难从身体体态特征、行为方式等方面推断其确切年龄，同时，嫖宿者的主观心理状态也难以认定，故建议将该行为单独成罪。③ 因此，1997 年刑法采纳这一建议，单独规定嫖宿幼女罪并置其于刑法第六章中。从当时该罪设立的出发点看，其仅仅将对象为幼女的嫖宿行为单独规定为犯罪，而一般嫖娼行为属于违法，该罪设立初衷应该是基于对未成年人中的弱势人群（幼女）的特别保护。但是，立法又将该罪安排在妨害社会管理秩序罪中，似乎设立目的是对良好社会道德风俗的维护与追求，而非对未成年人的特别保护。因此，对嫖宿幼女罪设置背后法益保护的取向，有学者不禁发出疑问：是基于对幼女人身权利的重点保护还是强化对社会秩序的维护？④

近年来贵州习水公职人员嫖宿幼女案⑤、福建安溪校长嫖宿幼女案⑥等一系列特殊人群性侵害未成年人案件被媒体曝光，激发公众极大愤慨的同时，也引发了普通民众和学界对嫖宿幼女罪存废的争议。随着 2013 年

---

① 1986 年《治安管理处罚条例》第 30 条规定："嫖宿不满 14 岁幼女的，依照刑法第一百三十九条的规定，以强奸罪论处。"
② 1991 年 9 月 4 日中华人民共和国主席令第五十一号《全国人民代表大会常务委员会关于严禁卖淫嫖娼的决定》第 5 条第 2 款规定："嫖宿不满十四岁的幼女的，依照刑法关于强奸罪的规定处罚。"
③ 李帮友、王德育、邓超：《性犯罪的定罪与量刑》，人民法院出版社，2001，第 268 ~ 269 页。
④ 参见张永红、吴茵《论嫖宿幼女行为的刑罚规制》，《中国刑事法杂志》2010 年第 11 期。
⑤ 贵州习水嫖宿幼女案，是指 2007 年至 2008 年，发生在贵州省习水县，由政府官员多次参与、被害人众多、恶性嫖宿幼女案件。其中包括将未满 14 周岁的幼女 3 名带到被告袁某会家中，由袁某会先后联系嫖客母某忠（原习水县人大代表、习水县某房地产开发公司经理）、在职教师冯某洋、在职干部陈某（原习水县同民镇司法所干部）、黄某亮（原习水县社保局干部）、李某明（原习水县移民办主任）、陈某然（原习水县马临工业区国土所所长）等前去嫖娼。
⑥ 福建安溪嫖宿幼女案，是指从 2008 年 10 月到 2009 年 4 月，福建省安溪县芦田镇人杨某思、陈某彬、黄某玉通过张某英、陈某玲等人的介绍，分别强迫 9 名女子（其中 5 人案发时未满 14 周岁）到福建省安溪县酒店让人奸淫或嫖宿。在施暴者中竟有案发时担任安溪县华侨职业学校校长的许某建以及另一名公职人员郑某山。

《性侵意见》第 20 条规定①，将嫖宿幼女行为以强奸罪论处，并最终在 2015 年《刑法修正案（九）》中废除嫖宿幼女罪，该罪存废争议终于尘埃落定。然而，如果从 1997 年刑法立法的初衷分析，该罪列入妨害社会秩序一章，至少在当时立法者看来，"社会管理秩序"似乎才是设置该罪应该优先保护的法益。② 但是，即便刑法取消了此罪，将嫖宿幼女行为以强奸罪从重处罚，作为嫖宿幼女行为的帮助行为——组织、强迫未成年人卖淫——仍然以妨害社会管理秩序罪中的组织卖淫罪、强迫卖淫罪从重处罚，导致嫖宿幼女行为以侵害公民人身权利犯罪的强奸罪处罚，而作为共同帮助行为的组织、强迫卖淫行为却属于妨害社会秩序的犯罪。作为共同犯罪中从行为依附于主行为而存在，从行为所侵害法益也应与主行为一致。而在当前法律规定中却出现了嫖宿幼女行为与帮助嫖宿幼女行为分属刑法不同类别犯罪，出现保护法益不一的混乱情况，不得不引人深思。

2. 猥亵类犯罪加重情节认定的争议

无独有偶，猥亵、侮辱罪以及猥亵儿童罪对"在公共场所当众猥亵"加重情节认定也存在相类似问题。猥亵类犯罪源于 1979 年《刑法》第 160 条流氓罪，以及 1984 年《关于当前办理流氓案件中具体应用法律的若干问题的解答》（已失效）有关"侮辱妇女情节恶劣的"构成流氓罪情形的列举，成为 1997 年《刑法》拆分流氓罪的重要依据。在 1997 年刑法修改时，立法机关鉴于聚众或在公共场所强制猥亵、侮辱妇女行为本身就蕴含着极其恶劣的社会影响和严重后果，在 1997 年 2 月《刑法修订草案》（修改稿）中，删去原规定"社会影响恶劣的或者造成严重后果"的内容，仅保留"聚众或者在公共场所当众犯罪"的从重情节规定，形成 1997 年刑法第 237 条强制猥亵、侮辱妇女罪。③

出于从严惩治犯罪的考虑，2013 年《性侵意见》对"当众"做了广义解释；2015 年《刑法修正案（九）》为了扩大保护范围，将侮辱、猥亵的侵害对象范围扩大至成年男性，原有罪名"强制猥亵、侮辱妇女罪"修

---

① 参见 2013 年《性侵意见》第 20 条规定："以金钱财物等方式引诱幼女与自己发生性关系的；知道或者应当知道幼女被他人强迫卖淫而仍与其发生性关系的，均以强奸罪论处。"
② 参见李翔《刑事司法解释政策化的疑问——以近年来的"两高"刑事司法解释为中心》，载严励《刑事政策论坛》，中国法制出版社，2016，第 15 页。
③ 参见高铭暄《中华人民共和国刑法的孕育诞生和发展完善》，北京大学出版社，2012，第 455～456 页。

改为"强制猥亵、侮辱罪",并在《刑法》第237条原有两项加重情节外,增加了"其他恶劣情节"。这一思路似乎是为了加大犯罪惩治,强化对未成年被害人的保护。但是,从性侵害被害人的角度思考,在私密场所受到的伤害,不一定就轻于在公共场所受到猥亵带来的身心伤害。尤其是对于未成年被害人而言,在犯罪人家里或其他隐蔽场所,由于地点具有私密性更加不易为他人发现,其更容易受到持续、反复的侵害,造成严重危害。因而,在该条中同样出现了主行为侵害法益与加重行为侵害法益的不一致性。有司法实务部门人员认为这是"源于形式法治与追寻实质合理性之间的紧张关系……应适度容忍实践理性对制度理性的正当偏离"[1]。实质上,立法者之所以对"公共场所""当众"等情节更为关注,仍然是源于对社会公众情感与公共秩序的关注优先于对未成年人利益的考虑。

上述问题的存在虽然可能有多种解释,但不可否认,缺乏统一、清晰的政策价值取向应该是其中最重要的原因。

(二) 未将"未成年人优先"理念确定为指导原则

"未成年人优先"或者"儿童优先"是一个较为广泛的概念,并没有一个标准的定义。[2]但国际社会已经形成一个重要理念,即在所有涉及未成年人的事务和行动时,必须以"未成年人最大利益"为优先考虑。这不仅是处理未成年人实务问题的基本准则,也是国家在有关未成年人的立法与司法保护中的纲领性指导。

社会现实中,每一起性侵害未成年人案件的曝光都能在短时间内引起公众舆论的高度关注,如海南万宁"校长带女生开房案"、华东师大附中教师张大同性侵害多名男学生案、南京南站猥亵事件、重庆男子医院猥亵女童案等。而在喧嚣旋涡之中,网友争议不休,甚至对争议的问题全方位地缺乏基本共识。在这许许多多问题面前,不禁发现当"儿童性安全遭受

---

① 参见赵俊甫《猥亵犯罪审判实践中若干争议问题探究——兼论〈刑法修正案(九)〉对猥亵犯罪的修改》,《法律适用》2016年第7期。

② 有学者认为"儿童优先"或"儿童最大利益",是指基于确保儿童权利之考虑,将思考的重点立足于儿童权利之上,而非侧重于父母公平之考虑;也有学者认为,该原则主要内涵即争议解决需要以儿童利益为本位思考,而非从父母甚至社会的利益出发。参见李立如《离婚后父母对未成年子女权利义务之行使负担:美国法上子女最佳利益原则的发展与努力方向》,《欧美研究》2010年第3期。

威胁时，不能容忍与习以为常，皆以成人的个人道德、知识为尺度，并未将儿童利益放于中心位置"[1]。

诚然，我国出台了一系列保护未成年人的法律法规，做了大量未成年人保护工作并富有成效。但我国对性侵害未成年人犯罪的现有规定和应对措施缺乏统一的价值理念为指导，对性侵害未成年人犯罪的保护法益认识不清晰，未能充分体现"未成年人优先"思想。现行刑法针对性侵害未成年人的 8 种犯罪采用"两分模式"，各有 4 种犯罪分别分布于刑法第四章和第六章中。还有尚未纳入性侵害未成年人犯罪罪名体系的针对未成年人的性剥削类犯罪，在现有刑法规定中也归属分布于第六章中。这说明我国刑法对性侵害未成年人犯罪保护的法益，更侧重于社会管理秩序而不是人身权利，侧重于社会利益而非未成年人的权利。

二 对犯罪生成机制认识不清

从性侵害犯罪生成原因理论的纵向发展看，早期人们并没有将性侵害犯罪区别于一般刑事犯罪进行专门分析。20 世纪中叶开始，尤其是 90 年代以来，西方国家由于性侵害犯罪大量增加，不仅具有高于一般刑事暴力犯罪的再犯率[2]，而且性侵害犯罪人还可能存在精神或心理异常等因素影响犯罪倾向和再犯的形成。因此，理论界逐渐重视对性侵害犯罪形成原因进行专门性研究。

各种研究从不同犯罪学理论和思考路径出发，对性侵害犯罪成因的解

---

[1] 参见徐菁菁、王海燕《打破沉默，重视真相——向儿童性侵说"不"》，《三联生活周刊》2017 年第 37 期。

[2] 如德国学者 20 世纪 80 年代发布的有关北莱茵 - 威斯特法伦州（Nordrhein Westfalen）男性犯罪人观护期间再犯调研报告称，性侵害犯罪人不区分罪名的再犯率是 46%，同一罪名的再犯率是 13%；德国 Wiesbaden 犯罪中心学者从 1999 年开始对儿童性滥用类犯罪服刑人进行再犯频率调查，发现在释放 6 年后犯罪人的再犯频率为：一次再犯占 57.1%，二次再犯占 27%，三次再犯占 9.5%，四次再犯占 3.2%，六次再犯占 3.2%。参见卢映洁《犯罪与被害——刑事政策问题之德国法制探讨》，新学林出版股份有限公司，2009，第 205 ~ 218 页；美国学者 Scully 和 Marolla 在 1984 年对强奸犯研究发现，有 82% 的人有犯罪记录，其中 23% 有性犯罪前科记录；其他研究报告也宣称，在研究的性侵害犯罪人（主要为强奸犯）对象中，有 87% 的犯罪人在 26 岁以前就有了犯罪前科。参见 Curt, R. Bartol, Anne, M. Bartol《犯罪心理学》（第 7 版），杨波、李林等译，中国轻工业出版社，2017，第 294 页。

释理论也多种多样。有从生物学、心理学以及社会学等角度的解释，如有学者从犯罪生物演化角度阐释；也有犯罪心理学家主张个体生理与心理缺陷的"人格特质论"；有以家庭因素作为犯罪行为形成最重要因素的"家庭动力理论"；更有从犯罪社会学视角的多种阐释，分别提出的"性别歧视论"①，从女权主义出发认为性侵害是父权社会中一种使妇女处于社会附属地位的社会控制方式；有"色情传媒感染论"：认为色情传媒对性暴力伤害具有正面学习、煽动及助长效果；还有"社会解组论"，将性侵害犯罪率的上升归结于社会解组现象加剧。还有学者将上述观点整合后认为，性侵害犯罪发生不仅包括生物性、心理性动机还包括社会性动机，不同程度的男性荷尔蒙和其他激素影响，导致不同个体具有从事性侵害的不同可能性。但是，性侵害发生仍主要源于家庭、学校和社会学习而来的经验与过程体验，形成个体不同的人格特质、行为模式和对待性的不同态度。②随着当代神经心理病理学兴起，还有学者认为性侵害犯罪发生受到生物学、社会生态学以及神经心理学因素影响，认为如果个体惯于利用性行为满足情绪与性欲需求，并难以控制性冲动，在特定情境促发下，偏差的性冲动更容易被唤起，使行为个体向儿童与女性实施强制性行为的概率加大。③综合性侵害未成年人犯罪形成分析的观点，大多数理论将分析重点放在侵害人身上，认为具有心理失衡、性冲动异常、儿童时期受到忽视甚至是性侵害、成长于失序或缺乏依恋感的家庭中，并具有人际关系不良、低自我控制等特质者，具有较大的性侵害倾向与可能；另外一部分成因分析聚焦于被害人身上，认为具有被动、退缩、易受惊吓、害怕、心智存在障碍以及内向等特征的未成年人，更容易成为性侵害对象。④

---

① 该理论源于1975年苏珊·布朗米勒《违背我们的意愿》一书，其以强奸犯罪产生原因所表达观点为代表，认为强奸等性犯罪是长期以来传统社会中男性在政治与经济生活中处于统治地位的结果，是男人创立了强奸的"聚众心理状态"。强奸是父权制度的一部分，是性别歧视的结果，由此引发了从男女权利平等的视域重新审视与分析性犯罪产生的原因。

② 黄富源、黄徵男、廖有禄、许福生等《性侵害加害人之特质与犯罪手法之研究》，"内政部性侵害防治委员会"委托研究报告，1999，第39页。

③ 沈胜昂、郑善印、谢文彦、许福生等《性罪犯假释审查制度及衔接处遇机制之研究》，"法务部"委托研究计划，2013，第8～24页。

④ 参见蔡启源《儿童性侵害之检视：成因、影响与实务处遇》，载石丹理、韩晓燕《儿童青少年与家庭社会工作评论》（第三、四辑），华东理工大学出版社，2015，第103～104页。

上述对犯罪形成原因的认识基本上可以归为两类:一类是"因素理论",通过对犯罪发生直接原因与条件进行分析,研究犯罪形成因素与犯罪产生之间的关系,认为犯罪是各种因素影响结果,既包括"单因素理论"也包括"多因素理论"①;另一类是"系统论的犯罪原因论",认为犯罪是社会中诸多矛盾因素相互作用的综合反应②,犯罪原因既不是单一因素,也不是不分层次的多因素简单叠加的集合体,而是一个有序、按作用—能量—层次—大小构成的有机系统③,是一个动态的结构与过程。近年来,由于性侵害犯罪形成原因的复杂性,尤其是以未成年人为性侵害对象的犯罪,基于犯罪人个体生理、心理与精神的特异性,以及犯罪生成过程中外部环境与个体自我因素相互影响的复杂性,学者对性侵害未成年人犯罪成因转向系统机制性研究。

著名儿童问题研究学者芬克尔霍教授的"四个先决条件"理论从心理学和社会学角度分析性侵害未成年人犯罪发生的核心机制。该理论阐释性侵害人对儿童实施性侵害需要同时具备四个先决条件:产生侵害儿童的动机与需要、失去自制力、冲破外在环境制约与瓦解潜在被害人的抵制能力。④ 其将儿童性侵害—受害发生分为激发过程、选择过程与保护过程三个阶段,并提出"儿童受害风险分析模式",认为促使性侵害儿童发生的风险机制是一个潜在犯罪人逐渐突破多重控制,包括自我控制与社会环境制约力约束的过程。性侵害首要根源在于,潜在性侵害人出于性冲动或心理需要形成性侵害动机和需要;当潜在侵害人失去自制力时,便开始计划将侵害付诸行动,突破未成年人外在环境保护,接近潜在侵害对象;如果潜在侵害对象不具有抵制力或抵制力较弱,性侵害就发生。

国内学者在上述风险分析模式基础上,提出性侵害未成年人发生的"加害—受害核心风险机制",认为性侵害的发生,是从激发潜在侵害者产生性侵害未成年人的动机和需要—促使性侵害人有机会接近未成年人—缺乏保护而削弱未成年人抵制或逃离受害的动态演变过程。并且,每一阶段

---

① 参见张旭《犯罪学要论》,法律出版社,2003,第124页。
② 参见许章润《犯罪学》(第4版),法律出版社,2016,第137页。
③ 参见宋浩波、靳高风《犯罪学》,复旦大学出版社,2009,第204页。
④ David Finkelhor, *Child Sexual Abuse: New Theory and Research*, New York: Free Press, 1984: 55;参见龙迪《综合防治儿童性侵犯专业指南》,化学工业出版社,2018,第107页。

都受到社会文化因素、环境因素以及个人因素的影响。[①] 该风险机制最大的特点在于，不论潜在加害人还是潜在受侵害对象，都受到社会文化、环境和个人因素影响；并从加害与受害双重风险进行解读，认为性侵害未成年人犯罪发生是由于加害人与被害人之间互动影响而生成。该理论虽然从动态过程解释性侵害形成原因，但主要从社会学角度出发，应对重点在于对社会环境因素的干预以及对未成年被害人的支援与救助。该理论没有从犯罪角度出发，分析影响性侵害犯罪形成各要素之间如何作用，并且缺乏对各因素在犯罪行为发生过程中所处地位的明晰定位和分析，不利于制定并提出有针对性的预防政策与措施。

如能清晰、深入地认识性侵害未成年人犯罪特殊、复杂的生成机制和犯罪特征，就能形成科学、合理的犯罪应对机制，并体现为一系列体系性、多元化的预防、控制和惩治性侵害未成年人犯罪的特殊对策与措施，包括刑事立法、司法、执行刑事政策，一系列社会政策、制度、措施以及社会意识观念。然而，从科学性、合理性来看，我国现行性侵害未成年人犯罪刑事政策尚未达到刑事政策的一致性、体系性、多元性和实效性要求，除了价值取向的问题外，对犯罪生成机制认识不清也是最主要的原因。

小　结

只有对现行刑事政策进行理性认识与客观评价，才能发现存在的问题与不足，从而为进一步发展与完善刑事政策体系提供意见与建议。通过对性侵害未成年人犯罪刑事政策的梳理，我们可以发现我国已经进入重视性侵害未成年人犯罪，准备系统性建设犯罪应对体系阶段。因此，对已有政策、措施的认识与评析有着较强的现实意义。在对刑事政策实施方面的民众意见反馈调查中，本书发现社会民众对性侵害未成年人犯罪问题关注度高，普遍具有强烈的严厉惩罚犯罪的要求与积极预防的认识；并且认为在犯罪防控问题上，是否以未成年人的利益为优先考虑是评价政策是否合理恰当的标准。

---

① 参见龙迪《综合防治儿童性侵犯专业指南》，化学工业出版社，2018，第105～108页。

　　不论从性侵害未成年人犯罪相关法律规定的形成渊源与结构分析，还是对现有政策实施的实证评估，都可以发现我国现行性侵害未成年人犯罪刑事政策，整体上存在严厉性与积极性不足两大方面问题。具体来看，现行刑事政策严厉性不足主要表现为：法律规范体系严密性不足、惩处力度与危害程度不相适应、对未成年被害人特殊司法保护不足等问题。刑事政策积极性不足主要表现为：在惩罚理念上偏于被动惩罚、在应对策略上轻于社会监督和矫治、在社会治理上欠于公众积极参与等不足。究其问题存在之缘由，一是刑事政策价值取向模糊，未形成统一而清晰的价值取向，未将"未成年人优先"理念确定为指导原则；二是对犯罪生成机制认识不清，未能探明科学的性侵害未成年人犯罪生成机制。

　　上述对现行性侵害未成年人刑事政策的理性认识与客观评析，为下一步构建与完善性侵害未成年人犯罪刑事政策指明了前进方向与发展路径。

第三章　性侵害未成年人犯罪刑事政策价值取向的确立

在利益多元化的现代社会，在应对性侵害未成年人犯罪过程中，经常会面临不同利益之间的冲突与矛盾。如何判断法律正确或真实与否，不是从逻辑意义上进行判断，"只能从法所追求的目的角度，也就是从基本的价值秩序来判断"。① 美国儿童保护运动先驱者格雷斯·艾伯特认为，对儿童权利的保障程度是衡量一个国家文明与进步的标杆。儿童属于社会中最弱势的群体，其弱势不仅仅在于儿童身体上的弱小，更在于当儿童受到不论是来自家庭内部还是外界的伤害时，都无法为保护自己而发出声音。而"正义是社会制度的首要价值……每个人都拥有一种基于正义的不可侵犯性"②，即使是最为柔弱的儿童也享有不受侵犯的权利。在当前未成年人受侵害的严峻社会现实状况面前，"为了弱者的正义，已经不再仅仅是一种理论上的呼吁，而变成现实社会最需要的价值取向"。③ 因此，对未成年人特殊、优先保护，应成为社会现实中正义的体现。

第一节　性侵害未成年人犯罪刑事政策价值取向的更迭

一　价值取向的界定

价值不仅是人类维持生存的需要，也是社会不断完善的基础。正如马

---

① 魏德士：《法理学》，丁晓春译，法律出版社，2005，第59页。

② 约翰·罗尔斯：《正义论》，何怀宏、何包钢、廖申白译，中国社会科学出版社，2009，第3页。

③ 参见颜九红《为了弱者的正义——和谐社会构筑中刑事政策的价值取向》，中国检察出版社，2009，第350页。

克斯·韦伯认为，"没有价值，我们便不复生活"。① 罗斯科·庞德亦以为价值问题是"法律科学所不能回避的，即使是最粗糙的、最草率的或者反复无常的关系调整或者行为安排，在其背后总有对各种互相冲突和互相重叠的利益进行评价的某种准则"。② 正是价值以及对价值理想的追求，为人类意志和行动提供指引和方向，人类社会才会不断进步与完善。

价值取向是对主客体之间内在关系的评价，是一种价值判断，是对具有独特性质的对象采取的一种评价态度。价值取向使对象中可能的精神内容成为人们的"情感"、"愿望"或"应当的观念"的表现形式，揭示其能够引起人们更加深入、更多方面兴趣的可能性，并从中抽出有关对象的无数可能的理解之一种，使之定向化。对于人的需要满足的价值就是价值最直观的表现，人的最内在因素——人的需要，规定人类行为、赋予人类生活以意义的最高和最终的价值判断，才是人类感到有"客观"价值的东西。③

人的需要不论表现得多么纷繁复杂，都可以归纳为个体需要与社会需要两种基本形式。性侵害未成年人犯罪刑事政策的价值取向，就是指未成年人对刑事政策保护未成年人个体的需求，以及社会成员对刑事政策保护未成年人利益的期待。未成年人特殊身心状况致使他们对自己的利益需求无知或无奈，因此性侵害未成年人犯罪刑事政策价值取向，更突出地表现为社会成员对未成年人利益保护与人类社会整体利益保障之间的选择与判断。

英国法哲学家哈特认为："司法判决，特别是关于宪法的最高层次问题，经常涉及价值之间的选择，而不只是援引某些尤为显著的单一的道德原则。"④ 因为"法律体系必须奠基在道德义务感或对体系的道德价值的信念上，它不能仅仅建立在某人支配他人的权力上"。⑤ 作为决策科学的刑事政策是决定对某种或某类危害社会现象应否施与刑事法律干预、如何干预的选择的学问。刑事政策既是高于刑法的政治考虑，更是对待犯罪的宏观

① 马克斯·韦伯：《社会科学方法论》，韩水法、莫茜译，商务印书馆，2013，第Ⅻ页（汉译本序）。
② 罗斯科·庞德：《通过法律的社会控制》，沈宗灵译，商务印书馆，2010，第62页。
③ 马克斯·韦伯：《社会科学方法论》，韩水法、莫茜译，商务印书馆，2013，第5页。
④ 哈特：《天下·法律的概念》，许家馨、李冠宜译，法律出版社，2018，第43页。
⑤ 哈特：《天下·法律的概念》，许家馨、李冠宜译，法律出版社，2018，第269页。

战略①，战略方向与价值取向的选择与确定至关重要。在性侵害未成年人犯罪刑事政策价值取向选择问题上，核心问题就在于从追求社会正义出发，未成年人的权益与其他社会利益相比处于什么样的层次和地位，当未成年人利益与其他社会利益发生冲突时，应该如何判断与选择。

二　价值取向的变化

刑事政策选择实质上是一种价值选择。② 刑事政策从西方起源迤逦至今200多年，历经了不同的价值选择与目标转换，其间经历古典主义、实证主义到新社会防卫主义的发展过程。

产生于资本主义初期的古典主义的刑事政策，从个人自由与权利平等出发，在面临正义与秩序的价值目标选择与判断时，功利主义与报应论学派价值选择背离使得两派向不同两级延伸、各自为政。功利主义强调一般预防注重对社会秩序保护，而报应论者则将对正义的追求放在首位。

正如李斯特指出，随着资本主义从自由竞争时期走向垄断阶段，18世纪的刑事政策由于它引以为豪的体系缺乏坚实的自然科学与社会学基础，"那种陈旧的、唯理的刑事政策方向在边沁的著作中寿终正寝了"。③ 随着"19世纪的最后25年再次繁荣"（李斯特语）的刑事政策因实证学派而兴起，该学派以社会秩序保护为首要价值，预防犯罪、防卫社会成为惩罚理论的核心。实证学派的社会防卫论注重人的社会性，却忽视甚至否定了人的个体性，进而忽略了对个人自由与权利的保护。④ 刑事政策的价值出发点是基于对人需要的满足，而社会防卫论的最终选择却忽视了对人权利的保护，背离了刑事政策的初衷，这不得不引发人们对此选择与判断正确与否的疑问与反思。

第二次世界大战以后，在人道主义复兴背景下的新社会防卫学派，其刑事政策将坚持人道主义、保障个人自由与权利视为首要价值，寻求一种

---

① 卢建平：《论刑事政策（学）的若干问题》，《中国刑事法杂志》2006年第4期。
② 参见严励《中国刑事政策的建构理性》，中国政法大学出版社，2010，第307页。
③ 李斯特：《德国刑法教科书》（修订译本），徐久生译，法律出版社，2006，第10页。
④ 参见严励《中国刑事政策的建构理性》，中国政法大学出版社，2010，第332~333页。

既能保护社会又能保护个人的刑事政策。① 当然，这种指导思想，在 20 世纪 60 年代以来西方犯罪浪潮冲击下，尤其是惯犯、累犯数量日益增长形势下也陷入困境。甚至有些人放弃此观点转向报复论，声明法院必须反映公众对罪行的憎恨，在执法时以刑罚与罪行相对应为准则。② 过去几十年间，"正当报应"（Just Deserts）的应报理念在英、美等国家重新成为刑事政策的价值追求与目标。不论是严苛的刑罚还是社会"表达式正义"的重现，都是社会大众对犯罪愤怒情绪的增长与"道德恐慌"的体现，也表明了对原有司法体系处理犯罪问题能力缺乏信心，从而对犯罪问题开始重新认识。在新的刑罚观下，犯罪人不再被视为病态的、弱势的且需要照顾的，而是"危险的掠夺者和无可救药的终身罪犯的形象"③，尤其是性侵害未成年人犯罪人，被视为"最可鄙的、丧失人性的人"。④

20 世纪 90 年代以来，西方社会性犯罪大量曝光，尤其是性侵害未成年人犯罪大量飙升⑤，此类犯罪已成为公众最为关注与亟待解决的社会问题，性侵害儿童性犯罪甚至成为推动法律惩罚、监管和人权保护措施发展的相关国际政策的主要问题。⑥ 由于此类犯罪已成为现代社会中触动社会大众最敏感神经、触犯社会最深禁忌的犯罪，是对人类最基本道德底线的挑战与僭越，因此被视为现代社会中"危险中的危险""风险中的风险"，对这类犯罪产生了从"预防性的禁止向主动实施的搜索的转变，以及对被释放的危险罪犯的管制从单一的监管向多种手段并存的方式的转变"。⑦ 自 20 世纪 90 年代起，刑事政策进行了范围广泛的改革，世界各国立法者将

---

① 此种刑事政策，正如卢建平教授所言，"社会防卫思想是想在个人与社会之间建立社会和谐。但这种社会和谐是很难实现的"。参见卢建平《社会防卫思想》，载高铭暄、赵秉志《刑法论丛》，法律出版社，1998，第 139 页。

② 参见张文显《20 世纪西方法哲学思潮研究》，法律出版社，1996，第 486 页。

③ David Garland：《控制的文化——当代社会的犯罪与社会秩序》，周盈成译，台湾巨流图书公司，2006，第 13 页。

④ R. M. 霍姆斯：《性犯罪及刑事审判体系》，张继宗、刘刚、方芳译，群众出版社，1989，第 1 页。

⑤ 美国 1976 年报告的性侵儿童案件只有 6000 件，而到了 1992 年则飙升到 50 万件。参见牛旭《性侵未成年人犯罪及风险治理——一个新刑罚学的视角》，《青少年犯罪问题》2014 年第 6 期。

⑥ 安妮·玛丽·麦克阿灵登：《欧洲性犯罪管理研究：刑罚政策、政治经济学以及风险制度化》，蒋圣力译，《犯罪研究》2013 年第 5 期。

⑦ 安妮·玛丽·麦克阿灵登：《欧洲性犯罪管理研究：刑罚政策、政治经济学以及风险制度化》，蒋圣力译，《犯罪研究》2013 年第 5 期。

性侵害犯罪刑法改革提上议事日程，成为推动刑事政策发展的引擎。① 西方改革后的性侵害未成年人犯罪刑事政策在重视与保障个人自由权利的前提下，更加注重对社会利益中最柔弱部分——未成年人利益的保护，"儿童最大利益"成为性侵害未成年人犯罪惩治与防控中的首要价值目标。由此，"儿童最大利益"也成为现代社会文明进步的要求与正义的体现。

第二节　"未成年人优先"原则内涵

一　"未成年人优先"原则渊源

"未成年人优先"原则源于国际社会的"儿童最大利益"原则，与英美法国家的家庭法传统发展密切相关②，和儿童主体地位的确认以及儿童权利保护发展进程密切相连。17 世纪以前儿童地位普遍低下，儿童没有独立社会地位，被视为父权社会下的家庭财产、被驯服的对象、家庭的负担或者仅是家庭的"匆匆过客"。③ 17 ~ 20 世纪，受到启蒙思想与博爱主义的影响，儿童的地位与童年价值逐渐被社会所承认，很多国家法律开始对儿童予以法律保护。美国在 1641 年首先承认儿童的独立地位与权利，而英国在 1839 年通过的《儿童抚养法》将"幼年原则"引入普通法传统，使儿童利益成为法官判决离婚案件时考虑的重要内容，"幼年原则"以对抗和改变父权原则优先。但是，当时的英国法并没有"儿童最大利益"的概念，对儿童利益的保护与重视是基于承认男女平等以及父母权利平等，以母亲权利为维护儿童利益载体来实现对儿童最大利益的保护。美国相比于英国，在"儿童最大利益原则"创立的过程中起到了更重要的作用，在 19 世纪通过判例法的形式在亲子法与收养法领域确立了"儿童最大利益原

---

① 汉斯 - 约格・阿尔布莱希特：《德国性犯罪刑法的改革与成果》，周子实译，载赵秉志《刑法论丛》，法律出版社，2013，第 337 页。

② 参见何海澜《善待儿童：儿童最大利益原则及其在教育、家庭、刑事制度中的运用》，中国法制出版社，2016，第 3 页。

③ 参见王雪梅《儿童权利论：一个初步的比较研究》，社会科学文献出版社，2018，第 10 ~ 11 页。

则"的地位。① 随着 1899 年第一部未成年人专门立法——美国伊利诺伊州
《少年法庭法》的颁布,该原则也从起初的家庭法领域逐渐扩展到少年司
法与儿童法领域。

如果说 19 世纪儿童保护问题才开始进入人们的视野,那么进入 20 世
纪以来国际社会对儿童的保护则发生了"基因突变式的变化"。② 1924 年
儿童权利首次以文本形式在国际联盟通过的《儿童权利宣言》(《日内瓦宣
言》)中得到承认;1959 年,联合国《儿童权利宣言》明确要求"儿童应
享受特别保护……制定法律时应以儿童之最大利益为首要考虑(原则
二)"③,在国际文件中首次提出了"儿童最大利益原则",确立了儿童的
独立法律主体地位。此后,若干国际组织和各类国际公约、条约又多次重
申此原则④,标志着儿童保护进入新的历史阶段;1989 年,被视为"儿童
大宪章"的《儿童权利公约》出台,公约第 3 条规定:"关于儿童的一切
行动,不论是由公共社会福利机构、法院、行政当局或立法机构执行,均
以儿童的最大利益为一种首要考虑。""儿童最大利益原则"逐渐成为有关
儿童权利保护活动的核心指导性原则,并得到国际社会的普遍性承认与接
受。此后,一系列的国际条约与国际文件也以儿童利益最大化为根本原则
来制定。2002 年联合国特别会议通过《适合儿童生长的世界》会议文件提
出"儿童第一"的基本原则,要求"在所有关于儿童的行动中,将儿童的

---

① 参见何海澜《善待儿童:儿童最大利益原则及其在教育、家庭、刑事制度中的运用》,中
国法制出版社,2016,第 45 页。
② 参见王雪梅《儿童权利论:一个初步的比较研究》,社会科学文献出版社,2018,第 3 页。
③ NR014086pdf, https://documents - dds - ny. un. org/doc/RESOLUTION/GEN/NR0/140/86/
IMG/NR014086. pdf? OpenElement [2018 - 12 - 01].
④ 有关国际公约与条约的相关规定有,1979 年联合国《消除对妇女一切形式歧视公约》第
16 条第 1 款第 4 项规定,任何与婚姻与家庭相关的事务"均应以子女的利益为重";1986
年《关于儿童保护和儿童福利、特别是国内和国际寄养和收养办法的社会和法律宣言》
第 5 条规定,"在亲生父母以外安排儿童的照料时,一切事项应以争取儿童的最大利
益……为首要考虑";1987 年《非洲儿童权利和福利宪章》第 4 条规定,"任何个人或当
局所作的涉及儿童的行为,应主要考虑儿童的最大利益"。1987 年联合国难民高级专员署
执行委员会就难民儿童问题明确提出,"对于涉及难民儿童的一切行动均应以儿童的最大
利益原则和家庭统一原则为指导"。尽管《公民权利和政治权利国际公约》和《经济、
社会和文化权利国际公约》没有规定"最大利益原则"及其适用,但是,人权事务委员
会在其一般性意见中提到应将"儿童的主要利益"作为解决婚姻家庭案件的准则。

最高利益作为首要考虑"①；2003 年东亚及太平洋地区儿童问题部长级磋商会议形成《巴厘共识》，在《儿童权利公约》的精神与原则基础上，呼吁"儿童优先"。②

"纵观儿童最大利益原则确立的历史发现，该原则的形成过程……是儿童权利与其他权利冲突与抗争的过程"③，而原则的适用也意味着"儿童与成人价值之间的利益博弈"④，对利益的选择也成儿童得到社会保护与尊重的标识。因此，现代社会中"儿童最大利益原则""儿童优先"理念的确立，也体现了社会对儿童权利的尊重与重视，21 世纪成了儿童权利彰显的时代。

我国作为《儿童权利公约》缔约国，将"儿童最大利益"原则吸纳进国内法，在立法中表述为"儿童优先原则"⑤ 或"未成年人优先"原则，保持与国际公约内在精神的一致性并予以发扬光大。因此，源于"儿童最大利益"原则的"未成年人优先"原则也是我国处理未成年人相关事务的基本准则，是指导相关立法、司法与行政的纲领性原则与基础。

二　"未成年人优先"原则内容

虽然《儿童权利公约》并未对"儿童最大利益原则"内涵进行具体界定，但依据联合国儿童权利委员会 14 号一般性意见对《儿童权利公约》中"儿童最大利益原则"的解释，国际社会一般认为该原则包括以下三层

---

① U. N. Doc. A/RES/S‒27/2. para. 7《联合国儿童议题》，公约文件，《适合儿童生长的世界》，ht-tp：//www. un. org/chinese/children/issue/aworldfitforchildren. shtml［2017‒05‒28］。

② 《巴厘共识》，国务院妇女儿童工作委员会，http：//www. nwccw. gov. cn/2017‒04/07/content_147291. htm［2018‒12‒01］。

③ 参见何海澜《善待儿童：儿童最大利益原则及其在教育、家庭、刑事制度中的运用》，中国法制出版社，2016，第 54 页。

④ 参见曹贤余《儿童最大利益原则下的亲子法研究》，群众出版社，2015，第 76 页。

⑤ 在有关"儿童优先"表述的原因解释中，虽然中国是《儿童权利公约》的签署国，但我国在相关规定中未采用"儿童最大利益"的表述，而是用"儿童优先"的提法，对此，国际法学者王雪梅解释为："一方面，这种情况可能与中国缺乏个人权利传统尤其是儿童权利传统有关，也与中国法律界关于最大利益原则研究相对缺乏有关；另一方面，现代中国的法律渊源更多地以大陆法系作为参照，而德、法等大陆法系本身就没有'最大利益'这样的表述。"参见王雪梅《儿童权利保护的"最大利益原则"研究（下）》，《环球法律评论》2003 年春季号。

含义：其一，儿童最大利益是一种实质性权利，当面临不同利益选择与评估时，儿童有权利要求将其最大利益作为一种首要选择与评判；其二，该原则是一项基本的指导与解释性法律原则，各国政策制定者在作出决策时必须以儿童最大利益为首要考量，当法律及其条款具有一种以上的解释时，应以有利于儿童最大利益为优先考虑；其三，该原则亦为行事规则，凡是要作出任何涉及或有可能涉及儿童的决定时，该事项决定进程应对所涉儿童的影响进行评估与判断。[①] 当评判儿童与成年人的利益时，儿童利益应该优先或最大于成年人利益考虑，因为儿童无法与成年人抗衡，即使将二者利益平等对待，实质也是对儿童的忽视与不平等。《儿童权利公约》通过儿童最大利益原则传递出的核心信息是：政府官方在任何时间、任何事项上作出可能对儿童具有影响的事项与决策时，儿童利益都应是最重要的、优先考虑的，成年人利益或国家利益不应成为首要考虑或选择。

"未成年人优先"原则确立了一个重要理念，在解决未成年人保护问题和与之相关的紧张与冲突时的价值取向与标准，涉及未成年人的所有事务时均应以未成年人的最大利益为首要考虑，并且这种考虑属于未成年人的一项权利。[②] 其要求在从事一切涉及未成年人事务活动中都应以未成年人最大利益为优先考虑，既包括广义的政策制定与立法活动，也包括机关与个人在处理未成年人事务时最大化地尊重未成年人权利与利益，以其最大利益为优先考虑与选择，使未成年人个体权利的实现得到真正保障。

第三节 "未成年人优先" 价值取向依据

"未成年人优先"原则作为指导未成年人相关政策与处理相关事务的基本原则，具有价值导向功能。由于"未成年人优先"既是未成年人自身特性与状况所需，也是国际社会共识与广大民众愿望，同时又是我国"慈幼"文化的延续，因此，"未成年人优先"应确立为我国性侵害未成年人犯罪刑事政策价值取向。

[①] 参见 "Committee on the Right of the Child", General Comment No. 14, 2013, CRC/GC/2013/1, para. 4.

[②] 参见王雪梅《儿童权利保护的 "最大利益原则" 研究（上）》，《环球法律评论》2002 年冬季号。

一　未成年人身心状况及处境所需

性侵害未成年人犯罪刑事政策以"未成年人优先"为价值取向，对未成年人实行特殊、优先保护，是基于未成年人自身特殊的生理与心理状态、特殊的社会角色地位以及当前未成年人的现实处境。

首先，未成年人处于身体与心理成长发育未成熟阶段，不具备保护自己和满足基本生存需要的能力，需要成年人的照顾与呵护；在心理上，未成年人情感、认知和道德判断都有赖于父母、家庭的引导与培养，尚未形成独立成熟人格。如在此阶段受到性侵害，不但会对身体造成伤害更会对未成年人心理形成长远危害与影响，甚至其消极影响将延续一生。保罗·塞尔吉奥．皮涅罗教授向联合国提交的《暴力侵害儿童行为问题独立专家报告》揭示，"暴力可以导致儿童比较容易出现终身的社会、情感和认知障碍以及危及健康的行为"。① 因此，未成年人需要得到不同于成年人的优先照顾与特殊呵护，才能健康、顺利成长。

其次，未成年人由于特殊的社会角色与地位，生活在成年人主宰的社会之中，"时至今日，儿童依然无法与成年人一样处于平等地位"。② 未成年人一方面依赖于成年人的照顾与帮助，另一方面又处于成年人及成年人世界规则的控制中，具有时刻受到性侵害的风险。尤其是在单亲家庭、无家可归或监护人疏于照顾的情况下，未成年人受到性侵害的危险性更大。由于未成年人对自身权益不具有主宰性，即使对未成年人权益给予与成年人一样的保护，实际上仍然是对未成年人权益的不平等，其权益仍无法得到真正的保障。因此，只有以"未成年人优先"为认识与处理一切事务的出发点，以未成年人利益优先于其他一切利益为考虑，才能真正保障未成年人的权益。

最后，未成年人所处境况仍需要特殊关怀与保护。在人类社会发展进

---

① 2006 年，保罗·塞尔吉奥·皮涅罗遵照联合国大会第 60/231 号决议提交《联合国研究暴力侵害儿童行为问题独立专家》的报告（A/61/299），Ctpu，https：//documents－dds－ny.un.org/doc/UNDOC/GEN/N06/491/04/PDF/N0649104.pdf？OpenElement［2018－12－01］。

② 托马斯·海莫堡：《儿童》，载 A. 艾德、C. 克洛斯、A. 罗萨斯《经济、社会和文化权利教程》（修订第 2 版），四川人民出版社，2004，第 290 页。

程中，未成年人地位提升与权利保障经历了漫长的过程。虽然进入 20 世纪人们"开始用理性的眼光看待儿童问题，《儿童权利公约》的出台便是这种理性光辉的闪烁"。①但是即使在 21 世纪超过人口 1/3 的未成年人的声音仍是那么微弱，处境仍不容乐观。不论是联合国暴力侵害儿童问题专家报告、世界卫生组织的统计②，还是我国近年来性侵害未成年人犯罪严峻的现实，都时刻提醒着整个社会，未成年人利益需要得到优先与特殊的关注与保护。

二 国际社会共识与民众愿望所指

(一) 国际社会共识

《儿童权利公约》是迄今为止世界上最受欢迎、获得最广泛批准的国际性文件。其"重大意义远不只在立法领域，它使国际社会对待儿童的态度发生转变"③，认识到"人类亏欠本该儿童的最美好事物"④，儿童尽管弱小，但和别人一样是拥有尊严的重要人类存在，儿童有被尊重的权利。

随着《儿童权利公约》各签署国对公约各项义务的履行与影响的扩大，未成年人利益最大化与优先成为国际法概念进入国际人权法，亦成为全世界共同信守的法则。不论是 1990 年世界儿童问题首脑会议中"儿童至上原则"的提出，2002 年联合国大会儿童问题特别会议文件《适合儿童生长的世界》对"儿童第一"的要求，还是 2003 年"巴厘共识"呼吁"儿童优先"，都表明国际社会已经充分认识到，基于未成年人的身心特殊性与不独立性身份，承认未成年人价值的平等性，并不意味着简单地给予

---

① 参见王雪梅《儿童权利论：一个初步的比较研究》，社会科学文献出版社，2018，第 73 页。
② 参见 2006 年保罗·塞尔吉奥·皮涅罗遵照大会第 60/231 号决议提交《联合国研究暴力侵害儿童行为问题独立专家的报告》(U. N. Doc. A/61/299) 与联合国关于针对儿童暴力行为研究的背景文件：《针对儿童的暴力行为的健康后果全球估算》(日内瓦世界卫生组织，2006 年) 发布：有 1.5 亿名 18 岁以下女童和 7300 万名 18 岁以下男童在 2002 年曾经被迫发生性交或遭遇其他形式的性暴力。
③ 参见段小松《联合国〈儿童权利公约〉研究》，人民出版社，2017，第 42 页。
④ 帕维尔·亚洛斯：《一种关于儿童权益和教育的国际性视角：雅努什·科扎克研讨会文集》，何娟译，世界知识出版社，2015，第 47 页。

未成年人与成年人一样的权利保护，而是对未成年人权利的尊重与保障应优先于成年人权益和其他一切社会利益。"未成年人优先"——这已成为国际社会的一致共识。

（二）民众愿望

"如果一种行为触犯了强烈而又明确的集体意识，那么这种行为就是犯罪。"[①]集体情感或意识就是社会成员与各种对象接触过程中所感受到的快乐和痛苦，其中人类社会不论是出于种族延续需要还是天道人性，对儿童的慈爱是人类最深远与最无私的爱，也是最强烈与最明确的集体意识。性侵害未成年人犯罪是"既对社会有害又侵害了最基本怜悯和正直情感的行为"[②]，严重侵害人类情感与集体意识，成为民众最为痛恨的行为。

作者对我国民众对待性侵害未成年人犯罪及其当前政策的态度进行问卷调查与实地调查后发现，虽然被调查民众都普遍要求严厉惩罚性侵害未成年人犯罪，但是，在选择处理性侵害未成年人犯罪时认为哪一方面问题最重要时，2/3 的民众都认为保护未成年人权益应优先于其他一切。这说明民众从朴素的直觉出发，意识到只有将未成年人的利益置于优先于一切的位置，将对未成年人的特殊、优先保护置于打击犯罪之前，才能最终真正实现对未成年人权益的保障。

三　我国传统"慈幼"文化的承继

我国古代几千年文明中，一直有着尊老爱幼的传统，对未成年人秉持"慈幼"与"少者怀之"为核心的社会价值取向。《论语》中有一段话充分体现了儒家理想社会的愿景，"子路曰：'愿闻子之志'，子曰：'老者安之，朋友信之，少者怀之'"[③]，认为一个理想社会应该是老年人能得到安养、人与人之间互相信任、儿童能够得到爱护的和谐社会。

早在西周时期，《周礼·地官·大司徒》就提出了慈幼养老的养民思

---

① 埃米尔·涂尔干：《社会分工论》，渠东译，生活·读书·新知三联书店，2000，第 43 页。
② 加罗法洛：《犯罪学》，耿伟、王新译，中国大百科全书出版社，1996，第 67 页。
③ 《论语》，张燕婴译，中华书局，2006，第 66 页。

想："慈幼，谓爱幼少也。"① 春秋战国时期《管子·入国》也提出"九惠之教"，主张："一曰老老；二曰慈幼；三曰恤孤；四曰养疾；五曰合独；六曰问病；七曰通穷；八曰振困；九曰接绝。"② 其中，"所谓慈幼者，凡国、都皆有掌幼，士民有子，子有幼弱不胜养为累者，有三幼者无妇征，四幼者尽家无征，五幼又予之葆，受二人之食，能事而后止"。③ 这说明春秋战国时期就设置"掌幼"之官，负责幼儿的救助与照顾，如士民家庭有幼弱子女不能供养时，国家不仅减免家庭徭役还要提供资助。

秦汉时期，对未成年人的保护通过国家法律形式予以规定。据出土的秦朝《睡虎地秦墓竹简》记载，"擅杀养子者法当弃市"④，对父母不抚养子女抛弃的行为国家将予以严惩。到了汉朝时期，对儿童采取与成年人区别对待的做法，刑罚适用"宽宥"政策。汉朝《二年律令》记载："有罪年不盈十岁，除；其杀人，完为城旦舂。"⑤ 在《汉书·惠帝纪》中也有类似记载："民年七十以上若不满十岁有罪当刑者，皆完之。"⑥ 在南北朝时期，虽然处于分裂战乱年代，但对于未成年人特殊关照的法律思想仍然传承下来。梁武帝在位期间设立了中国历史上第一个儿童救助机构"孤独园"，梁武帝曾下诏规定："凡民有单老孤稚，不能自存，主者郡县咸加收养，赡给衣食……又于京师置孤独园，孤幼有归，华发不匮。"⑦ 这一机构设置在我国未成年人权益特殊保护的历史进程中意义重大。

唐朝在隋朝开启第二次大一统基础上，开创并进入了我国封建社会历史上最为繁荣昌盛的时代，对未成年人保护、犯罪承担刑事责任的规定也更为完善。如《唐律疏议·名例》规定"老小及疾有犯"，对老幼残疾承担刑事责任分为不同情况："已满 70 岁不满 80 岁的老年人与 15 岁以下未

---

① 转引自索长清《我国慈幼文化的历史嬗变及其省思》，《早期教育》（教科研版）2017 年第 2 期。

② 参见赵守正《管子注译》，广西人民出版社，1982，第 431 页，转引自谭友坤、卢清《施善与教化：中国古代慈幼恤孤史述论》，《历史与比较》2006 年第 12 期。

③ 参见赵守正《管子注译》，广西人民出版社，1982，第 432 页，转引自谭友坤、卢清《施善与教化：中国古代慈幼恤孤史述论》，《历史与比较》2006 年第 12 期。

④ 《睡虎地秦墓竹简》，转引自俞宁《中国传统慈幼恤孤制度探析》，《安徽史学》2011 年第 1 期。

⑤ 参见朱红林《张家山汉简〈二年律令〉集释》，社会科学文献出版社，2005，第 38 页。

⑥ 转引自张先昌、刘新媛《中国传统法中老龄犯罪宽宥的考察》，《法学》2011 年第 11 期。

⑦ 参见姚思廉《梁书》，中华书局，1973，第 64 页，转引自俞宁《中国传统慈幼恤孤制度探析》，《安徽史学》2011 年第 1 期。

成年人及废残者，是减轻刑事责任阶段，犯流罪以下允许收赎；已满 80 岁不满 90 岁的老年人及笃疾者，属于相对负刑事责任阶段……已满 90 岁老年人以及 7 岁以下儿童，是不负刑事责任年龄阶段，即使犯有死罪亦不承担刑事责任。"① 并同时严厉禁止并打击拐卖儿童行径，并禁止遗弃养子，保护被收养儿童利益，规定一旦收养子女不能随意抛弃。②

宋朝非常重视儿童保护，也是我国历史上"慈幼恤孤"制度鼎盛时期，对儿童特殊保护的救助范围与要求规定得较为全面、具体。北宋期间设立专门儿童收养机构——举子仓、慈幼局和婴儿局。宋哲宗、宋徽宗在位期间建立居养院，让遗弃流浪儿童也可以享有受教育权利和谋生的机会。宋朝时"慈幼恤孤"制度基本建立，能够"妥善地解决包括弱势儿童的收养、衣食及读书、学习谋生技能等一系列问题，并能做到有章可循、有令可依"③，对后世儿童保护有着深远影响与重大意义。

明清时期弃婴现象较为常见，"慈幼"事业主要集中于遏制弃婴行为，各地民间人士与官方机构纷纷设立救助婴孩机构。在康熙、雍正两朝期间各地先后建立各种慈幼机构，如育婴堂、保婴局、恤婴会、保赤局等。这些机构的设置一定程度上保护了儿童的基本生存权。晚清以后，西方启蒙思想传入以及新文化运动蔓延，传统"慈幼"观念也开始嬗变，从传统道德层面的"老吾老以及人之老，幼吾幼以及人之幼"④ 观念，转化为国家责任理念。著名教育家蔡元培先生提出对未成年人的特殊保护"不是从个人的立场出发，而是从社会的立场出发；不是基于恻隐心，而是基于责任心"⑤，标志着我国未成年人特殊保护观念的现代化转变。

通过对"慈幼"文化传统的历史回顾，可以得知我国几千年以来就具有关心、爱护未成年人的传统与文化，不论是从家庭、社会层面还是从国家高度出发，都强调对未成年人的普遍关怀与保护。传统"慈幼"文化观念已经超越古代封建社会时代对家庭与宗族的保护，演变发展成为对社会

---

① 张先昌、刘新媛：《中国传统法中老龄犯罪宽宥的考察》，《法学》2011 年第 11 期。
② 参见吴鹏飞《儿童权利一般理论研究》，中国政法大学出版社，2013，第 99～100 页。
③ 谭友坤、卢清：《施善与教化：中国古代慈幼恤孤史述论》，《学前教育研究》2006 年第 12 期。
④ 参见《孟子·梁惠王上》。
⑤ 参见沈善洪《蔡元培选集》，浙江教育出版社，1993，第 924、925 页，转引自索长清《我国慈幼文化的历史嬗变及其省思》，《早期教育》2017 年第 2 期。

和国家制度的保障。在传承我国古代儒家仁、爱、慈、善等核心理念基础上，现代社会对未成年人的保护与关爱也上升为国家责任与意志。因此，"新时代的儿童权利保护需要进一步树立儿童优先意识，让尊重、关爱儿童成为社会普遍遵循的价值观"。①

第四节　性侵害未成年人犯罪刑事政策价值取向
——"未成年人优先"

一　"未成年人优先"原则在刑事政策外的体现

20 世纪 80 年代以来，我国承担大国责任，积极参与国际儿童保护活动，从积极参与《儿童权利公约》讨论及批准，到主导通过 2001 年《北京宣言》，使其成为近十年指导东亚及太平洋地区儿童发展问题的战略性文件，促进儿童事业快速发展；与此同时，还参与了一系列以"儿童最大利益"为根本原则的国际条约与国际性规则。② 这说明我国法律与政策承认未成年人的利益需求，并认为应得到优先考虑，"未成年人优先"原则"可以被看成是（儿童）最大利益标准在中国传统实践中的具体化"。③

我国依据国际公约"儿童最大利益原则"精神和世界儿童问题首脑会议中提出的儿童保护目标，早在 1992 年国务院《九十年代中国儿童发展规划纲要》中就提出树立"爱护儿童"的公民意识。④ 在 1996 年发布的《中国的儿童状况》白皮书中提道，"把儿童教育置于整个教育事业发展的

---

① 宋文珍：《新时代儿童权利保护的价值取向》，《中国妇运》2018 年第 6 期。
② 我国加入了 1985 年《联合国少年司法最低限度标准规则》、1990 年《联合国保护被剥夺自由少年规则》、1993 年《海牙跨国收养方面保护儿童及合作公约》、2000 年《儿童权利公约关于儿童卷入武装冲突问题的任择议定书》、2000 年《儿童权利公约关于买卖儿童、儿童卖淫和儿童色情制品问题的任择议定书》等与儿童权利保护相关的国际条约与国际性规则，这些均以儿童利益最大化为根本原则。
③ 参见王雪梅《儿童权利论：一个初步的比较研究》，社会科学文献出版社，2018，第 69 页。
④ 《九十年代中国儿童发展规划纲要》，http://www.chinalawedu.com/falvfagui/Fg22598/1681.shtml［2016 - 12 - 18］。

优先地位"①，虽然当时我国还未真正提出"未成年人优先"原则，但已重视关心与爱护未成年人并采取了多项政策措施。2001年，国务院发布的《中华人民共和国九十年代儿童发展状况报告》明确提出，"坚持儿童优先原则，充分保障儿童的生存、发展、受保护和参与权利，是中国政府的一贯政策"②，并指出我国保护未成年人合法权益，在制定各类政策与法律、法规时以及各项工作中都将贯彻并体现"未成年人优先"，较为完整地宣示了我国对"未成年人优先"的基本认识及其内涵。我国2001~2010年、2011~2020年两个儿童发展纲要也将"未成年人优先"理念作为基本指导原则。国家经济与社会发展"十一五""十二五"规划纲要再次明确"坚持儿童优先"，在"十三五"规划纲要中重申"未成年人优先"内容，并要求"严厉打击危害未成年人身心健康的违法犯罪行为"。③

2006年我国在修订《未成年人保护法》时，首次从国家立法层面对"未成年人优先"原则予以确认。该法第3条明确提出："国家根据未成年人身心发展特点给予特殊、优先保护，保障未成年人的合法权益不受侵犯"；2012年《刑事诉讼法》修改增加"未成年人刑事案件诉讼程序"一章内容；2017年，李克强总理在全国第六次妇女儿童工作会议上的讲话又谈道："新中国成立以来特别是改革开放以来，党和政府坚持把促进妇女儿童全面发展作为重要奋斗目标……大力倡导和践行儿童优先原则。"④ 联合国2013年通过的关于我国执行《儿童权利公约》第三次、第四次合并报告的结论性意见中⑤，也肯定了"未成年人优先"原则在我国立法与政策中的体现。

总之，经过长期努力和坚持，"未成年人优先"原则已逐步成为我国制定相关政策与处理涉及未成年人问题的基本原则与价值取向，但在性侵害未成年人犯罪刑事政策中未有明确的价值取向确立。

---

① 《中国的儿童状况》，http：//www.gov.cn/zhengce/2005 - 05/25/content_2615744.htm［2018 - 12 - 01］。
② 参见国务院2001年《中华人民共和国九十年代儿童发展状况报告》。
③ 《十三五规划纲要（全文）》，http：//sh.xinhuanet.com/2016 - 03/18/c_135200400_4.htm［2016 - 12 - 26］。
④ 李克强：《在第六次全国妇女儿童工作会议上的讲话（摘要）》，《人权》2017年第1期。
⑤ U.N. Doc. CRC/C/CHN/CO/3 - 4, para.3 - 4, United Nations Official Document, http：//www.un.org/en/ga/search/view_doc.asp? symbol = CRC/C/CHN/CO/3 - 4&Lang = C［2018 - 12 - 01］.

二、确立性侵害未成年人犯罪刑事政策 "未成年人优先" 价值取向

我国刑事政策已从新中国成立初期以消灭犯罪为目标的理想型阶段发展到以预防犯罪为目标的现实阶段①，基本刑事政策也从追求社会效益价值为主转向强调权利保障和追求公平正义之间的平衡，这方面在 "宽严相济" 基本刑事政策上表现得最为突出。"宽严相济" 刑事政策是我国在社会转型时期为了构建社会主义和谐社会而提出的基本刑事政策。2004 年时任中央政法委书记罗干同志首先提出，在 2006 年全国人大会议上，肖扬院长、贾春旺检察长又分别在《最高人民法院工作报告》和《最高人民检察院工作报告》中，强调 "宽严相济" 刑事政策在司法实践中的重要指导作用与意义；随后在党中央十六届六中全会报告中，明确肯定并指出实施 "宽严相济" 刑事司法政策②；2010 年最高人民法院颁布的文件又明确并肯定了 "宽严相济" 的基本刑事政策地位。③。

"宽严相济" 刑事政策的基本内涵就是针对不同犯罪、不同情况区别对待，做到 "宽严相济，罚当其罪"④，以追求公平正义、强化人权保障为其价值取向，满足中国转型时期的时代需求，符合现代刑事政策的精神内核。⑤ 以权利保障和公平正义为双重价值追求的宽严相济刑事政策，是一个多元而又和谐的有机整体，在推崇原则性刑法理念同时又蕴含深厚的人性关怀；既能全面体现刑法保护社会的机能，又能够充分彰显刑法人权保障的一面。

性侵害未成年人犯罪刑事政策作为 "宽严相济" 基本刑事政策下的一类犯罪刑事政策，也同样面临着价值取向的选择和确立。因为法律的制定

① 参见严励《中国刑事政策的构建理性》，中国政法大学出版社，2010，第 336 ~ 339 页。

② 2006 年 10 月 11 日中国共产党第十六届中央委员会第六次全体会议通过的《中共中央关于构建社会主义和谐社会若干重大问题的决定》中，第六部分 "完善社会管理，保持社会安定有序" 内容提出 "实施宽严相济的刑事司法政策"。

③ 2010 年 2 月 8 日最高人民法院颁发的《关于贯彻宽严相济刑事政策的若干意见》（法发〔2010〕9 号）明确指出："宽严相济刑事政策是我国的基本刑事政策，贯穿于刑事立法、刑事司法和刑罚执行的全过程，是惩办与宽大相结合政策在新时期的继承、发展和完善，是司法机关惩罚犯罪，预防犯罪，保护人民，保障人权，正确实施国家法律的指南。"

④ 高铭暄：《宽严相济刑事政策与酌定量刑情节的适用》，《法学杂志》2007 年第 1 期。

⑤ 参见卢建平等《刑事政策与刑法完善》，北京师范大学出版社，2014，第 225 页。

与执行首先应当明确的是价值选择和确立问题，法律规范或制度的正确性或真实性永远无法从逻辑意义上的真实角度进行判断，而只能从法律所追求的目标与理想出发，从其追求的基本价值秩序来判断法律规范与制度是否恰当、有益或必要。因此，最重要的或首要的不是正确的逻辑而是正确的目的论。① 从这一意义上来说，正是法律追求的目的决定了立法的价值取向，最终决定在不同法益之间做选择与判断。

处于转型时期利益多元化社会中，性侵害未成年人刑事政策选择也是一种多元价值选择，即在多元价值取向中确定首要的价值标准。我国从传统社会转向现代化社会进程中，经济发展与犯罪率升高并存，国家认识到在社会创造经济繁荣的同时，如若不致力于维护人们基本人权和基本安全需要，社会矛盾将会激化而汇集为洪流冲击社会保障的堤坝。在面临性侵害未成年人犯罪冲击时，是以打击犯罪为重还是以未成年人保护为首要目的？这是当前性侵害未成年人犯罪刑事政策面临的重要选择与判断。"价值是对人的需要满足，因此，以人的需要为'支点'，可以深刻把握价值的根本内容。"② 从人类社会整体利益与需要出发，对自由与秩序的价值追求分别体现了人的个体性需要与社会性需求，是人的需要在不同层面的体现；人不仅有个体追求自由与权利保障个体性的一面，也具有公共福利、社会秩序安全保障社会性的一面。故此，打击犯罪，维护社会秩序与保护未成年人之间并不矛盾、冲突。从最终满足人的需要角度来说，打击性侵害未成年人犯罪，维护社会秩序就是为了更好地保护未成年人。因此，从价值的本质属性出发，性侵害未成年人刑事政策以"未成年人优先"为价值取向是符合正义的、真实的选择。

在司法实践中，法律工作者和普通民众对性侵害未成年人犯罪刑事政策积极性不足的认识和态度相当一致，然而却意外地对刑事政策严厉性不足的认识有着较大差异。究其原因，有两个逻辑关系没有理顺：一是性侵害未成年人犯罪刑事政策确立"未成年人优先"原则为价值取向，与"宽严相济"基本刑事政策是否相悖；二是加强性侵害未成年人犯罪刑事政策严厉性，与"宽严相济"刑事政策是否相悖。因为"未成年人优先"价值

① 魏德士：《法理学》，丁晓春、吴越译，法律出版社，2005，第59页。
② 参见侯宏林《刑事政策的价值分析》，中国政法大学出版社，2005，第3页（前言）。

取向，正是性侵害未成年人犯罪严厉性的预期指向，因为采取性侵害未成年人犯罪严厉刑事政策被国外司法实践证实是优势策略选择，所以"未成年人优先"必然确定指向刑事政策的严厉性。因此造成困惑的问题实际就是一个，即"未成年人优先"与"宽严相济"之间的关系，是相符还是相悖？

解析"未成年人优先"与"宽严相济"之间关系的方法，就是准确理解"宽严相济"刑事政策的内在含义。"宽严相济"刑事政策，自2004年罗干同志在全国政法工作会议上提出以来，很长时间对政策内涵的表述一直没有固定下来，只是逐渐定位于基本刑事政策地位。因此，理论界对此作出了很多不同的"宽""严"及其关系的解读，呈现解读视角和方式多样纷呈的局面。本书认为理解"宽严相济"的关键是"区别对待"，即对不同犯罪区别对待，对不同犯罪情况区别对待，对不同犯罪人区别对待。具体而言，理解"未成年人优先"与"宽严相济"之间关系的核心，就是将性侵害未成年人犯罪区别于一般犯罪对待，这正是"宽严相济"中"区别对待"原则的落实。因此，鉴于性侵害未成年人犯罪的严重危害性和"未成年人优先"原则的深远正当性，"未成年人优先"价值取向，正是"宽严相济"中"严"所定义的内在指向，二者在性侵害未成年人犯罪刑事政策上同向亦同道——通过严厉刑事政策实现共同的社会价值诉求。正如《性侵意见》明确提出"依法从严惩处"，《预防性侵意见》再次强调"各地要依法严惩，决不姑息"，《检察机关加强未成年人司法保护八项措施》细化落实"严重侵害未成年人身心健康和合法权益的犯罪，坚持'零容忍'态度，依法从严从快批捕、起诉，加大指控犯罪力度，充分发挥法律威慑和震慑作用"等，刑事政策的严厉性已经开始体现民众遏制犯罪的意愿，只是严厉程度仍旧不足以有效应对严峻的犯罪形势。

基于特殊的保护对象——未成年人，性侵害未成年人犯罪刑事政策具有不同于一般刑事政策的特点。只有将"未成年人优先"确立为性侵害未成年人犯罪刑事政策价值取向，才能建立起一系列预防、控制和惩治性侵害未成年人犯罪与危险行为的特殊对策与措施，包括刑事立法、司法、执行刑事政策；才能建立起一系列特殊的社会政策、制度、措施和意识观念，综合形成具有科学性、合理性、合法性与时效性的性侵害未成年人犯罪刑事政策体系和犯罪防控体系。

小 结

国际社会早已达成共识,未成年人必须被置于特殊、优先保护之下,未成年人健康成长的"无害的空间"必须得到不惜任何代价的保护。因此,以"儿童的最大利益"为首要考虑,确立"未成年人优先"为价值取向,成为国际社会在解决未成年人保护问题和与之相关的矛盾和冲突时的价值导向与标准。

李斯特曾说过:"我们要求一个具有生命力的、目标明确的刑事政策;我们要求国家和法制对于犯罪和犯罪现象所作的斗争,要比迄今为止更加目标明确。"[①] 在我国现有性侵害未成年人刑事政策中缺乏清晰的目标价值取向与判断,必然会影响刑事政策体系的科学性与合理性。由于"未成年人优先"是未成年人自身特性所需、国际社会的共识与民众的愿望,也是我国传统"慈幼"历史文化在新时代的承继,因此,我国性侵害未成年人犯罪刑事政策确立"未成年人优先"为价值取向,有其客观必然性与事实基础。

---

① 冯·李斯特:《论犯罪、刑罚与刑事政策》,徐久生译,北京大学出版社,2016,第15页。

第四章　性侵害未成年人犯罪生成机制理论解读

性侵害未成年人犯罪刑事政策的应然追求是建立科学、合理、有效的应对犯罪刑事政策体系，以达到预防、控制性侵害未成年人犯罪和保护未成年人健康成长的目的。而科学、合理、有效的刑事政策，必须基于对犯罪形成过程及其影响因素的全面科学的揭示，才能在此基础上提出相应对策与措施。因此，性侵害未成年人犯罪形成由哪些环节组成、受哪些因素影响，这些环节、因素又是如何相互作用与影响，这些相关问题的分析举足轻重，对合理构建性侵害未成年人犯罪刑事政策意义重大。

第一节　犯罪生成机制理论基础

一　犯罪生成机制

刑事科学发展早期，往往将犯罪生成原因归结于人性、意志，采用简单、机械的罪因归一论。而犯罪是复杂的社会现象，从刑事近代学派开始，犯罪人论、犯罪原因三元论、自然犯论等进行了从多角度分析犯罪成因的尝试。20 世纪以来，探求犯罪原因的各国学者已不满足于仅对犯罪要素进行分析，而是采取系统论、机制论等方法研究犯罪现象，提出"社会解组理论"、"社会紧张理论"、"社会控制理论"和"冲突理论"等，开始了"罪因机制的理论时代"。[1]

---

[1]　参见张小虎《宽严相济刑事政策的基本思想与制度建构》，北京大学出版社，2018，第192 页。

机制是"一个工作系统的组织或部分之间相互作用的过程和方式"[1]，也是"事物在运动中，各相关因素（包括内部结构与外部条件）有一定向度的、相互衔接的律动作用联系"。[2] 作为探明犯罪各组成要素之间相互律动关系的犯罪生成机制，是将犯罪形成与发生过程视为一个多种相关因素共同参与、相互作用的工作系统。性侵害未成年人犯罪生成机制，就是在性侵害未成年人犯罪形成过程中，各种内部与外部相关因素相互影响并发生作用的过程与运动、转化方式。

采用犯罪生成机制分析犯罪成因的意义在于，不仅能够系统地反映犯罪的形成规律与原因，还可以发现犯罪生成关键环节及影响犯罪生成的重要因素是如何发挥作用的。并且，随着社会发展，影响犯罪生成的因素在变化，犯罪形态和特征也随之发生变化。因此，只有在准确把握犯罪生成机制的基础上，刑事政策的制定与实施才能具有针对性、有效性，并能够不断适应与发展。

二　"犯罪化学反应方程式"理论

"只有正确地揭示犯罪的生成机制，才能制定科学的犯罪抗制对策。"[3]由于犯罪是复杂社会生态系统的产物，因此解释犯罪生成理论也必须是生态的、整合的、发展的，应具有多重解释水平，既包括宏观解释也包括微观解释。[4] 对性侵害未成年人犯罪生成研究，我们认为性侵害犯罪生成是一个动态的、发展的过程，目的在于通过对犯罪生成过程及其影响因素的分析，发现具有重要作用的犯罪影响因素和犯罪形成关键环节，才能提出针对性的犯罪预防和控制措施。因此，在分析过程中，不仅要从宏观层面分析社会环境制度、文化观念与认识对各环节的影响，也要从微观层面分析个体因素对犯罪的作用。

汪明亮教授提出"犯罪化学反应方程式"理论，参考借鉴"化学反应

---

① 参见《辞海》，上海辞书出版社，2010，第 827 页。
② 于真：《论机制与机制研究》，《社会学研究》1989 年第 3 期。
③ 参见汪明亮《犯罪生成模式研究》，北京大学出版社，2007，第 1 页（序）。
④ 参见吴宗宪《西方犯罪学》（第 2 版），法律出版社，2006，第 484 页。

方程式与医学中的传染病理学理论"①，解释犯罪的形成过程与运行机制，回答了犯罪形成过程由哪些环节组成、受哪些因素影响，这些环节与因素之间是如何相互作用和影响并最终形成犯罪的。其核心理论认为：1. "促使个体实施犯罪核心因素包括'带菌个体'（个体因素）、'致罪因素'（社会因素）与'催化剂'（条件因素）"②；2. 各因素在个体实施犯罪过程中的地位表现为："'带菌个体'属于个体实施犯罪前提条件，是潜在侵害人；'致罪因素'是使'带菌个体'形成犯罪动机、成为危险侵害人的外在因素；'催化剂'则是'催化'危险侵害人实施犯罪行为成为现实犯罪人的'导火索'"③；3. 犯罪生成作用运行机制则是："'带菌个体'与'致罪因素'相互发生作用，'带菌个体'产生犯罪动机成为危险侵害人；危险犯罪人通过对'催化剂'各要素感知做出反应，在一定条件下实施犯罪行为，从而成为现实犯罪人；'带菌个体'与'致罪因素'相互作用方式不同，'带菌个体'所产生犯罪动机也各不相同，因而生成不同类型的危险侵害人"（见图 4 - 1）。④

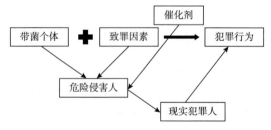

图 4 - 1　犯罪化学反应方程式

"犯罪化学反应方程式"理论，从系统性机制研究出发，认为犯罪是犯罪人内在因素与社会外在因素相互影响的产物，并且在时空因素、社会控制疏漏以及被害人等因素的"催化剂"作用下才引发犯罪。因此，控制

---

① 参见汪明亮《犯罪化学反应方程式：犯罪生成的一种可能模式》，载王牧《犯罪学论丛》，中国检察出版社，2009，第 47 页。
② 参见汪明亮《犯罪化学反应方程式：犯罪生成的一种可能模式》，载王牧《犯罪学论丛》，中国检察出版社，2009，第 47～48 页。
③ 参见汪明亮《犯罪化学反应方程式：犯罪生成的一种可能模式》，载王牧《犯罪学论丛》，中国检察出版社，2007，第 609 页。
④ 参见汪明亮《犯罪化学反应方程式：犯罪生成的一种可能模式》，载王牧《犯罪学论丛》，中国检察出版社，2009，第 69～70 页。

"催化剂"对危险犯罪人的激化过程是阻断危险侵害人转化为现实犯罪人的关键，改变"带菌个体"与"致罪因素"间相互作用的进程是抑制危险侵害人形成的基础与根源。该理论以多元、动态的眼光看待犯罪问题，"系统、动态、开放地揭示了犯罪发生过程以及预防方法"①；"揭示了促使个体实施犯罪与犯罪现象生成的因素，论证了这些因素在犯罪生成过程中所起作用以及各因素间的作用机制"②；丰富了犯罪原因的理论研究，从全新视野结合"化学方程式与传染病学理论"，强调导致个体实施犯罪的各因素之间的影响方式、影响过程以及各因素所处地位，弥补了原有犯罪学"多因理论"与"整合理论"仅偏重于从宏观层面解释犯罪成因的不足。在从宏观层面解释社会环境与制度文化影响犯罪的同时，着重从微观层面解释个体犯罪行为生成方式。可以为犯罪预防实践提供理论指导，根据犯罪生成不同阶段的地位，以及"带菌个体"、"致罪因素"和"催化剂"等因素对犯罪生成不同阶段的影响与作用，制定合理、有效的刑事政策。

因此，本书在研究性侵害未成年人犯罪时，主要参考、借鉴"犯罪化学反应方程式"理论分析性侵害未成年人犯罪生成过程及影响因素。

三　性侵害未成年人犯罪生成阶段

性侵害未成年人犯罪形成是一个由多重因素相互作用而形成的动态发展过程。本书依据"犯罪化学反应方程式"理论，同时参考戈特弗里德森和赫希的强奸逻辑结构理论③；提取实地调查中的代表性典型案例，抽象出犯罪过程、阶段和要素；结合多个犯罪个案完整发生过程，进行犯罪场景和情形理想模拟；多方面刻画罪犯心理画像，深入理解犯罪演化发生过程，认为性侵害未成年人犯罪生成的核心因素包括侵害人个体内在因

---

① 赵辉、江帆：《集群犯罪形成机制初探——犯罪化学反应方程式路径下的模型构建》，《河北法学》2015 年第 2 期。

② 参见汪明亮《犯罪生成模式研究》，北京大学出版社，2007，第 23 页。

③ 戈特弗里德森教授和赫希教授在《犯罪的一般理论》一书中提出强奸犯罪的逻辑结构（The Logical Structure of Rape），认为强奸犯罪的形成应符合以下逻辑结构：首先，必须存在对犯罪人有吸引力的、犯罪人可以接触到的、不愿意进行性行为或者不能抗拒犯罪人性行为的被害人；其次，必须存在缺乏约束力的犯罪人。参见迈克尔·戈特弗里德森、特拉维斯·赫希《犯罪的一般理论》，吴宗宪、苏明月译，中国人民公安大学出版社，2009。

素——"带菌个体"、外在社会因素——"致罪因素",以及犯罪生成条件与机会因素——"催化剂"三方面因素。在这三个核心因素中,"带菌个体"与"致罪因素"是性侵害未成年人犯罪的基本因素。由于二者相互作用,"带菌个体"(潜在侵害人)在"致罪因素"刺激下萌生犯罪动机与需求,成为危险侵害人;危险侵害人受到"催化剂"激发,当具备合适犯罪条件与机会并有适合的性侵害对象时,危险侵害人则转化为现实犯罪人,性侵害犯罪发生。因此,性侵害未成年人犯罪生成可以划分为:"带菌个体"形成阶段、潜在侵害人("带菌个体")受"致罪因素"影响成为危险侵害人的犯罪动机激发阶段,以及危险侵害人在"催化剂"因素的刺激下,转化为现实犯罪人实施性侵害犯罪行为的催化实施阶段(见图4-2)。

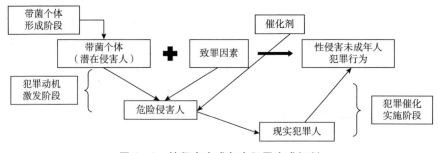

图4-2 性侵害未成年人犯罪生成机制

第二节 性侵害未成年人犯罪生成核心因素

在性侵害未成年人犯罪生成机制中,影响犯罪生成的核心因素有潜在性侵害人("带菌个体")、"致罪因素"以及"催化剂"三类。以下分别介绍三类核心因素如何影响性侵害未成年人犯罪生成并发生作用,以及这些核心因素自身又受到哪些其他因素的影响并进行演化、发展。

一 性侵害未成年人犯罪"带菌个体"形成的影响因素

性侵害未成年人犯罪"带菌个体"是指具有性侵害犯罪倾向的潜在性侵害人,即具有犯罪人格的人。犯罪人格是"个体在社会化过程中由于受遗传及社会环境影响而形成的、与主流社会规范不相符的、可能促使个人实施反社会犯罪行为的认识偏差、需求偏差及情绪偏差等心理特征的总称"。[1]

（一）影响"带菌个体"形成的内外因素

潜在性侵害人是性侵害未成年人犯罪生成的核心因素之一，其形成是多种因素影响或作用的结果，既有个体因素也有外在社会环境因素；既有生理性的因素，也有心理性的因素。

1. 内在个体层面因素

首先，生理与心理因素对潜在性侵害人的形成具有重要作用。在性侵害未成年人犯罪人中，具有心理偏差犯罪人格的情况相较于一般暴力犯罪更为普遍。20世纪70年代以前，西方学者传统上认为强奸与其他性偏差行为是某些根深蒂固的疾病或者是某种性格障碍，司法系统、社会服务机构和一般大众也倾向于这种观点，"强奸犯必定有病，这种信念根深蒂固"。[2] 美国20世纪60年代许多州颁布的法律普遍将性犯罪人归入"不能控制自己的性冲动或不得不实施性犯罪的性变态人群"。[3] 近年来，学者研究认为"性犯罪不是一种精神障碍或者精神病理现象。试图证明性犯罪人都是精神障碍者的努力，从严格的精神病理学角度看，迄今是失败的"。[4] 但不可否认，人格精神与心理障碍是重要的影响性侵害犯罪人形成因素，这一点是已经得到心理学与精神病理学的认可的。

其次，犯罪人格形成与自我控制有关。本书并不认为性侵害犯罪人都是性变态者，虽然在性侵害犯罪人中多数人存在心理障碍与认知偏差，但是并非具有心理、认知偏差的人都会实施犯罪，还要受到自我控制与其他客观因素影响。在同样的社会环境下，一些人比另外一些人更容易犯罪，

---

[1] 参见汪明亮《犯罪生成模式研究》，北京大学出版社，2007，第23页。

[2] Curt, R. Bartol, Anne, M. Bartol：《犯罪心理学》，杨波、李林等译，中国轻工业出版社，2017，第295页。

[3] See Mary, R. Block, "Rape Law in 19th - Century America: Some Thoughts and Reflections on the State of the Field", *History Compass*, 2009, 转引自田刚《性犯罪人再次犯罪预防机制——基于性犯罪记录本土化构建的思考》，《政法论坛》2017年第3期。

[4] 参见刘白驹《性犯罪：精神病理与控制》（增订版·上），社会科学文献出版社，2017，第173页。

是由于自我控制水平或自我控制能力的差别。具有冲动性、追求欲望直接满足、采用容易或简单方式追求欲望满足、不考虑长远利益、缺乏技能或计划并且不考虑别人的痛苦或烦恼的人，更容易成为潜在的犯罪人。[1] 因此，本书认为性心理认知偏差与精神障碍以及自我控制是影响潜在性侵害人形成的主要个体因素。

2. 外在社会环境因素

人是社会化的动物，不可能脱离于社会而存在。因此，社会个体在社会化过程中必定会受到外在社会环境的影响，也正是通过与社会环境的互动和交流，社会个体才完成社会化过程，融入并适应社会生活成为社会性成员。因此，在此过程中，不可避免地会受到社会环境因素的影响。尤其是在社会转型时期，社会支持弱化会削弱社会关系网络对社会成员自我控制的约束，增大潜在性侵害人形成的风险。此外，西方"性解放"思潮的蔓延与冲击，也造成了当前我国部分人的性观念冲突与迷茫，成为影响潜在性侵害人形成的重要因素。

（二）性心理偏差与精神障碍影响因素

从精神病理学角度分析性侵害犯罪病理学成因，大致有三种情形。第一种，精神障碍是犯罪首要原因。犯罪人因患某种精神障碍，对自己的性行为丧失辨认或者控制能力，在性欲冲动下实施性犯罪，这种情况在司法实践中较为少见。第二种，精神障碍是犯罪主要原因之一。犯罪人因患某种精神障碍，如精神发育迟缓、躁狂症、性欲异常，且辨认或者控制自己性行为能力薄弱，进而实施性犯罪。这种情况比较多见，尤其是控制能力薄弱者更多见。第三种，精神障碍是犯罪次要原因，犯罪人虽然患有某种精神障碍，但有能力辨认或者控制自己的性行为，精神障碍只是扭曲了他们的性欲，使其以异常的往往也是违法的方式满足性欲。[2] 这种情况最为常见，大多数性侵害未成年人犯罪都属于最后一种情形。

从上述精神病理学分析可以发现，大多数性侵害犯罪人都受到心理偏

---

[1] 参见迈克尔·戈特弗里德森、特拉维斯·赫希《犯罪的一般理论》，吴宗宪、苏明月译，中国人民公安大学出版社，2009，第12~13页（中文）版序。

[2] 参见刘白驹《性犯罪：精神病理与控制》（增订版·上），社会科学文献出版社，2017，第173页。

差的犯罪人格的影响。因此，具有犯罪人格的潜在性侵害人是犯罪发生的前提，分析犯罪人格如何形成有助于提前预防或控制犯罪形成。犯罪人格形成与先天遗传素质、生理因素和后天社会环境有关[①]，受认知与心理需求偏差的影响。据国外研究者[②]综合分析 1990～2003 年发表的有关性侵害儿童犯罪人研究成果，比较性侵害儿童犯罪人、性侵害成人犯罪人与非性侵害人之间的个体因素差异，发现性兴趣、性行为偏差、支持性侵害儿童的认知（态度），是侵害人针对儿童做出性侵害行为的主要因素。研究者在对 345 名自诉曾经受到性侵害的儿童、符合 DSM – IV – TR 诊断标准[③]中"恋童癖患者"或性反常行为者的社区样本进行生成因素研究[④]，发现性侵害者性偏好、性自我调节失调、支持性侵害的认知、各种社交或情感缺陷是影响性侵害形成的主要因素。

（三）自我控制弱化影响因素

著名犯罪学者戈特弗里德森教授和赫希教授认为，犯罪是"犯罪性的表现，而犯罪性的实质就是自我控制低。因此，自我控制低是犯罪和其他类似行为的根本原因"[⑤]。犯罪行为能够提供直接的欲望满足，"可以提供金钱而不必工作、可以直接进行性行为而不必经过求爱过程"[⑥]。因此，自我控制低个体的一个重要特征，就是对环境的有形刺激容易作出快速反

[①] 参见西原春夫《刑法的根基与哲学》，顾肖荣等译，法律出版社，2004，第 115 页。

[②] Whitakera, D., Lea, D., Hanson, R. K. L., Bakerg, C. K., McMahonc, P. M., Ryand, G., Kleine, A., Ricef, D., "Risk Factor for the Perpetration of Child Sexual Abuse: A Review and Meta – Analysis", *Child Abuse & Neglect*, 2008 (32)，转引自龙迪《综合防治儿童性侵犯专业指南》，化学工业出版社，2018，第 93 页。

[③] DSM – IV – TR (Diagnostic and Statistical Manual of Mental Disorders)，即《精神疾病的诊断和统计手册》，是美国精神病学会 2000 年制定发行的修订版，是美国最广为接受的精神疾病分类模式，被临床工作者和研究者们称为 DSM – IV – TR。

[④] Neutze, J., Grundmann, D., Scherner, G., Beier, K. M., "Undetected and Detected Child Sexual Abuse and Child Pornography Offender", *International Journal of Law and Psychiatry*, 2012 (35): 168 – 175，转引自龙迪《综合防治儿童性侵犯专业指南》，化学工业出版社，2018，第 93 页。

[⑤] 迈克尔·戈特弗里德森、特拉维斯·赫希：《犯罪的一般理论》，吴宗宪、苏明月译，中国人民公安大学出版社，2009，第 7 页（中文版序）。

[⑥] 迈克尔·戈特弗里德森、特拉维斯·赫希：《犯罪的一般理论》，吴宗宪、苏明月译，中国人民公安大学出版社，2009，第 85 页。

应，具有一种具体的此时此地定向。[1]

在具有性认知偏差和心理障碍的个体中，自我控制高的更不容易成为潜在侵害人，而自我控制低或缺乏自我控制的人很有可能是敏感性、冲动性、身体性（相对于精神性）、冒险性、目光短浅和非口头性的冲动性人格，更容易成为具有犯罪倾向的"带菌个体"。[2]

自我控制低下不仅是形成"带菌个体"的原因，一定程度上也是社会环境的产物，是个人因素与社会因素共同作用的结果，不是简单的冲动性人格就能概括自我控制低下的成因。个体自我控制机能缺乏往往源于两方面因素：先天素质与后天环境影响。这些因素既有家庭原因也有社会影响。一般情况下社会成员可以通过家庭设置得到充分的社会化，避免涉入越轨与犯罪行为。没有通过家庭完成充分社会化的成员，最终也可以通过其他控制体系或制度学会自我控制。在现代社会中完成这一任务的主要设置就是学校。社会成员通过学校教育经历，可以更好地学会鉴别与自我控制有关的优势与机会，助力于有效地社会化。[3]

从本书第一章分析中，我们就可以发现我国性侵害未成年犯罪人特征。犯罪人绝大部分为青壮年男性，整体受教育水平低，大多数犯罪人婚姻家庭情况为未婚或离异状态，"无业人员"占到六成以上。从犯罪人群较为集中在流动于城乡之间、职业处于不稳定状态、受教育程度低的非婚青壮年男性群体身上，我们可以发现该群体身上不可避免地带有一定的城市化浪潮冲击下的痕迹。因此，对性侵害未成年人潜在性侵害人的形成，必须在我国城市化进程的时代背景下进行分析与解释。

社会支持理论认为，由社区、社会关系网络以及可信任的他人给予的支持，能够影响与改变社会个体的心理与行为[4]，可以通过影响社会控制

---

[1] 参见迈克尔·戈特弗里德森、特拉维斯·赫希《犯罪的一般理论》，吴宗宪、苏明月译，中国人民公安大学出版社，2009，第 84～85 页。

[2] 参见迈克尔·戈特弗里德森、特拉维斯·赫希《犯罪的一般理论》，吴宗宪、苏明月译，中国人民公安大学出版社，2009，第 86 页。

[3] 参见迈克尔·戈特弗里德森、特拉维斯·赫希《犯罪的一般理论》，吴宗宪、苏明月译，中国人民公安大学出版社，2009，第 101 页。

[4] Cullen, Francis, T., "Social Support as an Organizing Concept for Criminology: Presidential Address to the Academy of Criminal Justice S Cciences", *Justice Quartely*, 1994（11）：530，转引自高玥《社会支持理论的犯罪学解析与启示》，《当代法学》2014 年第 4 期。

而对犯罪预防起着间接影响作用。① 因此，积极的社会支持能够成为有效社会控制的基础，有助于减少犯罪发生机会。从另一角度看，社会支持的削弱会降低个体自我控制，加大潜在侵害人转化为危险侵害人的可能性。在面向现代化发展的城市化进程中，大量农村劳动力从传统社会与原生家庭流向城市以寻求新的机会，传统农业社会下特有的紧密家庭结构、以亲缘关系为基础的交往方式与社会纽带也逐渐消解与断裂。而亲密家庭关系形成的纽带——具有共同遵守的社会准则与规范、维护与坚守长久流传的社会传统、牢固的家族关系，都有助于抵御农村传统社会转向现代城市文明时所带来的冲击以及越轨和犯罪行为的影响。但在传统社会转换过程中，正如学者指出的，道德规范对人原有的非正式控制随着传统社会关系的不断解体而逐渐消亡。② 因此，社会支持弱化也成为我国转型时期影响各类群体，尤其是流动人口犯罪的重要社会因素之一。

（四）性观念失范影响因素

涂尔干在《社会分工论》中提出，在社会结构发生全面、深刻的变化时期，与传统社会相适应的道德逐渐失去影响力，"传统失势了"而新的道德规范尚未建构与成长起来，"个人判断从集体判断的羁绊中逃脱出来"③，出现"失范"现象并由此引发犯罪率升高。

我国古代社会中性文化以儒家性观念为代表并占据主导地位，从早期先秦儒家认为性合乎自然——"食色，性也"④ 的开明观念，到宋朝程朱理学"存天理，灭人欲"僧侣主义伦理观⑤开始提倡严格禁欲主义和摧残人性的贞洁观，进入性禁锢期。到清朝礼教空前严酷，性文化达到禁锢顶点。因此，我国儒家思想占主导地位的性文化，整体上是一种"性禁锢"文化，而且还主要是针对女性的"性禁锢"。不论是在东方还是西方国家，漫长的人类社会发展过程中"性经验史应该首先被读解成压抑不断增大的

① 曲伶俐：《论社会支持理论下的社会性弱势群体犯罪预防》，《法学论坛》2014年第1期。
② 杰克·D.道格拉斯、弗兰西斯·C.瓦克斯勒：《越轨社会学概论》，张宁、朱欣民译，河北人民出版社，1987，第77~83页。
③ 埃米尔·涂尔干：《社会分工论》，渠东译，生活·读书·新知三联书店，2000，第366页。
④ 《孟子·告子上》。
⑤ 参见任继愈《中国哲学史》，人民出版社，2010，第250~256页。

编年史"①，性活动仅仅存在于传统文化与礼法所认可的范围内，"一切没有被纳入生育和繁衍活动的性活动都是没有立足之地的"。② 因此"不孝有三，无后为大"观念深入我国社会各阶层人们的意识深处。性不属于个人权利，而属于"社会公众和社会道德"。③

西方著名心理学家弗洛伊德的"人性论"与"压抑论"认为，性欲是人的根本，是"本我"部分的核心，是与生俱来的各种本能与欲望，以追求享乐为目的，以"愉快原则"寻求欲望得到满足；但同时认为，人类社会文明立足于对性本能的压抑，人类历史也为性本能压抑的过程。④ 社会哲学家赖希在《性革命》一书中将性压抑理论与社会变革、人的解放联系在一起，认为不仅要进行政治和经济宏观革命，也要对日常生活进行微观革命，其中包括性革命。马尔库塞在《爱欲与文明》中提出"性欲解放论"，希望建立一个"无压抑的文明社会"。⑤ 上述社会哲学家都认为性欲是人与生俱来的本能、快感的满足、对幸福的追求，摆脱压抑才能得到自由与幸福，以抽象人性论为出发点批判社会对人性的压抑。美国性多元主义理论者杰弗瑞·威克斯，将现代西方社会在性领域发生的转变总结为三方面：一是性与宗教价值观相分离的"世俗化"；二是性自由化；三是人际关系改变导致"家庭危机"。

西方社会近几十年来性观念发展越来越多元，性道德约束也越来越宽松，由此引发不同性观念⑥，出现"性放纵""性自由"思潮和活动。婚外性关系泛滥、性倒错行为频繁发生、性犯罪数量攀升的情况与上述思潮与活动不无关系。美国学者温迪·夏丽特在"回归端庄：发现丢失的美德"中认为：现代年轻女性遭遇的种种痛苦和烦恼——性折磨、性骚扰、强奸，都是一个社会失去了对女性端庄应有尊重的表现，而"性革命"对此要负主要责任。⑦

---

① 米歇尔·福柯：《性经验史》，佘碧平译，上海人民出版社，2005，第4页。
② 米歇尔·福柯：《性经验史》，佘碧平译，上海人民出版社，2005，第4页。
③ 刘芳：《中国性犯罪立法之现实困境及其出路研究》，东北大学出版社，2015，第40页。
④ 张伟：《现代西方"性革命""性解放"理论评析》，《现代哲学》1987年第S1期。
⑤ 张伟：《现代西方"性革命""性解放"理论评析》，《现代哲学》1987年第S1期。
⑥ 李银河：《性的多元论》，《博览群书》1998年第10期。
⑦ 参见温迪·夏丽特《寻找贞操》，杨荣鑫译，南海出版公司，2001，转引自刘白驹《性犯罪：精神病理与控制》（增订版·上），社会科学文献出版社，2017，第43页。

改革开放以来，西方各种性观念与思潮的涌入对我国传统性观念形成巨大冲击。不同学者与机构分别对普通居民、大学生以及社会不同层次人群调查后都发现，我国社会各阶层对性的态度呈现日益开放趋势，对婚前性行为的容忍程度与认可度也越来越高。① 1998 年青少年研究中心通过"城市青年状况调查"发现，原有传统观念所认为的恋爱—结婚—性行为的顺序，尤其是后二者之间的先后顺序不能发生颠倒的性伦理道德观，其实在很多人心中已经弱化了。② 2012 年，学者对青少年在社会转型时期的性欲态度调查发现，已有高达 83% 的青少年认为对性的欲望和追求是人的正当需求③，注重追求个人欲望的满足。早在 21 世纪初就有外媒报道称，中国正在经历一场"性革命"。④ 李银河教授在美国布鲁金斯学会论坛进行主题发言时也认为，近年来中国社会对性的认识处于"重大变革的时代"。从目前情况来看，我国社会整体性观念处于从封闭转向开放，性伦理从以义务为中心转向以自我为核心的发展阶段。

近十几年互联网深入社会生活各层面，随着人们接触不同信息与资讯的速度以几何倍数增加，不良色情文化也大量涌入，对民众尤其是青少年产生较大影响。中央综治委与青少年研究中心联合对 10 个省、市少管所在押的未成年犯调查发现，未成年人接触色情信息、图书、影像与犯罪发生之间具有高度的相关性。⑤ 2018 年 5 月，最高检未检办负责人在新闻发布会上也指出，性侵害未成年人犯罪发生的原因与当前社会上淫秽色情信

① 参见吴鲁平《当代中国青年婚恋、家庭与性观念的变动特点与未来趋势》，《青年研究》1999 年第 12 期；高尔升、赵双玲等《婚前体检女性对婚前性行为的态度及影响因素分析》，《中国卫生统计》1999 年第 4 期；李艳红、刘凤华《我国青年对婚前性行为的社会态度分析》，《南京人口管理干部学院学报》2004 年第 1 期；杨建科、程诚、随雯茜《我国居民性容许程度的现状及影响因素——基于社会经济地位理论与社会化理论的比较解释》，《西安交通大学学报》（社会科学版）2011 年第 4 期；陈敏燕、王进鑫《社会转型时期青少年性欲态度及其影响因素的实证调查》，《成都电子机械高等专科学校学报》2012 年第 4 期。
② 吴鲁平：《当代中国青年婚恋、家庭与性观念的变动特点与趋势》，《青年研究》1999 年第 12 期。
③ 陈敏燕、王进鑫：《社会转型时期青少年性欲态度及其影响因素的实证调查》，《成都电子机械高等专科学校学报》2012 年第 4 期。
④ 胡澈：《外媒：中国正经历性革命 71% 的人有过婚前性行为》，http：//www.cankaoxiaoxi.com/china/20150426/755936.shtml［2018 - 02 - 28］。
⑤ 参见赵军《色情资讯与未成年人犯罪经验研究——以对数回归模型为分析工具》，载赵秉志《刑法论丛》，法律出版社，2010。

息，包括儿童色情信息通过网络等渠道流传、屡禁不绝有着密切关系。包括未成年人在内的人群受不良信息影响而实施犯罪，还有的青少年则是沾染不良习气，交往不慎受到性侵害；甚至有未成年人"自愿"、主动成为被侵害对象。[①] 色情文化不仅对青少年有着负面影响，对成年人甚至是老年人也有着强烈诱惑，对人们具有强烈的性心理刺激作用。由于性动机来自生理和环境相互作用[②]，"像饥饿一样，性唤起依赖于内部刺激和外部刺激的交互作用"[③]，冲击着人的理性控制力，激发性冲动，在缺乏控制力或自我控制低的人身上产生足够影响而成为性侵害犯罪的驱动力。

我国社会的深刻变革和快速发展，造成了社会民众原来传统性观念的消解，正如其他许多原有社会观念的消解。在科学、健康的性观念建立起来作为社会公认的主流性观念之前，社会民众受到多种多样的性观念的冲击而产生性观念混乱。普遍的社会性观念失范，成为影响"带菌个体"形成的重要因素。

二 性侵害未成年人犯罪"致罪因素"

由于社会发展是"一个统一的互相作用的过程，这一过程要求并促使社会、政治、文化和经济等各个领域具有深远的变化。它绝不是向着某些预定的模式和标准而稳步平静地前进的直线发展过程……它像典型的激流，常常是一种明显不过的混乱和痛苦的过程"。[④] 我国近40年社会发展进程中，经历了经济飞速发展，同时也伴随着社会转型时期引发的各种矛盾和冲突。由于社会发展与转型是一个整体、有机统一的过程，在社会结构、社会形态以及社会体制发生转变的同时，只有伴随着文化伦理观念和价值判断标准等意识与观念也发生相应转变，社会转型才能顺利实现。由于社会发展是一个宏伟的过程，转变和变迁更多的是在各方碰撞与冲突下

---

① 姜贞宇：《最高检谈性侵害未成年人案件发生原因：是综合的》，http://www.chinanews.com/gn/2018/05 - 29/8525196. shtml［2018 - 06 - 28］。
② 戴维·迈尔斯：《心理学》，黄希庭等译，人民邮电出版社，2013，第426页。
③ 戴维·迈尔斯：《心理学》，黄希庭等译，人民邮电出版社，2013，第423页。
④ 露易丝·谢利：《犯罪与现代化》，何炳松译，中信出版社，2002，第6页。

推动着社会前进。正是这些矛盾与冲突的影响造就了社会越轨行为和犯罪发生的环境，也产生了促使性侵害"带菌个体"从潜在侵害人转化为危险侵害人的"致罪因素"。

"致罪因素"是"犯罪生成机制中促使'带菌个体'产生犯罪动机，从潜在侵害人向危险侵害人转化的因素"。[①] 在性侵害未成年人犯罪生成机制中，潜在侵害人面临就业压力加大、"婚姻挤压"力度增强等社会环境，再加上未成年人生活环境中存在安全隐患等因素的叠加刺激，其有可能萌生性侵害犯罪动机，从潜在侵害人转化为危险侵害人，进一步加大了性侵害未成年人犯罪发生的危险。

（一）未成年人生活环境监管疏漏

未成年人处于生长发育阶段，不具备独立生活能力，必须依赖父母、家庭养育，并需要在学校等机构接受教育与社会化训练。因此，未成年人日常活动主要在家庭与幼儿园、学校、课外活动社团、娱乐场所以及课外教育机构等。如若这些场所与机构监督管理有疏漏，就会为危险性侵害人提供机会与方便，激发其产生犯罪动机，从而使潜在性侵害人转化为危险侵害人。

1. 性侵害前科人员再犯监管疏漏

国内外研究都发现，性侵害未成年人犯罪具有较高再犯率。德国学者进行了一项为期 10 年的追踪儿童性滥用犯罪人调查发现，有 51.5% 的犯罪人再次犯罪，有 20.4% 的犯罪人是性犯罪再犯。[②] 而且，性侵害未成年人犯罪人异于一般犯罪人之处在于，此类犯罪人的犯罪率或再次犯罪率不一定会随着犯罪人的年龄增长而下降。[③]

国外学者研究发现性侵害犯罪人同一罪再犯的危险很多年以后仍然存在[④]；加拿大、英国对性侵害犯罪人分别追踪 5～15 年的再犯记录亦发现，

① 参见汪明亮《犯罪化学反应方程式：犯罪生成的一种可能模式》，载王牧《犯罪学论丛》，中国检察出版社，2009，第 53 页。
② 参见卢映洁《犯罪与被害：刑事政策问题之德国法制探讨》，新学林出版股份有限公司，2009，第 217 页。
③ 许福生：《论风险社会与台湾性侵害犯司法处遇法制之变革》，《海峡法学》2016 年第 3 期。
④ 参见卢映洁《犯罪与被害：刑事政策问题之德国法制研究》，新学林出版股份有限公司，2009，第 65 页。

15 年后仍然有高达 26% 的再犯率[①]，犯罪人再犯率受年龄条件的约束远弱于其他类型犯罪。

在国内调研中，有学者对 2006～2016 年 10 年间性犯罪人再犯情况调查发现，性侵害犯罪人的整体再犯率为 12.8%。[②] 本书对案件分析也发现，性侵害未成年人犯罪人再犯（包括性侵害同一罪名再犯与非同一罪名再犯）比例达到 15.6%（见表 1 - 6）。

鉴于性侵害未成年人犯罪人具有较高的再犯风险，此类人员刑满释放或出狱后应该严格监督与管理，以控制其再犯风险。虽然刑法修正案规定了缓刑禁止与职业禁止以"防止犯罪分子利用职业和职务之便再次犯罪"[③]，但是在 2015 年 7 月以前，禁止制度在司法适用中，没有一件适用于性侵害未成年人犯罪。适用司法禁止的罪名排在前三位的分别是：信用卡诈骗罪、危险驾驶罪和故意伤害罪，主要禁止内容集中于"从事高消费活动"，"申领、使用信用卡"以及"禁止饮酒"等方面。[④] 直到 2017 年，各地法院才开始逐渐运用司法禁止限制性侵害人从事教育或与未成年人相关的职业。

我国虽然有社区矫正制度，但仅仅针对被判处管制、缓刑以及假释罪犯的矫正与管理，不包括刑罚执行完毕人员，也未制定专门针对性侵害犯罪人出狱后的监督管理制度。虽然有的地区，如 2016 年浙江慈溪检察院推出《性侵害未成年人犯罪人员信息公开实施办法（试行）》并建立信息登记数据库，探索性侵害未成年人犯罪人员的监督与管理，但是目前仍处于地区性试点探索阶段，尚未形成全国性的监督管理制度。因此，当这部分人员刑罚执行完毕进入社会后，生活或出入未成年人身边的社区、村庄时，如果缺乏有效的监督与事前预警制度，将使未成年人在生活环境中存在被侵害危险。因此，我国当前对性侵害前科人员的监督管理存在疏漏。

---

① 转引自钟志宏、吴慧菁《从犯罪共通性理论探讨性犯罪再犯现象》，《犯罪与刑事司法研究》2009 年第 13 期。

② 田刚：《性犯罪人再次犯罪预防机制——基于性犯罪记录本土化建构的思考》，《政法论坛》2017 年第 3 期。

③ 臧铁伟：《"禁止从事相关职业三到五年"不是新刑种》，http://npc.people.com.cn/n/2015/0829/c14576-27531225.html ［2018-07-06］。

④ 李洪杰：《刑事禁止令适用状况实证研究》，《法商研究》2017 年第 4 期。

2. 校园与教育机构监管疏漏

国外学者回顾分析有关性侵害未成年人犯罪的研究和媒体报道后指出：儿童性侵害多发生在校园与教育场所中，这已经是一个公认的全球问题。① 很多性侵害儿童犯罪人从事教师、教练与校外培训机构从业人员等能近距离接触孩子的职业。② 我国实务部门在调研中也发现"在固定职业侵害人中，学校保安、体育老师、培训老师、男保姆等便利职业群体集中"。③

最高法在 2014 年全国法院调研中发现，由学校教职人员实施的性侵害未成年人案件占有一定比例，在调查的 319 件案件中有 19 件为学校教职人员实施。此类案件一般具有被性侵害儿童人数多、被害人受侵害次数多的典型特征，受害儿童 3 人以上案件占此类案件的 74%，部分案件中被害儿童数量之多令人震惊。如甘肃成来福强奸幼女案中，被侵害儿童高达 18 人；江西何如才猥亵儿童案中，被害儿童 15 人；浙江鲍润法强奸、猥亵儿童案中，性侵害儿童次数高达百余次④；在北京源众性别发展中心介入的 7 起儿童性侵害案件中，就包括湖南益阳市赫山区某镇中学科学课老师性侵 19 名女童、广西百色助学达人王杰多年性侵多名女童等案件。⑤ 这些案件引发了民众极大的不安与愤怒情绪，社会影响极其恶劣。越来越多的"专业人士性侵害者"进入大众的视野，与未成年人接触频繁的专业人士与教育机构场所成为性侵害未成年人犯罪的高危人群与高发区域。

作者在贵州省铜仁市实地调查发现，在 2013～2014 年发生的近百件性侵害幼女案件中，中小学教师占到 4%；本书第一章对收集的性侵害未成年人案件分析也发现，在中小学教师、教辅人员实施的性侵害未成年人犯罪中，有高达 60.6% 的性侵害发生在学校（见表 4-1）。令人震惊的是，

① S. K., Wurtele, M. C., Kenny, "Preventing Childhood Sexual Abuse: An Ecological Approach", In Good - Brown, *Handbook of Child Sexual Abuse: Identification, Assessment and Treatment*, Hoboken, NJ: Wiley Press, 2012: 531 -565, 转引自龙迪《综合防治儿童性侵犯专业指南》，化学工业出版社，2018，第 184 页。
② 伊莱恩·卡塞尔、道格拉斯·A. 伯恩斯坦：《犯罪行为与心理》，马皑、户雅琦等译，中国政法大学出版社，2015，第 207 页。
③ 魏丽娜：《性侵儿童熟人作案占六成》，广州日报数字报，http://gzdaily.dayoo.com/pc/html/2018 -06/28/content_95787_519654. htm［2018 -07 -06］。
④ 参见最高人民法院刑一庭课题组《关于惩治性侵害未成年人犯罪及开展审判指导工作的调研报告》，载中华人民共和国最高人民法院刑事审判第一、二、三、四、五庭《刑事审判参考》（总第 98 集），法律出版社，2014，第 279 页。
⑤ 王海燕：《儿童性侵，海面下的冰山》，《三联生活周刊》2017 年第 37 期。

在实施性侵害的教师、教辅人员中，有51%的犯罪人曾经因违法、犯罪行为受到过行政处罚或刑事制裁（见表1-22），但仍然留在或进入了中小学校园从事与未成年人频繁接触的工作，成为威胁未成年人安全的重大危险因素。

表4-1　中小学教师、教辅人员组未成年人受性侵害场所

单位：%

未成年人被性侵害场所	中小学教师、教辅人员组	
	频数	百分比
学　　校	40	60.6
被害人家中	6	9.1
犯罪人家中	6	9.1
其他私密场所	11	16.7
公共场所	2	3.0
不　　详	1	1.5
合　　计	66	100.0

但令人遗憾的是，到目前为止我国对教育机构从业人员的审查与监督机制并不完善。虽然《教师法》规定："受到剥夺政治权利或者故意犯罪受到有期徒刑以上刑事处罚的，不能取得教师资格；已经取得教师资格的，丧失教师资格。"但是该规定仅仅针对取得教师资格或具有教师资格人员，对在学校工作的其他教学辅助人员，教育培训机构或者其他社会组织中以未成年人为服务工作对象的从业人员缺乏相应入职审核与监督。虽然上海等地已有《关于限制涉性侵害违法犯罪人员从业办法》等措施出台[1]，但现在也还是地方性试行规定，没有形成全国统一的教育、培训职业准入审核的专门规定与统一机制。[2] 这就使这些"专业人士侵害者"在

---

[1] 如2016年6月浙江省慈溪市检察院联合相关部门出台《性侵害未成年人犯罪人员信息公开实施办法（试行）》（以下简称《信息公开办法》），建立信息登记数据库；2017年8月上海市闵行区检察院与区综治办、公安、法院等部门共同制定《关于限制涉性侵害违法犯罪人员从业办法（试行）》。

[2] 虽然教育部2018年12月发布了《进一步加强中小学（幼儿园）预防性侵害学生工作的通知》，要求完善教师入职审核制度，与公安部门联合建立"性侵害违法犯罪信息库"和"入职查询制度"。但是，迄今为止尚未见进一步的制度规定与措施出台。参见崔宁宁《教育部要求建立犯罪信息库预防性侵中小学生 严选教师队伍》，https：//edu. youth. cn/jyzx//jyxw/ 201812/t20181224_11822956. htm ［2018-12-28］。

与未成年人接触过程中，很容易利用职务便利与监督管理疏漏实施性侵害犯罪，学校、校外培训机构、教育机构等成为性侵害未成年人的重要危险场所。

3. 家庭环境监管疏漏

在性侵害未成年人犯罪中，犯罪人并非传统认识中的陌生人，大多数犯罪人为熟人，甚至有一部分人为家庭内部成员。美国"国家性罪犯公告网站"（National Sex Offender Public Website）资料显示，在儿童性侵害犯罪人中有30%是家庭成员，60%左右是家庭圈以外熟人，如家庭朋友、保姆、邻居等，而陌生人仅占10%。[①] 我国性侵害未成年人犯罪也有此类特征，本书对收集的案件分析发现，有60%的犯罪人与被害人认识，其中1/3具有邻里、恋人、师生与亲戚等熟人关系，甚至还有部分具有父女、养父女、祖孙（女）或兄妹关系（参见表1-21）。

最高法在组织的专题调研中也发现：特殊家庭中监护人实施性侵害犯罪案件较为突出，包括再婚家庭、母亲外出打工家庭与寄养家庭，还有幼女被母亲同居男友性侵害的。而且家庭成员性侵害案件隐蔽性更强，侵害时间长、侵害次数多的情况尤为突出。在最高法调研的14件特殊家庭监护人性侵害案件中，侵害时间超过1年的占案件总数的64%，其中，侵害时间最长的达8年。[②]

父母、家庭成员本应成为未成年人最强有力的保护者，但有的存在精神与心理障碍，或者当经历婚姻失败、面临事业不顺等生活挫折时，得不到有效社会支持，这些负面生活经历与不健康身心状况，对其认知判断、情绪调节以及人际交往和问题处置能力形成不利影响[③]，损害对未成年人的保护与监护能力，甚至有些监护人自身就成为未成年人的性侵害人。

家庭、学校教育机构与社区是未成年人生活、学习与成长的日常活动环境，也是未成年人健康成长所必需的基础生活环境。如果该环境存在监

---

① "Raising Awareness About Sexual Abuse, Perpetrators of Sexual"，NSOPW 网站，转引自高风仙《性侵害及性骚扰之理论与司法实践》，五南图书出版股份有限公司，2016，第198页。

② 最高人民法院刑一庭课题组：《关于惩治性侵害未成年人犯罪及开展审判指导工作的调研报告》，载中华人民共和国最高人民法院刑事审判第一、二、三、四、五庭《刑事审判参考》（总第98集），法律出版社，2014，第278～279页。

③ 参见龙迪《综合防治儿童性侵犯专业指南》，化学工业出版社，2018，第96～97页。

管疏漏，不能为未成年人提供安全保障，甚至为潜在侵害人提供便于侵害的条件与机会，将成为促使潜在侵害人转化为危险侵害人的"致罪因素"，必将增大未成年人遭受性侵害的风险。

（二）大规模人口流动

改革开放以来，我国面临着社会、经济转型的压力并与城市化进程相伴。美国经济学家库兹涅茨认为，"发展中国家在经济结构转换时期往往面临着产业发展和人口分布的非均衡状态，这一时期出现大规模的人口流动就具有某种必然性"。[①] 我国城镇人口从 1978 年的 1.7 亿人发展到 2016 年的 7.9 亿人[②]，城镇人口比从 17.92% 上升到 57.30%，城镇人口增长 4.7 倍，我国城市化进程规模与速度都堪称创造了历史纪录。我国近年来流动人口[③]总体处于高水平的上升趋势之中（见图 4-3）。据国家统计局数据，到 2016 年我国流动人口数达 2.45 亿人。这意味着我国"每 6 个人中就有一个处于'流动'之中"。[④]

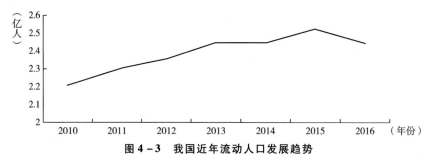

图 4-3 我国近年流动人口发展趋势

资料来源：该图为作者依据国家统计局官网发布数据进行整理收集与分析，自行制作而来。数据来源于国家数据，http：//data. stats. gov. cn/easyquery. htm？cn＝C01&zb＝A0306&sj＝2016，2018-10-08。

---

① 转引自陈刚、李树、陈屹立《人口流动对犯罪率的影响研究》，《中国人口科学》2009 年第 4 期。

② 数据来源于国家数据，http：//data. stats. gov. cn/easyquery. htm？cn/easyquery. htm？cn＝C01&zb＝A0306&sj＝2016，2018-10-08。

③ 《中国统计年鉴》（2016）规定："人户分离人口中不包括市辖区内人户分离的人口。市辖区内人户分离的人口是指一个直辖市或地级市所辖区内和区与区之间，居住地户口登记地不在同一乡镇街道的人口。"参见盛来运《中国统计年鉴》（2016），中国统计出版社，2016，第 53 页。

④ 靳晓燕：《流动儿童教育面临新挑战》，《光明日报》2017 年 4 月 1 日，第 6 版。

随着人口向城镇流动和集中，出现了一系列社会问题，其中包括犯罪率攀升。有学者认为人口流动性对犯罪率高低有一定影响，提出"流动人口中低收入水平群体比例与刑事犯罪率呈正相关"[①] 关系，"人口流动性每增加1%将导致犯罪率提高约2.9%"[②]，而且流动人口犯罪比例在逐年上升。这些研究都说明流动人口与犯罪率之间存在一定的内在联系。但流动人口与性侵害未成年人犯罪之间关系如何，此前缺乏相关专门性研究与分析。

本书对我国近年来各地法院上传性侵害未成年人案件统计，将我国城镇人口与农村人口数比与案件数量进行比较（见图4-4）发现，案件数量纵向发展趋势基本上与城镇人口与农村人口数比的上升趋势相平行。

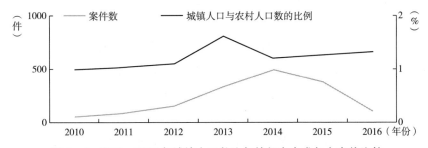

图4-4　2010~2016年城镇人口数比与性侵害未成年人案件比较
资料来源：该图为作者依据国家统计局官网发布数据进行整理收集，并与前文部分中收集性侵害未成年人犯罪案件数据进行分析比较而来。

依据本书的案件数据统计，性侵害未成年人犯罪案件发生比例较高的前五个省（区、市），按照从高到低顺序依次排列为：1. 湖南省8.6%；2. 浙江省8.6%；3. 江苏省8.5%；4. 河南省7.6%；5. 上海市5.6%。按照犯罪人户籍所属地统计，犯罪人数所占比例从高到低前五名的依次排列为：1. 湖南省7.8%；2. 河南省7.6%；3. 江苏省6.4%；4. 安徽省5.1%；5. 四川省与陕西省均占4.9%。从上述比较我们可以发现，犯罪人大多数来源于中、西部地区，异地实施性侵害犯罪情况较为常见。此部分犯罪人中绝大部分为无业人员（61.2%）和农民（18.6%），青壮年男性

---

① 史晋川、吴兴杰：《我国流动人口与刑事犯罪率的实证研究：1997~2007》，《制度经济学研究》2010年第2期。
② 陈刚、李树、陈屹立：《人口流动对犯罪率的影响研究》，《中国人口科学》2009年第4期。

占绝大多数。由于我国经济发展不均衡，中、西部农村经济欠发达地区人均经济收入与东部经济发达地区相比差别较大，该区域农村地区 18~40 岁男性青壮年劳动力大多数都选择外出打工。由此，可以推测性侵害未成年人犯罪人中有相当一部分是源于中、西部地区的外出流动务工人员。

国家统计局 2016 年发布的《农民工监测调查报告》数据显示，外出农民工达到 1.69 亿人。"从输出地看，中西部农民工占到了农民工总量的 2/3，而且西部地区农民工人数增长快于其他地区，增量占新增农民工总量的 44%；外出农民工中男性近 70%，40 岁以下青壮年农民工占 54%。而且，外出农民工有配偶的仅占 64.8%，低于本地农民工 25.4% 的比例。"① 从上述人口结构特性分析，流动人口中大多数为青壮年男性。其中相当一部分人由于未婚或夫妻长期两地分居等，一方面，性需求往往处于无法得到满足状态；另一方面，由于流动性强，原有传统社会中以熟人关系为纽带的社会控制力量削弱，自我控制力降低，对越轨与违法犯罪行为顾忌减少。因此，在生理需求强烈与自我控制弱化双重因素交互作用下，极易促成性越轨或增加性犯罪行为，加大性侵害未成年人犯罪形成的风险。

在我国社会城市化进程中的流动人口没有在居住地安顿下来和社会关系重新建立起来之前，在目前缺乏相应法律规制力量覆盖的情况下，大规模人口流动就成为性侵害未成年人犯罪的重要"致罪因素"之一。

（三）"婚姻挤压"

人口学理论认为，人口"婚姻挤压"问题是"在一夫一妻制下婚姻市场中，由于可供选择的男性与女性人数相差较大、比例失调，而导致男性或女性不能按照'男高女低'传统择偶模式选择配偶的一种社会现象"。②

我国千百年来重男轻女、"不孝有三，无后为大"的思想形成强烈的男孩偏好，造成男性人口过剩。国家统计局数据显示，近 7~8 年我国 15 岁以上单身男性占人口总数比例较高（见图 4-5），男女性别比一直居高不下（见图 4-6）。全国第六次人口普查数据显示，"2010 年 30 岁及以上

---

① 《2016 年农民工监测调查报告》，http：//www.stats.gov.cn/tjsj/zxfb/201704/t20170428_1489334.html［2018-02-22］。
② 孙玮红、谭远发：《1989-2030 年中国人口婚姻挤压研究》，《青年研究》2015 年第 5 期。

未婚男性 1886 万人，是相应年龄段未婚女性人口的 4 倍多；50 岁及以上未婚男性为 540 万人，是相应年龄段女性人口的 10 倍多".①

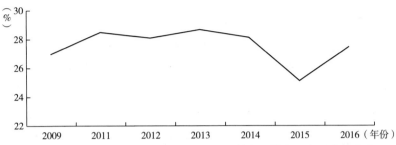

图 4 - 5　2009 ~ 2016 年我国 15 周岁以上单身男性人口占总人口数比

资料来源：该图为作者依据国家统计局官网发布数据进行整理收集与分析，自行制作而来。数据来源于国家数据，http：//data. stats. gov. cn/easyquery. htm？cn = C01&zb = A0306&sj = 2016，2018 - 10 - 08。

图 4 - 6　我国 2010 ~ 2017 年男女性别比发展

资料来源：该图为作者依据国家统计局官网发布数据进行整理收集与分析，自行制作而来。数据来源于国家数据，http：//data. stats. gov. cn/easyquery. htm？cn = C01&zb = A0306&sj = 2016，2018 - 10 - 08。

据学者预测，我国"男性过剩人口在未来一段时间内将持续增加……在 2040 年左右将达到 4400 万人"②，而且从 2000 年开始每年有 10% 以上男性无法在国内婚姻市场找到初婚对象，并将呈现不断递增趋势。③

从以上分析可看出，我国人口高性别比形成的"婚姻挤压"状况将持

---

① 果臻、李树苗、Marcus W. Feldman：《中国男性婚姻挤压模式研究》，《中国人口科学》2016 年第 3 期。

② 转引自姜全保、果臻、李树苗《中国未来婚姻挤压研究》，《人口与发展》2010 年第 3 期。

③ 参见李树苗、姜全保、费尔德曼《性别歧视与人口发展》，社会科学文献出版社，2006，转引自张群、林孟阳《农村大龄未婚男性的性风险及其影响因素：基于 KAP 的实证分析》，《西安交通大学学报》（社会科学版）2016 年第 2 期。

续相当长一段时间，人口学专家认为"预示着21世纪中国的男性婚姻挤压日趋严重"。[1]

人口"婚姻挤压"状况的加剧会导致社会面临拐卖妇女、性侵害等犯罪风险的加大。美国学者1988年进行的一项"社会对性侵害的广泛态度与严重性犯罪比例之间关系"的研究发现，城市化水平与单身男性所占人口比例这两项人口学统计变量，对于严重的性侵害犯罪——强奸罪的发生具有较强预测能力。[2]

本书对性侵害未成年人犯罪案件犯罪人个人状况统计发现，犯罪人中98.9%为男性（见表4-2）；在有婚姻状况记录的犯罪人中，未婚与离婚、丧偶的犯罪人占有效数据的73%（见表1-5），犯罪人平均年龄36岁（见图1-4）。处于大龄非婚状态的男性犯罪人占到绝大多数，说明犯罪人婚姻状态以及社会整体男女性别比对性侵害未成年人犯罪发生有着重要影响。

表4-2　犯罪人性别比例

单位：%

		频率	百分比	有效百分比	累计百分比
有效	男	1753	98.9	98.9	98.9
	女	19	1.1	1.1	100.0
	合计	1772	100.0	100.0	

据有关调查发现，处于"婚姻挤压"下的青壮年单身男性具有较高的身体攻击性与愤怒、敌意认知。[3] 这些人群一般具有以下特征：就出身状况而言，大都生活在偏僻落后的山区农村，一般受教育程度较低甚至是文盲；年龄分布分散，各个年龄阶段都有一定比例，45岁以上单身男性占

---

[1] 陈友华、米勒·乌尔里希：《中国婚姻挤压研究与前景展望》，《人口研究》2002年第3期。

[2] 詹姆斯·马吉尔：《解读心理学与犯罪——透视理论与实践》，张广宇等译，中国人民公安大学出版社，2009，第116页。

[3] 徐晓秋：《西部贫困村大龄单身男性攻击性问题调查研究》，《浙江科技学院学报》2017年第2期。

47.31%，终身不婚者比例高。① 据人口学者断言，20 世纪 80 年代后出生男性人口中将有 10% 的人找不到或不能如期找到配偶，在中国社会最底层将逐渐形成一个规模为 4000 万 ~ 5000 万人的光棍阶层。② 正如学者所预断："中国男性'婚姻挤压'的恶果过去是、现在是、将来仍然要由下层男性人口来吞食。"③ "获得婚姻之性行为越是昂贵，男子就越可能诉诸强力"。④ 此部分男性群体由于缺乏可支撑家庭婚姻的经济基础，并承受严重心理与生理压力，往往具有一种危险倾向——基于自身暴力行为获取无法以合法途径得到的东西。⑤

对于大龄单身男性而言，为了解决性生理需求，身心尚未发育成熟、缺乏抵抗力的未成年人是最为适合的性侵害对象；既可以轻而易举地满足性需要，而且犯罪成本又是最低、最安全的。因此，相当一部分处于社会底层的青壮年男性群体，甚至包括一些老年单身男性，将性侵害的魔爪伸向未成年人也就不足为奇了。如重庆市巴南木洞镇受害幼女苗苗，曾在 7 岁、10 岁时分别被同村 66 岁老单身汉熊某佐和 33 岁光棍曾某刚强奸，此幼女还因此而患上梅毒和尖锐湿疣。⑥

总体来看，我国由于区域发展不平衡和经济收入差距加大，在中、西部落后、偏远农村地区，引起适婚女性外流、迁移到东部经济发达地区，将会进一步拉大当地男女性别比差距，导致中、西部贫困农村地区男性"婚姻挤压"情况日趋严重，最终将引发或加剧性侵害未成年人犯罪风险。

不同于西方国家的是，我国严重的性别比差距造成的"婚姻挤压"，也是影响性侵害未成年人犯罪的重要"致罪因素"之一。

---

① 倪晓峰：《中国大陆婚姻状况变迁及婚姻挤压问题分析》，《南方人口》2008 年第 1 期，转引自邓希泉《婚姻挤压对社会稳定的影响研究》，《青年探索》2010 年第 6 期。
② 陈友华：《"光棍阶层"就要出现》，《百科知识》2006 年第 9 期，转引自姜全保、李波《性别失衡对犯罪率的影响研究》，《公共管理学报》2011 年第 1 期。
③ 陈友华、米勒·乌尔里希：《中国婚姻挤压研究与前景展望》，《人口研究》2002 年第 3 期。
④ 理查德·A. 波斯纳：《性与理性》，苏力译，中国政法大学出版社，2002，第 385 页。
⑤ 姜全保、李波：《性别失衡对犯罪率的影响研究》，《公共管理学报》2011 年第 1 期。
⑥ 张龚：《幼女屡遭强奸 农村未成年人保护堪忧》，重庆市人民检察院主办，http：// www. cqjcy. gov. cn/qfwy/infos/InfoDisplay. asp？NewsID = 1131［2018 - 02 - 22］。

三 性侵害未成年人犯罪"催化剂"因素

由于犯罪实施需要比个人倾向与动机更多的东西，要求"有物品、被害人、身体能力和直接的刑罚威胁的缺乏。因此，有助于犯罪的倾向并不能必然引起犯罪"。[1] 我国著名刑法学家储槐植教授也认为，促成犯罪原因实现为犯罪行为还需要特定的环境与条件，包括时空因素、侵害对象（被害人）因素和社会控制疏漏。[2] 作为潜在侵害人并不会直接实行犯罪行为，"致罪因素"也仅有可能促使潜在侵害人萌生犯罪动机。即使其从潜在侵害人转化为危险侵害人，仍没有促成其真正实施犯罪。犯罪实施还需要一个重要条件，就是通过"'催化剂'的激化作用加速'带菌个体'和'致罪因素'之间相互影响、作用，最终导致犯罪发生，成为犯罪的'导火索'"。[3] 在性侵害未成年人犯罪中，法制保障疏漏、犯罪暴露度下降以及具有易受侵害性的未成年人等因素，具有能够激发或加速危险侵害人着手实施犯罪的作用，成为促成性侵害未成年人犯罪发生的"催化剂"因素。

（一）法律规制存在疏漏

福柯在批判当代性立法思想时指出："对于一些人来说，另一些人的性成为永存的危险……我们将拥有一个危险的社会，其中一方是面临危险的人，另一方是危险的人。"[4] 性侵害行为是未成年人永存的危险，法律对未成年人的保护是抵御侵害强有力的屏障，尤其是刑事法律保障是隔绝犯罪最强有力的防火墙。如果这道屏障不够严密或存在疏漏，一直"伺机而行"的危险性侵害人就会"有机可乘"，从危险侵害人转化为现实犯罪人。

---

[1] 迈克尔·戈特弗里德森、特拉维斯·赫希：《犯罪的一般理论》，吴宗宪、苏明月译，中国人民公安大学出版社，2009，第169页。

[2] 储槐植：《刑事一体化》，法律出版社，2004，第70页。

[3] 汪明亮：《犯罪化学反应方程式：犯罪生成的一种可能模式》，载王牧《犯罪学论丛》，中国检察出版社，2009，第63页。

[4] Foucault. M., "Politics", *Philosophy, Cuiture, Interview and other Writings 1977 - 1984*, Edited by Kritzman, L. D., Routledge New York and London, 1988, 转引自李银河《中国当代性法律批判》，《南京师范大学学报》（社会科学版）2004年第1期。

　　尽管我国多年来一直重视未成年人保护，但仍存在许多问题。全国人大常委会副委员长王胜俊2014年在检查各地实施未成年人保护法情况时强调："未成年人保护特别是对未成年人人身安全等人身权利的保护，在机制和措施上还不适应当前形势的需要。"① 目前，我国性侵害未成年人犯罪法律规定还存在疏漏与不足，如对性侵害未成年人犯罪缺乏准确法律界定、罪名体系不完整、法律规定系统性不足、法律规定内容存在疏漏等，由于前面章节已经详细阐述，在此不再重述。

（二）犯罪暴露度下降

　　"刑罚的防范作用，绝不在于刑罚的残酷，在于有罪必究；重要的不是对犯罪行为处以重刑，而是要把每一桩罪行都揭发出来。"② 刑罚确定性本身对犯罪人就具有威慑力，全面发现和揭露性侵害可以加大犯罪成本。"犯罪的曝光意味着刑事否定评价，而刑事否定评价本身不失为一种制裁。罪犯对自己行为隐蔽性的依赖，大大降低其观念上的犯罪成本。"③ 避免被发现是犯罪人思考的一项重要内容④，危险性侵害人自我低犯罪暴露度的评估，可以加速其从主观意愿转化为客观现实行为。因此，社会现实中犯罪暴露度降低无异于对危险侵害人的鼓励，加大其转化为现实犯罪人的可能性与速度，起着"催化剂"作用。

　　虽然犯罪"黑数"问题在所有类型犯罪中都存在，但就性侵害未成年人犯罪而言，低犯罪暴露度、高犯罪"黑数"问题较其他犯罪尤为显著。性侵害未成年人行为的揭露与发现往往事出偶然，如家长、教师发现未成年人身体上明显伤痕、询问未成年人的情绪或反常表现、目击者举报或由其他受害未成年人举报、犯罪人被另案指控或认罪，甚至是在其他一些极其偶然情况下才被发现。因此，此类案件犯罪暴露度较低，犯罪"黑数"较高。如据德国文献资料，该国联邦犯罪局估计此类犯罪的"黑数"为

---

① 付中正：《保护未成年人 斩断伸向孩子的魔爪》，国内—教育新闻—新蓝网教育频道，http：//edu. cztv. com/news/gn/2014/04/2014 – 04 – 304377387. html ［2018 – 07 – 06］。
② 中共中央马克思恩格斯列宁斯大林著作编译局：《列宁全集》，人民出版社，1984，第364页。
③ 张小虎：《犯罪行为的化解阻断模式论——兼谈违法成本对犯罪行为之影响》，《中国社会科学》2002年第2期。
④ 参见迈克尔·戈特弗里德森、特拉维斯·赫希《犯罪的一般理论》，吴宗宪、苏明月译，中国人民公安大学出版社，2009，第15页。

1∶18 至 1∶20。[1]

此类犯罪暴露度下降，当前在我国主要表现为两方面问题。

一方面，此类案件的立案率下降。犯罪"黑数"提高，犯罪暴露度下降，与约束行为人外在因素与关系的缺失或者力度不足有着密切关系。[2] 其中，公安等司法机关对此类案件的实际查处数量是最明显的体现与指征。在我国司法实践中，此类案件立案率占所有案件的总比较低，而且有着持续下降趋势。由于我国官方公开数据缺乏对性侵害未成年人犯罪案件的单独统计，因此，本书以强奸案件为例，依据《中国法律年鉴》数据资料，对近 30 年来全国公安机关强奸案件立案数占当年立案总数的比例进行统计比较，发现强奸案件立案数占总比呈现持续下降情况。从 1985 年的 6.96% 下降到 2016 年的 0.43%，整体下降了 6.53 个百分点（见表 4-3、图 4-7）。

表 4-3　1985~2016 年公安机关强奸案件立案数占总立案数比例

单位：件,%

年度	强奸罪年立案数	公安机关年立案总数	强奸罪占年立案总数比
1985	37712	542005	6.96
1986	39121	547115	7.15
1987	37225	570439	6.53
1988	34120	827594	4.12
1989	40999	1971901	2.08
1990	47782	2216997	2.16
1991	50331	2365709	2.13
1992	49829	1582659	3.15
1993	47033	1616879	2.91
1994	44118	1660734	2.66
1995	41823	1690407	2.47
1996	42820	1660716	2.68

---

[1] 参见卢映洁《犯罪与被害：刑事政策问题之德国法制探讨》，新学林出版股份有限公司，2009，第 171 页。

[2] 参见翟中东《犯罪控制——动态平衡论的见解》，中国政法大学出版社，2004，第 174 页。

续表

年度	强奸罪年立案数	公安机关年立案总数	强奸罪占年立案总数比
1997	40669	1613629	2.52
1998	40967	1986068	2.06
1999	39435	2249319	1.75
2000	35819	3637307	0.98
2001	40600	4457579	0.91
2002	38209	4336712	0.88
2003	40088	5995594	0.67
2004	36175	4718122	0.77
2005	33710	4648401	0.73
2006	32352	4653265	0.70
2007	31883	4807517	0.66
2008	30248	4884960	0.62
2009	33286	5579915	0.60
2010	33696	5969892	0.56
2011	33336	6006037	0.56
2012	33835	6551440	0.52
2013	34102	6598247	0.52
2014	33417	6539692	0.51
2015	29948	7174037	0.42
2016	27767	6427533	0.43

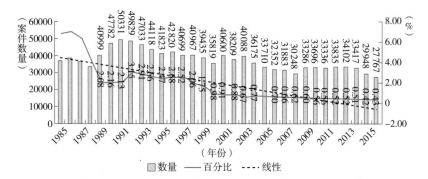

图 4 - 7　1985～2016 年公安机关强奸案件立案数占总立案数比例

资料来源：本图为作者依据《中国法律年鉴》1985～2016 年统计资料数据部分，整理分析后自行制作。第十二部分统计资料，http://kns.cnki.net/kcms/detail/detail.aspxdbcode = CYFD&filename = N2017050076000799&dbname = CYFDLM&uid = WEEvREcwSlJHSldRa1FhdkJkVWEyS nZyWnJNOHEwN2xQNWxFMFdCMjFPaz0 = ＄9A4hF_YAuvQ5obgVAqNKPCYcEjKensW4IQMovwHtwkF4 VYPoHbKxJw!![2018 - 07 - 06]。

另一方面，性侵害未成年人案件被害人主动报告少。有关此类案件的报告情况，研究人员 2014 年在江苏张家港市与河南洛宁县调查得知，在发现儿童遭受性侵害时，张家港市有 12.3% 的受访家长、14.1% 的受访专业人员表示不会报告；在洛宁县有 21.4% 的受访家长、22.9% 的受访专业人员表示不会报告。[①] 其很大程度上受到我国传统"性禁忌"的影响。传统性道德中一切性行为都是围绕"传宗接代"的"生殖目的论"，将未成年人、老年人排除在外不应与性有联系。"一切没有被纳入生育和繁衍活动的性都是毫无立足之地的，也是不能说出来的"[②]，这也成为传统"性禁忌"一部分，因而造成在性侵害未成年人犯罪案件中，未成年人不仅是性侵害的受害者，同时又是"性禁忌"下的受压者。[③] 很多性侵害未成年人犯罪案件曝光后，被害人家庭和受害人承受着"失贞"的社会非议以及未成年人面临以后恋爱、婚姻的挫折压力。因此，为了保护家庭与未成年人的名誉，很多被害人及其家庭选择了隐忍不告发犯罪人。

性侵害未成年人犯罪案件由于受到多重因素影响，被害人及其家庭主动报告比例低，其他人员由于"不知道该向哪些部门报告"、"无法确认孩子是否真的受到侵害"或"担心受到打击报复"等，即使发现或知道性侵害也选择沉默。由于犯罪被容忍或未被揭露，这种状况又进一步纵容犯罪人继续或者实施新的侵害，犯罪暴露度下降就成为性侵害发生的"催化剂"因素。

（三）未成年人具有易受侵害性

犯罪人一般根据对象特点选择侵害目标，往往更可能选择较少被发现和不易遭到抗拒的未成年人为侵害对象，而不会选择有很大危险的目标。[④] 从被害人角度看，由于未成年人身心不成熟，面对性侵害往往不知该如何抵御与处置，再加上处于家庭监护与社会保护弱化情境，就具有极高的受

---

① 北京师范大学社会发展与公共政策学院家庭与儿童研究中心：《儿童保护制度建设研究——目标、策略与路径》，社会科学文献出版社，2017，第 19 页。
② 米歇尔·福柯：《性经验史》（增订版），佘碧平译，上海人民出版社，2005，第 4 页。
③ 参见陆士桢、李玲《揭露，为了预防——我国儿童性侵犯研究报告》，华东理工大学出版社，2011，第 56 页。
④ 迈克尔·戈特弗里德森、特拉维斯·赫希：《犯罪的一般理论》，吴宗宪、苏明月译，中国人民公安大学出版社，2009，第 11 页。

侵害风险；从犯罪人角度看，未成年人是具有易受侵害性并且不会反抗、告发的"优质侵害目标对象"。因此，选择未成年人为侵害对象是"最佳选择"。所以，就上述角度而言，具有易受侵害性的未成年人客观上成为促成犯罪的"催化剂"因素。

国外资料亦得出性侵害犯罪被害人较为集中于未成年人的结论。在2000年德国联邦犯罪局发布的"警方犯罪统计数字"（PKS）中，儿童及临界成年的被害人在性暴力犯罪①基础类型②中的占比为5%，在性暴力犯罪严重类型③中占比为15%；在性强制类型犯罪中，14～18岁未成年被害人占32%，在严重性犯罪类型中占22%。④ 虽然上述比例似乎不算很高，但从人口比率角度分析，未成年人是性犯罪中高危被害人群。因此，性侵害犯罪中，未成年人由于具有易感性与受容性特征，易成为侵害人的选择目标。

1. 未成年人具有"易感性"

"易感性"特征是指，被害人由于自我过失而易陷入被害处境或成为他人的性侵害目标。从犯罪被害人学角度分析，认为"妇女与儿童之所以容易受到性侵害，关键在于她们与社会处于一种隔绝状态……缺乏父母监

---

① 上述犯罪指德国刑法第177条第1项与第2项规定的内容，包括强奸与性强制犯罪。参见卢映洁《性犯罪之分别状况及再犯率研究——以德国及台湾为说明》，《台大法学论丛》2005年第5期。

② 依据德国刑法第77条第1项规定，性强制罪的基础型是指，行为人采用一定手段强制被害人，使之忍受行为人或第三人的性行为，或者使其对行为人或第三人为性行为。强制手段是指运用暴力或对于身体、生命有现实危害的威胁，在1997年德国第33次刑法修正案之后，德国刑法第177条第1项的强制手段还包括置被害人于无保护状态而利用该状态。转引自卢映洁《性犯罪之分别状况及再犯率研究——以德国及台湾为说明》，《台大法学论丛》2005年第5期。

③ 依据德国刑法第177条第2项、第3项及第4项与第178条所规定的类型。依据德国刑法第177条第2项规定，行为人使用第1项规定的强制手段，对被害人进行男女性器官的接触或相类似的行为，特别是进入身体的方式（通常称此项为"强奸"）；或者是该行为由数人共同实行（第2项第2号）。德国刑法第177条第3项、第4项是严重类型中较重的犯罪，与上述第2项的区别在于，行为人的强制手段为携带或使用武器，给被害人带来严重的健康损害，甚至是死亡的危险，或是对人身施行严重的虐待行为，这些情形将提高刑期三到五年。德国刑法第178条是规定关于性暴力犯罪中发生死亡结果的情况，经由行为人的性行为或强奸行为而轻忽导致被害人死亡，刑期提高至无期徒刑或不得低于十年有期徒刑。参见卢映洁《性犯罪之分别状况及再犯率研究——以德国及台湾为说明》，《台大法学论丛》2005年第5期。

④ 卢映洁：《性犯罪之分别状况及再犯率研究——以德国及台湾为说明》，《台大法学论丛》2005年第5期。

护或者家庭内部不睦，都是影响、导致妇女与儿童生活方式以及情感问题发生的渊薮。而且，具有感情被剥夺感的儿童更容易受到赠与和礼物的引诱"。① 据我国司法部门调研发现，性侵害未成年人犯罪案件中"熟人作案比例高达61%，常见于老师、保安、亲戚和邻居等熟人，个别保安、教师利用职业优势，威胁利诱……多以零食、零花钱等引诱孩子上当"。② 正是由于未成年人轻信、贪图小利或对关爱之情的渴求，才使自己处于一种较为危险的境地，客观上成为一种促使危险侵害人转化为现实犯罪人的催化因素。

2. 未成年人具有"受容性"

"受容性"特征是指被害人在遭受侵害时和侵害后的一种顺应状态。③ 未成年被害人由于身心特点一般很少会反抗或揭露犯罪人的性侵害行为，往往在受到性侵害时服从或顺从侵害人的行为，在受到性侵害后也不会或不知告发与揭露，客观上形成对犯罪人的纵容。因此，性侵害未成年人犯罪中，犯罪人一般很少使用体力或暴力手段，更多的是利用儿童的幼稚、无知和信任而实施并隐瞒侵害，甚至出现多起犯罪人为知名、值得信赖的看护者的案件。④ 美国犯罪心理学家根据犯罪人性侵害行为模式持续时间和心理目标，将侵害人分为性压力犯罪人和性武力犯罪人。性压力犯罪人惯常手法是采取引诱、哄骗方式诱导儿童发生性行为，通过将儿童置于某种境况让其觉得有义务、有责任回报犯罪人给予的恩惠；而性武力犯罪人特点是其通过威胁实施伤害或者直接运用身体暴力达到犯罪目的，利用儿童天真、无知以及对成年人敬畏胁迫儿童服从，或者武力攻击轻易制服被害儿童。⑤ 不论是哪一种行为模式下的被害儿童，一般都不会揭发或报告。

---

① 汉斯·约阿希姆·施耐德：《国际范围内的被害人》，许章润等译，中国人民公安大学出版社，1992，第9页（导论）。
② 魏丽娜：《性侵儿童熟人作案占六成》，广州日报数字报，http://gzdaily.dayoo.com/pc/html/2018-06/28/content_95787_519654.htm [2018-07-06]。
③ 参见郭建安《犯罪被害人学》，北京大学出版社，1997，第99页。
④ 2012年10月英国BBC已故主持人吉米·萨维尔被警方指控，其在长达40年时间中对包括未成年人在内的多人实施性侵犯；2016年法国里昂地区曝出神父性侵多名儿童事件，在1981～1991年，伯纳德神父对4名15岁以下少年犯下性侵害罪行；1950～1974年，美国劳伦斯·墨菲神父在威斯康星州圣约翰聋人学校任教期间，对大约200名男孩实施过性侵害。
⑤ 参见Curt, R. Bartol, Anne M. Bartol《犯罪心理学》，杨波、杨林等译，中国轻工业出版社，2017，第314页。

对此现象，国外学者施密特提出以"儿童性虐待适用综合征"来解释，认为儿童被迫保持性侵害秘密，最初是出于恐惧与无助，害怕没有人会相信她（他）所揭露的性侵害，而选择默默承受或适应侵害行为；儿童如果选择揭露，一旦缺乏家庭、专业人员适当保护和支持，增加儿童压力会导致其否认先前的揭露。[①] 已有关于披露性侵害未成年人行为的研究都得出一个共同结论：大多数未成年人不会立即主动披露性侵害。[②] 正是由于未成年人具有"受容性"特点，犯罪人受到纵容而继续有恃无恐地再次性侵害，或者准备选择其他未成年人为侵害对象实施犯罪，从危险侵害人转化为现实犯罪人（或者变为新的侵害案件的现实犯罪人）。

3. 未成年被害人易受到"二次伤害"

与一般犯罪被害人相比，性侵害犯罪被害人在诉讼过程中往往处于受歧视处境，传统刑事诉讼程序对该类被害人精神创伤的恢复不仅不能发挥积极作用，甚至会进一步加剧伤害。[③] 由于诉讼程序设置不合理以及司法工作人员不当司法行为，除承受性侵害造成的身体伤害外，被害人心理与精神还可能受到新的伤害。未成年被害人由于生理与心理的敏感性与脆弱性，在刑事诉讼中受到"二次伤害"[④] 可能性更大、心理受创程度更深。据德国柏林自由大学在1995～1996年对未成年性犯罪被害人、证人调查发现，有1/3的未成年人在审判前具有焦虑、恐惧与害怕等情绪表现，甚至拒绝参加庭审；对参加庭审后未成年被害人调查显示，有62%的未成年人表示，面对被告陈述、在陌生人前陈述、对于受害过程的回忆具有较大压

---

① 参见 Summit, R. C., "Sexual Victimization and Sexual Behaviour in Children", *Child Abuse and Neglect*，1983：177 - 193，转引自世界卫生组织《性暴力受害者法医学监护指南》，李旭译，人民卫生出版社，2006，第65～66页。

② 参见龙迪《综合防治儿童性侵犯专业指南》，化学工业出版社，2018，第110页。

③ 参见杨杰辉、袁锦凡《刑事诉讼视野中性犯罪被害人的特别保护研究》，法律出版社，2013，第64页。

④ "二次伤害"，是指"受到社会偏见以及狭隘的'贞操观'的影响，未成年人在受到性侵害后又遭受社会舆论不正当评价与他人非议，或者在司法诉讼过程中司法机关及相关人员在语言、态度等方面对未成年人心理上造成的再次伤害。也包括司法机关在办理案件过程中，未成年受害人往往被不同机构反复询问情况，被害人在不断地回忆并重述被侵害的详细情节，会给未成年受害人造成更深伤害"。参见佟丽华《性侵未成年被害人权益保护》，《中国青年社会科学》2015年第6期。

力，半数以上未成年人承受高度情绪压力。[1] 未成年被害人由于内在情绪压力而出现恐惧、过度焦躁、语言障碍甚至哭泣以及其他应激反应，并对正常生活产生长期深远影响。

鉴于未成年人心理具有较高的脆弱性与敏感性，性侵害未成年被害人受到的心理创伤远胜于身体伤害，因此，在司法过程中更加需要得到特殊保护与对待。

（四）高危人群更具易受侵害性

我国未成年被害人还具有与其他国家不同的特征，即处于监护缺失或薄弱状态下的农村留守儿童与城镇流动儿童更容易受到性侵害。据首部流动儿童蓝皮书——《中国流动儿童教育发展报告》（2016）称，当前我国农村留守儿童与城镇流动儿童这两个群体总数约有一亿人。[2] 这个庞大未成年人群体的安全不容忽视，而前文在对性侵害未成年人犯罪案件的调查分析中发现，此部分人群已成为高危易受侵害人群。因此，有必要分析是哪些因素影响并增加此部分人群受性侵害的风险，为犯罪防控机制中针对性制度与措施的提出与完善提供客观认识基础。

1. 农村留守儿童家庭监护缺失

学者对农村留守儿童家庭模式调查发现，有33%的留守儿童生活在隔代家庭，有29%的生活在单亲家庭，有24%的生活在单亲隔代家庭，甚至还有14%的儿童的父母、祖父母（外祖父母）无一人在身边。[3] 留守儿童生活在隔代家庭中较为常见，与父母一年相聚仅仅数日甚至有的几年才见上一面，与父母交流主要通过电话与网络。在交流内容中，主要是叮嘱父母注意身体，占全部交流内容的一半，向父母述说烦心事仅占所有交流内容的2%，因此，很多"成长的烦恼"无处诉说。[4] 而祖父母（外祖父母）由于年龄与身体原因对未成年人的管教力不从心，一般就是仅仅能保证孩

---

[1] 转引自卢映洁《犯罪与被害：刑事政策问题之德国法制探讨》，新学林出版股份有限公司，2009，第364页。

[2] 杨东平：《中国流动儿童教育发展报告（2016）》，社会科学文献出版社，2017，第3页。

[3] 参见段成荣、吕利丹、王宗萍《城市化背景下农村留守儿童的家庭教育与学校教育》，《北京大学教育评论》2014年第3期。

[4] 参见段成荣、吕利丹、王宗萍《城市化背景下农村留守儿童的家庭教育与学校教育》，《北京大学教育评论》2014年第3期。

子基本生活要求，对于其他精神与心理上情感需要难以满足。如发生在贵州 2012～2014 年的一起重大性侵害未成年人犯罪案件，毕节七星关区小吉场镇某小学教师黎某先后性侵害 10 多名小学生，大多数为农村留守儿童。案发后闻讯赶回的家长们悔恨交加地说，他们平常很担心、想念孩子，也很想带在身边生活，可是条件不允许。每年只有春节或农忙回家几天才能与孩子相聚，平日长期无法照看孩子以至于失于监护，才被坏人钻了空子，让孩子受害。① 在案件发生后，本书作者也曾赶赴毕节七星关区，与当地村干部、村民进行交谈和走访调查。发现由于经济与发展等方面原因，当地大多数青壮年劳动力基本都长年在外地打工，很多孩子的父母每年正月初四五就开始外出打工，离家较近的父母夏秋农忙时节会回家待 10多天的时间，除此之外就只有春节时才会回家团聚。有的父母甚至会因为路途遥远、路费昂贵，选择两三年回家一次。有的妇女婚后刚生了小孩，小孩刚满月或刚满百日时，就把小孩交给家里的父母照顾，平时和孩子之间只能通过电话或者视频联系，无法妥善尽到父母的监护责任。

由于留守儿童家庭监护缺失或弱化，家长与监护人监护、保护不足，留守儿童容易成为危险侵害人的选择目标。因此，留守儿童家庭监护的缺失或弱化，客观上也成为促使危险侵害人转化为现实犯罪人的"催化剂"因素。

2. 城镇流动儿童学校教育与家庭监护不足

全国第六次人口普查数据显示，我国 17 岁以下流动儿童人数已达 3581 万人，意味着"每 100 个儿童中就有 13 个流动儿童。其中，城镇流动儿童数量达到 3106 万，即每 100 个城镇儿童中就有 25 个流动儿童"。② 而且，流动儿童比例在 2010～2013 年短短 3 年时间增长了 23 个百分点，2013 年已达 58%。③ 由于传统户籍制度所限，很多流动儿童无法就近入园、入学。虽然国务院提出在流动儿童义务教育政策中实现"两纳入"④

---

① 参见赵丽《偏远地区为何成儿童性侵案件"重灾区"》，《法制日报》2014 年 7 月 16 日，第 4 版。
② 杨东平、秦红宇、魏佳羽：《中国流动儿童教育发展报告》（2016），社会科学文献出版社，2017，第 2 页。
③ 参见靳晓燕《流动儿童教育面临新挑战》，《光明日报》2017 年 4 月 1 日，第 6 版。
④ "两纳入"政策，是在 2014 年国务院发布《关于进一步推进户籍制度改革的意见》（国发〔2014〕25 号）中提出的"将随迁子女义务教育纳入各级政府教育发展规划和财政保障范畴"。

政策，而且可以通过积分入户或居住证制度接纳流动儿童进入公办学校就读。但由于符合这些条件的群体主要是高学历、高收入人群，而学历与经济收入都不高的社会底层人群难以真正享受到政策带来的红利，因此，许多流动儿童父母交不起私立幼儿园、学校高昂的入园费与学费，要么选择将孩子送回老家成为留守儿童，要么带着打工、上班。学者对居住于上海、广州与重庆三个城市外来务工人员子女教育状况调查显示，学前教育低品质以及家庭教育缺失是目前城镇流动儿童教育存在的两大问题。①

由于城镇流动儿童的父母忙于生计而疏于对孩子的教育与监护，给孩子个人安全埋下较大隐患。② 许多性侵害案件中，未成年人就是被邻居或者父母的工友或同事所侵害。如 2015 年曾被社会广泛关注的郑州马进周强奸、猥亵儿童案，犯罪人马进周在短短几个月内先后性侵害 5 名女童构成强奸和猥亵儿童罪，最后被判处死刑。为何犯罪人能在短时间内多次侵害幼女并屡屡 "得手"？据郑州市中院办案人员介绍，这 5 起案件中的被害人主要是留守儿童与进城务工人员子女，大都是由于家长疏于孩子监护让其独自在外而受到侵害。③ 2013 年，中国儿童少年基金会与北京师范大学联合在广东、贵州和吉林等省份调查走访，对上述省份的性侵害女童案件调查后认为，家庭对儿童基本监护的缺失与疏忽是性侵害产生的最主要原因，直接导致留守儿童、流动儿童与智障儿童成为易受性侵害的高危群体。在外来务工人口比例较高的广东省、深圳市，据当地妇联调查发现，在化州、高州等地性侵害案件的未成年被害人中，本地农村留守女童占94% 左右；在深圳宝安等地，此类案件被害人 88% 为外来流动人口的随迁子女。④ 并且，由于父母、家庭监护缺失或疏忽，许多性侵害未成年人行

---

① 靳晓燕：《流动儿童教育面临新挑战》，《光明日报》2017 年 4 月 1 日，第 6 版。

② 据广东省佛山市南海区人民法院统计，该院 2011～2013 年审理的 95 起性侵害案件中，涉及未成年被害人 113 人，其中九成以上是外来务工人员子女；中山市检察机关统计数据显示，仅 2012 年就办理外来务工人员子女被猥亵、强奸案件 45 起。其中年龄在 6 周岁以下的 24 起，占 53%；7～14 周岁 17 起，占 38%。资料来源：章宁旦：《留守与外来儿童成性侵主要受害群体》，http://news.eastday.com/eastday/13news/node2/n4/n6/u7ai41566_K4.html ［2018 - 07 - 06］。

③ 韩景玮、李顺子、马进周：《性侵 5 女童被执行死刑 对象多留守流动儿童》，http://henan.youth.cn/2015/0326/1066837.shtml ［2018 - 07 - 06］。

④ 《报告显示：留守、流动和智障儿童易受到性侵害》，http://www.jyb.cn/china/gnxw/201309/t20130921_552994.html ［2018 - 07 - 06］。

为难以被及时发现，导致儿童受到长期、反复的性侵害，身心遭受极大伤害。

整体而言，在经济欠发达地区性侵害被害人主要集中于本地农村留守儿童，在经济发达地区则集中于城镇流动儿童群体。[①] 从家庭因素分析，由于家长无力监护或长期疏于监护，留守儿童与流动儿童处于监护薄弱情况下抵御与防范能力弱，给危险侵害人客观上创造了性侵害的有利条件与机会。留守儿童与流动儿童具有较高易受侵害性，客观上成为犯罪的"催化剂"。

第三节　犯罪生成不同阶段发展与演化

如前文所述，性侵害未成年人犯罪生成过程分为："带菌个体"形成阶段—犯罪倾向激发阶段—性侵害犯罪行为催化实行阶段三个阶段。影响性侵害未成年人犯罪发生的核心因素包括"带菌个体"、"致罪因素"与"催化剂"。基于三重因素之间相互影响、作用形成性侵害未成年人犯罪生成机制，即由于心理、认知与观念存在偏差形成具有犯罪性人格的潜在侵害人（"带菌个体"），当社会支持系统弱化削弱对犯罪的约束力，并面临着社会转型时期性观念失范、就业压力加大、人口"婚姻挤压"加剧以及未成年人生活环境中存在侵害便利条件等"致罪因素"的影响时，潜在性侵害人就转化为具有犯罪动机与需求的危险侵害人；当法制保障存在疏漏、犯罪暴露度下降、未成年人日常活动环境存在侵害便利条件与机会，而且危险侵害人能够接触到具有易受侵害性的未成年人时，在上述"催化剂"影响下，危险侵害人就转化为现实犯罪人而实施性侵害。

一　"带菌个体"形成阶段

从性侵害未成年人犯罪生成过程分析，先天遗传、个体生理等具有性心理认知偏差与精神障碍因素是潜在侵害人形成的一方面原因。更为重要

---

① 参见杨世强、王映《女童遭受性侵害情况的调研报告》，2012。

的是，由于社会个体在青少年时期未能受到良好家庭养育与学校教育，或者受教育程度低下而影响学校社会控制作用的发挥。正是学校教育缺失、家庭教育弱化，未能引导个人在成长阶段树立正确价值导向和道德信念，并具备和掌握一定的社会生存技能，而是形成自我控制力低下、生存能力弱化的个体特征，往往处于社会边缘而难以参与主流社会竞争，缺乏通过合法、社会允许的手段达成自己愿望与欲望的能力，很多情况下只有通过越轨或犯罪手段以达成愿望。因而，其具有实施犯罪的潜在可能性而成为具有犯罪危险人格的"带菌个体"。

二　性侵害犯罪动机激发阶段

作为低自我控制、存在认知与心理偏差的潜在性侵害人，还未具备具体的犯罪动机，只有在特殊社会环境影响与刺激作用下才会产生性侵害动机与需求。

在社会转型时期多元性观念的冲击下，出现了道德价值评判与是非善恶标准模糊不清的状况，人们失去了对原有道德价值系统的固有的崇敬与神圣感，"人们不再满腔热情地称赞道德行为，不再仰慕道德人格的崇高，也不再疾恶如仇地揭露、谴责坏人坏事并与之展开斗争……自己做了悖德之事，不是感到内疚、羞愧和自我谴责，而是只要不被发现和制裁就暗自庆幸"。① 社会道德规范对人的约束与影响力急剧下降，社会个体罪责感弱化；伴随着城镇流动人口的增加，此部分人群不再像在传统"熟人社会"中受到价值规范、伦理道德和社会舆论的多重约束，对违法犯罪顾忌减少，越轨与犯罪行为增加；又受到长期以来"重男轻女"观念影响，我国当前男性"婚姻挤压"情况严峻，社会底层正逐渐形成一个规模庞大的男性单身"光棍阶层"。② 在此背景下，存在认知与心理偏差并具有强烈生理性需求的这部分人群，一方面，面临经济压力与生理需求；但另一方面，又无法通过正常的婚姻或合法手段满足生理需求。当缺乏有效的道德约束

---

① 杨靖：《犯罪治理——犯罪学经典理论与中国犯罪问题研究》，厦门大学出版社，2013，第44页。
② 参见陈友华《"光棍阶层"就要出现》，《百科知识》2006年第9期，转引自姜全保、李波《性别失衡对犯罪率的影响研究》，《公共管理学报》2011年第1期。

与自我控制时，往往会产生通过非法手段满足欲望的想法。这样，从仅具有危险人格的潜在侵害人激发犯罪动机转化为危险侵害人，进入犯罪实施阶段。

三　"催化"实施性侵害阶段

在犯罪动机激发阶段，潜在侵害人在性观念异化、传统社会支持系统弱化、就业压力加大以及人口"婚姻挤压"等多重因素影响下，产生性侵害犯罪动机与需求，从具有犯罪性人格的"带菌个体"转化为危险侵害人。

而危险侵害人仅仅具备了犯罪动机与需求，并非必然实施犯罪，还需要有适宜的潜在侵害目标以及有能力的保卫者。而侵害目标是否具有适宜性，又是由时空接近性、易接近性和潜在收益来判断的。[①]

而危险侵害人转化为现实犯罪人，必须在足以催化性侵害犯罪生成的因素激发下，才能转化为现实犯罪人。具有催化、激发作用的因素如下。第一，社会控制弱化。当社会控制不足或弱化时，刑事法律对性侵害行为规制存在漏洞或不足，司法惩治不及时，犯罪暴露度下降，犯罪人对犯罪后能够逃脱惩罚的可能性预期加大；一方面，社会外部强制约束力控制弱化，另一方面犯罪诱惑力增强、犯罪愿望强烈，两方面巨大的反差会引发危险侵害人突破社会约束力的内在动力增大。第二，具有易受侵害性的侵害对象出现。具有"易感性""受容性"的潜在未成年人受侵害对象进入危险侵害人的视域，成为准备实施侵害的犯罪目标。尤其是农村留守儿童与城镇流动儿童群体，当存在家庭监护缺失或社会综合保护疏漏时，危险侵害人就会"趁虚而入"实施侵害，转化为现实犯罪人。

第四节　性侵害未成年人犯罪应对策略——双重刑事政策并举

最高法有关负责人认为："性侵害未成年人犯罪成因复杂，涉及教育、

---

① 参见迈克尔·戈特弗里德森、特拉维斯·赫希《犯罪的一般理论》，吴宗宪、苏明月译，中国人民公安大学出版社，2009，第22页。

预防、打击、矫治、保护等诸多方面，我国目前尚未形成有效的应对机制。"① 通过前文对性侵害未成年人犯罪生成机制的分析，我们可以得知影响犯罪生成的因素不仅有个人生理、心理因素，更多地源自社会环境制度的影响，甚至未成年人保护弱化也会成为激发犯罪的因素。但是，各种因素在影响犯罪生成中所起的作用与影响程度不同。因此，在制定犯罪应对策略时应坚持"未成年人优先"价值取向，"对症下药"有所侧重并具有针对性，实现犯罪应对机制应有的科学性、合理性和实效性。

一 当前国外性侵害未成年人犯罪控制模式

联合国经社理事会 2002 年文件《预防犯罪准则》将预防犯罪定义为，"包括谋求降低犯罪行为发生的风险及其对个人和社会的潜在有害影响，包括预防犯罪的各种战略与措施，通过干预来影响犯罪的多种原因"②，并提出预防犯罪的各种方法，包括通过社会、经济、卫生和教育方面的措施提高人民的福利并鼓励亲社会行为，特别关注未成年人、重视与犯罪和受害有关的风险和保护性因素；通过减少犯罪机会，提高犯罪人被捕风险和使其获利最小化，包括通过环境设计、向潜在和实际的受害者提供援助和信息，预防犯罪发生（从环境方面预防）；通过帮助罪犯融入社会和其他预防犯罪机制来预防再次犯罪。

国外很多社会工作者和心理学、临床医学专家们所进行的性侵害犯罪预防研究和干预性实践，都是围绕如何降低犯罪风险因素以及增加社会保护因素而展开的。③ 这些研究与实践的理论基础主要源自国际上常用的三个控制性侵害未成年人犯罪的理论模式，包括公共卫生预防模式、社会生态模式与预防犯罪策略谱系模式。这三个理论模式共同之处都是基于生态

---

① 黄彦馨：《最高法：应设防治性侵未成年人犯罪联席会议制度》，http：//news. 163. com/16/0531/22/BOE72O9V00014AED. html ［2018 - 05 - 30］。

② 参见 2002 年 7 月 24 日联合国经济及社会理事会第 37 次会议作出的《采取行动促进有效预防犯罪》第 2002/13 号决议中附件《预防犯罪准则》第 3 段。资料来源：United Nations Official Document, http：//www. un. org/en/ga/search/view_ doc. asp? symbol = E/2002/INF/2/ADD. 2&Lang = C ［2019 - 01 - 22］。

③ 戈登·休斯：《解读犯罪预防——社会控制、风险与后现代》，刘晓梅、刘志松译，中国人民公安大学出版社，2009，第 66 页。

理论模式来理解促使未成年人性侵害发生的风险因素和保护因素①，认为犯罪成因既有个人层面的微观因素，又有社会文化、制度环境层面的宏观因素。

（一）公共卫生犯罪预防模式

公共卫生犯罪预防模式是以目标为导向的犯罪预防模式，是由学者 Brantingham 及 Faust 借用公共卫生疾病预防模式（Public Health of Disease Prevention）所提出的三个层次的预防处理方式。② 该模式借鉴公共卫生疾病预防依据不同受众采取不同预防措施，如初级预防面向全体民众进行公共卫生教育，实行预防接种、打预防针等措施预防疾病发生；次级预防重点针对具有较高疾患风险人群，如对幼儿、老人以及生活在不健康环境中人群的身体检查与提前预防；三级预防则是针对已经发病人群，对病患人群进行积极治疗与传染控制，避免病人病情恶化，同时阻止传染扩散。基于此，犯罪学者借鉴公共卫生预防概念运用于犯罪预防之上形成公共卫生犯罪预防模式。20 世纪 90 年代，世界卫生联盟与美国疾病控制预防中心就提出将具有预防特点的公共卫生模式纳入暴力犯罪预防。有学者将公共卫生模式引入预防儿童性侵害中③，认为预防儿童性侵害措施包括事先与事后两大类，三级预防，一、二级预防（事先预防）包括保护儿童避免受到侵害的各类降低受侵害风险措施，还包括控制当前侵害者或者潜在侵害者的侵害风险，并且识别高危易受侵害儿童与高危环境，重点保护高危易受侵害儿童，消除环境对侵害的助力作用；三级预防（事后预防）包括性侵害儿童事件举报及即时响应机制，为受害儿童及其家庭提供帮助与支持，干预侵害行为，控制并矫正侵害人，预防受害儿童受害负面影响扩大和反复受侵害、侵害人反复加害，预防性侵害再犯发生（见表 4 - 4）。

---

① Brofenbrenner, U., "Toward an Experimental Ecology of Human Development", *American Psychologist*, 1977：513 - 531，转引自龙迪《综合防治儿童性侵犯专业指南》，化学工业出版社，2018，第 133 页。

② 参见许福生《犯罪学与犯罪预防》，元照出版有限公司，2016，第 210～211 页。

③ Rosenberg, M. & Fenly, M. A., *Violence in America*, New York, HY：Oxford University Press, 1991.

表 4 - 4　预防儿童性侵害公共卫生模式

	时机	对象	目标	策略及方法
一级预防	性侵害儿童事件发生前	儿童（18岁以下未成年人）保护者（家长、监护人、照顾人、老师及其他专业人员）守望者（邻居、一般公众）潜在的受害者潜在的侵害者	规划、设计与改善环境因素，防止发生针对儿童的性侵害行为	预防教育纠正制度环境完善立法和社会政策转变社会态度和文化观念
二级预防	性侵害儿童事件发生前	高危儿童及家庭保护者（家长、监护人、照顾人、老师及其他专业人员）	及早识别高危环境及高危受害儿童、侵害者并及早介入	识别与预测高危环境分析为高危儿童及其家庭提供支持服务学校早期发现与预防
三级预防	怀疑或确认性侵害儿童事件发生	疑似或已确认的性侵害者疑似或已确认的遭受性侵害儿童及其家人保护者（老师及其他专业人员）	举报、即时响应，针对侵害者予以干预、矫正与监督避免再犯	对犯罪人特别威吓、隔离、矫治处遇对受害儿童及其家庭跟进服务

（二）社会生态模式

社会生态模式（The Social - Ecological Model）理论认为，由于儿童受到周围立体社会生态环境的影响，包括个体、关系、社区环境、制度环境和社会态度与文化观念四个层面。个体的行为受到个体及与其所处环境之间互动关系的影响，因此，预防性侵害儿童措施也应同时面向立体环境开展。预防模式应从改变个体行为逐渐扩展到对宏观环境的改变与影响（见图 4 - 8）。

图 4 - 8　社会生态模式

(三) 预防犯罪策略谱系模式

预防犯罪策略谱系模式,是美国预防研究所在社会生态模式基础上提出的综合预防性侵害儿童模式——预防策略谱系 (the Spectrum of Prevention)。该综合预防模式从最广泛的宏观系统层面到微观的个人层面,提出包括六个层面的预防策略 (见图 4 - 9)。

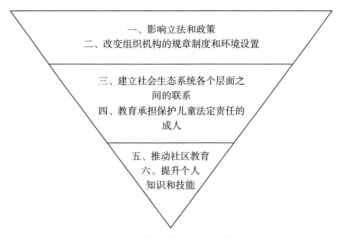

图 4 - 9 预防性侵害儿童犯罪策略谱系

上述犯罪控制理论都认为,单一层面的预防措施是远远不能解决问题的,需要从生态系统多个层面去改变侵害人、被害者以及与环境 (社区、社会制度、文化) 之间的相互影响。控制模式的核心在于,对性侵害未成年人犯罪的控制与预防不是简单地惩罚犯罪个体,更为重要的是为未成年人构建一个良性循环的社会生态保护环境,才能从根本上抑制与预防犯罪。因此,应对性侵害未成年人犯罪不是单纯地强调严厉惩罚或者仅仅依靠预防,而是一项综合性工程。只有在全面、客观分析性侵害未成年人犯罪形成机制的基础上,针对影响犯罪生成的根源性因素与犯罪激化因素进行综合治理,才能真正实现在"未成年人优先"价值取向指导下,科学地组织与应对性侵害未成年人犯罪。

二 双重刑事政策并举的犯罪应对策略

制定性侵害未成年人犯罪防控策略时,必须在充分认识影响性侵害犯罪形成因素前提下针对性提出。依据前文分析，控制性侵害未成年人犯罪中的性侵害"带菌个体"、"致罪因素"以及"催化剂"中的任何一个核心因素都可以影响犯罪产生阶段的进程，从而对犯罪预防或控制犯罪起着积极作用。但由于每一因素在犯罪不同发展阶段中所具有作用与影响不同，因而对不同核心因素与阶段控制的难易程度也存在差异，并且产生效果与影响深远程度也不一样。综合来看，控制潜在性侵害人、阻止性侵害犯罪动机激发，对潜在侵害人和"致罪因素"的影响与控制难度大、效果显现缓慢，因为涉及人的教育与改造，是一个困难而缓慢的过程，如俗语说"十年树木，百年树人"；有关社会制度与政策宏观因素的完善与转变，更是一项庞大的工程而且效果显现较为缓慢并难以控制。但是，产生的影响也是最为深远与持久的，可以从根源上抑制犯罪的生成。与之相反，阻断性侵害犯罪催化实施，对"催化剂"因素的控制相对简便易行，效果显现快速明显。可以通过强化目标保护、完善法律体系，控制犯罪转化的机会与条件来阻断犯罪。因此，阻断性侵害犯罪催化实施，控制"催化剂"因素是制约犯罪的捷径。[①] 但是，这种对策也有其局限性，仅仅是解决犯罪的权宜之计，而控制潜在性侵害人形成、阻止性侵害犯罪动机激发，控制与改造"带菌个体"与"致罪因素"才是防控性侵害未成年人犯罪的长远之策。

以下从犯罪生成发展阶段以及各生成影响核心因素在不同阶段的作用与价值，分析性侵害未成年人犯罪应对机制结构。

依据未成年人犯罪生成机制，性侵害未成年人犯罪生成包括三个阶段："带菌个体"形成—性侵害犯罪动机激发—性侵害犯罪催化实施阶段。在此三个阶段中，第一、第二阶段属于潜在性侵害人形成和侵害动机形成阶段，第三阶段是性侵害外化实施阶段。在生成机制中，低自我控制潜在侵害人的形成是性侵害发生的基础，"致罪因素"激发"带菌个体"生成性侵害动机是犯罪形成的核心，而最后"催化剂"催化危险侵害人转化为现实犯罪人实施犯罪是性侵害发生的关键。

因此，本书认为在制定控制与预防性侵害未成年人犯罪整体策略时，针对犯罪生成的第一、第二阶段，应采用积极刑事政策，从宏观社会预防层面，整体提高公众的未成年人保护意识以及对性侵害未成年人犯罪的重

---

① 参见汪明亮《犯罪生成模式研究》，北京大学出版社，2007，第18页。

视，通过完善与加强社会教育、人口、婚姻关系均衡发展等制度政策，逐渐增强社会个体的自我控制与社会控制，并构建预警机制、注重情境预防，减少与消除犯罪机会与条件，抑制"带菌个体"生成，阻碍性侵害动机形成；注重犯罪人人身危险性评估与矫治预防再犯风险，对犯罪控制具有长期而深远的效应，最终从根源上抑制性侵害未成年人犯罪，属于"治本之略"。而针对犯罪外化实施的第三阶段，应采取严厉刑事政策，以司法预防为核心，完善刑事法律体系，从严惩治性侵害犯罪人；强化对被害人多元保护，提高被害人自卫能力，重视被害预防等措施，阻断犯罪发生或再次发生，对犯罪控制具有较强现实效果，是控制犯罪的"捷径"，属于犯罪控制"治标之策"。

严厉刑事政策与积极刑事政策之间具有互补关系，前者"治标"，后者"治本"，通过"标本兼治"预防和控制性侵害未成年人犯罪；严厉刑事政策通过司法预防与被害预防阻断或阻止性侵害犯罪的发生或再次发生，具有较为显著的现实效果，但是长期效应不明显；而积极刑事政策可以通过社会预防改善外在的社会环境制度与意识观念，促进个体内在自我控制力增强；情境预防能够消除或降低未成年人周边生活环境存在的危险，客观上起到抑制潜在侵害人萌生犯罪动机的作用。积极刑事政策虽然可以从根源上抑制犯罪，但是近期效果不明显，很难具有"立竿见影"的效果。因此，严厉刑事政策与积极刑事政策之间可以互为补充，具有相互辅助、互相支持的关系，都是性侵害未成年人犯罪刑事政策体系中不可或缺的组成部分，相辅相成，共同防控犯罪，发挥重要作用。

因此，以"未成年人优先"为价值取向，通过构建并重视主动预防，强调刑罚与非刑罚措施并重、注重公众积极参与、对社会保护保障与被害人保护并重的双重刑事政策，是对性侵害未成年人犯罪演化生成的整个过程予以全要素、全阶段、全过程和全覆盖的有效防控，真正做到将性侵害未成年人犯罪刑事政策落实到性侵害未成年人犯罪的一般性"泛在风险实化阻止"、再犯性"高频再犯机会阻断"和熟人及师源性"高压威慑犯罪放弃"上，使本书研究能"向前展望，倒后推理"，回到本书研究所强调的解决问题的基点。

综上所述，本书认为，以双重政策并举为犯罪应对策略的性侵害未成年人犯罪刑事政策的内容就是：坚持社会预防，优化社会政策；正确运用司法预防，充分发挥刑罚和非刑罚措施的特殊预防作用；加强情境预防，控制犯罪生成条件；倡导被害预防，实现被动预防向主动预防转变，形成积极刑事政策与严厉刑事政策并举，社会预防、司法预防、情境预防与被害预防并行，社会保护与自我保护并重的性侵害未成年人犯罪刑事政策体系（见图4-10），为未成年人健康成长构建一个良性循环的社会生态保护系统，以期从根本上预防与控制性侵害未成年人犯罪。

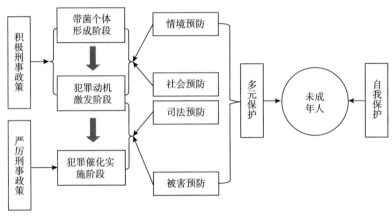

图4-10　性侵害未成年人犯罪刑事政策体系结构

小　结

对犯罪生成过程进行客观分析是制定科学、准确、高效刑事政策的前提与基础。本书借鉴"犯罪化学反应方程式"理论，结合多途径实证调研、情境重现理想实验和犯罪心理画像刻画，对性侵害未成年人犯罪进行层次、阶段、核心要素分析，提出影响性侵害未成年人犯罪生成的核心因素包括：具有危险性犯罪人格的潜在侵害人（带菌个体）、影响潜在侵害人犯罪倾向萌发转化为危险侵害人的环境制度因素（"致罪因素"）和激化、加速危险侵害人转化为现实犯罪人实施犯罪的"催化剂因素"。其中，性心理认知偏差、精神障碍与低自我控制影响犯罪人格形成，成为潜在性侵害人；当潜在侵害人受到社会转型时期性观念失范、就业压力加大、"婚姻挤压"增强等"致罪因素"影响，并由于传统社会支持网络联系弱化而削弱潜在侵害人自我控制时，在未成年人日常活动环境中潜在侵害人有条件与机会接触或接近未成年人时，容易激发犯罪动机转化为危险侵害人；如果存在法制保障疏漏、犯罪暴露度下降、对未成年人监护与保护不足，危险侵害人则受这些"催化剂"激化作用，加速转化为现实犯罪人实施性侵害行为。因此，"带菌个体"、"致罪因素"与"催化剂"之间相互作用，形成性侵害未成年人犯罪生成过程中三个不同阶段：潜在侵害人形成阶段、犯罪动机激发阶段以及犯罪行为催化实施阶段。

本书以性侵害未成年人犯罪生成过程为基础，针对影响与促成各犯罪环节形成的犯罪因素以及互相作用的方式，认为在性侵害未成年人犯罪生成三个阶段中，"带菌个体"形成阶段——潜在侵害人生成是犯罪的前提，受"致罪因素"影响，危险犯罪人生成的犯罪动机激发阶段是犯罪核心，而危险侵害人受到"催化剂"作用催化实施犯罪阶段是关键。因此，在制定刑事对策与措施时，应以此为依据进行针对性控制与预防。阻断犯罪催化实行阶段是控制犯罪的"捷径"，可以阻止性侵害发生或反复发生；在"带菌个体"形成阶段与犯罪动机激发阶段，阻碍潜在侵害人的形成并阻止"致罪因素"对危险侵害人的影响，是预防性侵害未成年人犯罪的根本之策，可以从根源上预防此类犯罪。

在客观、科学分析性侵害未成年人犯罪生成机制基础上，采取双重刑事政策策略，形成严厉与积极双重刑事政策犯罪应对机制，以严厉刑事政策阻断与控制犯罪，通过积极刑事政策从根源上预防与抑制犯罪。

因此，"未成年人优先"价值取向的确立，为性侵害未成年人犯罪严厉与积极并重的刑事政策提供了构建导向；而对犯罪生成机制的解读，则为严厉与积极并重刑事政策提供了技术支持。严厉与积极双重刑事政策的确立与构建，最终能够实现一切以"未成年人优先"的承诺，为未成年人健康成长构建良好的社会生态保护系统。

第五章 性侵害未成年人犯罪严厉刑事政策构建（上）

对待性侵害未成年人犯罪案件，"首先要明确的是我们需要一个什么样的理念。是零容忍还是有一定限度的容忍，采取一个什么态度"。① 民众同仇敌忾讨伐的性侵害未成年人犯罪，在各国都被单独视为"社会危险中的危险"而加以防范。美国著名犯罪学家萨瑟兰认为："对于婴儿或是未成年人的性攻击……只能是恶魔、疯子的行为，已经完全僭越了人类的道德底线，触犯了社会最深的禁忌。"② 因此，严厉惩治性侵害未成年人犯罪已成为当今世界各国不约而同的选择。

第一节 严厉刑事政策内涵

德国法学家耶林认为法律应包含强制力，因为背后没有强制力的法治，就如同"不发光的灯，不燃烧的火"③，刑事法律体系以其刑法明确性与刑罚严厉性成为社会对犯罪否定背后的强制力。

法国社会学家涂尔干提出，社会成员普遍具有的信仰与感情的总和，形成所处其中的生活体系，也称为集体意识或共同意识，犯罪就是触犯了强烈而又明确的集体意识的行为。④ 由于这种行为侵犯了社会的神圣道德

---

① 南方日报评论员：《以零容忍打击性侵未成年人犯罪》，《南方日报》2013 年 10 月 25 日，第 F02 版。
② 转引自牛旭《性侵害未成年人犯罪及风险治理——一个新刑罚学的视角》，《青少年犯罪问题》2014 年第 6 期。
③ 罗斯科·庞德：《通过法律的社会控制》，沈宗灵译，商务印书馆，2010，第 19 页。
④ 埃米尔·涂尔干：《社会分工论》，渠东译，生活·读书·新知三联书店，2000，第 42 ~ 43 页。

秩序，而该秩序与社会成员的共同情感深刻相符①，因此建立于公正报应基础之上的刑罚具有充分发挥并加强道德禁忌的功能。因为"这样的刑罚不仅客观地表达了社会成员整体对行为的权威性谴责，成为道德觉醒源泉，还可以形成道德教育的基础"。② 借此，刑罚也成为一种社会伦理谴责，植根于主流社会的态度以及传统语境之中。

性侵害未成年人犯罪是人类社会共同的敌人，这一点已成为世界各国的共识，"零容忍"态度也成为各国主流社会的一致选择。"只要基于正义与衡平理念以及报应的原则，依据行为程度与行为人的罪责定出报应刑罚，促成社会大众对法情感的共鸣，增强一般民众的法意识……以此公正的报应刑罚实现一般预防的目的构想。"③ 因此，性侵害未成年人犯罪刑事政策需要并应该具有威慑的一面，严厉刑事政策的选择具有其合理性与必然性基础。

一　严厉刑事政策的认识基础

（一）国际社会性侵害未成年人犯罪严厉刑事政策趋向

性侵害未成年人犯罪已成为世界各国普遍性社会问题，国际"禁止拐卖儿童和强迫儿童卖淫组织"（ECPAT）在报告中指出："没有哪一个地区和国家没有性侵害犯罪发生。"④ 据世界卫生组织 2000 年发布的《世界暴力与卫生报告》（World Report on Violence and Health）估算，全世界范围内至少有 160 万人由于遭受伤害、暴力等行为而死亡，而儿童受到身体伤害、性侵害等行为的风险是最高的。⑤ 美国卫生与公众服务部《2013 年儿童虐待报告》显示，当年有近 70 万名儿童遭受虐待或忽视，其中约有 9%

---

① 参见江溯《社会学视野下的刑罚：刑罚社会学研究》，载陈兴良《刑事法评论》（第 23 卷），北京大学出版社，2008，第 57 页。

② 约翰尼斯·安德聂斯：《刑罚与犯罪预防》，钟大能译，法律出版社，1983，第 99 页，转引自谢锡美《重刑化思想生成基础初论》，载游伟《华东刑事司法评论》，法律出版社，2003，第 97 页。

③ 参见林山田《刑罚学》，商务印书馆，1983，第 85 页，转引自谢锡美《重刑化思想生成基础初论》，载游伟《华东刑事司法评论》，法律出版社，2003，第 97 页。

④ 参见曹兴华《台湾地区未成年人性侵害防范制度研究》，《中国青年研究》2017 年第 7 期。

⑤ 麦克·马圭尔、罗德·摩根、罗伯特·赖纳等：《牛津犯罪学指南》（第 4 版），刘仁文、李瑞生译，中国人民公安大学出版社，2012，第 359 页。

的儿童遭受性侵害①；在 2001～2007 年，法国故意侵害人身暴力行为增长
13.9%，其中，强奸与恋童癖等性侵害儿童案件增长较为突出②；我国台
湾地区性侵害未成年人案件数近年也处于上升阶段，据统计，性侵害案件
中未成年人受害比例从 2010 年的 60.4% 攀升至 2013 年的 62.2%。③

　　严峻的犯罪现实激发了各地民众严惩犯罪的强烈要求。美国 1970 年
以后，被害人的利益与感受逐渐成为各式刑事立法的基础，不论是梅根
法案④、雅各布法案还是亚当·沃尔什儿童保护和安全法，都是以被害
儿童名字命名的法案；1996 年 10 月，比利时 30 万人走上布鲁塞尔街
头，举行该国自第二次世界大战以来最大规模的示威游行，声讨"无能
保护国民的国家，无能保护国民中最脆弱的个体——儿童们的国家"⑤，
要求政府采取一切措施保护儿童，恢复死刑、严厉惩罚马克·杜特斯这种
严重侵害儿童的凶手；以 2011 年性侵害累犯林某政奸杀中学生为导火索引
发"白玫瑰运动"，推动我国台湾地区"刑事法律"修改，加大对性侵害
未成年犯罪人的处罚与监控力度。因此，被害人亲属与社会大众严厉惩罚
犯罪的要求，成为各国（地区）进一步加大惩处性侵害未成年人犯罪的推
动力。

　　在此形势下，国际社会刑事政策尤其是有关性侵害未成年人犯罪刑事
政策日趋严厉化。2014 年 5 月，联合国文件《消除预防犯罪和刑事司法领
域内暴力侵害儿童行为的示范战略和实际措施》就要求各成员国确保量刑

---

① 转引自高凤仙《性侵害及性骚扰之理论与实务》，五南图书出版股份有限公司，2016，第
196 页。

② 雷蒙·加桑：《解析西方民主国家刑事政策的变化：以法国为例》，朱琳译，《比较法研
究》2010 年第 3 期。

③ 许正昊、林明杰、姚冠汶：《网络与手机软件导致儿少性侵害之现状与对策——并兼论亲
子学习单的建构》，《亚洲家庭暴力与性侵害期刊》2014 年第 1 期。

④ 梅根法案是为了纪念新泽西州年仅 7 岁的性侵害被害人梅根·康卡（Megan Kanka）而以
其名字命名的法案。1997 年 7 月，梅根接受邻居邀请去看他家养的小狗，结果被性侵害
并杀害；后来查明该邻居是患有恋童癖的性暴力侵害犯罪的惯犯，已经有两次性侵害犯
罪记录，再犯危险性极高，但是公众对此毫不知晓。随后，公众发起了一项旨在公开性
犯罪人记录的运动，要求赋予公众对性记录进行查询的权利。1994 年 10 月 31 日，新泽
西州立法机关制定实施了《犯罪登记与社区公告法》，这就是所谓的梅根法案，该法案要
求性侵害犯罪人必须向执法机关登记，并根据性侵害犯罪人对社区可能的危险程度、信
息的变更等提供各层次的社区公告，以提醒社区居民预防犯罪发生。

⑤ 乔治·维加莱洛：《性侵犯的历史》，张森宽译，湖南文艺出版社，2000，第 312 页。

反映暴力侵害儿童行为的严重性①，世界各国重新审视对犯罪的认识与应对策略。

　　20 世纪后 30 年，西方国家对原有应对犯罪策略有所质疑，刑事政策向"两极化"方向发展。其中一方面为严厉惩罚严重刑事犯罪。刑事政策严厉化发展趋势，其中一个重要推动原因在于对教育刑的反思与报应刑的兴起。美国学者马丁森 1974 年发表的报告《监狱改革有效在何处？》被认为是美国刑事政策转向的标志②，该报告通过对 1945～1967 年美国和其他国家矫治体系案例分析认为，"矫治措施对于犯罪人复归社会和再犯率降低'一无用处'"。③ 正是通过上述研究，美国学界逐渐接受了矫正作为刑罚的基本理论在司法实践中失败的事实。④ 在对以往矫正模式反思基础上，以美国刑法学家赫希为代表的学者认为，"刑罚的目的不再是单纯的预防或报应，而是报应与预防的结合。现代刑罚目的最主要任务应该是调和报应与预防的统一"。⑤ 此外，犯罪学对慢性犯罪人危险性的实证证明，为严厉刑事政策提供了事实证据。美国学者沃尔夫冈及其同事历时近 20 年追踪研究费城近万名儿童，发现大部分犯罪行为是小部分犯罪人（6%）反复多次所为⑥，而且一般性处罚对慢性犯罪人的矫正效果式微。⑦ 因而，犯罪

---

①　2014 年 5 月联合国预防犯罪和刑事司法委员会第 23 届会议通过的《联合国消除预防犯罪和刑事司法领域内暴力侵害儿童行为的示范战略和实际措施》（联合国文件，E/CN. 15/2014/L. 12/Rev. 1），United Nations Official Document，http：//www. un. org/en/ga/search/view_ doc. asp？Symbol＝E/CN. 15/2014/L. 12/Rev. 1&referer＝http：//www. un. org/zh/documents/index. html&Lang＝C［2018－12－01］。

②　转引自李波《当代美国刑事政策发展新趋势及其启示》，《法商研究》2016 年第 6 期。

③　参见郑善印《两极化的刑事政策》，载《罪与刑——林山田教授六十岁生日祝贺论文集》，五南图书出版有限公司，1998，第 734 页。

④　理查德·霍金斯、杰弗里·P. 阿尔帕特：《美国监狱制度》，孙晓雳、林遐译，中国人民公安大学出版社，1991，第 250～257 页。

⑤　竹怀军、利子平：《我国刑事政策的抉择及其合理性论证》，《法学评论》2006 年第 4 期。

⑥　美国学者沃尔夫冈（Wolfgang）等在 1972 年发表了《同生群中的青少年犯罪》一书。他们追踪了 9945 名 1945 年在费城出生的儿童，一直到 1963 年为止，结果发现 6% 曾被逮捕 5 次或 5 次以上的慢性犯罪人犯有大部分的犯罪行为，占全部样本犯罪的 51.9%，更为重要的是，他们所犯的多是严重的罪行。在全部样本中，杀人犯罪数占 71%，强奸犯罪数占 73%。沃尔夫冈等人研究发现，逮捕和审判经历对慢性犯罪人的影响很小，而事实上处罚对于慢性犯罪人的效果刚好相反，更有可能促使其再次犯罪。

⑦　参见徐金春《犯罪学》，台湾三民书局，2000，第 128 页，转引自竹怀军、利子平《我国刑事政策的抉择及其合理性论证》，《法学评论》2006 年第 4 期。

应对策略发生转变，从积极保障人权趋向严罚严苛。^① 美国刑事社会学家大卫·加兰德的研究也印证了这一点。加兰德教授认为从 20 世纪 70 年代开始，美国刑事司法体系出现明显变化，整体来说刑事政策越来越严苛，重刑报应思想广为流行。保护潜在的被害人即社会大众的安全成为刑事政策的首要任务。因此，危险分子被控制隔离，刑罚越来越趋重，监禁人口比例也大幅攀升。^② 美国开始了一场应对犯罪的"严厉革命"^③，走向了自己的对立面。

上述刑事政策趋向的转变与近年来国际社会对社会风险的认识有着密切关系。近 20 年来，西方国家认为社会处于高度不确定性与风险之中，风险概念渗透于犯罪应对策略中。尤其是以英、美为代表的西方国家，应对性侵害犯罪手段建立在对此类犯罪人"更加广泛的恐惧和不安的政策"之上。正是以危险行为或者群体而非单独存在的危险个体采取预防性监督管理的策略为出发点，促使对性侵害犯罪，尤其是针对性侵害未成年人这样的"突出的犯罪"，排除性严厉政策得以广泛性运用与发展。由于官方与民众对性侵害未成年人犯罪风险认识的一致性，社会整体对此类犯罪"零容忍"的态度以及持以报复性的刑罚政策，最终确立并推进严厉管理政策不断扩张和延续^④，以处置人们所深恶痛绝的性侵害未成年人犯罪。

加罗法洛认为："犯罪一直是一种有害行为，但它同时又是一种伤害某种被某个聚居体共同承认的道德情感的行为。"^⑤ 而刑罚，则是国家权力的表现、集体道德的表达、情感表达的载体、受经济限制的社会政策、当下情感的具体化，以及一套展现文化氛围并有助于形成社会认同的象征。^⑥

---

① 参见 Joseph, E. Kennedy, "Monstrous Offenders and the Search for Solidarity through Modern Punishment Katherine Beckett, Make Crime Pay: Law and Order in Contemporary American Politics"，转引自李佳玟《近年来性侵害犯罪之刑事政策分析——从妇运的角度观察》，《中原财经法学》2005 年第 14 期。

② David Garland：《控制的文化——当代社会的犯罪与社会秩序》，周盈成译，台湾巨流图书公司，2006，第 620 页。

③ 韩铁：《二十世纪后期美国刑罚领域的"严厉革命"》，《历史研究》2012 年第 6 期。

④ 参见安妮·玛丽·麦克阿灵登《欧洲性犯罪管理研究：刑罚政策、政治经济学以及风险制度化》，蒋圣力译，《犯罪研究》2013 年第 5 期。

⑤ 加罗法洛：《犯罪学》，耿伟、王新译，中国大百科全书出版社，2004，第 21~22 页。

⑥ 参见江溯《社会学视野下的刑罚：刑罚社会学研究》，载陈兴良《刑事法评论》（第 23 卷），北京大学出版社，2008，第 110 页。

因此，"悖德性越严重的犯罪，越应受到苛厉的惩罚；悖德性越微弱的行为，越应当受到宽宥的对待"。① 性侵害未成年人犯罪作为违背人类共同伦理道德情感的犯罪，虽然世界各国在应对此类犯罪的对策与措施上有所不同，但是在全球呈现出"惩办主义和监禁的运用频率增长"② 背景下，大多数国家对性侵害未成年人犯罪采取严厉刑事政策和先发式犯罪预防策略，是当前形势下国际社会应对性侵害未成年人犯罪的主流趋势。

（二）国内犯罪客观形势与民意要求

本书对性侵害未成年人案件统计与分析发现，当前性侵害未成年人犯罪形势仍然严峻。近年来引发社会公众极大关注的恶性性侵害未成年人案件频出，每一起案件都引起公众极大关注与愤怒。性侵害未成年人犯罪威胁和挑战着民众的安全感和我国的传统道德伦理观。

凡是涉及未成年人的犯罪都会触动公众内心最柔弱与敏感处，不论是拐卖儿童案件还是性侵害未成年人犯罪，都会让民众无比震惊、愤怒与担忧。对受害家庭与儿童造成的伤害会使每个普通人都感同身受，因为我们都曾经为儿童，都为人父母。因此，性侵害未成年人犯罪不仅对被害人及其家庭造成巨大伤害，而且也严重触痛普通民众的良知，成为引发民众内心对安全的焦虑和犯罪恐惧的源泉。2013 年 6 月，广东省近 30 家社会公益组织联名组织材料，向教育厅递交《广东省妇女儿童权益机构关于全省教育系统建立校园性侵害防治体系的联合建议书》，希望教育部门能够率先采取行动。③ 随着新媒体技术的推广，传播的迅捷使得公众对于处罚的呼吁可以充分表达并被放大④，要求政府更加有所积极作为，在现有刑罚体系上寻求应对犯罪更多的有效措施。

当前，民众从对性侵害未成年人犯罪的愤怒和恐惧而引发内心对安全的焦虑与要求，是刑事政策决策者首要面对的民意诉求。安全需求是人的

---

① 参见白建军《关系犯罪学》，中国人民大学出版社，2005，第 493 页。
② 近年来全世界有 3/4 以上的国家都提高了适用监禁的频率——《欧洲委员会 2011 年报告》第 41 页。——作者注。参见安妮·玛丽·麦克阿灵登《欧洲性犯罪管理研究：刑罚政策、政治经济学以及风险制度化》，蒋圣力译，《犯罪研究》2013 年第 5 期。
③ 黄玉杰：《广东 25 家公益组织倡议建立校园性侵害防治体系》，http://society.people.com.cn/n/2013/0608/c136657 - 21792942.html［2018 - 05 - 30］。
④ 周光权：《转型时期刑法立法的思路与方法》，《中国社会科学》2016 年第 3 期。

心理和精神基本需求。心理学家马斯洛认为人在满足生理需求之后进而产生安全的需求，甚至超过对情感与尊重的需求。安全需求注重社会个体的心理感受，并能够在一定程度上反映社会秩序的稳定水平。① 何谓"安全"？不同人对安全有不同的理解与认识。英国学者德纳泽认为：安全是一种免受威胁或危险的客观状态，一种对安全的主观感受，或者追求上述两种情况之一的手段。② 安全感对个体的重要性不言而喻，重视与满足民众的安全感具有重要的结构性价值，因为"促进安全是建立与维持社会感、集体感的基础。免遭威胁的渴望、集体满足这些渴望的方式，在建立与维持信任、社会认同以及群体意识方面发挥着关键作用"。③ 在犯罪引发焦虑的情况下，民众更为关注的是身体方面的安全，以及主观、心理上对这些安全遭受未来威胁可能性的恐惧。增强安全就是"为主体的现在与未来提供安全保障的有意识行为"。④ 而"刑罚实质合理性的核心，是符合特定时代背景之下的国民的良知所投射出的国民对刑罚的期待"。⑤

我国台湾学者苏俊雄认为，刑法法益保护兼具宪法实践价值，而对宪政秩序的维护则奠基于社会伦理价值体系⑥，因此，"刑法的犯罪控制力在相当大程度上是依赖于其是否遵循了大众共有的正义直观"⑦，而刑罚的威慑力又源自社会整体的情感认识。依据涂尔干刑罚社会学理论，"刑罚的力量、功能以及整体方向植根于情感，源自于当神圣的集体价值受到侵犯

---

① 参见马斯洛《动机与人格》，中国人民大学出版社，2007，第 10 页。

② 特雷弗·琼斯：《安全治理：犯罪控制的多元化、私有化与极化》，载麦克·马奎尔、罗德·摩根、罗伯特·赖纳《牛津犯罪学指南》，刘仁文、李瑞生等译，中国人民公安大学出版社，2012，第 653 页。

③ 特雷弗·琼斯：《安全治理：犯罪控制的多元化、私有化与极化》，载麦克·马奎尔、罗德·摩根、罗伯特·赖纳《牛津犯罪学指南》，刘仁文、李瑞生等译，中国人民公安大学出版社，2012，第 654 页。

④ 特雷弗·琼斯：《安全治理：犯罪控制的多元化、私有化与极化》，载麦克·马奎尔、罗德·摩根、罗伯特·赖纳《牛津犯罪学指南》，刘仁文、李瑞生等译，中国人民公安大学出版社，2012，第 653 页。

⑤ 参见李洁、王志远《国家刑罚权根据论纲》，载于改之、周长军《刑法与道德的视界交融——西原春夫刑法理论研讨》，中国人民公安大学出版社，2009，第 42～43 页。

⑥ 参见苏俊雄《刑法理论Ⅰ：刑法之基础理论、架构及适用原则》，台湾大地印刷股份有限公司，1995，第 17 页。

⑦ 保罗·H. 罗宾逊：《进行中的刑罚理论革命：犯罪控制意义上的公正追求》，王志远译，《当代法学》2012 年第 2 期。

时，个体所普遍被引发的心理情感反应"。① 因此，性侵害未成年人犯罪严厉刑事政策正是顺应了人类社会"慈幼"的基本感情，遵循了社会基本道德情感的正义直观，具有存在合理的社会伦理价值基础。

（三）"宽严相济"刑事政策从严一面

最高检在《关于在检察工作中贯彻宽严相济刑事司法政策的若干意见》中提出，严厉打击严重刑事犯罪是"宽严相济"刑事政策的重要内容和有机组成部分，也是贯彻"宽严相济"刑事政策的重要体现，要求对包括强奸等犯罪在内的严重犯罪依法从重、从快打击。2010 年最高法也在《关于贯彻宽严相济刑事政策的若干意见》中指出："要全面、客观把握不同时期不同地区的经济社会状况和社会治安形势，充分考虑人民群众的安全感以及惩治犯罪的实际需要，注重从严打击严重危害国家安全、社会治安和人民群众利益的犯罪。"②

"宽严相济"刑事政策作为我国基本刑事政策，影响与驱动刑事法律体系朝法网日趋严密、刑罚总体趋轻的方向发展。但同时，"对严重刑事犯罪依法严厉打击，同样是'宽严相济'刑事政策的题中应有之义，不能偏废"。③ 刑法作为部门法的最后一道屏障，其最后手段性与刑罚严厉性也是刑法使命的体现。刑法具有严厉与残酷的一面，正如边沁所言："惩罚，无论其可能呈现出什么形态，都是一种恶。"④ 因此，刑法对社会生活不能随意介入，对严重刑事犯罪的严厉惩治必须以充分发挥刑法制裁作用为基础。刑事政策的严厉性不仅表现为刑罚手段的残酷性，还表现为遵从刑事法治精神，根据犯罪行为具有不同的社会危害性，采用严厉程度不同的刑罚，这也是实现罪刑相适应、罚当其罪刑法正义的必然路径。

一方面，从心理学家马斯洛对人类需要的划分，性侵害犯罪——尤其

---

① 埃米尔·涂尔干：《社会分工论》，渠东译，生活·读书·新知三联书店，2009，第 65 ~ 67 页。

② 参见 2010 年最高人民法院《关于贯彻宽严相济刑事政策的若干意见》（法发〔2010〕9 号）。

③ 参见卢建平等《刑事政策与刑法完善》，北京师范大学出版社，2014，第 148 页。

④ 杰里米·边沁：《惩罚的一般原理》，邱兴隆译，载邱兴隆《比较刑法》（第二卷·刑罚基本理论专号），中国检察出版社，2004，第 306 页。

是对未成年人的侵害——是对人类最基本、最低级生存需要、安全需要的威胁，而这种需要是个人实现其他需要的前提，危害这种需要将会给个人乃至社会成员整体带来根本性的恐惧。因此，对这些犯罪进行严厉打击是必要和正当的。另一方面，通过从严惩治使被害人和社会善良人们"一种天生追求对等性的本能"① 得到满足，也是刑法的一项重要功能。19 世纪英国刑法史学家詹姆斯·斯蒂芬（James Stephen）说，"报复情感之于刑法就如性欲之于婚姻具有同样重要的关系，对犯罪处以刑罚是普遍冲动的合法发泄方式"。② 因此，如若不能给予严重犯罪相应的惩罚，"就会践踏人类对公正追求的朴素情感，从而无法实现对公正价值追求"。③ 因而，对严重侵害未成年人利益的犯罪行为从严惩治，符合刑法公平正义的要求。

性侵害未成年人犯罪作为严重侵害未成年人人身权利的犯罪，一直被视为严重刑事犯罪。在侵害个人法益犯罪中，虽然遭受侵害的是具体个人法益，基于平等原则都应当受到一视同仁的保护，但每个人自然角色和社会角色的差异，决定了对于不同社会成员之间相同法益的保护也具有不同的内涵，也由此决定了犯罪行为社会危害性的差异性。④ 同样的侵害行为，针对未成年人与针对成年人就展现出极大不同的社会危害性。因此，最高检在贯彻"宽严相济"刑事政策的相关意见中指出："'宽严相济'刑事司法政策的核心是区别对待。"⑤ 故此，性侵害未成年人犯罪严厉刑事政策是"宽严相济"刑事政策区别对待的要求，是"宽严相济"刑事政策严厉一面的体现。

（四）被害人利益保护需要

传统刑罚目的中，不论是作为刑罚初始价值的应然选择——"惩罚犯

① 参见陈兴良《走向哲学的刑法学》，法律出版社，1999，第 285 页。
② 转引自张文《刑事法学要论——跨世纪的回顾与前瞻》，法律出版社，1998，第 491 页。
③ 参见汪明亮《刑事政策研究新视角》，法律出版社，2008，第 113 页。
④ 参见杨建军《被害人理论的刑法学研究》，载赵秉志《当代刑事法学新思潮：高铭暄教授、王作富教授八十五华诞暨联袂执教六十周年恭贺文集》（下卷），北京大学出版社，2013，第 1602 页。
⑤ 参见 2006 年 12 月 28 日最高人民检察院第十届检察委员会第六十八次会议通过的《关于在检察工作中贯彻宽严相济刑事司法政策的若干意见》。

罪与防卫社会免遭犯罪侵害"，还是对终极目的——自由、秩序、正义的追求①，都未将被害人保护纳入其中。虽然 20 世纪 40 年代以来，犯罪被害人学创建并提出保护被害人的指导思想，被害人保护的重要性与意义被重新认识。但是，直到 70 年代，仍有很多被害人和学者感觉，被害人仍然是被司法体系遗忘的"孤儿"。司法体系强调嫌疑人或罪犯的人权保障，却没有考虑到被害人的人权及其所受到的伤害。② 而被害人被忽视的负效应在于，如果被害人在承受犯罪造成的重大损害与不幸后，国家未能予以抚慰恢复被害人感情并采取法律保护措施，会引发被害人和民众对法治的不信任感，从而削弱刑法的规制机能。可见，被害人保护的刑事政策意义和价值在于："维持、确保国民对包括刑事司法在内的法秩序的信赖，由此而对预防犯罪和维持社会秩序作出贡献。"③ 因此，"如果司法不能保障犯罪被害人的权利与合法利益，则该司法不能被认为是完善的"。④

2000 年联合国在预防犯罪和罪犯待遇大会文件《促进法制与加强刑事司法系统》中提出，法治的合理性、合法性和公众的支持必须达到这种程度——只有当那些受法治影响的人不能够或不愿意采取非法律的手段，这时公众对法律的信任才会随着时间的推移而逐步建立。⑤ 因此，刑罚的目的从利益保护（或法益保护）出发，应是一个妥协的、多元性的存在，"应当弥补传统理论在被害人利益、恢复、犯罪人利益保障等方面的严重不足"。⑥ 故此，在性侵害未成年人犯罪中，未成年被害人保护与惩罚犯罪并重是法治合理性、合法性的必然要求。

① 参见谢望原《刑罚价值论》，中国检察出版社，1999，第 3 页（前言）。
② 欧文·沃勒：《有效的犯罪预防——公共安全战略的科学设计》，中国人民公安大学出版社，2011，第 127~128 页。
③ 大谷实：《刑事政策学》，法律出版社，2000，第 309 页。
④ 《俄罗斯联邦犯罪被害人权利保护问题——俄罗斯联邦人权全权代表机关专题报告》，载刘明祥、田宏杰《刑事法探究》，中国人民公安大学出版社，2009，第 429 页。
⑤ 2000 年 4 月在维也纳召开的第十届联合国预防犯罪和罪犯待遇大会上通过的《促进法制与加强刑事司法系统》（联合国文件 A/CONF. 187/3），United Nations Official Document, http：//www. un. org/en/ga/search/view_doc. asp? symbol = A/CONF. 187/3&referer = http：//www. un. org/zh/documents/index. html&Lang = C ［2018－05－30］。
⑥ 参见周建军《刑事司法政策原理》，清华大学出版社，2011，第 238 页。

二　严厉刑事政策的内涵与基本原则

（一）严厉刑事政策内涵

我国为了打击性侵害未成年人犯罪，在《性侵意见》中明确提出"依法从严惩治"为刑事司法政策指导原则；并且在《预防性侵意见》中又再次强调"各地要依法严惩，决不姑息"[①]；2015 年《检察机关加强未成年人司法保护八项措施》提出，对"严重侵害未成年人身心健康和合法权益的犯罪，坚持零容忍态度，依法从严从快批捕、起诉，加大指控犯罪力度，充分发挥法律威慑和震慑作用"。[②] 上述司法政策都体现出我国对性侵害未成年人犯罪持"零容忍"的态度和严厉打击的决心。

性侵害未成年人犯罪严厉刑事政策作为"宽严相济"刑事政策"严"的一面，就是对此类犯罪坚持严密法网、严格惩治、严肃执法的刑事政策导向。严密法网是指严密并完善性侵害未成年人犯罪法律体系，有法可依；严格惩治是指对此类犯罪施以严厉惩罚与其严重危害性相适应；严肃执法是指在司法执行过程中，循法而治、不徇私情，做到"违法必究""执法必严"。严厉刑事政策不等同于简单的"严打"，也不仅仅是单纯的"从严惩治"刑事司法政策，而是在严密与完备的性侵害未成年人犯罪法律体系下，在司法活动中坚持法治原则，依法从严，严肃执法，通过严密法律体系、严格惩罚、严肃执法，对未成年被害人进行特殊司法保护，以达到有效阻断与遏制性侵害未成年人犯罪的目的。

具体而言，性侵害未成年人犯罪严厉刑事政策从以下方面着手：通过性侵害未成年人犯罪罪名体系化、完善犯罪罪状并建立针对性刑罚制度，严密性侵害未成年人犯罪刑事法律，实现刑事政策刑法化；通过降低入罪门槛、量刑认定从严、限制缓刑适用并慎用被害人谅解制度，做到刑事司法从严化；通过完善未成年人监护制度、隐私制度，建立特殊办案机制，实现未成年人特殊司法保护制度化。

[①]　参见 2013 年 9 月教育部、公安部、共青团中央、全国妇联联合发布《关于做好预防少年儿童遭受性侵工作的意见》（教基一〔2013〕8 号）。

[②]　参见 2015 年 5 月 27 日最高人民检察院发布的《检察机关加强未成年人司法保护八项措施》第 1 条。

因此，性侵害未成年人犯罪严厉刑事政策并非简单的"严打"政策，也非单纯的"从严惩治"，而是具有丰富的政策内涵，是通过刑事政策刑法化、刑事司法从严化和未成年人特殊司法保护制度化，实现阻断与遏制性侵害未成年人犯罪的特殊刑事政策。

（二）严厉刑事政策基本原则

1. 坚持法治主义原则

性侵害未成年人犯罪之严厉刑事政策以坚持法治主义原则为前提，即必须在法的支配下制定、实施防止犯罪对策。[1] 法治主义原则"要求国家和社会在对犯罪做出一切公共反应时，无论是国家公权力运作为内容的国家正式反应，还是市民社会组织对犯罪做出的有组织的非正式反应；无论是以国家刑罚权运行为核心的刑罚反应，还是以其他国家公权力的运行为内容的非刑罚的正式反应，都必须受到法律的严格约束"。[2] 故而，法治主义在从严惩治性侵害未成年人司法实践中，具体要求为：法律体系严密、严格依法办案，坚持罪刑法定原则、罪刑相适应原则和法律面前人人平等原则，依照法律规定准确定罪量刑。从严和从宽都依照法律规定施行，做到宽严有据、罚当其罪[3]，才能维护法律的权威和统一，取得法律效果和社会效果的良好统一。

2. 坚持从严惩治司法原则

性侵害未成年人犯罪之严厉刑事政策，是在依法惩治前提下严格查处、严肃处罚并执行。首先，对所有的性侵害未成年人犯罪严格查处。要求对未成年人负有特殊职责的人员、单位，在发现未成年人受到性侵害时，必须向司法机关报案或举报，并鼓励一般民众与单位积极监督和举报性侵害未成年人犯罪行为；公安机关发现或接到有关线索后，应当及时采取紧急措施制止侵害行为，并在必要时通报有关机关安置、救助未成年被害人；检察院履行立案监督职责防止"有案不立"现象发生。其次，严厉处罚。对于社会危害性大、有法定或酌定从重处罚情节的性侵害犯罪，以

---

[1]　大谷实：《刑事政策学》，黎宏译，中国人民大学出版社，2009，第 18 页。

[2]　梁根林：《刑事政策：立场与范畴》，法律出版社，2005，第 97 页。

[3]　参见最高人民法院 2010 年 2 月 8 日《关于贯彻宽严相济刑事政策的若干意见》（法发〔2010〕9 号）。

及主观恶性深、人身危险性大的性侵害累犯、再犯与屡教不改之徒，必须重刑惩处。最后，严肃执法。对该类犯罪人依法追究刑事责任，在司法活动中循法而治不徇私情，切实做到不枉不纵，并在保证司法公正前提下提高司法效率。

3. 坚持"双向保护"原则

近年来，犯罪人低龄化在性侵害未成年人犯罪中也有所体现。如我国台湾地区"内政部警政署"2015年统计资料显示，在2013~2014年的男性性侵害犯罪嫌疑人中，12~17岁男性未成年人所占比例为20.80%~21.31%[①]；美国学者资料显示，大约有20%强奸行为和30%~50%的儿童性侵害都来自男性未成年人。[②] 2013年我国最高法在组织进行的专题调研中也发现，在调查统计的性侵害未成年人案件中，由未成年人实施的案件占到13.93%。[③]

鉴于未成年人实施犯罪情况，为贯彻落实对违法犯罪未成年人"教育、感化、挽救"的方针与"教育为主，惩罚为辅"的原则，我国在《关于进一步建立和完善办理未成年人刑事案件配套工作体系的若干意见》中要求，在办理未成年人案件时要"依法少捕慎诉"、依法从轻减轻处罚、符合条件的尽量适用缓刑，以保护未成年犯罪嫌疑人、被告人与罪犯的合法权益；最高检《关于进一步加强未成年人刑事检察工作的决定》提出"双向保护"的要求，注重对未成年犯罪人与被害人给予同等保护[④]；2013年《性侵意见》再次明确肯定坚持对未成年人犯罪人与被害人实行"双向保护原则"。[⑤] 因此，在性侵害未成年人犯罪刑事政策中，坚持"未成年人优先"，不仅仅是给予未成年被害人特殊、优先保护，对未成年犯罪人也

---

① 黄军义：《男性少年的强暴迷思、遭遇性侵害经验与强暴行为》，《亚洲家庭暴力与性侵害期刊》2016年第2期。

② 转引自 Melvin Huang Vishnu《美国儿童性侵害案件处理指南》，韩晶晶译，载黄尔梅、周峰、薛淑兰《性侵害未成年人犯罪司法政策案例指导与理解适用》，人民法院出版社，2014，第291页。

③ 参见黄尔梅、周峰、薛淑兰《性侵害未成年人犯罪司法政策案例指导与理解适用》，人民法院出版社，2014，第184页。

④ 参见2012年10月《最高人民检察院关于进一步加强未成年人刑事检察工作的决定》（高检发诉字〔2012〕152号）第6条。

⑤ 参见2013年10月24日《最高人民法院、最高人民检察院、公安部、司法部关于依法惩治性侵害未成年人犯罪的意见》第4条。

坚持"双向保护原则"，依法保护未成年犯罪嫌疑人、被告人与罪犯的合法权益，这也是"未成年人优先"价值取向在严厉刑事政策中的体现。

第二节　严厉刑事政策意义

对性侵害未成年人犯罪采取严厉刑事政策，不仅是国际社会应对犯罪的大趋势、国内犯罪客观形势与广大民众的强烈要求，也是我国"宽严相济"刑事政策题中之义，更是性侵害未成年人犯罪生成规律的必然要求。

根据性侵害未成年人犯罪生成模式理论，犯罪生成经历三个阶段，其中，第三个阶段是危险侵害人转化为现实犯罪人实施犯罪的关键阶段。由于此阶段中"催化剂"因素对危险侵害人转化和实施犯罪起着举足轻重的作用，因此，通过采取严厉刑事政策控制激化犯罪实施的"催化剂"因素，阻断性侵害未成年人犯罪生成，是控制犯罪行之有效的"捷径"。在此类犯罪中，法制保障存在疏漏以及具有易受侵害性的未成年人，都是激化和加速性侵害犯罪发生的"催化剂"因素。因此，针对上述因素，完善刑事法律体系、从严惩治性侵害犯罪人，加强正式控制以严密法制保障；建立未成年人特殊司法保护制度，完善未成年人监护制度，阻断性侵害或再次侵害，有助于控制危险侵害人转化为现实犯罪人而实施犯罪。严厉刑事政策以"未成年人优先"为价值取向，坚持法治主义、从严惩治司法原则、"双向保护"原则依法惩治犯罪，对抑制当前严峻的犯罪形势具有明显的现实意义，属于性侵害未成年人犯罪防控对策的"治标"之策。

一　阻止危险侵害人向现实犯罪人转化

在性侵害未成年人犯罪生成机制中，"催化剂"因素是危险侵害人向现实犯罪人转化的"导火索"，而刑事法律控制的弱化是影响"催化剂"形成的重要因素。因为刑事法律保障是保护未成年人利益不受侵害的坚强护盾，刑事法律体系是阻隔犯罪的防火墙，如果这一保护屏障存在较多疏漏失于严密，就会给伺机而行的危险侵害人以可乘之机，着手实施犯罪而转化为现实犯罪人。因此，从反向角度考虑，强化刑事法律控制能够抑制"催化剂"形成，不给危险侵害人可利用的缝隙与机会，阻止危险侵害人转化进而阻止犯罪发生。

严密刑事法律体系是严厉刑事政策的核心体现，是弥补法律体系疏漏的具体方式。需要通过与国际社会接轨扩大罪名范围，建立性侵害未成年人犯罪系统罪名体系；扩大性侵害客观行为方式外延与保护对象，增加对儿童色情制品的刑法规制，完善性侵害未成年人犯罪罪状；在充分考虑性侵害未成年人犯罪特殊性基础上，除了加重犯罪刑罚，还要考虑通过增加非刑罚处罚方式建立多元处罚制度，以剥夺性侵害犯罪人再犯能力或限制犯罪人，达到抑制犯罪的目的。

二　降低未成年人易受侵害性

汉斯·冯·亨梯教授早在 1941 年就已提出，"在罪犯与被害人之间确实存在着一种互动关系"[①]，科恩与费尔森教授也认为"犯罪发生于有动机的犯罪人、合适的被害目标与有能力的守护人的空间与时间的交会处"[②]，这说明被害人是影响犯罪形成的一个因素这一看法已是学界共识。在性侵害未成年人犯罪生成机制中，由于具有易感性、受容性特点的未成年人更容易成为犯罪人的首选性侵害目标，因此，具有易受侵害性的未成年人客观上成为促成犯罪的"催化剂"因素。

几乎对所有犯罪都可以围绕"目标加固"概念设计明智的预防措施。对于性侵害未成年人犯罪来说，就是努力降低未成年人的易受侵害性，最重要的任务就是加大对未成年人的保护力度。这样可以通过阻断性侵害犯罪发展发生过程，阻止具有较为严重人身危险性的性侵害犯罪人从具有较高性侵害危险向具体侵害行为的转化。

犯罪学日常理论认为，现代社会中犯罪率的变化，可以用可被侵害犯罪目标增多和有能力"保卫者"减少之间的变化解释，而这种变化又是现代社会"日常活动"的结果。因为现代生活中人们迫于生计而四处奔波，

---

① 转引自汉斯·约阿希姆·施耐德《国际被害人学现状》，许章润译，载汉斯·约阿希姆·施耐德《国际范围内的被害人》，许章润等译，中国人民公安大学出版社，1992，第 4 页。

② 麦克·马圭尔、罗德·摩根、罗伯特·赖纳等：《牛津犯罪学指南》，刘仁文、李瑞生等译，中国人民公安大学出版社，2012，第 14 页。

远离家人与家庭，也意味着很多家庭在社会激烈变化、飞速发展的时期内，不再具有强有力的家庭保卫者①，削弱了受害人防御犯罪的能力，加大了犯罪人犯罪得手的可能性。近年来，我国西部大量农村青壮年劳动力外出打工，催生了数量庞大的缺乏家庭监护或监护弱化的农村留守儿童与城镇流动儿童。于是，我国性侵害未成年人犯罪中，产生了一个与其他国家不同的特殊犯罪现象：农村留守儿童与城镇流动儿童成为性侵害犯罪人的重要犯罪目标人群。究其原因，上述未成年人成为具有较高易受侵害性的高危人群，很重要的一点就在于未成年人家庭监护的缺失或弱化。因此，完善未成年人监护制度，降低未成年人易受侵害性，可以在一定程度上阻碍此类犯罪发生。

此外，由于性侵害未成年人犯罪与一般刑事犯罪不同，对未成年受害人所造成的严重危害不仅在于身体上更在于对心灵的严重伤害且影响长久，而且在诉讼过程中，未成年被害人还容易受到"二次伤害"。因此，鉴于性侵害犯罪的未成年被害人受到的心理创伤重于身体伤害，对未成年人的保护中还应包括对被害人保障的重视，以增加犯罪成本阻止犯罪转化；同时，落实联合国对各成员国要求，在诉讼过程中，建立未成年被害人特殊司法保护制度，司法过程中使未成年被害人"个人尊严、特殊需要、利益和隐私得到尊重和保护"②，以减少与避免未成年被害人遭受再次伤害，让未成年被害人能够尽快地从性侵害所造成的伤害中恢复。

第三节　境外严厉刑事政策参考

"如果说美国与英国在 2001 年以前是'高犯罪社会'，则在那之后已成为'高保安'社会。"③ 近年来英、美等国对性侵害未成年人犯罪采用多

---

① 参见乔治·B. 沃尔德、托马斯·J. 伯纳德、杰弗里·B. 斯奈普斯《理论犯罪学》，方鹏译，中国政法大学出版社，2005，第 259~260 页。

② 联合国预防犯罪和刑事司法委员会第十四届会议 2005 年 5 月 23 日至 27 日通过的《关于在涉及罪行的儿童被害人和证人的事项上坚持公理的准则》（联合国文件，E/CN. 15/2005/L. 2），V0584107. pdf，http://www. un. org/chinese/documents/decl - con/chron-con. htm［2018 - 07 - 06］。

③ David Garland：《控制的文化——当代社会的犯罪与社会秩序》，周盈成译，巨流图书有限公司，2006，第ⅳ页（作者中文版序）。

种手段与措施予以严厉打击，并形成了一些成熟有效的制度与经验，值得我们学习与参考。

一 境外刑事立法

(一) 扩大犯罪圈

1. 对性侵害未成年人犯罪范围认识扩大

与世界各国逐渐重视未成年人保护、不断加大对性侵害未成年人犯罪的惩治过程一样，国际社会对该犯罪类型的认识也存在一个不断深化的过程，如将儿童性剥削概念纳入性侵害未成年人犯罪类型的认识过程就是典型例证。

1989 年联合国《儿童权利公约》提出性剥削概念，认为包括利用儿童卖淫与利用儿童为色情素材两类①，相比于 1949 年《禁止贩卖人口及取缔意图赢利使人卖淫公约》和 1979 年《消除对妇女一切形式歧视公约》仅将利用妇女、儿童卖淫视为性剥削的观念拓宽了范围，增加了利用儿童为色情素材类型的性剥削；并在联合国"儿童卖淫和色情制品任择议定书"中，对儿童卖淫与儿童色情制品进行界定："儿童卖淫是指在性活动中利用儿童以换取报酬或其他补偿；儿童色情制品指以任何手段显示儿童进行真实或模拟的露骨性活动或主要为海淫而显示儿童性器官的制品。"② 在 1996 年"反儿童商业性剥削世界大会"上通过的《反儿童商业性质剥削斯德哥尔摩宣言和行动议程》认为，"儿童商业性剥削构成对儿童的强迫与暴力，等同于强迫劳动和现代奴隶制"。③ 1999 年国际劳工组织将"使用、招收或提供儿童卖淫、生产色情制品或进行色情表演"视为"最恶劣的童工形式"。④ 同年，世界卫生组织关于儿童性虐待的预防磋商会议详细论述认为性侵害未成年人犯罪还包括，"剥削性地利用未成年人进行

---

① 参见《儿童权利公约》，http：//www.ccc.org.cn/html/report/1078 – 1.htm［2017 – 4 – 15］。

② 参见《〈儿童权利公约〉关于买卖儿童、儿童卖淫和儿童色情制品问题的任择议定书》，ht-tp：//www.npc.gov.cn/wxzl/gongbao/2002 – 10/22/content_5301214.htm［2017 – 4 – 15］。

③ 转引自赵合俊《禁止儿童性剥削——国际法与国内法之比较》，《妇女研究论丛》2013 年第 1 期。

④ 《禁止和立即行动消除最恶劣形式的童工劳动公约》（中译本），http：//www.npc.gov.cn/wxzl/gongbao/2002 – 08/05/content_5298254.htm［2018 – 07 – 06］。

色情表演或以之为主题制作淫秽材料"①，明确性侵害不只是引诱或强迫发生性行为，还包括剥削利用未成年人从事非法性行为或以此为题材制作淫秽制品的行为。

欧盟委员会《兰萨罗特公约》（2007）首次将各种类型儿童性侵害行为明确规定为刑事犯罪。② 2010 年欧洲议会和欧盟理事会通过《关于打击儿童性侵犯、儿童性剥削和儿童色情物品的指令》的议案，明确规定了不同种类的性侵害行为，在该指令中，性侵害不仅包括强迫、造成儿童卖淫和通过儿童卖淫获利或者剥削的、与卖淫儿童发生性活动、招募儿童从事卖淫的；还包括强迫、造成儿童从事色情表演和通过儿童从事色情表演获利或剥削的以及故意出席明知涉及儿童色情表演活动的。③ 在欧洲公布上述指令后不久，2014 年联合国预防犯罪和刑事司法委员会通过《消除预防犯罪和刑事司法领域内暴力侵害儿童行为的示范战略和实际措施》要求，各会员国更新完善刑法，以确保至少涵盖以下性侵害未成年人行为，"（1）与未满法定同意年龄的儿童进行性活动；（2）使用武力、胁迫或威胁与儿童进行性活动（包括在家庭中利用儿童的信任、权威或影响力地位的滥用行为，或利用儿童精神、身体残疾或依赖等脆弱境况）；（3）对儿童实施性暴力（包括利用互联网等信息技术或在其便利条件下实施性侵、性剥削和性骚扰等行为）；（4）制作、传播、进出口、提供、出售或拥有儿童色情制品"④，将性剥削未成年人以及制作、传播，甚至拥有儿童色情制品等行为都纳入性侵害未成年人犯罪，并要求予以刑法规制。这说明国际社会对性侵害未成年人行为包括性剥削已达成共识，而且各国已逐步开始对此类行为的惩治。

---

① 参见世界卫生组织《性暴力受害者法医学监护指南》，李旭译，人民卫生出版社，2006，第 64 页。
② 帕维尔·亚洛斯：《一种关于儿童权益和教育的国际性视角——雅努什·科扎克研讨会文集》，世界知识出版社，2015，第 65 页。
③ 参见《关于打击儿童性侵犯、儿童性剥削和儿童色情物品的指令》的议案，转引自刘白驹《性犯罪：精神病理与控制》（增订版·上），社会科学文献出版社，2017，第 263～264 页。
④ 参见 2014 年 5 月联合国预防犯罪和刑事司法委员会第二十三届会议通过的《联合国消除预防犯罪和刑事司法领域内暴力侵害儿童行为的示范战略和实际措施》（联合国文件，E/CN. 15/2014/L. 12/Rev. 1），United Nations Official Document，http：//www.un.org/en/ga/search/view_doc.asp? symbol = E/CN. 15/2014/L. 12/Rev. 1&referer = http：//www.un.org/zh/documents/index.html&Lang = C ［2018－07－06］。

2. 国际社会合作打击各种性剥削犯罪

国际社会日益重视对未成年人利益的保护，并采取合作，打击各种性侵害未成年人犯罪行为。2001 年欧洲及中亚 50 多个国家在布达佩斯达成协议，各国承诺将各种形式的性剥削儿童行为列为犯罪并予以制裁；同年，欧洲议会建议理事会成员国将儿童性剥削作为重罪予以惩罚，打击持有涉及儿童色情性质图片的行为，建立包括数据传递、信息共享在内的多方面国际合作，并重视对被害人的保护。① 此外，国际刑事法院《罗马规约》也将以未成年人为对象的强奸、性奴役等性侵害行为，归类为可构成战争罪、危害人类罪的严重犯罪行为，要求世界各国共同合作打击。

3. 各国（地区）增加处罚儿童色情制品犯罪

在各国（地区）有关性剥削未成年人立法过程中，对儿童色情制品相关犯罪行为的处罚范围与惩治力度也在不断扩大与加重。

美国早在 1977 年通过《反儿童性剥削保护法》（Protection of Children Against Sexual Exploitation Act）②，将对儿童色情制品生产者与传播者起诉纳入国家权限范围，重点惩罚制造儿童色情制品行为③；1990 年《儿童保护、康复及处罚促进法》（Child Protection Restoration and Penalties Enhancement Act）④ 除规定对被害儿童予以保护与治疗外，同时规定将持有 3 张以上儿童色情图片者视为犯罪予以处罚；1994 年《儿童性虐待防制法》（Child Sexual Abuse Prevention Act）⑤ 要求重处制造、进口具有对未成年人明显性行为描述物品的行为，并对儿童色情被害人进行强制性康复处遇。值得注意的是，在美国 1996 年《儿童色情防制法》（Child Pornography Prevention Act）⑥ 中，与以往类似法律最大差异在于扩大儿童色情范围，将制作与持有电脑合成色情图像的行为也认定为犯罪，即将虚拟儿童色情制品也纳入色情物品的范围。此四部法律构成了美国惩处制造、传播及持有儿

---

① 参见赵海峰、张小劲《欧洲法通讯》（第 3 辑），法律出版社，2002，第 280 页，转引自李双元、李娟《儿童权利的国际法律保护》，武汉大学出版社，2016，第 12 页。

② 18 U. S. C. § 2251 et seq. 1988.

③ R. M. 霍姆斯：《性犯罪及刑事审判体系》，张继宗、刘刚、方芳译，群众出版社，1989，第108 页。

④ Pub. L. No. 101 - 647, 104 stat. 4818（1990）.

⑤ Pub. L. No. 103 - 322, 108 stat. 2036（1994）.

⑥ 18 U. S. C. § 2252 A, § 2256；Omnibus Consolidated Appropriation Act of 1997, Pub. L. No. 104 - 208, 121, 110 Stat. 3009（1996）.

童色情制品法律的基础①，也成为其他国家参考与借鉴的典范。英国政府有关规制未成年人从事色情表演和充当淫秽素材行为的法律，以 1978 年《儿童保护法》（Protection of children Act 1978）为核心，该法规定对于制造、散布、展示、持有儿童不雅或虚拟图片者，最高处以 10 年以下有期徒刑。尤其是 1999 年以来，英国政府对通过互联网利用未成年人进行色情表演以及为色情制品素材的犯罪，一直持强硬与不懈打击的立场，从 2000 年修改的刑事司法与法院服务法要求加重对制造与传播者的处罚，就可见一斑。德国在有关儿童色情制品犯罪的规定中，不论是持有或是试图为自己或他人获取儿童色情制品的行为都构成犯罪，而且与儿童色情制品有关的商业性团伙制作与传播行为也构成犯罪，最高可获刑 10 年。②

在亚洲，我国台湾地区 1995 年通过"儿童及少年性交易防制条例"，2015 年修改为"儿童及少年性剥削防制条例"，属于亚洲地区防治儿童性剥削较为先进的范例③，将儿童卖淫、儿童色情以及包括儿童性服务、儿童性观光在内的儿童性虐待等形式纳入儿童性剥削④，为亚洲地区完善性侵害未成年人犯罪立法规定提供参考与借鉴。而日本在《禁止针对儿童的买春与色情法》中也规定对提供儿童色情制品的行为入罪，处 3 年以下有期徒刑或 300 万日元以下罚金。⑤ 上述资料说明，大多数国家（地区）已将生产、传播或持有儿童色情制品行为规定为性侵害未成年人犯罪。

---

① 高玉泉：《互联网上儿童色情资讯规范回顾与检讨（1999～2002）——一个由儿童人权出发的观点》，《中正法学集刊》2013 年第 11 期。

② 汉斯－约格·阿尔布莱希特：《德国性犯罪刑法的改革与成果》，周子实译，载赵秉志《刑法论丛》（总第 35 卷），法律出版社，2013，第 352 页。

③ 台湾地区"儿童及少年性剥削防制条例"（2015 年 1 月 23 日修正，2015 年 2 月 4 日公布）第 2 条规定："本条例所称儿童或少年性剥削，系指下列行为之一：一、使儿童或少年为有对价之性交或猥亵行为。二、利用儿童或少年为性交或猥亵之行为，以供人观览。三、拍摄、制造儿童或少年为性交或猥亵行为之图画、照片、影片、影带、光碟、电子讯号或其他物品。四、利用儿童或少年从事坐台陪酒或涉及色情之伴游、伴唱、伴舞等侍应工作。"

④ 参见 Jordan Dawson Hayes and Mark Capaldi，"The Global Scale of Commercial Sexual Exploitation of Children"，*ECPAT internationaljournal*，2015，转引自牛旭《保护儿童及少年免受性剥削岂可止于废除嫖宿幼女罪——以我国台湾地区"儿童及少年性剥削防制条例"为视角》，《青少年犯罪问题》2015 年第 6 期。

⑤ 刘建利：《日本性侵未成年人犯罪的法律规制及其对我国的启示》，《青少年犯罪问题》2014 年第 1 期。

国际社会重视对此类犯罪的打击，不仅在各种公约、条约①中号召世界各国完善国内立法，还有三届世界"反儿童商业性剥削大会"的召开②，从保护未成年人免受性剥削、性虐待的权利性规定开始，逐渐强调并要求各国政府通过国内法律将利用儿童色情犯罪内国化，体现出从一般保护到趋于严厉化刑事政策的转向，显示了国际社会打击利用未成年人从事色情表演和充当淫秽素材类犯罪的决心与坚定态度。

4. 将帮助、协助侵害行为纳入性侵害未成年人犯罪圈

英国 1956 年《性犯罪法》第二十五章、第二十六章、第二十七章分别对性犯罪进行补充规定，将建筑物的所有者、控制者或对建筑物的控制起作用的任何人，诱使、故意容忍他人或特定的人同未满 13 岁、未满 16 岁的女孩性交的都构成犯罪③；甚至 2004 年法律修订后，规定"不论是通过互联网还是直接与儿童接触，成年人为与儿童进行性行为而进行的'准备工作'都是犯罪行为"。④ 在德国，涉及儿童的性行为包括有身体接触的性滥用和无身体接触的性滥用，根据德国 2003 年颁布的《侵犯性自主权犯罪规定修正与其他规定修正法》促使儿童参与性行为而对其施加影响的预备行为也构成犯罪⑤；德国刑法不但规定与未成年人发生性行为是犯

---

① 早在 1959 年联合国第 14 届大会上通过的《儿童权利宣言》就提出保护儿童"免遭一切放任、虐待以及剥削"；在 1989 年第 44 届联合国大会第 44/25 号决议协商一致通过的《儿童权利公约》是第一部有关保障儿童权利且具有法律约束力的国际性约定，以儿童的最大利益为出发点，要求各国建立起一套制度，使公权力能够在必要的时候通过司法途径对未成年人的性侵害行为进行干涉，由国家来承担起保护未成年人免遭一切形式的色情剥削和性侵犯之害的责任，其中包括确保儿童的父母或监护人在对其进行照料时不会受到任何形式的伤害、虐待、剥削或性侵犯，该公约第 34 条要求缔约国应当采取一切国家、双边和多边的措施防止利用儿童卖淫和利用儿童进行色情表演以及充当淫秽题材。为了保护儿童免受儿童卖淫与儿童色情制品的危害，2002 年联合国第 54 届大会又通过了《〈儿童权利公约〉关于买卖儿童、儿童卖淫和儿童色情制品问题的任择议定书》，以促使各国予以法律保障并积极采取多项措施保护儿童不受性剥削。
② 从 1996 年在瑞典斯德哥尔摩召开的第一届、2001 年在日本横滨召开的第二届、2008 年在巴西里约热内卢召开的第三届反对儿童商业性剥削大会中的会议讨论内容可知，在国际社会范围内对打击利用儿童卖淫、利用儿童进行色情表演以及充当淫秽题材犯罪的范围日益扩大，惩处力度不断加强。
③ J. C. 史密斯、B. 霍根：《英国刑法》，李贵方等译，法律出版社，2000，第 521 页。
④ 转引自李拥军《现代西方国家性犯罪立法的特点与趋向——关于完善我国当前性犯罪立法的一点思考》，《河北法学》2006 年第 7 期。
⑤ 汉斯-约格·阿尔布莱希特：《德国性犯罪刑法的改革与成果》，周子实译，载赵秉志《刑法论丛》（总第 35 卷），法律出版社，2013。

罪，"促成未成年人与他人发生性行为，在未成年人面前时实施性行为，向未成年人展示淫秽图片、录像、录音等都构成犯罪"。① 日本为了保护未成年人，专门制定特别刑法予以保护。《禁止针对儿童的买春与色情法》第 5 条单独规定"买春儿童斡旋、劝诱罪"，不仅将直接"买春儿童"② 行为认定为犯罪，还将助长儿童买春的斡旋和劝诱行为也规定为犯罪。③

　　境外很多国家（地区）十分重视未成年人特殊保护，性侵害未成年人犯罪内容规定都较为完备，对此类犯罪的周边犯罪以及协助、帮助行为也逐步纳入犯罪规制范围。

（二）降低儿童色情制品入罪标准

　　在世界很多国家与地区，儿童色情制品都被视为不可触碰的高压线，而且儿童色情与成人色情认定适用不同标准。在 1982 年美国的 *New York* 诉 *Ferber* 案中④，联邦最高法院认定儿童色情制品不受宪法第一修正案保护，并对成人与儿童色情作品适用不同认定标准，认为成人色情作品达到淫秽的标准采用"米勒标准"⑤；而关于儿童色情的满足条件远低于成人色

① 《德国刑法典》，徐久生、庄敬华等译，中国方正出版社，2004，第 90 ~ 91 页。

② 根据日本 1999 年 5 月制定的《买春、儿童色情处罚法》第 4 条规定：买春儿童的，成立买春儿童罪，判处 5 年以下有期徒刑或 300 万日元以下罚金。根据该法第 2 条第 2 款规定义："买春儿童"是指给儿童本人、儿童性交斡旋者、儿童监护人或儿童支配人提供报酬，或者是约定提供报酬，与该儿童进行性交等行为。"性交等行为"包括性交、性交类似行为或为了满足自己的好奇心，触摸儿童的性器官（包括生殖器官、肛门及乳房等），或让儿童触摸自己的性器官的行为。本罪的买春行为并不仅限于性交，还包括性交类似行为以及其他的猥亵行为。参见刘建利《日本性侵未成年人犯罪的法律规制及其对我国的启示》，《青少年犯罪问题》2014 年第 1 期。

③ 刘建利：《日本性侵未成年人犯罪的法律规制及其对我国的启示》，《青少年犯罪问题》2014 年第 1 期。

④ *Supreme Court of the United States*, *New York*, *Petitioner*, *v. Paul Ira Feber*, Case No. 458 U. S. 747, 102 S. Ct. 3348.

⑤ 美国联邦最高法院在 1973 年的 *Miller v. California* 案中创制了成人色情制品具有可惩罚淫秽性的三条规则：1. 一般人根据社会一般规则认为该资料作为整体能够引起人的欲望；2. 该材料对于性行为的信任或描述被该州所适用的法律定义为明显恶劣的犯罪行为；3. 该材料在整体上缺乏文学、艺术、政治、科学价值。该规则也被称为"米勒标准"。参见 *Supreme Court of the United States*, *Marvin Miller*, *Appellant*, *v. State of California*, Case No. 413 U. S. 15, 93 S. Ct. 2607。

情标准，由于政府是出于"必要的国家利益"① 对制造儿童色情物品进行规定，即使不满足成人色情中有关淫秽的条件，也应构成犯罪（"菲波标准"②）。亚洲国家日本早在 1998 年就成为世界上最大的儿童色情制品生产国，虽然其国会曾经以商业理由拒绝通过禁止儿童色情法③，但政府仍强行出台了一系列法律，1999 年制定《对嫖雏妓、儿童色情行为的处罚及儿童保护法》，对于嫖宿雏妓、参与儿童色情相关行为予以处罚④；2014 年《禁止针对儿童的买春与色情法》明令禁止个人因兴趣而持有儿童色情图片和视频的"单纯持有"行为，并进行了更加严格的界定，认为"故意暴露或强调儿童与性有关的部位"的物品都属于儿童色情制品。⑤

（三）扩展"性交"内涵认识

亚洲国家一般对性侵害客观行为采用狭义认识。如日本对"性交"行为认识上持传统"阳具中心性交观"。日本刑法规定："奸淫是指性交，以男性的阴茎部分插入女性的阴道即为既遂。"⑥ 但近年来开始发生转变，日本 1999 年颁布的《买春、儿童色情处罚法》第 2 条对"性交"作出扩大解释，认为不仅包括生殖器插入行为，还包括"性交类似行为或触摸儿童的性器官（包括生殖器官、肛门及乳房等），或让儿童触摸自己性器官的行为"。⑦ 2017 年日本刑法强奸罪修改，扩展性侵害方式，刑法条文改为

---

① 在美国，"必要的国家利益"是指，国家必须保护的、较个人权利更为重要的利益。当国家因为保护这种利益而采用的国家行为因侵犯公民所享有的，应平等受到保护或宪法第一修正案赋予个人的权利而受到攻击时，该国家行为应不为违宪，应予以支持。

② 在 1982 年美国的 *New York v. Ferber* 案中，联邦最高法院将成人色情制品与儿童色情制品区分开来，认为对儿童色情制品的禁止并不是因为该行为本身具有可罚淫秽性，而是政府出于必要的国家利益对制作儿童色情制品进行的规制，即使儿童色情制品不属于"米勒标准"认定的淫秽制品，也可认定为儿童色情制品。该项认定标准被称为"菲波标准"，被运用于儿童色情制品案件的认定。"菲波标准"的出现弥补了"米勒标准"的不足。

③ 欧树军：《网络色情的法律规管》，载张平《网络法律评论》，北京大学出版社，2007，第 57 页。

④ 平井宜雄、青山善允、菅野和夫：《六法全书》，日本有斐阁，1985，第 3436～3437 页。转引自李双元、李娟：《儿童权利的国际法律保护》（第 2 版），武汉大学出版社，2016，第 77 页。

⑤ 参见李双元、李娟《儿童权利的国际法律保护》（第 2 版），武汉大学出版社，2016，第 70 页。

⑥ 西田典之：《日本刑法各论》，刘明祥、王昭武译，武汉大学出版社，2005，第 64～65 页。

⑦ 参见刘建利《日本性侵未成年人犯罪的法律规制及其对我国的启示》，《青少年犯罪问题》2014 年第 1 期。

"对十三岁以上者，使用暴行、胁迫而实施性交、肛门性交或者口腔性交"[1] 构成犯罪，"奸淫"行为扩大到"肛门性交、口腔性交"的广义"性交"。在我国台湾地区，"性交"原来仅指男女异性之间或同性之间的性行为，现在也扩大了行为范围。"刑法"第10条对"性交"行为的规定包括："（1）以性器进入他人的性器、肛门或口腔，或使之结合的行为；（2）以性器以外的其他身体部位或器物进入他人的性器、肛门，或使之结合的行为。"[2] 所以，在其规定中性侵入的行为人可以是男性也可以是女性，而且侵入物也不限于性器官，包括性器官以外的身体部位甚至包括器物，被侵入的身体部位也不仅限于性器官，还包括身体其他部分，说明我国台湾地区对"性交"行为范围规定较为广泛。

　　西方国家对"性交"的认定一般采取较为广泛的含义。1994年，法国刑法对强奸罪规定："以暴力、强制、威胁或乘人无备，对他人施以任何性进入行为，无论其为何种性质，均为强奸罪。"[3] 该条文将"性交"扩大到任何形式的"性进入"行为。而在作为美国现代强奸犯罪立法开端的密歇根州，在1974年的性犯罪法案中，强奸行为包括两类："一类是传统性交（sexual penetration）属于传统普通法意义上的通过阴道的性交；另一类则是性行为（sexual conduct），指同被害人私密部位直接接触或通过衣服接触，或者让被害人直接接触或隔着衣服接触行为人的私密部位，如果这种接触行为可以被认定给行为人带来性刺激或性满足，都属于强奸犯罪的性行为。"[4] 该法案通过第二类行为表现方式扩展了"性交"行为外延，将能够引起任何性刺激的行为都解释为构成强奸犯罪的性行为。[5] 德国刑法对"性交"没有具体规定，而对"性行为"进行规定，认为"仅指基于

---

[1]　参见姚培培《2017年日本刑法立法动向：性犯罪大幅度修改、"共谋罪"7月11日起实施》，http://article.chinalawinfo.com/ArticleFullText.aspx? ArticleId = 100247［2018 - 05 - 30］。

[2]　参见林山田《刑法各罪论》（上册），元照出版有限公司，2012，第222页。

[3]　《法国刑法典》，罗结珍译，中国人民公安大学出版社，1995，第64～65页。

[4]　See Jennifer Temkin, *Woman, Rape, and Law Reform in Sylvana Tomaselli & Roy Porter*, Blackwell Publisher Press, 1986, p. 28, 转引自田刚《美国现代强奸犯罪的法律变革和实践检视》，载赵秉志《刑法论丛》，法律出版社，2017。

[5]　See Jennifer Temkin, *Woman, Rape, and Law Reform in Sylvana Tomaselli & Roy Porter*, Blackwell Publisher Press, 1986, p. 28, 转引自田刚《美国现代强奸犯罪的法律变革和实践检视》，载赵秉志《刑法论丛》，法律出版社，2017。

本法保护的性自主法益，具有重要性的行为”，所谓“性行为”是指当行为的外在行动可以看到其与“性”之间的关联时，即可认定为“性行为”。① 由于德国立法者认为足以产生与性相关的行为类型有很多，文字描述与限定不清，取决于个别情况下的社会理解。但是，一般认为应具备几点内容。首先，“性行为”应是足以满足人类广义性欲需求的行为，判断标准取决于性的客观意义，能被纳入“性行为”的至少要具有外在的表现行为，而不能只是单纯的内心意思。其次，“性行为”必须以两种形式表现出来，一种是发生肢体接触的“性行为”，另一种还包括使第三人在被害人面前实行“性行为”，如果欠缺临近的时空关系，如网络视频、电话性爱仍属于性行为，但要求行为人的行为必须为被害人所察觉且具有同时性，否则不属于性行为。② 由此可见，德国刑法对“性行为”的认定采取开放形式，可以随着社会发展与人们对“性行为”认识与理解的变化而发展，具有广泛性与适应性。

在联合国国际刑事法院（International Criminal Court，ICC）认定中，对强奸等性侵害行为采用的也是广义认识，认为强奸是指“行为人侵入（invaded）某人身体，其行为导致不论如何轻微地以性器官进入被害人或行为人身体任何一部位，或以任何物体或身体其他任何部位进入被害人的肛门或生殖器官”。③

从以上内容可知，不论是国际刑事法院，还是欧美、亚洲等国家与地区，对性侵害犯罪中的“奸淫”“性交”行为的认识与理解都逐步抛弃传统“阳具中心性交观”，而选择更为尊重现代男女平等性自主权的广义性行为观。

二　境外刑罚制度

（一）性犯罪刑罚观的变化

20 世纪下半叶开始，西方以英、美等国为代表的刑罚适用趋向严厉

---

① 参见许恒达《妨害未成年人性自主刑责之比较法研究》载《刑事政策与犯罪研究论文集（19）》，台北：“法务部”司法官学院，2017，第 237 页。
② 参见许恒达《妨害未成年人性自主刑责之比较法研究》载《刑事政策与犯罪研究论文集（19）》，台北：“法务部”司法官学院，2017，第 238~239 页。
③ 威廉·A. 夏巴思：《国际刑事法院导论》，黄芳译，中国人民公安大学出版社，2006，第 334 页。

化，尤其体现在性侵害未成年人犯罪领域。随着福利刑罚主义的衰落与刑罚报应主义的回归，对犯罪的严厉惩罚建立于公正报应说之上，认为"刑罚的终极目的不在于威慑，而在于社会对犯罪的显著性谴责"。① 由于"犯罪侵犯了社会的神圣道德秩序，而该秩序则与社会成员具有的深刻情感相符"②，正是由于性侵害行为后果的极端性与未成年被害人柔弱无助的形象，针对儿童甚至是幼儿的性侵害行为触犯了社会伦理禁忌，引发了公众源自内心的恐惧和愤怒。③ 因此，此类犯罪被视为现代社会中"危险中的危险"而加以防范，成为各国公认的严重刑事犯罪类型。

　　根据公正报应说观点，通过刑罚的道德谴责能够有效规范犯罪人的后续行为，刑罚的严厉性是为了让犯罪人意识到行为的应受谴责性，促使其对自身将来行为的约束与克制。因此，否定性谴责及其程度取决于犯罪的严重性，严重的犯罪必然导致强烈的负面性谴责以及严厉的刑罚惩罚。性侵害未成年人犯罪应受到严厉刑罚是由其犯罪严重性所决定的。公正报应说是以犯罪严重性——包括犯罪客观意义上造成的实然危害性与未然危害性——为基础进行刑罚运行的理论。④ 在此背景下，美国法学会在模范刑法典颁布 46 年后（2008 年）第一次对法典的设置目的及其条款解释进行修订，以"实现公正"关注犯罪人的道德应受谴责性为刑罚基础，将刑罚轻重与犯罪严重性、被害人所承受的损失和犯罪人应受谴责性相对应；在上述设定的量刑轻重允许范围内，再来实现犯罪人的社会复归、一般威慑、犯罪能力消除，以及犯罪被害人和社区的回复的目标。⑤

　　"公正报应说"解释了严厉惩罚性侵害未成年人犯罪的价值基础所在，但是，在如何应对该类犯罪的高危险性方面力不从心。于是，以新刑罚学为代表提出对危险的评估与控制的刑事制裁措施，对解决上述问题具有一定的积极意义与作用。所谓新刑罚学是一种对刑罚的新认知，以控制危险

---

① 转引自蔡一军《西方刑罚目的观的整合与修正》，《社会科学家》2013 年第 9 期。
② 参见江溯《社会学视野下的刑罚：刑罚社会学研究》，载陈兴良《刑事法评论》（第 23 卷），北京大学出版社，2008，第 57 页。
③ 牛旭：《性侵未成年人犯罪及风险治理——一个新刑罚学的视角》，《青少年犯罪问题》2014 年第 6 期。
④ 蔡一军：《西方刑罚目的观的整合与修正》，《社会科学家》2013 年第 9 期。
⑤ 保罗·H. 罗宾逊：《进行中的刑罚理论革命：犯罪控制意义上的公正追求》，《当代法学》2012 年第 2 期。

最终降低犯罪或重新犯罪率为目标的刑罚新策略。该策略提出主要是针对近年来存在"少数人对多数人犯罪负责"犯罪现象①，以及累犯率高居不下的情况。如 20 世纪末期美国被释放罪犯三年内重新犯罪率高达 50% 以上，各州假释撤销率居于 30% ~80%。② 这种认知的出发点主要基于，犯罪被认为是现代社会的一个寻常、普遍的现象。而且，"犯罪变成一项能够被计算的风险或可以避开的意外，而不是需要特别去解释的道德偏差"。③ 因此，提出通过危险评估"标定"危险犯罪人，控制危险最终实现有效地抑制犯罪。

（二）严厉性侵害未成年人犯罪刑罚制度

不论是国外还是国内研究都认为，性侵害未成年人犯罪具有较高的再犯率与社会危害性，美国司法部《1994 年释放出狱之性侵害犯罪者再犯》一书对 15 个州出狱的男性性侵害犯罪人 3 年后再犯情况调查发现，与非性侵害犯罪人相比，该类犯罪人因再犯新的性侵害犯罪而被逮捕是后者的 4 倍④；德国学者进行为期 10 年追踪儿童性滥用犯罪人调查发现，有 51.5% 的犯罪人再次犯罪，而且有 20.4% 的犯罪人是性犯罪再犯⑤；我国台湾学者 2003 年调查台北、高雄、嘉义地区三所监狱释放的性侵害犯罪人再犯率，发现家内与家外儿童性侵害犯 7 年后的再犯率分别为 12.1% 与 11.2%。⑥

因此，"对于性侵害犯罪行为的'超前的惩罚政策'亦随之兴起，性侵害犯罪人被单独划分成为一类特殊群体"。⑦ 英、美等国通过"积极的预

---

① 翟中东：《危险评估与控制——新刑罚学的主张》，《法律科学》（西北政法大学学报）2010 年第 4 期。
② 参见 Malcolm M. Feeley、Jonathan Simon《新刑罚学：矫治策略的出现及其启示》，乔远译，载陈兴良《刑事法评论·刑法规范的二重性论》，北京大学出版社，2017，第 135 页。
③ David Garld：《控制的文化——当代社会的犯罪与社会秩序》，周盈成译，巨流图书有限公司，2006，第 172 页。
④ 转引自钟志宏、吴慧菁《从犯罪共通性理论探讨性犯罪再犯现象》，《犯罪与刑事司法研究》2009 年第 13 期。
⑤ 参见卢映洁《犯罪与被害：刑事政策问题之德国法制探讨》，新学林出版股份有限公司，2009，第 217 页。
⑥ 转引自钟志宏、吴慧菁《从犯罪共通性理论探讨性犯罪再犯现象》，《犯罪与刑事司法研究》2009 年第 13 期。
⑦ 安妮·玛丽·麦克阿灵登：《欧洲性犯罪管理研究：刑罚政策、政治经济学以及风险制度化》，蒋圣力译，《犯罪研究》2013 年第 5 期。

防"政策和监管措施，针对性侵害犯罪人采取监管措施的范围从监狱扩张到社会①，对性侵害犯罪人加重刑罚，美国至少有 42 个州制定了类似杰西卡法案②，亚利桑那州规定对性侵害 12 岁以下儿童的犯罪人处以终身监禁，其他类型的性侵害儿童犯罪处以 20～30 年监禁。

"积极的预防"政策主要有以下三种措施。

延长具有高度危险性的性犯罪人的监禁期。1993 年、1994 年华盛顿州和加利福尼亚州通过"三振出局"③ 立法，1993～1995 年，另外 22 个州和联邦政府也通过或制定此类法律④，尤其是以 1994 年联邦政府通过的《暴力犯罪控制暨执行法》（《Violent Crime Control and Law Enforcement Act of 1994》）俗称"三振出局法"为标志，美国各州基本上都推行累犯加重处罚制度，对于犯有三次重罪的犯人（尤其是性侵害犯罪累犯）从严判刑，直至判处终身监禁使其不再有重返社会再次犯罪的可能。

确立"危险罪犯"标定制度。如加拿大 1948 年《性罪犯心理疾病法》、1960 年《性危险犯法》以及 1977 年刑法修正案认为"危险的性侵害犯罪人是试图控制自己欲望而失败的人"⑤，因此，司法机关对这些犯罪人适用不定期刑和预防性拘禁，被释放后还要接受社会监督与跟踪。

对性侵害犯罪人实施"安全管束监禁"。⑥ 如 20 世纪 90 年代相继发生

---

① 安妮·玛丽·麦克阿灵登：《欧洲性犯罪管理研究：刑罚政策、政治经济学以及风险制度化》，蒋圣力译，《犯罪研究》2013 年第 5 期。

② 2005 年 9 岁女孩杰西卡在佛罗里达州被奸杀后，该州制定杰西卡法案，要求对性侵害对象为不满 14 周岁未成年人的犯罪，最少判处 25 年有期徒刑，最高可至无期徒刑，终身不得假释。

③ 如单纯从时间上看，美国一些州早在 1994 年美国联邦政府颁布《暴力犯罪控制暨执行法》俗称"三振出局法"之前，就有类似的法律规定，如纽约州 1926 年 Baumes 法、得克萨斯州 1974 年《重复犯罪法》（Repeat Offender Statute）、伊利诺伊州 1978 年《常习犯罪者责任法》（Persistent Offender Accountability Act），这些州法律与联邦政府的"三振法案"大同小异，只是到后者颁行时，"三振出局法"或"三振法案"的提法才在更大范围内被推广使用。

④ 韩铁：《二十世纪后期美国刑罚领域的"严厉革命"》，《历史研究》2012 年第 6 期。

⑤ 翟中东：《危险评估与控制——新刑罚学的主张》，《法律科学》（西北政法大学学报）2010 年第 4 期。

⑥ 安全管束监禁是德国刑法第 6 章基于"一般及特殊预防"思考下规定的"改善与安全处分制度"，是德国刑事政策中一种最后必要的措施，被视为最严厉的制裁措施。建立在行为人危险性之上的一种手段，具有"最后、必要"特征，是在犯罪人服完与罪责相符的刑罚后，继续进入安全管束监禁以阻断其再次犯罪确保公众安全。参见卢映洁《犯罪与被害：刑事政策问题之德国法制探讨》，新学林出版股份有限公司，2009，第 78～79 页。

性侵害儿童致死的杜特斯案、娜塔莉案件等①，促使德国对其被称为"刑法第二支柱"的刑法总则"改善与安全处分"部分，做出了自 1933 年刑法实施以来最严格的加重处罚修正②，并在 1998 年通过《对抗性犯罪及其他危险犯罪法》，针对具有重大恶性与危险性的再犯，或者判定为特别危险的犯罪人，为保障一般公众安全，当一般刑罚制裁认为不足以惩罚犯罪人时，法院可以在判处自由刑以外再另科处安全管束监禁。③ 法国 2008 年通过的《危险犯罪人法》也规定，重点针对包括性侵害儿童犯罪在内的被判处重罪徒刑的犯罪人，在服刑至少 15 年后，可以适用包括治疗措施在内的"安全留置"措施并逐年顺延。④

三　境外特殊惩罚措施——以韩国"化学阉割"制度为例

美国加利福尼亚州 1996 年修改州刑法，规定对监狱假释进入社区的猥亵 13 周岁以下儿童的犯罪人实施"化学阉割"或外科去势，是美国第一

① 1996 年 8 月于比利时发生的杜特斯（Dutroux）案中，受害儿童被绑架后强迫为色情交易或拍摄色情影带，最后被性侵害致死亡；1996 年发生在巴伐利亚州的娜塔莉（Natalie）案中，7 岁的德国小女孩被绑架亦同样被性侵害致死亡，凶手是被提前释放且被评定为不再具有人身危险的性犯罪人。这些案件最令德国社会民众震惊的是，犯罪人全都是因性侵害犯罪被判刑，但由于假释而提前释放，随即再次犯下性侵害儿童罪行，因而引发社会舆论强烈抨击，认为行刑效果不彰及刑罚政策不当，要求给予性犯罪累犯更为严厉的惩罚与管束，在民众调查中，甚至有 55% 的受调查者赞成对严重犯罪——性侵害致死、谋杀儿童等重新适用死刑。参见卢映洁《犯罪与被害：刑事政策问题之德国法制探讨》，新学林出版股份有限公司，2009，第 39～43 页。
② 德国在 1998 年的第 6 次刑法修正案以及《对抗性犯罪及其他危险犯罪法》，形成刑事制裁体系中对性犯罪人全面监控。首先，刑法中修改有关儿童性滥用犯罪的构成要件，从原本只有一个条文增加为对儿童的性滥用行为、对儿童的加重性滥用行为与对儿童的性滥用行为引发死亡后果三个条文，并加重各项条文的法定刑；其次，通过修改刑法有针对性犯罪人宣告刑罚后连接安全管束监禁并延长其期限，并修改刑法假释条件，使具有危险性的性犯罪人无法轻易得以提前释放与假释；再次，修改刑法，对于释放后的前性犯罪人加长停留在"引导监督"下的可能性，使刑事司法对于已处于自由状态的前受刑人得以继续控制；最后，修改监狱行刑法，要求对监禁中的性犯罪人必须接受强制治疗，以降低其释放后的再犯可能性。——作者注 参见卢映洁《犯罪与被害：刑事政策问题之德国法制探讨》，新学林出版股份有限公司，2009，第 77～113 页。
③ 参见卢映洁《犯罪与被害：刑事政策问题之德国法制探讨》，新学林出版股份有限公司，2009，第 87 页。
④ 雅克·博里康：《法国当代刑事政策研究及借鉴》，朱琳译，中国人民公安大学出版社，2011，第 304 页。

个准许"化学阉割"的州，随后有 8 个州也准许对性侵害犯罪人在假释或缓刑期间附加施行"药物去势"处置。欧洲国家中，英国使用"化学阉割"较早，如著名英国数学家阿兰·图灵在 1952 年就因同性恋而被迫选择"药物去势"以避免监禁。① 德国、瑞士、瑞典、丹麦、法国、芬兰与挪威等国也允许性犯罪人自愿接受化学去势。波兰 2009 年通过法律规定性侵害 15 岁以下儿童的犯罪人，出狱后需要强制施以化学或心理治疗，成为欧盟第一个强制规定性侵害犯罪人接受"化学阉割"的国家。俄罗斯 2011 年国会也通过法律，允许法院经由医生建议可以裁定对性侵害 14 岁以下儿童的犯罪人施以"化学去势"。

亚洲国家（地区）中，韩国对性侵害儿童犯罪的严厉打击最为引人注目。近 20 年来，韩国犯罪再犯率提高，2008 年一般刑事案件再犯率为 49.3%，相较于 20 世纪 70 年代 7.2% 左右的再犯率，增加了近 6 倍。② 尤其是近年来，暴力性侵害儿童犯罪人大部分具有性犯罪前科的情况，引发社会公众极大不安与警惕。

（一）"化学阉割"③ 背景

在 2002～2007 年，韩国性暴力犯罪增加 32%，针对未成年人的性侵害犯罪同期增加了 80%。④ 对此，韩国议会和法务部采取多项对策，2000 年制定了韩国版的梅根法案——《青少年性保护》，规定性侵害犯罪人基本信息公开制度；2007 年制定《对特定性暴力犯罪者植入位置追击电子装置》法令，希望通过在性侵害犯罪人体内植入电子装置随时追踪，以达到防止性侵害犯罪人再次犯罪、保护公民免受性侵害的目的⑤；鉴于强奸及其他性暴力犯罪案件案发率不断提高，韩国重新制定《性暴力特别法》，

---

① 夏草：《刑罚的犯罪学演变——以化学阉割方式为视角》，《学术探索》2013 年第 2 期。
② 金日秀：《韩国刑事政策中的严罚主义倾向》，郑均男译，载赵秉志《当代刑事法学新思潮：高铭暄教授、王作富教授八十五华诞暨联袂执教六十周年恭贺文集》（下卷），北京大学出版社，2013，第 1473 页。
③ "化学阉割"是采用口服或皮下注射醋酸甲羟孕酮等雌性激素药物的方法，改变或者抑制特殊性犯罪人（严格说来应为恋童癖者及性暴犯者）异常性冲动的治疗方法。
④ 韩尚勋：《韩国有关性暴力犯罪的药物治疗与治疗监护必要性的探讨》，孔金萍译，《东吴法学》2012 年春季卷。
⑤ 韩尚勋：《韩国有关性暴力犯罪的药物治疗与治疗监护必要性的探讨》，孔金萍译，《东吴法学》2012 年春季卷。

不仅加重对侵害性自主决定权犯罪的处罚，将儿童性侵害犯罪最高刑期从15年提高至50年，还尽量扩大性风俗犯罪的规制对象范围[①]；2008年修改《治疗监护法》，增加相关条款，对有恋童癖、性虐待等性癖的犯罪人实施性暴力犯罪，依法应判处有期徒刑以上刑罚的，应对其实施治疗监护。

在2007年发生两名女童被性侵害并被残忍杀害的案件，以及连续几年韩国发生多起严重性暴力事件背景下，2008年《有关预防和治疗针对儿童实施的性暴力犯》法案出现"化学阉割"规定，并且韩国新世界党提出对性犯罪分子进行药物性治疗的建议。[②] 在社会各界强烈要求下，国会2010年通过《性暴力犯罪者性冲动药物治疗法案》，并从2011年7月开始实施，2012年5月首次对恋童癖惯犯朴某正式实施药物阉割[③]，韩国成为亚洲首个实施"化学阉割"的国家。其后在2012年9月，修改适用范围，将性侵害犯罪人适用年龄从25岁降至19岁[④]；甚至还有议员提出《性暴力犯罪外科治疗相关法案》，建议对再犯可能性大的惯犯实施物理阉割。[⑤] 不难看出，韩国举国上下对性侵害儿童犯罪持以重处的坚定态度。

(二)"化学阉割"主要内容

韩国"化学阉割"制度是在修改《预防和治疗针对儿童实施的性暴力犯》基础上，规定于《性暴力犯罪者性冲动药物治疗法案》中。该法案对性暴力犯，尤其是对侵犯16周岁以下未成年人的性暴力犯采取的严厉惩罚措施，要求对此部分犯罪人用药物治疗方式降低再犯率。主要内容如下。

1. "化学阉割"的目的，在于区别对待具有严重人身危险性的性暴力犯罪人，通过周期性化学治疗降低其性犯罪的再犯风险。

2. "化学阉割"对象为特定犯罪人，即对16周岁以下未成年人实施

①　金日秀：《韩国刑事政策中的严罚主义倾向》，郑均男译，载赵秉志《当代刑事法学新思潮：高铭暄教授、王作富教授八十五华诞暨联袂执教六十周年恭贺文集》（下卷），北京大学出版社，2013，第14~75页。
②　韩尚勋：《韩国有关性暴力犯罪的药物治疗与治疗监护必要性的探讨》，孔金萍译，《东吴法学》2012年春季卷。
③　边麓：《国外法律如何保护幼女》，《教师博览》2014年第1期。
④　玛丽：《韩国："化学阉割"性犯罪者》，《江淮法治》2013年第4期。
⑤　夏草：《刑罚的犯罪学演变——以化学阉割方式为视角》，《学术探索》2013年第2期。

性暴力犯罪、犯了应被判处有期徒刑以上刑罚的犯罪，年满 19 岁、被认定为"性紊乱症患者"的具有性犯罪再犯危险的犯罪人。

3. "化学阉割"适用程序包括刑前治疗和刑后治疗两种，刑前程序是对刑期尚未确定的被告人，由检察院在二审结束前向法院提出申请，法院对符合要求的案件以判决方式对被告人处以 15 年以下的治疗决定；刑后程序是检察院对符合采取"化学阉割"条件且自愿接受药物治疗的被羁押人，向法院提出治疗请求，由法院审查后以决定形式宣告对被告人采取药物治疗方式。

4. "化学阉割"执行由医生、精神健康专家及其他专业人员，在保护观察官监督下进行。执行前保护观察官向被执行人全面解释该治疗的效果与周期，要求治疗期间被执行人不得使用对该药物低效或减少药用等干扰作用的药物；"化学阉割"必须在犯罪人执行刑期期满或假释被释放前 2 个月内执行。依法案规定，"化学阉割"药物治疗与治疗监护并行的，药物治疗最长不得超过 6 个月，且必须与心理治疗同时进行；如"化学阉割"药物治疗与刑罚并行的，应先执行"化学阉割"。如果被执行者有违反法案规定情形，可以处 7 年以下有期徒刑或 2000 万以下韩元罚金。[①]

除韩国以外，亚洲国家中，印度尼西亚于 2016 年通过紧急法案，也规定对性侵害儿童犯罪人强制实行"化学阉割"。[②]

总之，有越来越多的国家对具有高再犯风险的性侵害未成年犯罪人实施"化学阉割"等类似措施，希望通过剥夺其再犯能力的方式预防与降低性侵害犯再犯罪。

四　境外未成年人特殊司法保护

随着对未成年人保护意识深入形成，国际社会已经认识到未成年被害人与证人由于其身心特殊性容易受到伤害，从未成年人的年龄、成熟水平与独特需要出发给予特别保护与帮助，防止受到"二次伤害"。

---

① 何胜男：《论性犯罪中的生物性治疗——以韩国"化学阉割"法案为视域展开》，苏州大学，2014 年 5 月 6 日。
② 田刚：《性犯罪人再次犯罪预防机制——基于性犯罪记录本土化建构的思考》，《政法论坛》2017 年第 3 期。

（一）"一站式"特殊办案机制

保护未成年被害人与证人的重要国际文件《关于在涉及罪行的儿童被害人和证人的事项上坚持公理的准则》（以下简称《儿童被害人事项准则》）认为未成年人在参与司法过程中有免受痛苦的权利，各国"应当采用特别程序向儿童被害人和证人取证，以减少面谈、陈述、庭审、特别是与司法过程的不必要接触的次数"。① 世界各国注重减少司法过程中对未成年被害人与证人的伤害。德国尽可能地缩减未成年人司法程序，避免未成年被害人由于多次讯问承受心理压力，或是来自维护家庭的恐惧，或是对于加害人存有忠诚冲突，以致在刑事诉讼程序中出庭作证时心理压力过大，产生心灵创伤或是沉默或拒绝证言的情形发生，在刑事诉讼程序中增加"一步程序"规定，即在警察侦查阶段，可以由管辖法院侦查法官下令，在法院法庭中进行法官讯问。此时，原则上应包括主要刑事诉讼程序的参与者（被告、辩护人、检察官、被害人律师）以及青少年局与监护人在场的情形下进行，并同步进行录音录像。② 20世纪90年代开创的"美因茨模式"③，促成德国完善被害人保护法④，承认刑事诉讼程序中可以使用录音录像保护证人，避免不同部门司法人员在不同程序、阶段重复询问而对未成年被害人造成伤害。南非在打击对妇女、儿童性侵害犯罪活动中，建立"一站式服务点"性侵害照料中心，为妇女、儿童性侵害被害人提供咨询、面谈、体检、审前准备和调查等服务。警方与检察官、社会工作者、心理保健专业人员以及非政府组织相互协调，不仅可以满足被害人在社会和医疗方面的需要，还可降低在司法程序中再次受害可能，提高定罪

---

① 联合国预防犯罪和刑事司法委员会第十四届会议2005年5月23日至27日通过的《关于在涉及罪行的儿童被害人和证人的事项上坚持公理的准则》（联合国文件，E/CN. 15/2005/L. 2）第11条 V0584107, pdf, https://documents – dds – ny. un. org/doc/UNDOC/LTD/V05/841/07/PDF/V0584107. pdf? OpenElement［2018 – 12 – 01］。

② 参照德国刑事诉讼法第168条c第2项、第406条f第2项、第406条g第2项，参见卢映洁《犯罪与被害：刑事政策问题之德国法制探讨》，新学林出版股份有限公司，2009，第364~365页。

③ "美因茨模式"（Mainzer – Model）也称为"美因茨虐童案程序"，是德国西部美因茨地方法院1995年在德国刑事史上首度针对儿童证人于法庭外讯问并将其证词予以录音录像，在主要审判程序中播放的模式。

④ 1998年通过《刑事程序中讯问证人保护暨改善被害人保护法》。——作者注

率并缩短结案时间。①

（二）作证过程中对未成年被害人的特殊保护

联合国要求各成员国采取特别程序与措施，防止在诉讼过程中给未成年被害人造成痛苦与伤害，建议采取包括使用事先录制询问过程录音录像，以减少未成年被害人与司法部门、人员的不必要接触；在尊重辩护权并与法律制度不相抵触情况下，被告人一般不能诘问未成年被害人；如未成年被害人确有必要出庭陈述与作证，应采取措施使其处于被告人看不见的情形下，并保证诘问方式适宜未成年人的敏感性，采取辅助手段与心理学专家等专业人士的帮助减少未成年人可能受到的恐吓与伤害。② 为了维护未成年人的最大利益和个人尊严，对未成年被害人出庭作证如何区别于成年人而予以特殊保护与关照，很多国家和地区都规定了"弱势证人诉讼关照制度"③，对未成年人等弱势证人规定特别作证保护程序和措施。

部分国家（地区）允许对被害人询问进行录像或录音并可以在庭审中使用，如英国、美国、奥地利、德国、智利、立陶宛、突尼斯和我国香港地区等。而葡萄牙等国家（地区）则采用电话会议形式，允许未成年被害人通过视频参加庭审。④ 英国 1999 年《青少年审判和刑事证据法》规定，法庭对儿童、智障等易受伤害或者威胁的证人，允许通过视频连接或录像提供证据；在举证及交叉询问过程中准许使用录像证据，对于儿童被害人

---

① 联合国人权理事会第十六届会议通过的《买卖儿童、儿童卖淫和儿童色情制品问题特别报告员和暴力侵害儿童问题秘书长特别代表的联合报告》（联合国文件，A/HRC/16/56），United Nations Official Document，http：//www.un.org/en/ga/search/view_doc.asp?symbol = A/HRC/16/56&referer = http：//www.un.org/zh/documents/index.html&Lang = C ［2018 - 12 - 01］。

② 参见联合国预防犯罪和刑事司法委员会第十四届会议 2005 年 5 月 23 日至 27 日通过的《关于在涉及罪行的儿童被害人和证人的事项上坚持公理的准则》（联合国文件，E/CN.15/2005/L.2）第 29、32 段，V0584107.pdf，http：//www.un.org/chinese/documents/decl - con/chroncon.htm ［2018 - 12 - 01］。

③ 参见黄龙梅、周峰、薛淑兰《最高人民法院、最高人民检察院、公安部、司法部性侵害未成年人犯罪司法政策案例指导与理解适用》，人民法院出版社，2014，第 203 页。

④ 参见 2008 年预防犯罪和刑事司法委员会第十七次会议通过的《关于在涉及罪行的儿童被害人和证人的事项上坚持公理的准则实施情况》（联合国文件：E/CN.15.2008/11）第 24、25、26 段，United Nations OfficialDocument，http：//www.un.org/en/ga/search/view_doc.asp? symbol = E/CN.15/2008/11&referer = http：//www.un.org/zh/documents/index.html&Lang = C ［2018 - 12 - 01］。

等可以免受被告人交叉询问①；美国对儿童证人作证也予以特殊保护，1990 年《儿童受害人和证人保护法案》确立儿童具有通过闭路电视在法庭现场作证的权利。法庭认为在考虑公共政策与案件需要同时，应当保护儿童证人权利以使其免于受到"二次伤害"。甚至一些情况下，法庭对儿童证人保护应优于犯罪人与控告者面对面的权利。②

还有部分国家（地区）法律明文禁止被告本人亲自诘问性侵害儿童被害人，如澳洲昆士兰省"证据法"规定，被告不得亲自诘问性侵害被害人或儿童证人等受保护证人，应由被告合法代理人交互诘问。③我国台湾地区也实行"司法询问员"专人询问制度，犯罪嫌疑人与被告不得直接接触与诘问未成年被害人。还有的国家（地区）采取措施禁止儿童被害人或证人与被告人之间接触，如智利、爱沙尼亚、南非与西班牙。④上述各国（地区）的法律规定都体现了对未成年人的特殊对待与保护。

小　结

不论从国际社会对性侵害未成年人犯罪刑事政策严厉化的发展趋势看，还是从我国"宽严相济"基本刑事政策"严"的一面的要求，以及民众要求严厉惩治性侵害未成年人犯罪的呼声来看，"以零容忍的姿态打击性侵害未成年人犯罪，是民意的诉求，同样也是法治的要求"，不仅有着坚实的客观现实基础，又有刑事政策依据，也是"宽严相济"基本刑事政策严厉惩治严重刑事犯罪的体现。

近年来，国际社会在惩治性侵害未成年人犯罪刑事政策方面呈日趋严

---

① 麦克·马圭尔、罗德·摩根、罗伯特·赖纳等：《牛津犯罪学指南》（第 4 版），刘仁文、李瑞生等译，中国人民公安大学出版社，2012，第 365～366 页。

② Melvin Huang, Vishun：《美国儿童性侵害案件处理指南》，韩晶晶译，载黄尔梅、周峰、薛淑兰《最高人民法院、最高人民检察院、公安部、司法部性侵害未成年人司法政策案例指导与理解适用》，人民法院出版社，2014，第 283～284 页。

③ 参见高凤仙《性侵害及性骚扰之理论与实务》，五南图书出版股份有限公司，2016，第 231～232 页。

④ 参见 2008 年预防犯罪和刑事司法委员会第十七次会议通过的《关于在涉及罪行的儿童被害人和证人的事项上坚持公理的准则实施情况》（联合国文件，E/CN.15.2008/11）第 24、25、26 段，United Nations OfficialDocument, http：//www.un.org/en/ga/search/view_doc.asp? symbol = E/CN.15/2008/11&referer = http：//www.un.org/zh/documents/index.html&Lang = C［2018 - 12 - 01］。

厉化趋势。刑事立法方面扩大犯罪圈、降低入罪标准、扩展性侵害行为范围，形成严厉惩罚制度，对性侵害犯罪人实行特殊惩罚措施，如采用"化学阉割"等手段剥夺再犯能力，降低性侵害犯罪再犯风险；重视对未成年人进行特殊司法保护，形成"一站式"办案机制、未成年被害人诉讼关照制度等一系列特殊制度与机制，全面保护未成年人以实现"儿童利益最大化"。境外的部分成熟经验与制度、措施值得我国学习与研究，为构建我国性侵害未成年人犯罪严厉刑事政策提供参考和借鉴。

第六章　性侵害未成年人犯罪严厉刑事
政策构建（下）

性侵害未成年人严厉刑事政策是控制性侵害未成年人犯罪严峻形势进一步发展的重要手段。根据性侵害未成年人犯罪生成机制，犯罪生成第三阶段"催化剂"激化危险侵害人转化为现实犯罪人而实施犯罪是性侵害发生的关键。因此，在控制与预防性侵害未成年人犯罪策略中，需要针对此阶段采取严厉刑事政策，以法律预防为核心，完善刑事法律体系，从严惩治性侵害犯罪人；强化对被害人多元保护，重视被害预防等措施，阻断犯罪发生或再次发生。故而，本书从刑事政策刑法化、刑事司法从严化以及未成年人特殊司法保护制度化三方面着手，构建性侵害未成年人犯罪严厉刑事政策体系。

第一节　刑事政策刑法化

"没有刑法的刑事政策，必将沦为常识的刑事政策，而不切实际。同样地，没有刑事政策的刑事法学，必将只看到刑事法学的形式规定，而无法找寻其真正的灵魂。"[1] 刑事政策是国家、社会组织应对犯罪有组织、有目的的反应，其中，刑事政策"作为国家应对犯罪的正式反应方式，是以国家刑罚权为核心的国家公权力的运作"，刑法始终是其"核心、最高压区和最亮点"。[2] 因此，在性侵害未成年人犯罪严厉刑事政策中，性侵害未成年人犯罪刑法规定是最为重要的部分。

---

[1]　参见许福生《刑事政策学》，中国民主法制出版社，2006，第 17 页。

[2]　米海依尔·戴尔玛斯-马蒂：《刑事政策的主要体系》，卢建平译，法律出版社，2000，第 1 页。

根据"能动、理性、多元的总体立法方略"①，刑法应根据社会转型时期犯罪形势发展积极组织合理应对，依据防控犯罪需要适当增设新罪、适度扩大刑罚处罚，以活跃化立法和积极干预社会生活的姿态应对严峻的性侵害未成年人犯罪形势。立法的总体思路和罪刑设置建立在科学论证的理性选择上，响应民众对合法权益保护的要求但不盲从于舆论与民众情绪。在我国当前较为严峻的犯罪形势下，由于性侵害未成年人犯罪具有高再犯风险性、危害后果严重性以及对未成年人影响长远性等特点，以"未成年人优先"为价值导向的严厉刑事政策，对性侵害未成年人犯罪刑事立法的指导主要表现如下。其一，对未成年人利益从消极法益保护转向积极法益保护。从只有法益受到侵害时刑罚权才能启动，转向积极评估对未成年人法益可能存在的侵害风险并及时跟进，扩大性侵害未成年人犯罪的犯罪圈，确立相对较低的"入刑"标准。其二，在犯罪法律后果承担方面，从原来单纯注重事后犯罪惩罚转向重视犯罪事前预防，从以刑罚单一的法律结果承担形式，转向建立以刑罚为核心的包括保安处分在内的多元化处罚、监督制度；从单一对犯罪人的惩罚转向同时注重对未成年被害人的保护，使被害人保护成为社会承担法律后果的组成部分。

一　性侵害未成年人犯罪罪名体系化

"体系化是刑法不可舍弃的追求"②，对于性侵害未成年人犯罪罪名的体系化构建也自然是刑事政策的应然诉求。

（一）增加儿童色情制品犯罪

从国际社会对性侵害未成年人行为的分类，包括直接性接触与非直接性接触行为，可以分为三种，两大类：引诱或强迫未成年人参与任何不合法性活动，利用未成年人从事卖淫活动或其他非法性行为以及利用未成年人进行色情表演或以之为素材制作淫秽材料三种行为，包括性虐待、性剥削两大类，第一种属于性虐待，后两种属于性剥削。

---

① 周光权：《转型时期刑法立法的思路与方法》，《中国社会科学》2016年第3期。
② 杜宇：《刑法体系构建的三种思路——兼论"类型"的体系形成功能》，《浙江社会科学》2009年第7期。

当前，我国法律明确规定性侵害未成年人犯罪的罪名范围是 2013 年的《性侵意见》，该意见规定性侵害未成年人犯罪包括刑法规定的对未成年人实行的八种犯罪。① 从该意见内容看，我国性侵害未成年人犯罪规定主要偏重于直接性接触类型犯罪，集中于"引诱或强迫未成年人参与任何不合法性活动"的犯罪（性虐待），未能将"利用未成年人从事卖淫活动或其他非法性行为"类型的性剥削犯罪全面纳入。而且，对于"利用未成年人进行色情表演或以之为素材制作淫秽材料行为"类型的性剥削行为重视不够、规制不足，需要扩大性侵害未成年人犯罪圈。

我国作为联合国《儿童权利公约》和"儿童卖淫和色情制品任择议定书"签署国，以"未成年人优先"为宗旨，切实保护未成年人免受性剥削，注重在卖淫嫖娼组织、帮助犯罪领域以及色情制品犯罪中对未成年人权利的保护②，以全面履行缔约国义务。我国在提交给联合国的"关于《儿童权利公约》执行情况的第三、四次合并报告"的第九部分"色情剥削和性侵犯"中，对上述公约与任择议定书执行情况进行了专门汇报③，说明未成年人性剥削类犯罪，不论是卖淫类性剥削还是色情性剥削已引起我国政府重视。刑法规定了组织播放淫秽音像制品罪，并规定向不满 18 周岁未成年人传播淫秽物品的从重处罚；"两高"出台的三个相关司法解释④也进行了补充规定。但是，对于未成年人免受性剥削的特殊保护仍显单薄

---

① 《性侵意见》第 1 条规定包括：刑法第 236 条、第 237 条、第 358 条、第 359 条、第 360 条第 2 款规定的针对未成年人实施的强奸罪，强制猥亵、侮辱妇女罪［《刑法修正案（九）》后改为强制猥亵、侮辱罪］，猥亵儿童罪，组织卖淫罪，强迫卖淫罪，引诱、容留、介绍卖淫罪，引诱幼女卖淫罪，嫖宿幼女罪［《刑法修正案（九）》后删去，以强奸罪论处］等。

② 谢俊龙、田然：《我国刑法加强未成年人性权利保护的前度探寻》，《青少年犯罪问题》2016 年第 4 期。

③ 参见《中华人民共和国关于〈儿童权利公约〉执行情况的第三、四次合并报告》，中华人民共和国外交部，http://www.fmprc.gov.cn/web/ziliao_674904/tytj_674911/tyfg_674913/t738182.shtml［2018 – 05 – 30］。

④ 三个相关司法解释分别是最高人民法院、最高人民检察院《关于办理利用互联网、移动通信终端、声讯台制作、复制、出版、贩卖、传播淫秽电子信息刑事案件具体应用法律若干问题的解释》（法释〔2004〕11 号），最高人民法院、最高人民检察院《关于办理利用互联网、移动通信终端、声讯台制作、复制、出版、贩卖、传播淫秽电子信息刑事案件具体应用法律若干问题的解释（二）》（法释〔2010〕3 号），最高人民法院、最高人民检察院《关于利用网络云盘制作、复制、贩卖、传播 淫秽电子信息牟利行为定罪量刑问题的批复》（法释〔2017〕19 号）。

与不足，而且此类犯罪并未被纳入《性侵意见》的罪名群中，这与国际社会对此类犯罪的重视与相关要求，以及近年来性剥削犯罪迅速发展的形势是不相适应的。因此，建议扩大性侵害未成年人犯罪范围，补充性剥削未成年人和未成年人色情制品类型犯罪。

引诱未成年人聚众淫乱罪属于引诱或强迫未成年人参与任何不合法性活动，侵害未成年人的性自主权；制作、贩卖、传播淫秽物品罪中，不论是制作、复制、出版、贩卖、传播淫秽物品牟利罪，为他人提供书号出版淫秽书刊罪，还是传播淫秽物品罪、组织播放淫秽音像制品罪、组织淫秽表演罪，犯罪行为的内容与对象都可能涉及未成年人。如在淫秽物品、淫秽影像制品这些静态物品中，可能是利用未成年人进行色情表演或以未成年人为淫秽物品素材，这些行为或者直接侵害了未成年人权利，并且有诱发性侵害未成年人犯罪的危险，需要法律予以特别关注；传播淫秽物品罪、组织播放淫秽音像制品罪、组织淫秽表演罪这些动态行为有可能在内容和行为对象上都涉及未成年人，对未成年人会造成极大的伤害或者产生伤害未成年人的危险。[1] 因此需要将利用未成年人进行色情表演或以未成年人为色情制品素材的行为，单独制定为一类儿童色情制品犯罪。本书建议我国刑法将制作、生产、复制、出版、贩卖、传播儿童色情制品行为，从原来所在的制造、贩卖、传播淫秽物品罪中独立出来，单独设立制作、贩卖、传播儿童色情制品罪，并将浏览与持有儿童色情制品行为也纳入犯罪圈。由于浏览与持有行为或者是由制作、贩卖、传播等作为引发或者将产生上述作为，如没有证据证明积极作为的存在，则犯罪惩罚的就是此种静止状态。因此，将浏览与持有行为纳入刑法目的在于将侵害未成年人利益的风险扼杀在萌芽状态，也被理解为"刑法没有提供它选时预防观念的具体化"。[2]

在扩大罪名范围问题上可能有学者持不同意见并认为有违刑法的谦抑性。虽然，刑法"谦抑性原则对立法者而言具有指导作用，但不能成为限制立法权的工具"[3]，刑法的谦抑性并"不意味着只要不动用刑罚就是好的"。[4] 犯罪

---

[1]　于沛鑫：《性侵害未成年人等犯罪的从严评价体系》，《云南大学学报》（法学版）2014 年第 6 期。

[2]　转引自劳东燕《公共政策与风险社会的刑法》，《中国社会科学》2007 年第 3 期。

[3]　克劳斯·罗克辛：《德国刑法学总论》（第 1 卷），王世洲译，法律出版社，2005，第 24 页。

[4]　转引自刘淑珺《日本刑法学中的谦抑主义之考察》，载陈兴良《刑事法评论》，北京大学出版社，2008，第 313 页。

化的边界只能以国家的实际情况和犯罪惩罚的必要为其考虑，不同历史时期人们对违法、越轨行为的容忍程度也大相径庭，可能在过去认为观看、浏览儿童色情图片、音像只是个人情趣不高，属于个人私德问题，但在现代社会保护幼童是"任何一个有起码良知的负责的父母的愿望之一，也是当今世界任何国家的基本公共政策之一"。① 因此，这些行为已不是单纯道德层面问题，客观上已成为制作、复制、传播儿童色情制品等犯罪行为的动力源，主观上也侵犯了儿童保护的基本社会伦理情感。

"对于犯罪最强有力的约束力量不是刑罚的严酷性，而是刑罚的必定性……即使刑罚是有节制的，它的确定性也比联系着一线不受处罚希望的可怕刑罚所造成的恐惧更令人印象深刻。"② 因此，将儿童色情制品犯罪纳入性侵害未成年人犯罪圈不仅有着强烈的现实必要性，也是"未成年人优先"价值取向的要求与体现。

（二）性侵害未成年人犯罪独立成节

保护未成年人必须首先承认其作为人的存在。未成年人在传统观念中的形象被刻画成"弱小、可怜、依赖性强、未来才会成长为公民的物种；只是儿童，将在未来成长为人，可是暂时和现在都还不是"。③ 但是，尊严与人权是每个人被先天赋予的，未成年人与成年人一样是拥有尊严的重要人类。因此，"没有儿童只有人。儿童并非将要成为人，而是早已成为独立的人"。④ 对未成年人的优先保护首先要承认未成年人具有独立的地位与平等的权利。从承认与尊重未成年人独立的地位与权利出发，对未成年人性权益的保护应予以专门的刑法罪名规制体系。

如何从"未成年人优先"出发，在刑事立法中实现对未成年人性权利的特殊保护，在此参考杜宇教授提出的"类型思维"模式。杜教授认为，"类型"不仅可以是连接普遍与特殊、事实与价值的中介，而且也同时具

---

① 苏力：《司法解释、公共政策和最高法院——从最高法院有关"奸淫幼女"的司法解释切入》，《法学》2003 年第 8 期。

② 切萨雷·贝卡里亚：《论犯罪与刑罚》，北京大学出版社，2008，第 62 页。

③ 帕维尔·亚洛斯：《一种关于儿童权益和教育的国际性视角——雅努什·科扎克研讨会论文集》，何娟译，世界知识出版社，2015，第 49 页。

④ 帕维尔·亚洛斯：《一种关于儿童权益和教育的国际性视角——雅努什·科扎克研讨会论文集》，何娟译，世界知识出版社，2015，第 47 页。

备形式性外观与价值性内核，是一种"以形式为外观、以价值评价为内核的混合形态"。^① 由于类型化思维既可以"由形式特征的操作，帮助我们掌握外在的法律素材，也可以经由价值性的调整，传递法的理念与规范判断……适合在概念与原则的中间地带发挥作用，充任某种体系结合的中介装置"。^② 以此思维视角思考发现，性侵害未成年人犯罪既具有类型化的外在形式特征，也有侵害未成年人性权利、危害未成年人身心健康、威胁人类社会对未成年人最大利益保护的价值核心；不仅是对作为独立个体人的基本人身权利的侵害，更是对人类社会最为珍视的儿童（未成年人）权利的侵害。因此，性侵害未成年人犯罪是一种独立类型的犯罪。

借此考虑，本书建议在现有刑法篇章结构上进行调整与修改，改变现有性侵害未成年人犯罪罪名的分散模式，直接在刑法某一章下单独设立一节内容，将性侵害犯罪中涉及未成年人犯罪的独立出来，制定专门"性侵害未成年人犯罪"一节内容，这样更具有现实可操作性与合理性。由于此类犯罪侵害的是未成年人的性自主权与身心健康，属于人身权利内容，因此，性侵害未成年人犯罪独立为一节罪名，单独放在刑法分则第四章"侵犯公民人身权利、民主权利罪"之下较为合理，也能够清晰体现此类犯罪法益保护的内容。

独立成一节"性侵害未成年人犯罪"的罪名群应包括三种类型：引诱或强迫未成年人参与任何非法的性活动犯罪、剥削利用未成年人从事卖淫或其他非法性行为类犯罪以及剥削利用未成年人从事色情表演和充当淫秽素材类犯罪。第一类"引诱或强迫未成年人参与任何非法的性活动犯罪"应包括的罪名有：强奸未成年人罪，强制猥亵、侮辱未成年人罪，猥亵儿童罪，引诱未成年人聚众淫乱罪；第二类"剥削利用未成年人从事卖淫或其他非法性行为类犯罪"应包括：组织、强迫未成年人卖淫罪，引诱、容留、介绍未成年人卖淫罪，引诱幼女卖淫罪；第三类"剥削利用未成年人从事色情表演和充当淫秽素材类犯罪"可以包括：制作、贩卖、传播儿童色情制品罪，浏览、持有儿童色情制品罪。

---

① 杜宇：《刑法体系构建的三种思路——兼论"类型"的体系形成功能》，《浙江社会科学》2009 年第 7 期。

② 杜宇：《刑法体系构建的三种思路——兼论"类型"的体系形成功能》，《浙江社会科学》2009 年第 7 期。

二 性侵害未成年人犯罪罪状完善

(一) 明确性侵害客观行为

犯罪认定中，最为重要的是对核心犯罪行为的界定与理解。有关性侵害犯罪基本上是围绕"奸淫"、"猥亵"与"卖淫"这三个核心犯罪行为而建立的犯罪群。而这些行为在不同社会、历史时期人们的理解与认识也不一致，往往依赖于伦理评价与社会价值观念的共识才能得以客观地理解。[①] 在现代社会，尤其是各种新型犯罪方式层出不穷的今天，如何准确界定上述客观行为具有重要现实意义。

1. 拓宽强奸罪中"奸淫"行为外延

前文已经说明，我国当前对"奸淫"采取的"阳具中心性交观"，是基于传统父权社会中传统贞操观，已经滞后于现代社会对公民性自治权保护的理念。世界大多数国家与地区，近年来对该行为的界定基本上都已抛弃此传统观点，采用建立在现代男女平等拥有性自主权利之上的广义性行为观，突破了侵害人与受害人必须是异性之间的界定，也可以是同性之间的侵害；突破了行为实施必须是性器官之间，也可以是身体其他部位的接触。因此，我国刑法界定，也应适应现代社会发展进行修改与完善。

建议对性侵害"奸淫"行为的外延范围重新界定为：行为人基于性的意愿侵入被害人（包括异性也包括同性之间）身体，该侵入行为包括以性器官进入被害人身体任何一部位，或以身体任何部位或者任何物体进入被害人的生殖器官或其他任何部位。

此界定扩大了"奸淫"行为主体与对象之间的范围，不再仅限于异性之间，也包括同性之间，不限于男性侵害女性，也包括女性侵害男性；侵入行为不再限于性器官侵入生殖器官行为，也包括身体其他部位的侵入，甚至包括利用其他物体侵入被害人身体任何部位的行为。但是，该侵入行为必须是行为人基于性意愿下实施的行为，这样就区别于一般的伤害行为。

---

① 参见梁根林《刑事政策：立场与范畴》，法律出版社，2005，第305页。

2. 清晰猥亵儿童罪"猥亵行为"界定

猥亵儿童罪在我国性侵害未成年人犯罪中，目前属于案发率最高的一类犯罪。在本书统计中，猥亵儿童罪占到 38.8%，还不包括 3.9% 的强制猥亵、侮辱妇女罪［《刑法修正案（九）》生效前］与强制猥亵、侮辱罪［《刑法修正案（九）》生效后］。并且"猥亵行为"性质日趋恶劣，行为表现也越来越多样化，除了对未成年人采取抚摸、亲吻、肢体磨蹭等身体直接接触行为外，还有用淫秽语言挑逗、要求裸露身体或向其露体；拍摄、录制裸体照片、视频，强迫观看色情电影、录像，进行网络在线视频裸聊等非身体接触行为。[①] 如 2017 年辽宁大连市检察院对犯罪嫌疑人何某某利用社交网络猥亵儿童行为以涉嫌猥亵儿童罪批捕。[②] 犯罪嫌疑人利用与被害少女在虚拟网络空间中"接触"的机会实施猥亵，这是网络信息时代性侵害未成年人的新形式，这类非身体直接接触型的网络性侵害行为与现实生活中发生的性侵害行为的危害后果一样，同样能对未成年人身心造成严重伤害。因此，对"猥亵行为"的清晰界定与统一认识具有重要的司法实践价值。

我国法律并未界定何为"猥亵"，不论是刑法、司法解释还是治安管理法都没有明确界定，司法实践中对此行为长期以来的理解与认定不一。1957 年最高法发布的《1955 年以来奸淫幼女案件检查总结》对奸淫幼女与猥亵幼女进行了区别概括[③]，将"猥亵"认定为性交以外的满足性欲的行为。因此，司法实践中对此行为通常理解为："以刺激或者满足性欲为目的，用性交以外的方式对被害人实施的淫秽行为，客观上包括抠摸、舌

---

① 辽宁省首例社交网络猥亵儿童案件，2017 年 6 月，不满 14 周岁的小丹、小雪、小琳（均为化名）在何某言语恐吓威胁下，先后被迫模仿不雅动作并与其视频裸聊。据称，此案是辽宁省首例社交网络猥亵儿童案，日前，法院判何某犯猥亵儿童罪，判处有期徒刑 3 年。参见《男子利用网络猥亵 3 名儿童　逼迫模仿不雅动作并裸聊》，http：//ln. qq. com/a/20180119/003368. htm［2018 - 05 - 30］。

② 邢红枚：《强化国家和社会责任　防治网络性侵儿童》，《中国妇女报》2017 年 8 月 30 日，第 B01 版。

③ 《最高人民法院 1955 年以来奸淫幼女案件检查总结》将奸淫幼女与猥亵幼女之间的区别概括为："将犯罪者主观犯罪意图和客观犯罪行为结合考察。犯罪者意图同幼女性交，并且对幼女实施性交行为，是已遂的奸淫幼女罪。如果犯罪者意图用生殖器对幼女的外阴部进行接触，并且有了实际接触的，也按照已遂的奸淫幼女论罪，但认为比实施了性交行为情节较轻。至于犯罪者意图猥亵，而对幼女实施性交以外的满足性欲的行为（如抠、摸、舔幼女阴部，令幼女摸、含、舔自己的生殖器等），则按猥亵幼女论罪。"

舔、吮吸、亲吻、手淫、鸡奸等行为方式。"① 但这种理解在司法实践中存在争议，如 2017 年江苏常州发生的一起女教师猥亵儿童案件，被告女教师黄某因为与 13 岁男童多次发生性关系被法院认定构成猥亵儿童罪。在该案件中，法院将女性与儿童发生"性行为"认定为"猥亵"，与原有的观点又形成冲突，不禁让人对"猥亵"的认识又心生疑虑。

我国台湾地区"释字第 617 号解释"认为："所谓猥亵，客观上足以刺激或满足性欲，其内容可与性器官、性行为即性文化之描绘与论述联结，且须以引起普通一般人羞耻或厌恶感而侵害性的道德感情，有碍于社会风化者为限"②；并在判例中进一步解释认为猥亵行为系指奸淫以外有关风化之一切色情行为，如"1974 年台上字第 2235 号判例"提出，猥亵罪系"指奸淫以外，足以兴奋或满足性欲之一切色情行为"。③ 依据上述内容，我国台湾地区的"猥亵行为"要件可以归纳为：非性交行为，足以刺激或满足性欲的行为。这也是台湾地区大多数学者支持的观点④；还有学者认为应具备："引起普通一般人羞耻或厌恶感而侵害性的道德感情"⑤ 以及"有碍于社会风化"。⑥ 从整体上看，前些年司法实务中台湾地区采取较为严格的成立意见，但由于近年来强吻、袭胸、袭臀等案件迭起，越来越多的学者建议对"猥亵行为"认定采用较为宽松的解释。

日本对"猥亵"的理解，一直是采用日本最高裁判所判例所确定的"兴奋、刺激或满足性欲，且有侵害一般人正常的性羞耻心、违反善良性道义观"。⑦ 我国台湾地区"法律"也没有明确定义"猥亵行为"，但在司法实务中是由

---

① 参见赵俊甫、王钰：《吴茂东猥亵儿童案——如何认定"猥亵"和界分猥亵行为与猥亵违法行为以及在教室讲台实施的猥亵是否属于"在公共场所当众猥亵"》，载中华人民共和国最高人民法院刑事审判第一、二、三、四、五庭《刑事审判参考》（总第 89 集），法律出版社，2014，第 68 页。
② 参见高凤仙《性侵害及性骚扰之理论与实务》，五南图书出版股份有限公司，2016，第 603 页。
③ 转引自高凤仙《性侵害及性骚扰之理论与实务》，五南图书出版股份有限公司，2016，第 603~604 页。
④ 卢映洁：《由强吻案谈起——论我国"刑法"第 224 条强制猥亵罪之猥亵行为的界定》，《台湾法学》2003 年第 42 期。
⑤ 许玉秀：《强吻非强制猥亵？》，《月旦法学杂志》2002 年第 90 期。
⑥ 参见甘添贵《强吻与猥亵》，《月旦法学教室》2003 年第 4 期；蔡墩铭《刑法精义》，翰芦图书出版有限公司，2005，第 545 页。
⑦ 参照日本最高裁判所 1951 年 5 月 10 日判决，刑集 5 卷 6 号，第 1026 页，转引自余振华《对性犯罪之刑罚规定的再检讨》，《月旦法学杂志》2003 年第 96 期。

司法解释及判例进行确定。

"猥亵行为"认定以伦理评价与社会价值观念为认识基础，不论采用的方式随着时代与技术的发展会有怎样层出不穷的新形式与新表现，都必须考虑具备主观认识和客观事实两方面因素。一方面，主观上，"行为人应出于寻求刺激、满足性欲的动机而实施猥亵；另一方面，客观上行为应当是足以刺激或满足性欲，并引起普通人羞耻或厌恶感而侵害性的道德感情的行为。"① 因此，性侵害未成年人犯罪中"猥亵行为"建议界定为：以满足行为人性欲为目的采用性交行为以外的，对未成年人实施的危害未成年人身心健康及性权利正常发展的、有违一般民众性羞耻心或善良道德观的行为。

3. 准确认识"卖淫"行为

性侵害未成年人犯罪中，组织、强迫卖淫罪属于危害性较大的性剥削未成年人犯罪类型，在此类犯罪中如何界定"卖淫"是犯罪认定的核心关键内容。我国有关卖淫类犯罪的规定，主要集中于全国人大常委会1991年通过的《关于严禁卖淫嫖娼的决定》与国务院1993年发布的《卖淫嫖娼人员收容教育办法》。但上述法律与法规均未见卖淫嫖娼的定义，也没有对"卖淫"进行说明与解释。

近年来，司法实践中非性交色情服务案件引发的争议此起彼伏，形成了"同案不同判"的尴尬局面。如2004年福建福清法院将审理的汤某等人按摩店手淫服务案认定为容留卖淫罪，而在2008年重庆黔江法院审理的庞某涉嫌在会所进行色情按摩一案中，却未判定构成协助组织卖淫罪；广东江门法院在2013年审理的一桩组织卖淫罪中，又将手淫服务认定为卖淫行为。② 甚至在同一件案件中，不同级别法院认定意见也不一致，如广东东莞法院审理的朱某保介绍、容留多名妇女为他人提供手淫服务案③中，一审认定无罪，二审法院认定构成犯罪，但在向省人民

---

① 参见赵俊甫、王钰《吴茂东猥亵儿童案——如何认定"猥亵"和界分猥亵行为与猥亵违法行为以及在教室讲台实施的猥亵是否属于"在公共场所当众猥亵"》，载中华人民共和国最高人民法院刑事审判第一、二、三、四、五庭《刑事审判参考》（总第98集），法律出版社，2014，第68页。

② 参见舒锐《司法应对"卖淫"作出合理解释》，中国法院网，https://www.chinacourt.org/article/detail/2013/06/id/1018519.shtml［2016 - 05 - 29］。

③ 一审案号：〔2007〕东法刑初字第4803号；二审案号：东中法刑终字第110号。

法院请示后批复认为不宜以介绍、容留妇女卖淫罪论，建议由公安机关处理。①

上述案件之所以引发争议，在于司法部门对"卖淫"行为认识不清。出现这种情况并非偶然，我国缺乏对"卖淫"行为统一明确的界定与认识。现有相关司法与行政部门文件对有关非性交色情服务行为认定存在混乱、不一致，如有的政府文件与司法答复认为"手淫"等色情服务属于"卖淫"行为②，都认为"卖淫"是异性之间的金钱交易，是一方为满足另一方性欲而提供性服务的行为；至于采用何种具体性行为方式均不影响对"卖淫"的认定。与上述认识相反，下列司法与行政部门文件认为提供"手淫色情服务"不属于"卖淫"：最高法《关于"程梅英涉嫌组织卖淫案"的批复》（〔2008〕刑他复字第 38 号）③、广东省高级人民法院《关于被告人朱承保介绍容留卖淫案适用法律问题的批复》（2008 年 1 月 28 日，答复东莞市中级人民法院）④、《浙江省高级人民法院刑一庭、刑二庭关于执行刑法若干问题的具体意见（三）》（浙高法刑〔2000〕3 号）⑤ 以及上海市公、检、法、司《关于查处卖淫嫖娼案件若干问题的意见》〔〔94〕沪

---

① 参见陈旭均、蒋小美《提供手淫"服务"不构成介绍、容留卖淫罪》，《人民司法》2008 年第 16 期。

② 政府文件与司法答复认为手淫等提供色情服务属于卖淫行为，包括《公安部关于对同性之间以钱财为媒介的性行为定性处理问题的批复》（公复字〔2001〕4 号）、《公安部关于以钱财为媒介尚未发生性行为或发生性行为尚未给付钱财如何定性问题的批复》（公复字〔2003〕5 号）、《国务院法制办对浙江省人民政府法制办公室〈关于转送审查处理公安部公复字〔2001〕4 号批复的请示〉的复函》（国法函〔2003〕155 号）、《最高人民法院关于如何适用〈治安管理处罚条例〉第三十条规定的答复》（行他字〔1999〕第 27 号，答复重庆市高院）以及上海市检察院《关于容留他人手淫能否定容留卖淫罪的批复》（2003 年 10 月 23 日，答复宝山区院研究室）。

③ 《最高人民法院关于"程梅英涉嫌组织卖淫案"的批复》（2008）刑他复字第 38 号，答复福建省高级人民法院，该批复认为："组织他人提供手淫服务在立法机关未作出有权解释之前，以行政处罚为宜。"

④ 广东省高级人民法院《关于被告人朱承保介绍、容留卖淫案适用法律问题的批复》（2008 年 1 月 28 日，答复东莞市中级人民法院），2018 年 1 月 28 日广东省高级人民法院最后批复认为："被告人朱承保以营利为目的，介绍、容留妇女为他人提供手淫服务的行为，刑法无明文规定为犯罪行为，不宜以介绍、容留妇女卖淫罪论。建议由公安机关适用《治安管理处罚法》进行处理。"

⑤ 《浙江省高级人民法院刑一庭、刑二庭关于执行刑法若干问题的具体意见（三）》（浙高法刑〔2000〕3 号），该意见第 11 条规定：组织、强迫、引诱、容留、介绍卖淫罪规定的"卖淫"，不包括性交以外的手淫、口淫等行为。

公（办）121 号]①，这些文件均未将"手淫色情服务"认定为"卖淫"，而且对卖淫行为的具体范围又存在不同解释。

所有法律、法规都认可"卖淫"是一种为满足性欲的金钱性交易行为，性交易双方可以是异性也可以是同性，对性服务提供者与接受者的性别不再有限定②，如 2003 年轰动一时的南京同性卖淫案也被认定为犯罪。但是，如何理解与认识提供性服务的内容，迄今为止还是仅限于性交、肛交等直接性接触，即使在认可提供"手淫""口淫"属于"卖淫"的文件与答复中，也未脱离直接性接触这一标准。但在网络通信技术较为发达的今天，司法实践中强迫未成年人现场"真爱秀"、提供网络视频、电话在线"裸聊"、模仿不雅举动等色情服务等，更是远远超出了今天有关"打飞机""洗飞机""胸推"等争议与认识的范围。在网络信息技术已融入日常生活方式的今天，与性相关的服务类型日趋多样化，甚至脱离现实社会与网络虚拟社会相结合，对"卖淫""性服务"的界定也应以社会技术快速发展的社会现实为认识基础。

因此，建议对"卖淫"行为认定基于社会现实并具有一定的前瞻性认识，由于对"卖淫"、性服务的认定有赖于不同社会历史时期社会伦理价值判断与性观念的发展与变化，而且与性相关的行为具有多样性与变动性，对"卖淫"行为认定不宜采取明确的文字表述方式予以限制。建议采用概括性规定，但是必须具备以下条件：

（1）主观方面，"卖淫行为"必须是为了满足性欲需求或兴奋刺激，判断标准取决于不同社会历史时期"性"的客观意义；

（2）客观方面，"卖淫行为"或提供性服务行为可以有两种形式表现：一种是具有直接身体接触的性行为，包括性器官进入行为也包括任何部位或肢体与性器官的进入或接触行为；另一种是包括使提供性服务人在接受

---

① 上海市公、检、法、司《关于查处卖淫嫖娼案件若干问题的意见》［〔94〕沪公（办）121 号］，该意见认为："卖淫嫖娼是指不特定的男女之间通过金钱、财物或其他利益的媒介发生性行为（包括性交、口淫、肛交，下同）的活动"。

② 在 1992 年最高人民法院、最高人民检察院发布的《关于执行〈全国人民代表大会常务委员会关于严禁卖淫嫖娼的决定〉的若干问题的解答》的通知（法发〔1992〕42 号，高检会〔1992〕36 号）对《关于严禁卖淫嫖娼的决定》中提到的"他人"应当怎样理解的答复中，认为组织、协助组织、强迫、引诱、容留、介绍他人卖淫中的"他人"，主要是指女人，也包括男人。在此司法解释中对提供卖淫服务者性别扩大为男性。（备注：该《解答》已于 2013 年 1 月 18 日被废止）。

性服务人面前实行性行为或者模拟性行为等非直接接触行为方式；如果不具有临近的时空关系，如通过网络视频、"电话性爱"等仍属于提供性服务，但是要求提供的性服务行为必须为接受性服务人所察觉并具有同时性，否则不属于卖淫行为。

（二）扩大犯罪对象范围

《世界人权宣言》第 1 条就规定：人人生而自由，在尊严和权利上一律平等。这一平等、无歧视原则在《经济、社会和文化权利国际公约》和《儿童权利公约》① 中均得到一再重申。国际公约一直表达了这样的思想，即儿童（未成年人）不能因其天然条件（包括其自身的和父母的因素）而受到任何形式的歧视②，其中也包括因性别不同而受到保护的不平等。我国《宪法》第 48 条、第 49 条规定了妇女、儿童享有平等的权利与受保护的权利③，《未成年人保护法》也规定未成年人平等地享有权利④，其中当然包括得到平等保护的权利。

当前我国刑法中强奸罪的犯罪对象仅限于女性，并且在对未成年人的特殊保护中，刑法规定猥亵对象为儿童的可以依据强制猥亵、侮辱罪从重处罚，但是猥亵儿童罪的保护对象仅限于 14 周岁以下的儿童，不包括 14 周岁至 18 周岁的未成年人，因此，现有规定未能全面体现对未成年人的平等保护。

在其他国家与地区对有关性侵害未成年人犯罪对象的规定中，大陆法系和英美法系大部分国家都已修改刑法，将强奸罪保护对象扩大至男性。我国台湾地区在 1999 年"刑法"修订中，删除强奸罪以强制性交罪代替，并将强制行为对象扩大为所有男性与女性，规定"对于未满 14 岁之男女

---

① 参见《儿童权利公约》第 2 条、第 7 条、第 8 条、第 23 条、第 30 条。
② 参见王雪梅《儿童权利论——一个初步的比较研究》，社会科学文献出版社，2005，第 75 页。
③ 《宪法》第 48 条规定，"中华人民共和国妇女在政治的、经济的、文化的、社会的和家庭的生活等各方面享有同男子平等的权利"；第 49 条规定，"婚姻、家庭、母亲和儿童受国家的保护"。
④ 《未成年人保护法》第 3 条第 1 款规定："未成年人享有生存权、发展权、受保护权、参与权等权利，国家根据未成年人身心发展特点给予特殊、优先保护，保障未成年人的合法权益不受侵犯。"第 3 条第 3 款规定："未成年人不分性别、民族、种族、家庭财产状况、宗教信仰等，依法平等地享有权利。"

为性交者，构成与稚童性交罪"，"对于 14 岁以上未满 16 岁之男女为性交者，构成与幼年人性交罪"①；我国香港和澳门地区刑事立法也规定男、女均可成为性犯罪的侵害对象。② 在周边国家立法情况中，2017 年前仅有日本刑法典还坚持强奸罪的对象仅仅为女性③，但是在 2017 年 6 月刑法修改后，强奸罪改为强制性交，犯罪对象也扩大，包括男性。④

我国普通民众对于性侵害对象是否应包括男性的问题上持什么态度呢？据笔者面向全国 23 个省（区、市）的民众进行问卷调查得知，有89% 的受调查对象在征求对性侵害男性入刑的意见时，持非常支持或支持的态度（见表 6-1），说明在男女平等意识已深入人心的时代，对男性性权利平等的保护也具有社会现实基础与必要性。

表 6-1 民众对性侵害男性入刑的态度（问卷调查）

单位：人，%

	人数	百分比
非常支持	1279	59
支 持	634	30
对此不关心	178	8
不支持	60	3
合 计	2151	100

因此，从未成年人平等保护原则出发，建议对我国现有性侵害未成年人犯罪相关罪名罪状进行修改完善，将《刑法》第 236 条强奸罪侵害对象从"妇女"扩大为"他人"，包括男性与女性；奸淫对象"幼女"修改扩大为"14 岁以下未成年人"；《刑法》第 237 条第 2 款猥亵儿童罪侵害对象"儿童"修改扩大为"未成年人"，并改为猥亵未成年人罪；《刑法》第

① 参见林山田《刑法各罪论》（上册·修订五版），元照出版有限公司，2006，第 224～245 页。
② 谢俊龙、田然：《我国刑法加强未成年人性权利保护的前度探寻》，《青少年犯罪问题》2016 年第 4 期。
③ 日本刑法典第 177 条规定，"以暴行或者胁迫手段奸淫 13 岁以上女子的，是强奸罪，处 2 年以上有期惩役。奸淫未满 13 岁的女子的，亦同"。转引自西田典之《日本刑法各论》，刘明祥、王昭武译，武汉大学出版社，2005，第 64 页。
④ 姚培培：《2017 年日本刑法立法动向：性犯罪大幅度修改、"共谋罪"7 月 11 日起实施》，http://article.chinalawinfo.com/ArticleFullText.aspx? ArticleId=100247［2018-05-30］。

359 条第 2 款引诱幼女卖淫罪中的"幼女"修改为"未成年人",改为引诱未成年人卖淫罪。修改后不仅能实现对未成年人的男女平等保护,而且将 14～18 周岁的未成年人也纳入特殊保护范围,这也是"未成年人优先"价值取向的实指与体现。

三 建立针对性刑罚制度

最高法在贯彻"宽严相济"刑事政策的意见中就曾提出,严惩严重犯罪、惯犯、再次犯罪的故意犯罪人;《性侵意见》也规定,"对于强奸未成年人的成年犯罪分子判处刑罚时,一般不适用缓刑",体现了真正服刑的刑事政策。通过"威慑降低累犯是真正服刑政策追求的一个重要目标"[①],说明我国法律也开始重视对性侵害犯罪再犯的预防。

德国刑法学家耶塞克在概括世界刑法改革运动时谈道:"保护全体民众,不受危险罪犯侵害的思想,在现代刑事政策中完全肯定下来了。"[②] 司法实践中,性侵害犯罪是所有犯罪行为中再犯风险较高的类型,而且不具有一般其他人身暴力犯罪随着犯罪者年龄增长再犯可能性逐渐降低的特点;再者,即使性侵害犯罪人"多半监禁至刑期期满(未获假释),出狱后再犯机会仍然偏高。这也显示传统矫正或是监禁本身,无法减少该类犯罪的再度发生"。[③] 这说明对于具有较强人身危险性的性侵害犯罪人,单纯采用现有刑罚效果式微,难以起到很好地预防再犯的效果。因此,性侵害未成年人犯罪刑罚制度应针对此类犯罪特点建立。基于我国此类犯罪具有再犯率高、多为熟人作案、家庭成员与特殊身份人员(师源性、公职人员)性侵害占一定比重的特点,在此认识基础上进一步调整与完善我国性侵害未成年人犯罪刑罚制度。

(一) 增加特殊累犯

刑事政策之所以较为关注累犯问题,是因为这类犯罪人在刑罚执行完

---

① 参见翟中东《国际视域下的重新犯罪防治政策》,北京大学出版社,2010,第 111 页。

② 汉斯·海因里希·耶塞克:《世界性刑法改革运动概要》,何天贵译,《法学译丛》1981 年第 1 期。

③ 参见杨士隆、郑添成、陈英明《性犯罪者之处遇与矫治制度》,《月旦法学杂志》2003 年第 96 期。

毕后，"又再三犯罪，这种再三犯罪，从特别预防的角度来看，意味着前罪的刑事处分完全没有效果。因此，有必要选择加重其刑或变更处遇的形式"。①

近年来，世界各国对累犯处罚尤其是性侵害犯罪累犯的严厉化惩罚尤为突出，如美国的"三振出局"法，加拿大的《惯犯法》《性危险犯法》等都对此类犯罪再犯予以加重处罚。有学者认为，"一个累犯对社会的危害性大于三个初犯……是'犯罪的癌症'"。② 鉴于性侵害未成年人犯罪的危害性与再犯的高危险性，对此类犯罪予以严惩已成各国共识，对该类犯罪中的累犯——危险中的危险人群——加重于一般犯罪人处罚也为大多数国家所施行。

由于在性侵害未成年人犯罪中，有过性侵害犯罪记录的犯罪人随着年龄增加其犯罪性改变不显著，再次实施性犯罪风险仍较高，如果仅是作为一般累犯予以 5 年时间的限制，而超过 5 年时间仍有相当一部分性侵害犯罪人具有较大再犯风险，则对此部分犯罪人无法从重处罚，预防再次犯罪效果不明显。因此，建议将性侵害未成年人犯罪作为特殊累犯，不受上述 5 年的时间限制。

建议扩大特殊累犯范围并采用加重处罚。早在 1996 年 7 月，我国公安部修改刑法领导小组办公室在《关于完善刑罚种类与刑罚制度的建议》就提出，由于累犯主观恶性深、人身危险性大，而且所造成的社会危害也大于初犯，要求对累犯采用加重处罚原则，还建议增加拐卖妇女儿童等犯罪为特殊累犯。③ 我国"宽严相济"刑事政策也要求："对于社会危害大……以及主观恶性深、人身危险性大的被告人，要依法从严惩处。"④ 由于性侵害未成年人犯罪具有严重危害性与较高的再犯风险，因此应参考借鉴公安部完善刑罚制度的建议，将性侵害未成年人犯罪增加为特殊累犯，对于此类犯罪初次累犯，采取从重处罚或者加重宣告刑 1/3 以下刑罚处罚；对于

① 大谷实：《刑事政策学》，黎宏译，法律出版社，2000，第 393 页。
② 储槐植：《美国刑事政策趋向》，《北京大学学报》（哲学社会科学版）1985 年第 3 期。
③ 参见高铭暄、赵秉志《新中国刑法立法文献资料总览》（第 2 版），中国人民公安大学出版社，2015，第 1273 页。
④ 《最高人民法院印发〈关于贯彻宽严相济刑事政策的若干意见〉的通知》，中华人民共和国最高人民法院，http://www.court.gov.cn/zixun-xiangqing-174.html［2017-05-30］。

多次累犯，应当加重宣告刑 1/2 以下刑期或由有期徒刑加重到无期徒刑。这也是在基本刑事政策原则指导下基于性侵害未成年人犯罪的特点，提出的有针对性的刑罚应对措施。

（二）从重处罚特殊身份人员犯罪

据本书对我国性侵害未成年人案件分析发现，犯罪人与被害人之间具有熟人关系的占到 60%（见表 1 - 21），有 3.7% 左右的性侵害人是学校教师或学校职工（见表 1 - 8），还有部分侵害人具有国家工作人员身份（见表 1 - 7）。社会公益组织"女童保护"对近年来媒体公开报道的性侵害儿童案件统计，也具有相似发现。[①]

对于具有公职身份或其他特殊身份人员性侵害未成年人，虽然《性侵意见》要求依法从严惩处，并将国家工作人员列为从重处罚对象。但该意见并未将引诱未成年人聚众淫乱、引诱幼女卖淫等犯罪，以及"剥削利用未成年人从事色情表演和充当淫秽素材类犯罪"纳入特殊主体从重处罚的范围。而近年来性侵害未成年人犯罪具有新的发展趋势，利用未成年人从事色情表演与充当淫秽素材类的犯罪"异军突起"。近年来，一系列利用网络传播平台和互联网社交媒介制作、传播淫秽物品牟利案件井喷而出，如深圳快播科技有限公司传播淫秽物品牟利案、斗鱼 TV 直播平台"造娃娃"事件、福建龙岩微信群传播淫秽物品牟利案等，相当一部分是利用未成年人进行色情表演或者是以未成年人为传播对象的犯罪，其中也不乏具有特殊身份人员利用对未成年人的影响力而实施上述行为。因此，对此部分具有特殊身份的人员实施以上行为也应该从严惩治。在性侵害未成年人犯罪一节中，建议专门规定："对未成年人负有特殊职责的人员、与未成年人有共同家庭生活关系的人员、国家工作人员或者冒充国家工作人员，实施性侵害未成年人犯罪的从重惩处。"

（三）采纳"化学去势"为特殊惩罚措施

性侵害犯罪原因的复杂性，如犯罪人个体所具有特殊的心理、人格、

---

① 《2016 年性侵儿童案件统计及儿童防性侵教育调查报告发布》，http://www.wgcmw.com/news/content_19661.htm ［2018 - 05 - 30］。

精神方面因素，导致性侵害犯罪尤其是恋童癖等类型犯罪具有较高的再犯率。西方的体质生物学认为睾酮与性犯罪之间具有密切联系，在"睾酮水平表现出病理性改变的人，以及激素水平产生感应性改变的人中，睾酮分泌与行为之间联系明显，循环的睾酮的大量增加会增加人的攻击性与性欲"①，这点在性侵害犯罪人身上表现得尤为明显。如 2008 年发生于上海的庞某猥亵儿童案中，犯罪人庞某在此之前已性侵害 20 多名幼女，也因此曾被 5 次判刑、1 次劳动教养，服刑、服教时间累计长达 17 年。但当其 2008 年第 7 次因性侵害儿童而再次被处罚时仍声称不会悔改。② 由于这类犯罪人即使刑满释放后再犯可能性也极大，但在现有法律体系下法院每次也只能顶格对其判处数年的有期徒刑，无法切实起到严厉惩罚与预防再次犯罪的效果。从当前司法实践中存在的困境可见，如果此类特殊性侵害犯罪人服刑期间缺乏特殊矫治、刑满释放后没有重点管控，无异于在未成年人家庭周围埋下定时炸弹，将严重威胁未成年人的安全。

　　如何将性侵害犯罪人区别于一般刑事犯罪人对待，尤其是对此类犯罪再犯高危人群的惩处，世界各国都在积极探索。但不论是对性侵害犯罪人予以心理矫正治疗还是强制社会隔离，都面临着"治疗成效"与惩戒效果的挑战。因此，以生物医学模式为降低性侵害犯罪人再犯的风险配套措施，逐渐受到各国司法、精神与心理学者的关注，特别是采用药物介入对严重性侵害犯罪人进行治疗，其中降低性荷尔蒙水平抑制性冲动的方法被认为是当前身心治疗的替代方案，这类方法在司法系统中被称为"化学去势"，即使用荷尔蒙药物抑制性欲，也是适用于特殊性侵害犯人的一种处罚或矫正预防措施。③ 一般认为"化学去势"是一种可逆转治疗，在停止

---

① 参见吴宗宪《西方犯罪学》（第 2 版），法律出版社，2006，第 208 页。
② 该案被告人庞某，1961 年出生，居住上海市闵行区紫藤一村，汉族，小学文化，无业。1981 年 3 月，其因犯奸淫幼女罪被判处有期徒刑 3 年，1985 年 1 月，因流氓行为被劳动教养 3 年，1989 年 2 月，因犯流氓罪被判处有期徒刑 3 年，1992 年 11 月，因犯流氓罪被判处有期徒刑 2 年，1996 年 6 月，因犯流氓罪被判处有期徒刑 3 年，2003 年 9 月，因犯猥亵儿童罪被判处有期徒刑 3 年，2006 年 6 月刑满释放，2008 年 1 月又因猥亵两名幼女被捕，2008 年 12 月，上海闵行区人民法院认定庞某构成猥亵儿童罪，判处有期徒刑 4 年 6 个月。参见周波、庞一超《从一起案例谈猥亵儿童犯罪的惩治、预防及法律完善》，载最高人民法院刑事审判第一、二、三、四、五庭《刑事审判参考》，法律出版社，2014，第 252 页。
③ 参见高凤仙《性侵害及性骚扰之理论与实务》，五南图书出版股份有限公司，2016，第 329 页。

注射或口服抗睾酮药物后，人体相关机能可以恢复，这一特点与外科去势（物理去势）相比更没有侵入性，公众与人道主义组织在心理上也更容易接受。

近年来，越来越多的国家采用去雄性激素药物治疗性罪犯，以控制犯罪人性偏差行为，实质是在性侵害犯罪较大的再犯危险与犯罪风险下，刑罚由事后控制转向事前矫正预防策略的体现。尽管"化学去势"在英、美等国实行多年，虽然许多医学、伦理与法律学者有不同观点，甚至也有部分研究者认为"化学去势"有悖伦理、违背人权，应该废止[①]，但是，由于性侵害犯罪给社会大众及其安全带来极大的威胁与不安，尤其是性侵害未成年人犯罪已经成为全社会的"公敌"，从保护被害人权利，尤其是从保障未成年人安全出发，更多人选择赞同对此类危险犯罪人采取特别措施，以尽量降低其再次犯罪的生理可能性。国外一项社会调查显示，有42%被调查者赞成对性侵害再犯犯罪人使用外科手术去势或"化学去势"，同时进行心理辅导和社区监管，针对犯罪人进行"身体与灵魂"的双重矫正。[②] 因此，有越来越多的国家选择"化学去势"作为应对性侵害再犯的特殊处置措施。

边沁在谈到惩罚目的时认为："关于特定的个人，一种犯罪的再生可以通过三种方式得到预防：（1）通过剥夺犯罪的身体能力；（2）通过消除犯罪的愿望；（3）通过使他害怕犯罪。"[③] 针对性侵害未成年人犯罪多次再犯犯罪人，鉴于其主观恶性与人身危险性，对此类犯罪人采取预防性矫正措施比简单增加服刑刑期效果更显著。因为"化学去势"的目的，并非单纯的惩罚而更侧重于犯罪（再犯）的预防。我国刑事政策也强调实现刑罚的特殊预防功能，因此本书建议完善法律规定，对特殊性侵害犯罪人采取特殊的刑罚惩罚措施，对性侵害14周岁以下未成年人的多次累犯，法律规定将"化学去势"作为犯罪人假释、刑满释放后的附加强制处置措施。这样一方面坚持了我国"宽严相济"的基本刑事政策，对严重犯罪——性侵害未成年人犯罪予以从严惩处；另一方面也体现了"未成年人优先"的价

---

① 参见沈腾昂、廖秀娟、董道兴、张英勋《性侵化学去势的本质与争议》，载《刑事政策与犯罪研究论文集（16）》，台北："法务部"司法官学院，2013，第220页。
② 夏草：《刑罚的犯罪学演变——以化学阉割方式为视角》，《学术探索》2013年第2期。
③ 杰里米·边沁：《惩罚的一般原理》，邱兴隆译，载邱兴隆《比较刑法》（第二卷·刑罚基本理论专号），中国检察出版社，2004，第319页。

值导向，通过对危险犯罪人采取特别措施降低其再犯的生理可能性的方式实现对未成年人利益的优先保护。

第二节　刑事司法从严化

在性侵害未成年人犯罪刑事政策中，从严惩治犯罪不仅是受严峻犯罪客观形势所逼和顺应民众保护儿童严惩犯罪的强烈要求，也是我国"宽严相济"基本刑事政策的体现，同时也是联合国要求各会员切实履行并兑现保护儿童、打击犯罪承诺的呼吁。联合国《消除预防犯罪和刑事司法领域内暴力侵害儿童行为的示范战略和实际措施》要求：为了确保量刑反映暴力侵害儿童行为的严重性，会员国应确保国家法律顾及可能加重犯罪情节的特定因素，包括受害人年龄、受害人在精神或智力上有严重障碍的事实、暴力行为的反复发生、滥用信任或权威地位以及对于犯罪人有密切关系的儿童实施暴力行为。① 在司法实践中从降低入罪门槛、量刑认定从严以及从严限制缓刑适用等方面着手，确保司法量刑认定与犯罪的严重性相适应，也是我国履行保护未成年人、严惩犯罪承诺的积极表现。

一　降低入罪门槛

在性侵害未成年人犯罪认定中采用从严评价模式，是指通过入罪缓和化的处理方式降低犯罪门槛，客观上降低入罪量刑标准②，主观方面降低对认知因素的证明程度，降低犯罪形态对既遂标准的要求，以严厉惩治犯罪。

（一）犯罪客观认定

犯罪对象为未成年人的性侵害犯罪，在犯罪认定时降低对罪量的要

---

① 2014 年 5 月，联合国预防犯罪和刑事司法委员会第二十三届会议通过的《联合国消除预防犯罪和刑事司法领域内暴力侵害儿童行为的示范战略和实际措施》（联合国文件 E/CN. 15/2014/L. 12/Rev. 1），United Nations Official Document, http：//www. un. org/en/ga/search/view_ doc. asp? symbol = E/CN. 15/2014/L12/Rev. 1&referer = http：//www. un. org/zh/documents/index. html&Lang = C ［2019 – 03 – 20］。

② 参见于志刚、郭旨龙《信息化时代犯罪定量标准的体系化构建》，中国法制出版社，2013，第 244 页。

求，将行为内容或行为对象是否涉及未成年人作为重要入罪条件。如在《刑法》第 301 条引诱未成年人聚众淫乱罪的认定中，最高检、公安部 2008 年联合发布《关于公安机关管辖的刑事案件立案追诉标准的规定（一）》对《刑法》第 301 条的立案标准规定："组织、策划、指挥 3 人以上进行淫乱或者参加聚众淫乱活动 3 次以上的，应予立案追诉。"而对于引诱对象为未成年人参加聚众淫乱活动的，没有对人数与次数的罪量要求，只要是引诱未成年人参加的，就需立案追诉；对制作、贩卖、传播淫秽物品犯罪的认定中，最高法、最高检在法释〔2010〕3 号司法解释中，对利用互联网、移动通信终端制作、复制、出版、贩卖、传播内容含有 14 周岁以下未成年人淫秽信息行为，构成制作、复制、出版、贩卖、传播淫秽物品罪，传播淫秽物品罪的，从严规定罪量标准，入罪罪量要求比未含有 14 周岁以下未成年人淫秽信息的降低一半①；并在 2017 年最高法、最高检联合发布的法释〔2017〕19 号司法文件中，要求追究利用网络云盘制作、复制、贩卖、传播淫秽电子信息牟利行为的刑事责任时，除了考虑淫秽电子信息的数量、传播范围、违法所得多少以外，还要考虑淫秽电子信息内容、传播对象是否涉及未成年人等情节②，强调行为内容或行为对象为未成年人作为重要入罪条件加以考虑。因此，建议对其他有关性侵害未成年人犯罪在入罪认定时，也可以借鉴上述司法解释的做法。

（二）犯罪主观认定

在性侵害未成年人犯罪认定时可以有选择地适用严格责任，如对奸淫幼女行为等严重性侵害行为认定时可以采用严格责任，降低对主观认知因素的证明难度。虽然当前重要法律规定《性侵意见》第 19 条规定，对于奸淫 12 周岁以下幼女的行为，"应当认定行为人'明知'对方为幼女"，

---

① 2010 年《关于办理利用互联网、移动通讯终端、声讯台制作、复制、出版、贩卖、传播淫秽电子信息刑事案件具体应用法律若干问题的解释（二）》（法释〔2010〕3 号）第 1 条和第 2 条分别规定，对制作、复制、出版、贩卖、传播内容含有不满 14 周岁未成年人的淫秽电子信息，利用互联网、移动通信终端传播含有不满 14 周岁未成年人的淫秽电子信息内容构成传播淫秽物品罪的，分别构成制作、复制、出版、贩卖、传播淫秽物品牟利罪和传播淫秽物品罪，对上述情形的入罪标准，2010 年法释〔2010〕3 号司法解释与 2004 年法释〔2004〕11 号司法解释的罪量标准相比，都明显降低，入罪标准罪量减半。

② 参见 2017 年 8 月 28 日《最高人民法院、最高人民检察院关于利用网络云盘制作、复制、贩卖、传播淫秽电子信息牟利行为定罪量刑问题的批复》（法释〔2017〕19 号）。

有学者认为此规定"是通过与刑法总则'明知'要素的连接来判断行为人性侵害 12 周岁以下幼女构成强奸罪，表面上是认可了罪过责任形式，实际上是通过司法操作流程认可了严格责任"。① 但遗憾的是，该意见中严格责任的运用并不彻底，对侵害对象是 12 ~ 14 周岁未成年人的，仍需要认定行为人主观上"明知"是幼女才能构成犯罪。建议将严格责任的适用范围扩大到 14 周岁以下所有未成年人，既包括女童也包括男童，以重点保护年幼未成年人利益，切实体现"未成年人优先"价值取向。

（三）犯罪完成形态认定

对性侵害未成年人犯罪既遂认定采用区别于性侵害成年人的既遂标准。如在强奸幼女既遂的认定中，采用性器官接触即构成犯罪既遂，不同于强奸罪"插入说"的既遂标准。早在 1957 年，最高人民法院《1955 年以来奸淫幼女案件检查总结》就提出："不应盲目轻信处女膜是否破裂的鉴定，也不能以处女膜是否破裂来确定有无奸淫行为。"但是这一标准仅适用于奸淫幼女，而对其他性侵害未成年人犯罪的既遂标准尚未区别于成年人。

基于"未成年人优先"价值取向，对强迫幼女卖淫构成犯罪既遂标准的认定，也应在强制手段和认定程度上与针对成年人实施的强迫卖淫行为有所区别，不应对犯罪人施行暴力、胁迫未成年人的强度和程度标准有过高要求。此外，对于负有特殊职责的人员利用其优势地位对未成年人施加压力的强迫行为的认定，如负有监护、教育、训练、医疗等特殊关系人员，利用能够对未成年被害人的生活条件、受教育机会、接受医疗及救助等方面形成影响为威胁，达到胁迫未成年人违背其意志就范的目的，在判断强迫行为是否足以违背未成年被害人的意志时，需要考虑不同成年人的身心情况并降低相应认定要求。

二　量刑认定从严

2017 年最高法《关于常见犯罪的量刑指导意见》（法发〔2017〕7

---

① 参见卫磊《从严惩治性侵害未成年人犯罪与刑法解释的严格责任化》，《青年探索》2014 年第 5 期。

号）提出，量刑应当"根据犯罪的事实、性质、情节和对于社会的危害程度"确定应判处的刑罚，量刑时以法定和酌定量刑情节为基础，再全面考虑案件整体犯罪事实与不同的量刑情节，据此依法确定量刑情节适用并调节比例。但是，对于危害社会治安的严重暴力犯罪等，要从严掌握从宽的幅度。[①]

（一）从重评价犯罪

性侵害未成年人犯罪刑罚适用时，应分别对以下几种情况从重处罚。

第一种情况，直接将犯罪对象为 14 周岁以下未成年人作为法定从重处罚情节，如《刑法》第 236 条第 2 款，奸淫不满 14 周岁幼女的以强奸罪从重处罚；《刑法》第 237 条第 3 款，猥亵儿童的依照《刑法》第 237 条第 1、2 款规定从重处罚。

第二种情况，以未成年人为犯罪对象作为处罚加重情节，如《性侵意见》第 26 条要求"组织、强迫、引诱、容留、介绍未成年人卖淫构成犯罪的，应当从重处罚"[②]；2004 年两院联合发布的法释〔2004〕11 号第 6 条规定，如果制作、复制、出版、贩卖、传播或提供直接链接的淫秽电子信息内容涉及未成年人的，或者传播、贩卖的淫秽电子、语音信息的对象为未成年人的，依据《刑法》第 363 条第 1 款、第 364 条第 1 款规定从重处罚。

第三种情况，以未成年人为犯罪对象实施性侵害，并具有特殊情形的，要求在从重处罚的基础上再从严惩处。如《性侵意见》第 25 条[③]、第

[①] 参见最高人民法院 2017 年 3 月 9 日颁布，4 月 1 日实施的《最高人民法院关于常见犯罪的量刑指导意见》（法发〔2017〕7 号）。

[②] 2013 年 10 月 24 日最高人民法院、最高人民检察院、公安部、司法部《关于依法惩治性侵害未成年人犯罪的意见》（法发〔2013〕12 号）。

[③] 参见 2013 年 10 月 24 日最高人民法院、最高人民检察院、公安部、司法部《关于依法惩治性侵害未成年人犯罪的意见》（法发〔2013〕12 号）第 25 条规定，"针对未成年人实施强奸、猥亵犯罪的，应当从重处罚，具有下列情形之一的，更要依法从严惩处：（1）对未成年人负有特殊职责的人员、与未成年人有共同家庭生活关系的人员、国家工作人员或者冒充国家工作人员，实施强奸、猥亵犯罪的；（2）进入未成年人住所、学生集体宿舍实施强奸、猥亵犯罪的；（3）采取暴力、胁迫、麻醉等强制手段实施奸淫幼女、猥亵儿童犯罪的；（4）对不满十二周岁的儿童、农村留守儿童、严重残疾或者精神智力发育迟滞的未成年人，实施强奸、猥亵犯罪的；（5）猥亵多名未成年人，或者多次实施强奸、猥亵犯罪的；（6）造成未成年被害人轻伤、怀孕、感染性病等后果的；（7）有强奸、猥亵犯罪前科劣迹的"。

26 条①规定，在强奸、猥亵未成年人与组织、强迫、引诱、容留、介绍未成年人卖淫犯罪认定时，对于具有特殊身份犯罪主体、在特定犯罪场所实施、具有严重危害性的犯罪手段与行为，针对特别弱势的犯罪对象、具有相对严重犯罪后果，或者被告人有性侵害前科劣迹或是与未成年人具有共同家庭生活关系的特殊身份人员等情形的，对于这些原属于酌定从严处罚情节，通过司法解释方式予以明确要求从重处罚，体现了依法从严惩治。

（二）加重评价犯罪

在犯罪对象为未成年人的性侵害犯罪认定中，适用更高档次的法定刑幅度，或者在适用过程中运用扩大解释以加重对犯罪人的处罚，主要包括两种情形。

第一种情形，是侵害对象为未满 14 岁周岁未成年人，构成量刑加重情节，适用升格法定刑。如 2017 年最高法、最高检联合发布的法释〔2017〕13 号司法解释第 6 条、第 8 条规定，强迫、引诱不满 14 周岁幼女卖淫的属于"情节严重"，分别适用《刑法》第 358 条第 2 款"处十年以上有期徒刑或无期徒刑，并处罚金或者没收财产"、《刑法》第 359 条第 2 款"处 5 年以上有期徒刑，并处罚金"②；在 2017 年最高法的量刑指导意见中，奸淫幼女的可以在 4~7 年有期徒刑幅度内确定量刑起点，在此基础上，可以根据奸淫幼女情节恶劣程度等其他影响犯罪构成的犯罪事实增加刑罚量，确定基准刑③，这也属于加重的情形。

第二种情形，对性侵害对象为未成年人犯罪予以加重处罚的扩张性司

---

① 2013 年 10 月 24 日最高人民法院、最高人民检察院、公安部、司法部《关于依法惩治性侵害未成年人犯罪的意见》（法发〔2013〕12 号）第 26 条规定："组织、强迫、引诱、容留、介绍未成年人卖淫构成犯罪的，应当从重处罚。强迫幼女卖淫、引诱幼女卖淫的，应当分别按照刑法第三百五十八条第一款第（二）项、第三百五十九条第二款的规定定罪处罚。对未成年人负有特殊职责的人员、与未成年人有共同家庭生活关系的人员、国家工作人员，实施组织、强迫、引诱、容留、介绍未成年人卖淫等性侵害犯罪的，更要依法从严惩处。"

② 参见 2017 年 7 月 21 日最高人民法院、最高人民检察院联合发布的《最高人民法院、最高人民检察院〈关于办理组织、强迫、引诱、容留、介绍卖淫刑事案件适用法律若干问题的解释〉》（法释〔2017〕13 号）。

③ 参见《最高人民法院关于实施修订后的〈关于常见犯罪的量刑指导意见〉的通知》（法发〔2017〕7 号），《最高人民法院公报》2017 年第 11 期。

法解释。《性侵意见》第 23 条规定，对未成年人实施强奸、猥亵行为的，发生"在校园、游泳馆、儿童游乐场等公共场所情况下，只要有其他多人在场"，无论在场人员是否实际看到，均可认定为"当众"强奸与猥亵，都要予以加重处罚，是对实体法中"当众"内涵的"扩张解释"。这种扩张性解释，充分释放了法条的空间与内涵，满足了公众朴素正义感的要求，既让"社会公众认识到刑事政策和司法解释的剑之所指，也为严厉制裁性侵害未成年人犯罪提供了具有实际可操作性的规范性依据"①，又是性侵害未成年人犯罪刑事政策中从严惩治司法政策的典型表现。

上述情况不仅在司法实践中应得到严肃执行，而且在其他严重性侵害未成年人犯罪认定中也应考虑加重评价。

三　限制缓刑适用

对性侵害未成年人犯罪从严惩治，不仅体现在犯罪量刑中从重与加重评价，也体现在刑罚执行方式的选择上从严控制，严格限制缓刑适用。缓刑是"既宽大又严肃的刑罚制度，它基本上适用于人民内部社会危害性不大、判刑较轻、不关押也不致再危害社会的犯罪分子"。② 性侵害未成年人犯罪由于针对特殊侵害对象、社会危害性大，尤其是强奸幼女、严重的猥亵儿童等犯罪，具有社会危害性大、再犯概率高等因素，为了体现对此类犯罪依法严惩并有效预防犯罪的目的，《性侵意见》第 28 条规定："对于强奸未成年人的成年犯罪分子判处刑罚时，一般不适用缓刑。"

司法意见中规定限制缓刑适用的情况，《性侵意见》仅仅提出对强奸未成年人的成年犯罪人不适用缓刑。但是，从对性侵害未成年人犯罪整体从严惩治精神出发，建议缓刑的限制也应该同样适用于情节恶劣的猥亵儿童罪中具有加重、从重情节的成年犯罪人。究其原因在于，司法实践中猥亵儿童案发率较高，而且近年来恶性猥亵儿童案件时有发生；并且猥亵儿童罪中有相当一部分犯罪人具有恋童癖等性偏差情况，该类犯罪人难以控

---

① 《2013 年度最高人民法院十大司法政策》，《人民法院报》2014 年 1 月 4 日，第 2 版。
② 参见高铭暄《中华人民共和国刑法的孕育诞生和发展完善》，北京大学出版社，2012，第 66 页。

制自己的性侵害倾向，重新犯罪率较高。如前文所列举的上海闵行区法院审理的庞某猥亵儿童案，该被告人 7 次被采取服刑、劳动教养等强制刑事措施，每次都在释放后不久又再次实施侵害。如果对此类人适用缓刑将对未成年人形成巨大的潜在危险，难以实现好的社会效果。因此，建议限制缓刑适用的规定不应仅限于单独的罪名，应该不限制罪名规定，而限制适用条件，如从社会危害性、犯罪人人身危险性、犯罪再犯风险性，以及犯罪的情节与手段等方面限制，这样既实现了"从严惩治"，但同时又坚持了量刑指导原则，"根据犯罪的事实、性质、情节和对于社会的危害程度"来决定刑罚。

四　慎用被害人谅解制度

依据《关于贯彻宽严相济刑事政策的若干意见》（法发〔2010〕9号），"犯罪情节轻微，取得被害人谅解的，可以依法从宽处理"，规定"被害人谅解"可以成为司法酌定量刑情节；2010 年《人民法院量刑指导意见（试行）》（法发〔2010〕36 号）具体规定，如取得被害人及其家属谅解，综合各种情况考虑后可以减少基准刑 20% 以下，该规定再次肯定"被害人谅解"对司法量刑的影响。"被害人谅解制度"就是在具有直接受害人的刑事案件中，被告人由于取得被害人谅解而申请从轻、减轻、免于处罚或缓期执行的制度。其实质是"在确认侵害行为已经构成犯罪前提下，促成被害人与犯罪人之间的协商，以便最大限度地弥补因犯罪所遭受的损害的活动"[①]，其理论基础主要在于恢复正义理论与和谐司法理论，在我国也是构建和谐社会时代背景下的产物，有其存在的合理性与必然性。

但是，"被害人和解制度"在性侵害未成年人犯罪中应慎重适用、严格掌握，对一些累犯、多次重复侵害的犯罪人以及情节恶劣、后果严重的性侵害未成年人犯罪人更要从严控制。而在司法实践中，往往出现由于被告人赔偿"取得被害人或其家属的谅解"，法院简单予以从轻或减轻处罚

[①] 卞建林、封利强：《构建刑事和解的中国模式——以刑事谅解为基础》，《政法论坛》2008 年第 6 期。

的情况。如 2006 年江西省遂川县刘某强奸女中学生致死案中，被告人采用暴力强奸未成年人，并在压制被害人反抗过程中致使未成年人死亡。法院在审判中认为："鉴于刘某归案后认罪态度较好，其亲属积极向被害人赔偿了经济损失，获得被害人父母的真诚谅解，故对被告人刘某判处死刑，可不立即执行。"① 在另一起强奸幼女案中，更令人惊讶的是，可以通过赔偿取得被害人谅解而轻纵犯罪人：2011 年汉中犯罪人夏某强奸其朋友 12 岁 "女友"，由于犯罪人自愿认罪并主动赔偿被害人经济损失取得谅解，法院据此从轻判处有期徒刑 3 年。② 上述案件都属于情节恶劣、后果严重的性侵害未成年人犯罪，因为简单的经济赔偿而获得被害人的所谓 "谅解" 就此轻纵犯罪，实质是 "一种有条件的、一定程度的 '宽宥（宽恕、饶恕）'"③，并非 "宽严相济" 刑事政策中 "被害人谅解" 制度本意的体现，并不符合适用的条件，不是婚姻家庭等民间纠纷激化引发的犯罪。因此，有学者呼吁被害人谅解制度不能完全适用于情节恶劣、后果严重的性侵害犯罪，尤其是性变态者、人格障碍者实施的暴力性侵害与性侵害未成年人犯罪。④

针对司法实践中存在滥用 "被害人谅解" 的问题，2017 年《关于常见犯罪的量刑指导意见》要求，对抢劫、强奸等严重危害社会治安犯罪应当从严掌握 "被害人谅解" 的运用，虽然提出 "从严掌握"，但如何掌握仍缺乏具体法律标准与尺度，在司法实践中不当适用的风险仍然存在。

本书认为对性侵害未成年人案件必须慎重适用 "被害人谅解制度"，并对司法实践中 "从严掌握" 被害人谅解制度在性侵害未成年人案件中的适用，建议原则上规定性侵害未成年人案件不能适用 "被害人谅解制度"，适用情况仅为例外；成年人性侵害未成年人犯罪不能适用该制度，例外情

---

① 饶健平：《江西：打工仔奸杀女中学生被判死缓》，https://www.chinacourt.org/article/detail/2006/10/id/222049.shtml［2016－05－28］。

② 何杰、焦伟：《汉中 19 岁小伙强奸朋友 12 岁女友 判处有期徒刑 3 年》，http://news.hsw.cn/system/2011/12/13/051184262.shtml［2016－05－28］。

③ 参见刘白驹《性犯罪：精神病理与控制》（增订版·下），社会科学文献出版社，2017，第 860 页。

④ 参见刘白驹《性犯罪：精神病理与控制》（增订版·下），社会科学文献出版社，2017，第 858 页。

况可以考虑在未成年人性侵害未成年人案件中，根据案件具体情况而适用。如参考美国的"罗密欧与朱丽叶条款"① 和我国台湾地区的"两小无猜"条款②，对属于未成年人之间"两情相悦"而发生的性关系案件，着重考虑受害人是否"谅解"而予以从轻或减轻、免除处罚。这样不仅能够实现从严惩治犯罪，同时也坚持了"双向保护原则"，体现了"未成年人优先"的价值取向。

第三节　未成年人特殊司法保护制度化

"得到尊重是犯罪被害人应该享有的人权，这个权利应该像其他权利一样受到法律的保护。"③ 正如联合国预防犯罪和罪犯待遇大会指出，20世纪最后 25 年，被害人一直更多被视为刑事司法程序中的第三方，未能得到应有尊重与平等对待。甚至有许多案件，被害人因刑事司法系统不平等的待遇而"二次受害"。近年来，人们已经认识到刑事司法程序不仅需要对犯罪人公正，也必须公正对待犯罪被害人。④

---

① "罗密欧与朱丽叶条款"，是美国对于未成年人之间发生性行为的案件规定，未成年人与未成年人之间发生性交行为，如双方合意，且年龄差距在该州规定的范围内，适用罗密欧与朱丽叶条款，而予以减轻或免除对行为人的刑事责任指控。如阿拉斯加州、伊利亚诺州、德拉维州都明文规定，如受害人为未成年人，犯罪人必须分别在 16 岁、17 岁或 18 岁以上，才能以一级或二级强奸罪起诉；加利福尼亚州法律规定，与不满 18 岁未成年人发生性关系属于非法的性关系，"如果发生性关系的儿童与性侵害者的年龄差距不超过三岁，侵害人的这种行为将被认定为轻罪"；俄克拉荷马州也进行过类似规定："如果已满 14 周岁的人同意，不满 18 岁的未成年人与其发生性关系，不能被判为强奸罪。"
② "两小无猜"条款，是我国台湾地区"刑法"第 227 条准强制性交与准强制猥亵罪的规定，"对于未满十四岁之男女为性交之行为者，处三年以上十年以下有期徒刑。对于未满十四岁之男女为猥亵之行为者，处六个月以上五年以下有期徒刑。对于十四岁以上未满十六岁之男女为性交者，处七年以下有期徒刑。对于十四岁以上未满十六岁之男女为猥亵之行为者，处三年以下有期徒刑。第一项、第三项之未遂犯罚之"。第 227 条之一未成年人犯罪之减免："十八岁以下之人犯前条之罪者，减轻或免除其刑"，即著名的"两小无猜条款"，未满十八岁的人犯第 227 条之罪者，减轻或免除其刑。且此罪为自诉罪，须告诉乃论，公权力机关不得越俎代庖，径行提起公诉。
③ 欧文·沃勒：《有效的犯罪预防——公共安全战略的科学设计》，蒋文军、梅建明译，中国人民公安大学出版社，2011，第 179 页。
④ 参见 2000 年 4 月第十届联合国预防犯罪和罪犯大会《犯罪者和受害者：司法程序中的责任和公正问题》（联合国文件 A/CONF. 187/8），United Nations Official Document, http://www. un. org/en/ga/search/view _ doc. asp？symbol ＝ A/CONF. 187/8&referer ＝ http://www. un. org/zh/documents/index. html&Lang ＝ C ［2019 - 03 - 20］。

司法实践中，对未成年人的保护应区别于成年人，因为世界各国对未成年人都具有"天真无知、依赖性强、能力欠缺并易受伤害与脆弱性"①的社会文化定位。因此，联合国《关于在涉及罪行的儿童被害人和证人的事项上坚持公理的准则》（以下简称《儿童被害人事项准则》）指出，各国应当认识到作为被害人和证人的儿童特别容易受到伤害，需要得到与其年龄、成熟水平和独特需要相适应的特别保护、援助和支持，防止其陷入困境和受到伤害。② 2014 年联合国又进一步要求："消除儿童在诉诸司法和有效参与刑事诉讼时可能面对的任何障碍，包括任何形式的歧视，特别关注儿童权利问题和儿童在司法中的最大利益。"③ 在联合国的推动下，多数会员国根据《儿童权利公约》和《儿童被害人事项准则》采取了保护儿童被害人的战略和政策④，在宪法中明文规定儿童权利必须受到保护，并按照国际公约与准则中确立的标准，制定处理儿童问题的特别立法或全面法律制度。

一 完善未成年人监护制度

2014 年 12 月，国家四部委联合发布的《监护侵害意见》激发了沉睡 20 多年的剥夺父母监护权制度；2017 年修改的《民法总则》进一步完善了未成年人监护制度，建立起"以家庭监护为基础、社会监护为补充、国

---

① 参见江溯《社会学视野下的刑罚：刑罚社会学研究》，载陈兴良《刑事法评论》（第 23 卷），北京大学出版社，2008，第 98 页。

② 参见联合国 2005/20 号决议中通过的《关于在涉及罪行的儿童被害人和证人的事项上坚持公理的准则》，联合国公约，条约，协定和规则汇编，http：//www. un. org/chinese/documents/decl – con/Chroncon. htm［2019 – 03 – 20］。

③ 参见 2014 年 5 月联合国预防犯罪和刑事司法委员会通过的《联合国消除预防犯罪和刑事司法领域内暴力侵害儿童行为的示范战略和实际措施》（联合国文件，E/CN. 15/2014/L. 12/Rev. 1），United Nations Official Document，http：//www. un. org/en/ga/search/view_doc. asp？symbol = E/CN. 15/2014/L. 12/Rev1&referer = http：//www. un. org/zh/documents/index. html&Lang = C［2019 – 03 – 20］。

④ 参见 2014 年 5 月联合国预防犯罪和刑事司法委员会通过的《联合国消除预防犯罪和刑事司法领域内暴力侵害儿童行为的示范战略和实际措施》（联合国文件，E/CN. 15/2014/L. 12/Rev. 1），United Nations Official Document，http：//www. un. org/en/ga/search/view_doc. asp？symbol = E/CN. 15/2014/L. 12/Rev. 1&referer = http：//www. un. org/zh/documents/index. html&Lang = C［2019 – 03 – 20］。

家监护为兜底"① 的监护制度。但是，司法实践中，尤其是家内性侵害未成年人犯罪中，在侵害人为监护人的情况下监护权撤销仍困难重重。

自 2015 年 2 月全国第一起撤销父母监护权案件在徐州铜山区法院判决以来②已经过去了几年时间，究竟法律实施情况与效果如何呢？民政部 2017 年 8 月整理数据显示，从《监护侵害意见》颁布至数据整理，全国只有 69 件因侵害未成年人权益撤销监护人资格案件，其中，强奸、猥亵等性侵害案件共 18 件。③ 据"女童保护"每年对媒体公开报道性侵害 14 周岁以下儿童案件统计，2015～2017 年公开报道案件 1151 件（仅包括 14 周岁以下儿童受害，还不包括 14～18 周岁未成年人受侵害案件）④，撤销监护人资格案件数量仅占媒体公开报道案件数量的 1.5%。另据最高法专题调研也发现，在再婚家庭、母亲外出打工家庭和寄养家庭中，监护人侵害被监护人情况较为严重⑤；作者对近年性侵害未成年人犯罪案件分析后也发现，在 372 件案件中侵害人与被侵害人之间具有监护与被监护关系。这说明现实情况中，相当大部分案件中是应该提出撤销但没有提出撤销监护人资格申请的。

《监护侵害意见》规定对性侵害未成年人犯罪人监护权的撤销，由法院依据申请决定。但是，由于家庭内性侵害未成年人犯罪案件的隐蔽性，外人难以发现；加上未成年人由于经济不独立而对家庭具有依赖性，不愿意外人"拆散"其家庭而影响生存，因此，对家庭成员提起撤销监护人资格诉讼较为困难。据民政部统计，该意见自 2015 年 1 月实施以来的 32 个月中，因性侵害未成年人被撤销监护权的案件才 18 件，与严峻的犯罪现实形成强烈反差。

---

① 姚建龙：《我国未成年人法律保护的进步与发展建议——在 6 月 13 日刘延东副总理主持召开的国务院儿童健康发展座谈会上的发言》，《预防青少年犯罪研究》2017 年第 3 期。

② 李伟豪：《徐州女孩遭生父性侵 其父母监护权资格被撤销》，http：//js. ifeng. com/city/detail_2015_02/05/3525315_0. shtml［2018 - 07 - 06］。

③ 参见《全国已 69 例撤销监护权案件 遗弃强奸虐待最高发》，http：//news. sina. com. cn/o/2017 - 08 - 19/doc - ifykcirz3080283. shtml［2018 - 07 - 06］。

④ 参见"女童保护组织"《"女童保护"2017 年性侵儿童案例统计及儿童防性侵教育调查报告》，https：//baijiahao. baidu. com/s？id = 1593915148651696990&wfr = spider&for = pc［2018 - 07 - 06］。

⑤ 参见《最高人民法院刑一庭课题组关于惩治性侵害未成年人犯罪及开展审判指导工作的调研报告》，载中华人民共和国最高人民法院刑事审判第一、二、三、四、五庭《刑事审判参考》，法律出版社，2014，第 278～279 页。

虽然《监护侵害意见》与《民法总则》规定被害人亲属、村委会、未成年人父母所在单位、民政部门与未成年人救助保护机构，以及共青团、妇联等社会群团力量可以提起撤销监护权诉讼，形成多元诉讼主体，但是并未将检察院列为申请主体，这是一个较大的遗憾。检察院作为性侵害犯罪起诉机构，较清楚未成年被害人监护权受侵害情况，对犯罪事实与证据的掌握较为全面、充分，有助于切实、高效地通过诉讼手段保护未成年被害人权益。如借鉴检察院作为公益诉讼主体的经验，可通过检察院提起民事公益诉讼方式请求撤销侵害人监护权。因此，建议将检察院列入可以提出申请撤销监护人资格的主体范围，成为在司法阶段"未成年人优先"价值取向的进一步体现。

二　完善未成年人隐私权保护制度

联合国《儿童被害人事项准则》呼吁：每一个未成年人都是一个独特和宝贵的人，未成年人的个人尊严、特殊需要、利益与隐私应当得到尊重和保护。① 我国《未成年人保护法》也要求在未成年人工作中尊重未成年人的人格尊严。② 考虑到未成年被害人尤其是在性侵害犯罪中处境特别脆弱的未成年人的需要，司法过程中必须采取关爱和敏感的态度，注重未成年人的隐私保护，采取体恤儿童③方式对待参与司法程序的未成年被害人、证人，防止在司法过程中造成对未成年人的"二次伤害"。

我国认真履行国际公约，重视未成年被害人权利保护，法律体系多处明确规定保护未成年人隐私权。不仅《刑事诉讼法》第 150 条第 2 款、《未成年人保护法》第 39 条、《反家庭暴力法》第 5 条规定保护当事人的

① 2005 年 4 月 15 日联合国 2005/20 号决议通过的《关于在涉及罪行的儿童被害人和证人的事项上坚持公理的准则》，http：//www.un.org/chinese/documents/decl – con/chroncon.htm［2018 – 05 – 28］。
② 参见《中华人民共和国未成年人保护法》第 5 条。
③ 体恤儿童是指：根据儿童的年龄和成熟度考虑到其受保护的权利及其个人需要和观点的做法。参见 2014 年 5 月 15 日联合国预防犯罪和刑事司法委员会第二十三届会议议程项目 6 通过的《联合国消除预防犯罪和刑事司法领域内暴力侵害儿童行为的示范战略和实际措施》第 6 条（d）。

隐私权，《公安机关办理刑事案件程序规定》第 307 条①与《公安机关办理未成年人违法犯罪案件的规定》第 5 条②、《人民检察院办理未成年人刑事案件的规定》第 4 条第 2 款③等要求上述机关办理案件过程中接触到未成年人信息的办案人员，保护未成年被害人隐私权；《性侵意见》详细规定了办案人员在调查取证过程中的着装、驾驶车辆等要求，以免暴露被害人身份，影响其名誉与隐私。在审判阶段，《最高人民法院关于适用〈中华人民共和国刑事诉讼法〉的解释》第 469 条④、《性侵意见》第 5 条第 1 款⑤都规定对案件审理中的未成年人信息保密；2013 年最高法在司法文书公布的规定中要求，法院在互联网公布裁判文书时，应当对未成年人及其法定代理人的姓名进行隐名处理⑥，《性侵意见》第 5 条第 2 款也要求对司法文书公布有所限制。

除了司法人员有保密义务外，新闻媒体等机构在未成年被害人隐私权保护上也负有重要责任。尤其是在新媒体时代，在信息扩散速度与广度呈几何倍数增长的社会背景下，媒体从业人员对未成年人隐私权保护责任重

---

① 《公安机关办理刑事案件程序规定》第 307 条明确规定："公安机关办理未成年人刑事案件，应当保障未成年人行使其诉讼权利并得到法律帮助，依法保护未成年人的名誉和隐私，尊重其人格尊严。"见中华人民共和国公安部令（第 127 号），国务院公报，http：//www. gov. cn/gongbao/content/2013/content_2332778. htm［2018 – 05 – 30］。

② 《公安机关办理未成年人违法犯罪案件的规定》第 5 条规定："办理未成年人违法犯罪案件，应当保护未成年人的名誉，不得公开披露涉案未成年人的姓名、住所和影像。"

③ 2013 年 12 月 19 日，最高人民检察院修订通过《人民检察院办理未成年人刑事案件的规定》（高检发研字〔2013〕7 号）第 5 条规定："人民检察院办理未成年人刑事案件，应当依法保护涉案未成年人的名誉，尊重其人格尊严，不得公开或者传播涉案未成年人的姓名、住所、照片、图像及可能推断出该未成年人的资料。人民检察院办理刑事案件，应当依法保护未成年被害人、证人以及其他与案件有关的未成年人的合法权益。"

④ 2012 年《最高人民法院关于适用〈中华人民共和国刑事诉讼法〉的解释》（法释〔2012〕21 号）第 469 条要求："审理未成年人刑事案件，不得向外界披露该未成年人的姓名、住所、照片以及可能推断出该未成年人身份的其他资料。查阅、摘抄、复制的未成年人刑事案件的案卷材料，不得公开和传播。被害人是未成年人的刑事案件，适用前两款的规定。"参见权威发布中华人民共和国最高人民法院，http：//www. court. gov. cn/fabu – xiangqing – 4937. html［2018 – 05 – 30］。

⑤ 2013 年 10 月 24 日发布的《最高人民法院、最高人民检察院、公安部、司法部关于依法惩治性侵害未成年人犯罪的意见》第 5 条第 1 款规定："办理性侵害未成年人案件，对于涉及未成年人被害人……的身份信息及可能推断出其身份信息的资料和涉及性侵害的细节等内容，审判人员、检察人员、侦查人员、律师及其他诉讼参与人应当予以保密。"

⑥ 参见 2016 年 7 月 25 日最高人民法院审判委员会第 1689 次会议通过的最高人民法院《关于人民法院在互联网公布裁判文书的规定》（法释〔2016〕19 号），中华人民共和国最高人民法院，http：//www. court. gov. cn/zixun – xiangqing – 25321. html［2018 – 05 – 30］。

大。《未成年人保护法》第 58 条要求新闻媒体、公开出版物、影视节目与网络等在报道未成年人犯罪案件时不得披露可以推断出未成年人的个人资料；《中国新闻工作者职业道德准则》第 6 条第 3 款①将维护未成年人包括隐私权在内的合法权益作为新闻媒体人的职业道德；2015 年国家互联网信息办发出《关于进一步加强对网上未成年人犯罪和欺凌事件报道管理的通知》，再次要求网络报道"不得披露未成年人的个人信息，避免对未成年人造成二次伤害"。②

我国现有法律保护注重司法诉讼各阶段对未成年被害人隐私权保护，从侦查阶段到审判进行、司法文书公开，对公安机关、检察院、法院相关办案机构与人员都有要求，体现了对未成年人保护的重视。但是，目前对性侵害犯罪未成年受害人隐私权保护的条文散见于《未成年人保护法》《刑事诉讼法》及相关司法解释、公安机关办案意见、《性侵意见》等法律规定与司法解释、意见，缺乏系统性立法规定，而且许多法律对未成年人尤其是未成年被害人隐私权的保护还停留在宣示层面，缺乏相关配套制度与保障措施。虽然《性侵意见》较为具体地规定了对司法办案人员的要求，甚至是着装、驾驶车辆的选择，但隐私保护制度建设不全面，最大不足与缺陷在于缺乏对违背上述保密义务的惩戒制度。而没有惩戒制度的法律就好像"没有牙齿的老虎"，如对于新闻媒体等机构与从业人员保密的要求，仅仅通过职业道德规范予以限制，依靠媒体从业人员的职业道德良心来维护对未成年被害人隐私权的保护，可想而知是多么无力与无奈。

基于上述分析，现有保护中存在的问题主要在于，缺乏对违反保密义务的追究与惩戒制度，导致该项义务的执行缺乏强有力的后盾，还停留在一种呼吁性的要求与提倡上，约束力与强制力不足，难以真正实现对未成年人隐私权的保护。因此，建议设立追究违反保密义务责任制度，对负有保密义务责任人员泄露被害人隐私的行为，予以法律惩处。

首先，明确保密义务的内容与范围，应包括一切涉及未成年被害人的

---

① 中华全国新闻工作者协会第七届理事会第二次全体会议 2009 年 11 月 9 日修订《中国新闻工作者职业道德准则》第 6 条第 3 款："维护未成年人、妇女、老年人和残疾人等特殊人群的合法权益，注意保护其身心健康。"

② 参见国家互联网信息办公室 2015 年 6 月 30 日发布的《关于进一步加强对网上未成年人犯罪和欺凌事件报道管理的通知》。

身份信息，以及可能推断出未成年被害人身份信息的资料和涉及性侵害的细节等多方面内容。

其次，具有保密义务（责任）人员的范围，不仅仅局限于参与办案过程的审判人员、检察人员、侦查人员、律师及其他诉讼参与人，还应包括了解案情的其他人员与机构，包括媒体机构及其从业人员。

最后，对于泄露性侵害犯罪未成年被害人隐私的人员与机构，应根据其过失或故意的不同主观情况，以及对未成年受害人造成后果与影响的严重程度，分别追究行政责任甚至刑事责任，并且被害人可以要求精神损害赔偿。

三 建立特殊办案机制

鉴于未成年人特殊心智状况，联合国要求各会员国在刑事程序各阶段采取适当措施保护儿童被害人权益，承认儿童被害人的脆弱性并对程序进行相应修改，以满足儿童被害人及证人的特别需求。[①] 刑事司法过程中，收集、审查并运用证据来还原和证明所发生的性侵害犯罪事实真相是刑事诉讼的核心工作。与一般刑事案件相比，性侵害未成年人案件由于未成年人心智不成熟、敏感、脆弱、易受伤害、认知与表达能力欠缺等客观情况，在证据收集、举证及审查等方面，都应从"未成年人优先"价值取向出发予以重视和特殊对待。

（一）设置特殊取证方式

1. 由专业人员、专门机构取证、询问未成年人

《性侵意见》倡导公检法机关设立未成年人案件专门机构，并由熟悉未成年人身心特点的司法人员办理案件；询问未成年被害人坚持不伤害原则，选择在未成年人心理上感觉安全的场所进行，并通知其法定代理人到场（法定代理人是侵害人的除外）；《未成年人刑事检察工作指引（试行）》也规定，对于性侵害未成年人案件，检察院"可以提前介入参与公

---

① 参见《〈儿童权利公约〉关于买卖儿童、儿童卖淫和儿童色情制品问题的任择议定书》第 8 条。

安机关询问被害人，在查明事实真相同时，还应了解未成年人各项需求，注重保护其合法权益"。① 司法实践中，我国多地司法实务部门探索设立性侵害未成年人犯罪案件专办机制，如上海市奉贤区推动公安分局专办机制建设，成立专门办案组或由专人办理此类案件。② 这些法律规定与司法实践都体现了我国对未成年被害人特殊保护的司法理念。

上述法律规定和司法实践专门人员与专门机构人员的组成中，虽然强调了司法人员与机构的专职化与专门化，却忽视了案件侦办过程中精神学、心理学、儿童教育专业人士与社会工作者的重要参与、辅助作用。未成年人被性侵害后一般会出现恐惧、害怕、自暴自弃以及无法信任他人等心理障碍，通过上述专业人士的参与和辅助，一方面，可以淡化询问者权威身份，有利于未成年人心理上放松，能够减少因询问者身份而有意无意地顺着询问者的暗示进行陈述的可能；另一方面，专业人士的辅助与疏导可以缓解未成年人的畏惧与紧张心理，有利于询问工作顺利进行。③ 因此，建议在性侵害未成年人犯罪案件中，在公安机关与司法机关建立专门机构或小组办理侦查与取证，其成员由熟悉未成年人情况的司法人员与精神、心理专业人士、社会工作者等专业人士组成，力求案件调查专业、高效、符合未成年人身心特点，最大限度地保护未成年人利益。

2. "一站式"取证模式规范制度化

"传统刑事诉讼无法满足性侵害未成年人的权益保护和恢复需求"④，因此，应给予性侵害犯罪的未成年被害人在调查举证过程中特殊保护与安排。

我国《性侵意见》《未成年人刑事检察工作指引（试行）》都要求询问

---

① 参见 2017 年 3 月最高人民检察院发布的《未成年人刑事检察工作指引（试行）》（高检发未检字〔2017〕1 号）第 130 条，"对于性侵害等严重侵害未成年人人身权利的犯罪案件，可以通过提前介入侦查的方式参与公安机关询问未成年被害人工作"；第 125 条，"询问未成年被害人，不仅要查明案件事实，还应当深入了解未成年人因犯罪行为在身体、心理、生活等方面所遭受的不良影响以及确保健康成长的需求等情况，并注重对其合法权益的保护"。

② 上海市奉贤区人民检察院课题组、孙静：《性侵害未成年人犯罪案件的惩治、预防、救助机制研究——以 S 市 D 区人民检察院实践为例》，《犯罪研究》2016 年第 4 期。

③ 参见公安部刑侦局、中国人民公安大学侦查系项目课题组《公安机关办理性侵害犯罪案件工作指导手册》，中国人民公安大学出版社，2007，第 108 页。

④ 樊荣庆、钟颖、姚倩男、吴海云、徐衍：《论性侵害案件未成年被害人"一站式"保护体系构建——以上海实践探索为例》，《青少年犯罪问题》2017 年第 2 期。

未成年被害人以"一次询问"① 为原则，建立未检专用工作室，在询问过程中进行录音录像，避免其他环节反复询问对未成年受害人造成伤害。刑事司法实践中，部分地区已经开始尝试建立"一站式"调查取证机制，如上海市检察院 2015 年开始推行"一站式"取证制度，建设专门调查取证场所②，制定专门讯（询）问未成年人规则；嘉定区与奉贤区检察院与法院、公安机关、司法局以及卫计委等部门签订协议，明确规范取证流程与询问机制③；浙江义乌则从 2017 年初开始，由检察院联合法院、公安局探索"一站式"询问未成年被害人工作机制，并形成"六个一"特色工作机制。④ 上述地区司法探索在践行特殊、优先保护未成年人过程中都取得良好社会效果，但都局限于地区性协作与探索，缺乏全国层面上的统一规定与合作。建议对性侵害未成年被害人"一站式"取证模式予以法律制度规范化，在未成年人保护法、刑事诉讼法中补充完善取证制度规定，形成统一法律制度保障并在全国范围内推行。

---

① "一次询问原则"，指非有必要时司法人员不得再次或多次询问被害人。参见公安部刑侦局、中国人民公安大学侦查系项目课题组《公安机关办理性侵害犯罪案件工作指导手册》，中国人民公安大学出版社，2007，第 95 页。

② 如上海市青浦区人民检察院与面向全区青少年心理咨询的心语工作室建立工作衔接机制，对被性侵害的未成年人第一次询问地点从原来的派出所改为心语工作室并进行同步录音录像，询问时有心理老师陪伴，提供临时心理辅导、前期心理观察等心理支持。上海奉贤区与金山区人民检察推动公安机关根据区域划分，选择适宜派出所和案审中心建设未成年被害人"一站式"取证场所，模拟家居环境，营造安全亲切的谈话氛围，设置询问室及监控室，配备隐蔽的全程同步录音录像设备，在询问时，心理疏导员可以在监控室内通过设备全程掌控未成年被害人心理情况，适时给予疏导帮助。嘉定区人民检察院则借助政协议案，推动区级层面指定专门场所办理性侵害案件。参见樊荣庆、钟颖、姚倩男、吴海云、徐衍《论性侵害案件未成年被害人"一站式"保护体系构建——以上海实践探索为例》，《青少年犯罪问题》2017 年第 2 期。

③ 樊荣庆、钟颖、姚倩男、吴海云、徐衍：《论性侵害案件未成年被害人"一站式"保护体系构建——以上海实践探索为例》，《青少年犯罪问题》2017 年第 2 期。

④ "六个一"特色工作机制，即建立一支专业的询问团队，抽调 5 名具备 3 年以上未检工作经验、取得国家三级心理咨询师资格的未检科干警成立询问介入组；建立一个性侵未成年人案件侦查专案组，聘请临床心理学专家成立心理专家组；建立一套完备的制度规范；设立一处专门的未成年人询问工作室；拟定一个基础询问预案；建立一套未成年被害人档案。同时，开展关护救助，组织志愿者团队开展结对帮扶工作，为未成年被害人提供司法救助法律咨询，提供就业机会。参见刘淑娟《浙江义乌："一站式"询问避免未成年被害人遭受二次伤害》，中华人民共和国最高人民检察院，http://www.spp.gov.cn/spp/dfjcdt/201801/t20180106_208279.shtml［2018－05－30］。

（二）完善未成年被害人作证特殊关照制度

虽然我国法律历来重视未成年人保护，但对于性侵害案件中未成年被害人、证人作证诉讼关照，仅在司法解释文件中简单列举了一两种保护措施，与联合国要求相比尚存在较大差距。建议依据联合国要求，参考境外未成年人司法保护成熟经验，建立与完善以未成年被害人出庭为例外的综合作证保护关照制度。

1. 以未成年被害人不出庭为原则

为保护未成年被害人不受到"二次伤害"，性侵害案件中未成年被害人以不出庭为一般原则，仅在确有必要的情况下才出庭。《刑事诉讼法》规定，"'有异议、有影响、有必要'是作为证人应当出庭的条件"[1]，在性侵害未成年人案件中，一般未成年被害人陈述是重要的影响定罪、量刑证据，在被告人拒不认罪或推翻原有供述情况下，法官认为被害人出庭能够为排除或产生"合理怀疑"提供基础而有必要出庭时，未成年被害人才应当出庭作证。司法实践中已有实务部门开始探索，如上海市奉贤区检察院试行"未成年被害人出庭支持例外机制"[2] 就取得了良好的法律与社会效果。

2. 作证方式多样化屏蔽保护未成年人

未成年被害人仅在必要情况下才出庭作证，为了最大限度减少对未成年人心理上的伤害，应采取屏蔽措施优化作证方式保护未成年人，如"庭审现场使用屏障或遮蔽措施，隔离被害人、证人与被告人或旁听人的方式进行作证与对质；采取多样化作证方式，通过实时网络视频远程作证，采用技术手段模糊影像、变更声音方式，被害人能够在异地实时参与庭审；将侦查阶段询问全过程录音录像，采取播放视频方式代替未成年人出庭"[3]，播放视频时也采取技术手段处理以不暴露未成年人外貌与声音；采用秘密作证方式，要求特定人员退出法庭，未成年被害人能够在更加隐秘

---

[1] 杨宇冠、郭旭：《"排除合理怀疑"证明标准在中国适用问题探讨》，《法律科学》（西北政法大学学报）2015 年第 1 期。

[2] 上海市奉贤区人民检察院课题组、孙静：《性侵害未成年人犯罪案件的惩治、预防、救助机制研究——以 S 市 D 区人民检察院实践为例》，《犯罪研究》2016 年第 4 期。

[3] 上海市奉贤区人民检察院课题组、孙静：《性侵害未成年人犯罪案件的惩治、预防、救助机制研究——以 S 市 D 区人民检察院实践为例》，《犯罪研究》2016 年第 4 期。

的环境中作证，减轻其心理压力与负担。由于现有法律缺乏制度化与细化，建议各省（区、市）的高级人民法院结合本地的经济发展状况制定具体实施办法。

3. 完善合适成年人在场制度

我国《刑事诉讼法》增加未成年人刑事案件诉讼程序，规定了合适成年人在场制度，不论是未成年被告人还是被害人，在接受讯问、询问时都应当有未成年人信任、同意的合适成年人在场，以消除未成年人参与诉讼时的心理压力并提供援助与保障。《性侵意见》亦有相似规定，体现了我国法律对未成年人的特殊司法关照。

但在性侵害未成年人犯罪案件中，有相当比例的案件发生于家庭成员之间，甚至有的法定代理人自身就是侵害人。如在本书统计的性侵害未成年人犯罪案件中，有 372 件（2.1%）的犯罪人与被害人具有监护与被监护关系，而且性侵害情节恶劣、令人发指。如四川陈俊宏强奸导致亲生女儿怀孕案①、吉林省吉林市唐君多次强奸其三名亲生女儿案②、浙江宁波市王军强奸养女案。③ 自然，此类情况下法定代理人不可能成为合适成年人，《性侵意见》也仅仅规定"未成年被害人的法定代理人是性侵害被告人的除外"，但对于此种情况下该如何选定合适成年人陪同并保障未成年被害人利益，则缺乏进一步规定。

虽然《刑事诉讼法》第 270 条规定询问未成年被害人、证人适用讯问未成年犯罪嫌疑人的规定，即应当通知法定代理人到场，当"无法通知或法定代理人不能到场或者法定代理人是共犯的，也可以通知……其他成年亲属，所在学校、单位、居住地基层组织或者未成年人保护组织的代表到场"④，这里似乎给出了在场合适成年人的选择范围。但是，由于性侵害未成年案件的特殊性，需要对未成年人隐私进行保护，因此，不能随意扩大在场人员的范围，尤其是如果邀请学校、单位与居住地基层组织参加，隐私保护效果适得其反，反而会增加未成年被害人的紧张与不适感。因此，

---

① 参见四川省成都市中级人民法院刘俊宏强奸刑事裁定书，〔2017〕川 01 刑终 1124 号。
② 参见吉林省吉林市中级人民法院唐君强奸、猥亵儿童减刑裁定书，〔2014〕吉中刑执字第 1049 号。
③ 参见浙江省宁波市中级人民法院王军强奸二审刑事裁定书，〔2017〕浙 02 刑终 283 号。
④ 参见《中华人民共和国刑事诉讼法》第 270 条第 1 款。

完全参照此规定并不适合性侵害未成年人案件。

完善与细化合适成年人在场制度，当未成年被害人法定代理人不能或不适宜承担合适成年人职责时，从"未成年人优先"价值取向出发，以愿意承担保障职责并能得到未成年人信任为选择合适成年人的标准，即合适成年人的组成模式以"未成年人信任的人与具有专业能力的合适成年人组成"①，建议由未成年人保护组织与妇联牵头，组建以律师、社会工作者与心理学专业人员为核心的性侵害未成年被害人帮助与支援社会组织，从该组织中选择合适成年人帮助未成年被害人参与诉讼举证，不仅可以避免未成年被害人隐私的不当外泄，并可以为未成年被害人提供保障以及专业的精神、心理援助，实现未成年人利益最大化。

小　结

"犯罪的危害越大，它可能值得付出的惩罚方面的代价越大。"② 对于严重危害未成年人身心健康的性侵害犯罪，严厉刑事政策通过严密刑事法网、严厉刑罚制度、严肃依法惩处，阻止危险侵害人向现实犯罪人转化；并通过加强受害目标保护，建立未成年人特殊司法保护制度，降低未成年人易受侵害性，通过控制犯罪"催化剂"因素阻断犯罪激化实施阶段，达到控制性侵害犯罪发生与再次发生的目的，这不仅是控制性侵害未成年人犯罪的"捷径"，也是当前应对此类犯罪行之有效的对策与措施。

在构建性侵害未成年人犯罪严厉刑事政策中，本书建议通过增加儿童色情制品犯罪、性侵害未成年人犯罪独立成节等措施，促进性侵害未成年人犯罪罪名体系化；明确"奸淫""猥亵""卖淫"等核心性侵害客观行为，扩大犯罪对象范围以完善性侵害未成年人犯罪罪状内容；建议增加严重性侵害未成年人犯罪为特殊累犯、从重处罚特殊身份人员性侵害未成年人，并对特殊性侵害未成年人犯罪人实施"化学去势"为特殊惩罚措施，建立具有针对性的刑罚制度，形成严密的性侵害未成年人犯罪刑法体系。在刑事司法中，通过降低犯罪入罪门槛、量刑认定从严、限制缓刑适用以

---

① 薛媛：《合适成年人在场制度有待完善》，《检察日报》2016 年 8 月 15 日，第 3 版。
② 杰里米·边沁：《惩罚的一般原理》，邱兴隆译，载邱兴隆《比较刑法》（第二卷·刑罚基本理论专号），中国检察出版社，2004，第 327 页。

及慎用被害人谅解制度等措施，实行性侵害未成年人犯罪刑事司法从严化。在加强受害目标保护方面，通过完善未成年人监护制度、隐私权保护制度，建立特殊办案机制等措施，实现未成年人特殊保护制度化。上述性侵害未成年人犯罪严厉刑事政策构建一方面体现了国家与社会对性侵害未成年人犯罪"零容忍"的态度，另一方面，又体现了对未成年人的特殊与优先保护。因此，严厉刑事政策并非仅仅是"严厉打击"，更为重要的是通过多重措施与手段阻断犯罪激化发生，实现对未成年人的安全保障。

第七章　性侵害未成年人犯罪积极刑事政策构建 （上）

早在百年前，菲利就从犯罪社会学角度提出，犯罪预防"从犯罪的起源着手，通过完全间接的建立在心理学和社会学规律基础之上的手段，力求减少产生犯罪的生物学的、自然的和社会的因素"。[①] 由于犯罪防治是一项庞大的综合性工程，绝非仅仅依靠单一的刑罚惩治就能控制，"要立足于刑事法治但绝非限于刑罚实践，不仅是打击，更要预防，并且预防犯罪不是仅靠刑罚的威慑，必须将传统的刑罚政策与现代社会政策相结合，在关注刑罚问题的同时，还要关注社会问题和社会政策"。[②]

暴力侵害儿童问题专家皮涅罗教授在向联合国提交的报告中认为："对儿童的所有暴力问题都是可以预防的。"[③] 在上述认识指导下，应对性侵害未成年人犯罪时要树立预防优先观念，积极主动进行预防犯罪，刑罚惩治与犯罪人矫治并行、社会保障与被害人保护并重，还要完善社会政策，建立多元未成年人保护与监督体系，强化社会道德体系与社会支持系统，化解或阻止犯罪风险形成，通过积极刑事政策预防性侵害未成年人犯罪。在性侵害未成年人犯罪刑事政策体系中，如果说严厉刑事政策是控制犯罪的"捷径"，那么，积极刑事政策是预防犯罪的"治本之道"。

---

① 恩里科·菲利：《犯罪社会学》，郭建安译，商务印书馆，2017，第 113 页。
② 卢建平：《论刑事政策（学）的若干问题》，《中国刑事法杂志》2006 年第 4 期。
③ 联合国人权理事会 2011 年 3 月通过的《买卖儿童、儿童卖淫和儿童色情制品问题特别报告员和暴力侵害儿童问题秘书长特别代表的联合报告》（联合国文件 A/HRC/16/56，paras. 90），United Nations Official Document，http：//www. un. org/en/ga/search/view_ doc. asp? symbol = A/HRC/16/56&referer = http：//www. un. org/zh/documents/index. html&Lang = C. ［2018 - 05 - 30］。

第一节　积极刑事政策的内涵

积极刑事政策是相对于消极刑事政策而言的，在此意义上的消极刑事政策是一种被动的、以刑罚惩罚为主的、公众参与不足的刑事政策。[①] 前文已分析说明由于消极刑事政策对于降低犯罪再犯率影响微弱，而且与现代社会中人本主义理念不相协调，因此，当前社会寻求一种积极的刑事政策也是形势所需。[②] 具有主动性、内在性与多元性的积极刑事政策是"合理地组织对犯罪的反应"[③] 理念的体现，也是现代社会中刑事政策的理性选择。

一　积极刑事政策的认识基础

刑事政策发展到今天，已经不再是简单、消极地对抗犯罪的措施，而是成为"有组织地反犯罪斗争的战略、方针、策略、方法以及行动的艺术、谋略和智慧的系统整体"。[④] 对当前所处社会背景与犯罪状况的正确认识与理解是合理应对犯罪刑事政策的重要基础。

（一）主动预防优于被动惩罚

20 世纪中叶以来，风险正逐渐成为现代社会主要特征。20 世纪 80 年代德国社会学家乌尔里希·贝克提出风险社会概念，并对阶级社会与风险社会比较后提出，"阶级社会的推动力可以总结为：我饿了！而风险社会的活动可以表述为：我害怕！忧虑的共性取代了需求的共性"。[⑤] 在此时代背景下，风险概念也渗透于犯罪应对策略之中，尤其是以英、美为代表的国家，应对性侵害犯罪的手段与措施是建立在对性侵害犯罪人"更加广泛的恐惧和不安的政策"之上。正是基于对危险行为或者群体而非单独存在

---

① 汪明亮：《积极的刑事政策论纲》，《青少年犯罪问题》2012 年第 5 期。
② 参见卢建平等《刑事政策与刑法完善》，北京师范大学出版社，2014，第 105 页。
③ 参见梁根林《刑事政策：立场与范畴》，法律出版社，2005，第 3 页（代自序）。
④ 参见梁根林《刑事政策：立场与范畴》，法律出版社，2005，第 1 页（代自序）。
⑤ 转引自戈登·休斯《解读犯罪预防——社会控制、风险与后现代》，刘晓梅、刘志松译，中国人民公安大学出版社，2009，第 193 页。

的危险个体采取预防性监督管理的策略为出发点，促使对性侵害犯罪，特别是针对性侵害儿童这样的频发的、"突出的犯罪"，采取排除性和预防性的管理政策得以广泛发展。① 这一抵御风险政策旨在将预防和与之相应的先发制人的思维模式同时运用于对抗任何可能由性侵害犯罪人带来的潜在风险②，在英、美等国表现为采取一种积极能动策略应对性侵害犯罪的威胁。通过积极预防政策和监管措施，从预防性的禁止向主动实施搜索的转变，以及对释放的危险性侵害罪犯的管制从单一监管向多种手段并存方式的转变，以达到保护民众与未成年人的目的。因此，在风险管理这一宽泛的政治观念下，以积极预防为主线，大多数西方国家从基于"权利本位"的刑罚福利主义的性侵害犯罪刑事政策，转向以犯罪风险管理和未成年人保护为目标，倡导一种"国家与社会双本位的刑事政策主体地位，排除性社会控制措施日趋拓展，包容性社会控制措施日益多元"③ 的刑事政策体系。

我国以往对性侵害犯罪的刑事政策一直以刑罚强制力的使用为根本，重视犯罪事后惩罚而对事前预防关注不够。但是"刑罚只是社会用以自卫的次要手段……不是预防犯罪的有效措施"。④ 近年来我国已认识到"惩罚是不得已的下策，预防是积极主动的上策"。⑤ 尤其在应对具有高再犯风险的性侵害未成年人犯罪时，单纯的惩罚并不能解决根本问题，更需要提前介入、主动预防，一方面对未成年人实现"最高限度保护"，坚持"未成年人优先"价值取向，树立全社会积极保护未成年人的意识，运用多种措施与手段多元化保护未成年人；另一方面，将对犯罪实行"最低限度的容忍"，不仅要严厉惩治犯罪，更为重要的是完善有关社会制度，消除或抑制诱发犯罪相关因素；对犯罪人的矫治与监控扩展至监狱外，并扩展排除性、社会控制性措施的运用。

---

① 安妮·玛丽·麦克阿灵登：《欧洲性犯罪管理研究：刑罚政策、政治经济学以及风险制度化》，蒋圣力译，《犯罪研究》2013 年第 5 期。
② 安妮·玛丽·麦克阿灵登：《欧洲性犯罪管理研究：刑罚政策、政治经济学以及风险制度化》，蒋圣力译，《犯罪研究》2013 年第 5 期。
③ 汪明亮：《刑罚福利主义不利于转型时期的社会稳定》，《探索与争鸣》2014 年第 6 期。
④ 恩里科·菲利：《犯罪社会学》，郭建安译，商务印书馆，2017，第 83~84 页。
⑤ 王牧：《职务犯罪预防的刑事政策意义》，《国家检察官学院学报》2007 年第 1 期。

（二）惩罚与矫正并重

近年来，大多数国家都采取了严厉措施处罚性侵害未成年人犯罪，并实行"真正服刑政策"。司法实践中，尽管性侵害犯罪人大多数监禁至刑期期满，但是出狱后再发概率仍然偏高。据美国司法部调查发现，未经治疗的性侵害犯罪人，在出狱后 3 年追踪调查发现累犯率约 60%，而经过完全特殊治疗后，累犯比率则降至 15%～20%。[①] 我国由于在刑罚执行过程中并未将性侵害犯罪人区别于一般犯人，缺乏特殊治疗与矫正，所以也无法进行对比性研究。但是，从已有犯罪案件分析发现，性侵害未成年人犯罪再犯率高已是不争的事实，这也说明仅仅依靠传统的监禁无法减少此类犯罪重复发生，或者简单将犯罪人隔离并不足以降低或者遏制犯罪；同时也间接性地提示我们，性侵害犯罪人的治疗及其他非监禁措施有其发展的必要性。

菲利说过："关于预防犯罪措施的改革哪怕只进步一点，也比出版一部完整的刑法典的效力要高一百倍。"[②] 因此，如何预防性侵害未成年人犯罪以及犯罪再犯，需要重新审视性侵害犯罪人形成过程，发现其犯罪成因，了解再犯过程，清楚犯罪促发因素，才能够从根源上抑制犯罪并预防再犯。

性侵害犯罪人通常存在人格上的病因，一般通过外部的性反常行为来解除其人格上的纠结，或以反常的性侵害行为寻求一时慰藉。一般而言，性侵害人的人格违常往往会有以下情绪显现：受损的男性认同感的暂时回复，由于生活上的无能与否定感而想通过男性生殖器展现征服的权利与幼稚的权威感的体验；因为离弃、剥夺所生恐惧的发泄与克服，完全占有某人或某事物的欲望与想象；恋童癖者，往往想要寻求他人赞赏、亲近感、安全感以及照顾与被照顾的需求感。[③] 虽然上述性侵害犯罪人具有人格的违常性特征，但从刑法角度来说，其仍具备刑事责任能力，因此，绝大部

---

① 郑添成、陈英明、杨士隆：《性侵害加害人之处遇——国内外现行主要制度评述》，《犯罪与刑事司法研究》2004 年第 2 期。

② 恩里科·菲利：《犯罪社会学》，郭建译，商务印书馆，2017，第 110 页。

③ 参见卢映洁《犯罪与被害：刑事政策问题之德国法制探讨》，新学林出版股份有限公司，2009，第 186～187 页。

分性侵害犯罪人都会被科处刑罚。但是，一般的刑罚与常规执行方式对性侵害犯罪人犯罪成因的消除往往无能为力，甚至可能会加重其人格扭曲，出狱后人格异常仍旧存在甚至加剧，自然会成为再犯的高危人群。性侵害犯罪人并非"变态的怪物"，只不过是在人格发展完善过程中遭遇扭曲与压制形成心理问题，导致其行为模式与社会所认可的规范背道而驰甚至触犯法律。从心理学角度来看，这些人格纠结问题可以通过心理治疗加以改善或缓和。因而，对此类犯罪人应采取的最佳应对措施是，在一般刑罚之外提供适合的心理治疗与矫正，以改善其心理问题与人格违常现象，最终改善其认知与行为，这样才能够真正降低其再犯风险。因此，对具有高再犯风险的性侵害犯罪人，刑罚惩处与矫正治疗并行才能切实起到预防犯罪的作用。

（三）刑事政策主体一元向多元转化

从现代治理理论看来，"公共事务管理系统不再是封闭的而是面向社会开启的，凡是有助于公共事务管理的力量都可以进入到管理系统之中"。[①] 民间社会与政治国家之间不论是在政治领域还是一般社会事务领域，民间社会力量在很大程度上分担国家治理事务、展开合作的领域日趋普遍与广泛。[②] 因此，现代社会公共管理模式具有开放性、多元性与合作性。

"作为国家实现社会控制的政治策略与表达方式，公共政策旨在支持和加强社会秩序，以强化人们对秩序和安全的预期。"[③] 作为一项重要的公共管理政策的刑事政策，在现代社会治理与犯罪控制过程中也日趋呈现多元化特征。著名刑法学者储槐植教授早在 25 年前（1993 年）就提出："随着市场经济的发展，必然转向国家和社会联手控制犯罪，即从国家本位控制犯罪的模式转向'国家·社会'双本位控制犯罪的模式。"[④] 随后，严励教授在此观点之上又提出了国家本位型刑事政策、国家 - 社会本位型刑事

---

① 徐勇：《治理转型与竞争——合作主义》，《开放时代》2001 年第 7 期。
② 参见卢建平等《刑事政策与刑法完善》，北京师范大学出版社，2014，第 423 页。
③ 劳东燕：《公共政策与风险社会学的刑法》，《中国社会科学》2007 年第 3 期。
④ 参见储槐植《刑事一体化与关系刑法论》，北京大学出版社，1997，第 90 页。

政策和社会本位型刑事政策三种模式。① 在司法实践中，刑事政策体系也不断面向民间社会开放，从 1991 年社会综合治理机制②建立开始，其间经历了 2003 年社区矫正试点，到《刑法修正案（八）》与新《刑事诉讼法》确立社区参与社区矫正的合法地位，说明在我国，公众已经参与国家的犯罪治理进程，并不断促进刑事政策体系主体由一元向多元发展；同时，犯罪预防观念也发生转变，经历了从"国家本位到国家、社区、个人三元论的发展过程……共同确立了国家、社区、个人三元的犯罪预防主体"。③

犯罪控制与预防不再全是国家的责任，司法预防也不再是唯一的预防方式，社会与个人也参与其中，成为社会预防与情境预防的重要支撑点。

二　性侵害未成年人犯罪积极刑事政策的界定

我国刑事政策，从新中国成立初期以消灭犯罪为目标的理想型阶段发展到以预防犯罪为目标的现实阶段④，基本刑事政策也从追求社会效益价值为主转向强调权利保障和公平正义之间的平衡，这方面在"宽严相济"基本刑事政策上体现得最为突出。早在 2005 年，当时的中央政法委书记罗干同志就提出在打击、震慑犯罪过程中要减少社会对抗，争取将消极因素转化为积极因素以实现法律效果与社会效果的统一。而积极刑事政策的提出，正是能够通过主动预防、民众多元参与、发挥社会支持系统作用，在

---

① 参见严励《刑事政策的模式建构》，载陈兴良《刑事法评论》，中国政法大学出版社，2003，第 264~297 页。

② 1991 年国家通过了关于社会治安综合治理的两份重要文件（分别是《中共中央、国务院关于加强社会治安综合治理的决定》和第七届全国人民代表大会常务委员会通过的《全国人民代表大会常务委员会关于加强社会治安综合治理的决定》），并成立了由中央政法委领导的"中央社会治安综合治理委员会"。在这两份文件中，综合治理被界定为："在各级党委和政府的统一领导下，各部门协调一致，齐抓共管，依靠广大人民群众，运用政治的、经济的、行政的、法律的、文化的、教育的等多种手段，整治社会治安，打击犯罪和预防犯罪，保障社会稳定，为社会主义现代化建设和改革开放创造良好的社会环境"。从此定义里，我们可以看出，作为包括反犯罪主体、反犯罪方式、反犯罪目标等诸多方面建立起来的反犯罪统一体，社会治安综合治理机制明确将人民群众作为反犯罪主体，也提到经济的、文化的、教育的等通常为民间社会所具有的反犯罪手段。参见卢建平等《刑事政策与刑法完善》，北京师范大学出版社，2014，第 430 页。

③ 严励、岳平：《犯罪预防理论与实践的推进与展望——第二届犯罪学论坛会议综述》，《上海政法学院学报》（法治论丛）2015 年第 6 期。

④ 参见严励《中国刑事政策的构建理性》，中国政法大学出版社，2010，第 336~339 页。

预防犯罪的同时保障社会安全，追求法律效果与社会效果的有效统一。

积极刑事政策可以弥补现有刑事政策偏重事后惩罚而对犯罪预防着力不足的问题。积极刑事政策重视事前犯罪预防，主张完善相关各类社会政策，是一种主动的、内在的、多元的刑事政策。性侵害未成年犯罪积极刑事政策主要表现为以下特性。

1. 具有主动性

强调重视犯罪预防而不仅限于事后惩罚，注重完善综合社会政策，通过道德体系完善与社会支持系统建设强化社会整体凝聚力，以消除或化解诱发性侵害未成年人犯罪生成的因素。

2. 具有内在性

一方面，注重对性侵害犯罪人惩治，通过刑罚与非刑罚措施进行刑罚惩处，同时或在刑罚执行完毕进行人格矫正与心理治疗，尽量消除其再犯危险性；另一方面，注重对一般社会成员个体内心的影响，通过形成良好的社会支持系统增强社会成员的自我控制与内在约束，消除或抑制犯罪动机与倾向的形成。

3. 具有多元性

体现为，一方面，犯罪治理国家、社会与个人的多元参与，形成司法惩治、社区矫正与社会监督等多维立体的社会治理体系；另一方面，形成对未成年人的多元保护，既有行政保护又有社会保护、学校保护与家庭保护，形成多层复杂未成年人保护体系。

因此，性侵害未成年人犯罪积极刑事政策是：以"未成年人优先"为价值取向，坚持积极主动预防，注重多元主体参与犯罪治理与预防，强调对犯罪人刑罚与非刑罚矫治并行，重视多元化未成年人保护的具有主动性、内在性与多元性的刑事政策。

第二节　积极刑事政策意义

在对当前社会风险全面、客观了解的基础上，深入解读性侵害未成年人犯罪生成机制，可以认识到：事前积极预防胜于事后消极惩罚；从现代社会治理理论出发，作为公共事务管理的犯罪治理，司法预防并非唯一的抗制犯罪方式，多元主体参与更有利于治理目标的实现；而惩罚与矫治并重更能提高性侵害犯罪的防治效果与再犯预防；社会保护与被害人自我保护并行则可有效消除"犯罪诱因"，阻碍潜在侵害人犯罪倾向的形成。在此理解与认识基础上，提出积极刑事政策应对性侵害未成年人犯罪具有长期而深远的效应。

依据性侵害未成年人犯罪生成机制，在犯罪"带菌个体"形成阶段，性心理认知偏差、精神障碍与低自我控制影响犯罪人格形成，使其成为潜在的性侵害人；当"带菌个体"受到社会转型时期不良性观念冲击、就业压力以及人口婚姻挤压等"致罪因素"影响，又面临传统社会支持网络联系弱化削弱潜在侵害人的自我控制时，就会激发犯罪动机产生，增加转化为危险侵害人的风险。因此，积极刑事政策通过社会主义道德体系建设、良好社会支持系统构建强化社会凝聚力，以增强社会个体的自我控制；通过情境预防与未成年人多元化保护，阻隔潜在侵害人对"致罪因素"的感知，降低性侵害风险；运用危险评估与治疗矫正具有高危险性的潜在侵害人，阻止其转化为危险侵害人而进入下一阶段实施犯罪。积极刑事政策通过采取上述对策与措施，力求从根源上抑制犯罪人格与犯罪动机形成。因此，积极刑事政策是应对性侵害未成年人犯罪的"治本"之策。

一　降低性侵害犯罪风险

（一）减少未成年人生活环境潜藏性侵害风险

家庭、学校、社区、幼儿园、校外活动社团、课外教育机构以及游乐娱乐场所等是未成年人生活、学习成长离不开的日常环境，但往往也是潜藏着性侵害风险的场所。除了家庭内性侵害外，有国外学者[①]回顾相关研究和媒体报道指出，发生在学校、幼儿园、校外活动社团、课外教育机构等未成年人机构中的性侵害已成为一个全球公认的问题。美国、英国、加拿大和澳大利亚等国研究显示，未成年人性侵害可能发生在所有未成年人

[①] Wurtele, S. K. & Kenny, M. C., "Preventing Childhood Sexual Abuse: An Ecological Approach, Goodyear – Brown, "Handbook of Child Sexual Abuse: Identification, Assessment and Treatment", Hoboken, NJ: Wiley Press, 2012, pp. 531 – 565, 转引自龙迪《综合防治儿童性侵犯专业指南》，化学工业出版社，2018，第 184 页。

日常活动场所中,(在国外)甚至还包括宗教团体等。性侵害犯罪人包括教师及其他教职员工、保育员、教练、义工甚至公益人士。① 我国也存在类似情况,在近年来引发公众极大愤慨与关注的多起案件中,性侵害未成年人犯罪人里不乏官员、教师、医生与公益人士的身影。前文有关统计分析也发现,未成年被害人与犯罪人之间具有熟人关系的占到受害人总数的2/3 以上。就性侵害场所来看,有 12.2% 的案件发生于公共场所中,有24.2% 发生在犯罪人家中(见表 1 - 10)。这说明未成年人周边日常生活环境及其社会关系中潜藏的性侵害风险已成为威胁未成年人安全的重大危险来源。因此,预防性侵害未成年人犯罪必须要降低未成年人生活环境中潜藏的危险。

(二)阻碍潜在危险转化为现实侵害

20 世纪 70 年代,以英国学者罗纳德·克拉克(Ronald V. Clarke)为代表的犯罪学家将犯罪预防的视角从单纯依靠司法预防或社会预防,转向着眼于犯罪发生的具体环境,将预防对象从犯罪人转向被害人及犯罪机会,由此形成了第三种犯罪预防形式——情境预防。② 西方犯罪预防也从"传统的一元主义发展为三元主义,形成由司法预防、社会预防与情境预防三足鼎立的犯罪预防体系"。③

克拉克教授认为,犯罪情境预防"针对具体犯罪,通过尽可能系统性和永久性地对微观物理环境和社会环境予以设计、管理和改造,以增加犯罪的难度和风险,减少犯罪收益和犯罪借口,从而达到预防犯罪的目的"。④ 情境预防以日常活动理论为认识基础,1978 年科恩(Cohen)和费尔森(Felson)提出"日常活动"理论,认为能够理性计算的潜在犯罪人是根据被害人(无意或客观上)提供的犯罪机会作案,而这些机会与被害人在日常生活中所形成的"日常活动"系统相关。⑤ 以此认识出发可得出

① 参见龙迪《综合防治儿童性侵犯专业指南》,化学工业出版社,2018,第 184~185 页。
② 崔海英:《情境犯罪预防本体理论解读》,《净月学刊》2014 年第 6 期。
③ 庄劲、廖万里:《犯罪预防体系的第三支柱西方国家犯罪情境预防的策略》,《犯罪研究》2005 年第 2 期。
④ 转引自崔海英《情境犯罪预防本体理论解读》,《净月学刊》2014 年第 6 期。
⑤ 乔治·B. 沃尔德、托马斯·J. 伯纳德、杰弗里·B. 斯奈普斯:《理论犯罪学》,方鹏译,中国政法大学出版社,2005,第 247 页。

应对犯罪建议，即通过控制犯罪机会可以达到遏制犯罪的效果。因此，在性侵害未成年人犯罪预防中，可以通过有效阻止潜在性侵害人靠近或接触未成年人，或者最大限度地减少、消除实施性侵害的条件与环境，或者及时识别或发现可能发生性侵害的迹象并及时采取有效措施予以制止，这样可以阻止潜在性侵害危险转化为现实侵害，降低未成年人遭受性侵害的风险。

犯罪是在特定时空下发生的事件，实施犯罪必须具备一些外部环境条件。这些条件主要包括三类："1. 犯罪的适宜目标，如性需求、性满足等；2. 适合的被害人；3. 对犯罪人所期望的不受惩罚感有影响的因素"①，如被害人的易受侵害性、案件举报与暴露的滞后性等。在性侵害未成年人犯罪中，缺乏有能力的保卫者与适宜的侵害对象是关键，而其中侵害对象是否具有适宜性又是由时空接近性、易接近性和潜在收益来判断的。因此，在情境预防中应重点针对上述内容进行设计与实行。

性侵害未成年人犯罪情境预防，其重要意义就在于通过对未成年人周边生活环境、未成年人与其生活环境中关联人员的互动关系、未成年人行为风险以及其他可能诱发性侵害的"致罪因素"进行分析，发现与明确需要监督与控制的情境因素，采取事前预警与提前介入方式进行控制，通过切断危险性侵害人接触或接近未成年人的机会、降低未成年人生活物理空间环境风险以及未成年人自身行为风险，阻断潜在危险转化为现实侵害，预防性侵害未成年人犯罪生成。

二　抑制危险侵害人转化

（一）发现潜在高犯罪（再犯）风险侵害人

20 世纪 50 年代前后，西方犯罪学者发现"少数人对大多数犯罪负责"现象②，如美国犯罪学者沃尔夫冈 1972 年在费城调查发现，被调查的 6% 的男性犯罪人实施了 73% 的强奸案件。③ 我国学者在 2013 年对部分省市监

---

① 迈克尔·戈特弗里德森、特拉维斯·赫希：《犯罪的一般理论》，吴宗宪、苏明月译，中国人民公安大学出版社，2009，第 14 页（中文版序）。
② 参见翟中东《国际视域下的重新犯罪防治政策》，北京大学出版社，2010，第 57～61 页。
③ 参见翟中东《国际视域下的重新犯罪防治政策》，北京大学出版社，2010，第 60 页。

狱罪犯教育质量评估调查中发现，强奸罪属于再犯比例较高的 8 种类型犯罪[1]之一，强奸罪犯罪人中再犯占 13%，并且再犯时间间距最长为 4.7 年，高于 8 种犯罪再犯平均间距时间 1.7 年[2]；另外一项对我国性侵害犯罪人再犯情况调查发现，犯罪人出狱 10 年以后仍有高达 21% 的再犯率[3]；本书对近 6 年性侵害未成年人犯罪人调查后也发现，犯罪人中再犯占到 15.6%，并且实施了大约七成的犯罪，说明性侵害未成年人犯罪中，高犯罪风险或再犯风险主要集中于少部分人。

因此，从帕累托法则出发，只要控制了至关重要的"少数因子"就可以控制全局。在性侵害未成年人犯罪中，只要控制了这"少数人"——危险性侵害人就可以控制犯罪大局。而这"少数人"一方面具有很大的实施犯罪或重新犯罪的可能性，但另一方面尚未实施犯罪或尚未重新犯罪，并非刑法意义上的犯罪人，所以，在积极刑事政策中，通过建立性侵害犯罪人危险性评估制度，易于检测发现具有潜在高犯罪或再犯风险的危险侵害人，对其采取监督管理与积极矫正控制犯罪或再犯风险具有重要的犯罪预防意义。

（二）抑制高再犯风险危险侵害人转化

具有较高再犯风险的性侵害犯罪人，需要进行治疗与矫正，才能抑制其再犯的风险。对犯罪人矫正的态度，国外从 20 世纪 70 年代以来经历了转折起伏的几个阶段，1974 年美国学者马丁森的研究报告得出矫正无效的结论，让司法实务界与民众丧失了对教育矫正的信心，但在此后，学者研究又认为，不是所有矫正都无效，在有的犯罪、项目中矫正是有效的。因此，理论界与实务界又重新研究与实践能有效预防或抑制犯罪的矫正方法与措施。所以，对犯罪人矫正的态度，从矫正无效（Nothing works）到什么有效（What works）再到现在如何使之有效（How to make effective）[4]，经历了从肯定到全盘否定再到有条件肯定的几个阶段，也说明现代矫正理

---

[1] 包括犯强奸罪、聚众斗殴罪、寻衅滋事罪、抢劫罪、故意伤害罪、诈骗罪、盗窃罪、贩卖毒品罪。
[2] 参见曾赟《中国监狱罪犯教育改造质量评估研究》，《中国法学》2013 年第 3 期。
[3] 钟志宏、吴慧菁：《性罪犯强制治疗成效评估：社会控制理论观点探讨》，《犯罪学期刊》2012 年第 2 期。
[4] 孔一：《再犯风险评估中的几个基本问题》，《河南警察学院学报》2016 年第 2 期。

论趋向于更加客观与科学，认为矫正并非"万能灵药"，必须要遵循科学的原则与合适的条件。如加拿大采用"理性化矫正项目"对4072名罪犯矫正的效果表明，这一方法对性罪犯、暴力犯与毒品犯很有用，但是对财产犯作用不明显。[①] 因此，应对具有高再犯风险的性侵害犯罪人，以再犯预防取向为基础并结合认知行为取向的模式已成为主流，称为"以再预防为取向之认知行为疗法"，在临床研究上，该疗法的疗效大约可减少一半的再犯率。[②] 因此，积极的性侵害未成年人犯罪刑事政策通过对危险侵害人进行治疗与矫正降低其再犯风险，对性侵害未成年人犯罪中再犯预防具有重要作用。

三　化解犯罪倾向

（一）转型时期社会共同规范成为预防犯罪基础

社会转型过程中，各种社会思潮与观念对"传统社会的冲击与影响，原有道德、风俗习惯的解体加剧了社会不稳定因素的产生，这已成为近年来性侵害犯罪大量发生的一个深层次原因"。[③] 道德与信仰是人类特有的精神现象，信仰为人类生活提供价值追求动力与目标，而道德则对人格塑造、约束行为合乎社会认同规范，对具有共同道德规范认同感的人群具有凝聚作用。因此，合乎新时期背景下的社会主义道德与信仰体系的建立与完善，社会共同规范的重新塑造与普遍遵守，对增强社会成员自我约束与控制，抑制潜在性侵害人的犯罪性具有积极作用。

（二）以社会支持系统应对社会传统关系解体

社会支持理论认为，"社会支持高低与犯罪的可能性成反比，因此，社会支持不仅对预防和减少犯罪起到直接作用，也会影响社会控制从而对

---

① 参见翟中东《国际视域下的重新犯罪防治政策》，北京大学出版社，2010，第297页。
② 郑添成、陈英明、杨士隆：《性侵害加害人之处遇——国内外现行主要制度评述》，《犯罪与刑事司法研究》2004年第2期。
③ 魏红：《如何发挥社会控制在防控西南地区性侵害未成年人犯罪中的作用》，《政法论丛》2016年第2期。

预防和减少犯罪产生间接的影响"。① 因为，从社会支持理论出发，"利人之心和行为是可以培养的，当个体得到来自他人和社会的关怀和支持时，内心的感激会促使其更多地考虑如何对社会与他人做出贡献与回报，发自内心的利他之心当然地会反对与预防危害社会与他人的犯罪行为，从而客观上起到预防犯罪的社会效果"。② 因此，强化社会支持系统建设可以影响社会个体内心自我控制力，达到增强其个人归属感，消解犯罪倾向形成的目的。

（三） 学校和家庭教育是培养个人自我控制的摇篮

如约翰·罗尔斯认为家庭是道德发展的最早学校一样，著名女权主义者苏珊·M. 奥克因在《正义、性别和家庭》一书中提出："家庭是我们能在其中学会正义的地方。"③ 家庭不仅对社会成员道德感、正义感的形成具有重要作用，而且也是培育个人与社会之间社会纽带的重要场所。因此，"在社会化过程中，社会纽带已逐渐成为个人情感的一部分，当其出现偏差行为并可能触犯法律时，这种情感纽带的约束作用便被激发出来，以阻止犯罪行为的发生"。④ 因此，家庭与学校教育成为培育个体社会纽带与情感的摇篮，家庭与学校等教育机构也是有效干预越轨与违法行为的重要场所。

研究发现，性侵害未成年人犯罪人中大多缺乏紧密的社会纽带关系，如"台湾儿童暨家庭扶助基金会"（CCF）对儿童性侵害犯罪人资料分析发现，此类犯罪人一般具有以下个人特征与行为倾向："长期失业、经济状况不佳、教育程度低、家庭关系不良、婚姻关系不佳、吸毒、酗酒、亲子技巧缺乏等。"⑤ 本书在调查与分析中也发现，性侵害未成年人犯罪人，初中以下（包括初中）学历的犯罪人占到近九成（见图 1 - 5 与表 1 - 8），家庭婚姻状况为未婚、离异与丧偶的占有效数据的七成以上（见表1 - 5）。

---

① Cullen, Francis T., "Social Support as an Organizing Concept for Criminology Presidential Address to the Academy of Criminal Justice Sciences", *Justice Quarterly*, 1994, p. 530.
② 魏红、耿琳琳：《社会支持理论下农村留守儿童犯罪探析》，《行政与法》2016 年第 9 期。
③ 转引自布鲁克·诺埃尔·穆尔《思想的力量：哲学导论》，李宏昀、倪佳译，上海社会科学院出版社，2009，第 535 ~ 536 页。
④ 魏红：《如何发挥社会控制在防控西南地区性侵害未成年人犯罪中的作用》，《政法论丛》2016 年第 2 期。
⑤ 参见蔡启源《儿童性侵害之检视：成因、影响与实务处遇》，载石丹理、韩晓燕《儿童青少年与家庭社会公众评论》，华东理工大学出版社，2015，第 104 页。

绝大部分性侵害未成年人犯罪人都未能接受较为完全的学校教育，家庭婚姻关系也处于非正常状况，具有一些共同的个体特征与行为表现，而这些表现都与家庭情感纽带松弛、学校教育塑造不足，最终导致社会自我控制与约束不强有关。

因此，学校与家庭教育承担了强化情感纽带形成的重任。由于相当一部分犯罪人在初中后就再未接受过学校教育，因此，积极刑事政策提倡将预防犯罪的法治教育提前到初中甚至更早阶段，从小树立遵纪守法的观念。

四　阻碍"致罪因素"对潜在侵害人产生作用

依据犯罪生成模式理论，"犯罪动机的形成是先天本能与后天社会因素相互影响的产物"。[①] 在性侵害未成年人犯罪中，当具有犯罪人格的潜在性侵害人与犯罪"致罪因素"相互作用而产生犯罪动机时，就转化为危险性侵害人。因此，阻断潜在性侵害人与"致罪因素"的相互作用可以遏制犯罪于早期阶段而预防性侵害未成年人犯罪发生。

（一）以多元化保护未成年人消除犯罪诱因

自我控制低是潜在侵害人的一个重要特征，此类人群具有"对环境中的有形刺激容易作出反应的倾向，有一种具体的此时此地定向"。[②] 因此，树立全社会保护未成年人的意识与观念，通过行政保护、社会保护、学校保护与家庭保护，形成多元化未成年人保护体系；同时注重对未成年人进行预防性侵害教育，降低未成年人易受侵害性，减少对潜在侵害人的环境刺激，增加其犯罪心理成本的估算，尽量消除或减少影响潜在性侵害人犯罪倾向形成的诱发因素。

（二）以重点监督阻碍潜在侵害人犯罪动机形成

前文中作者收集的数据与其他学者研究都证明，性侵害未成年人犯罪发生的地点与范围，较多集中于学校、幼儿园与教育机构等场所与机构，

---

① 参见汪明亮《犯罪生成模式研究》，北京大学出版社，2007，第160页。
② 迈克尔·戈特弗里德森、特拉维斯·赫希：《犯罪的一般理论》，吴宗宪、苏明月译，中国人民公安大学出版社，2009，第84~85页。

性侵害人与被害人之间大多数具有熟人关系。据国外研究表明，甚至47%的侵害人已经与被害人建立情感联络和忠诚纽带[1]，有相当多的未成年人是在学校、幼儿园、课外活动社团、课外教育机构、娱乐场所等地受到其中工作人员的性侵害。[2]

因此，重点加强对学校、幼儿园、课外教育机构等单位与机构从业人员的监督与管理具有重要意义，不仅要建立入职审核与筛选制度，同时也要对在职人员予以日常、持续性监督与管理，限制教职人员与未成年人一对一交往，建立安全的未成年人活动物理空间环境，以防患于未然，加大潜在性侵害人对犯罪的估算成本阻止其犯罪动机形成，阻碍"致罪因素"对潜在侵害人发生作用，从源头上进行性侵害未成年人犯罪预防。

第三节　境外积极刑事政策参考

近年来，境外尤其是英、美等国重视对性侵害未成年人犯罪的积极预防，建立并实行了一系列预防制度与措施。以下主要从预警制度、高风险犯罪人社区管理、治疗与司法处遇一体化再犯预防以及多元化未成年人保护等方面进行介绍与分析，以期为我国完善相关预防制度与措施提供参考与借鉴。

一　境外犯罪预警制度建设

目前各国对于性侵害未成年人犯罪的治理政策，思考重点在于"如何预防他们所引起的犯罪"。于是事先预警机制（Precaution）产生，对被定位成"危险"的人采取预防措施[3]，为妇女和未成年人提供安全警告。现

① Smallbone, S., Marshall, W. L. & Wortley, R., "Preventing Childsexual Abuse: Evidence, Policy and Pratice", Portland, OR: Willan, 2008, 转引自龙迪《综合防治儿童性侵犯专业指南》，化学工业出版社，2018，第132页。

② Wurtele, S. K. & Kenny, M. C., "Preventing Childhood Sexual Abuse: An Ecological Approach", Goodyear - Brown: "Handbook of Child Sexual Abuse: Identification, Assessment and Treatment", Hoboken, NJ: Wiley Press, 2012, pp. 531 – 565, 转引自龙迪《综合防治儿童性侵犯专业指南》，化学工业出版社，2018，第184页。

③ 许福生：《论风险社会与台湾性侵犯司法处遇法制之变革》，《海峡法学》2016年第3期。

有各国较为成熟的一些预防制度主要包括：性侵害人登记与社区公告制度、性侵害人从业禁止与限制制度、性侵害事件强制报告制度以及其他一些较为具体的预防措施。

（一）性侵害事件强制报告制度

2011年，联合国人权理事会在一份有关儿童卖淫、儿童色情制品和暴力侵害儿童问题上的联合报告中建议，"所有国家应适当考虑对从事以下儿童工作的专业人员的强制性报告：遭受性虐待和造成其他人身伤害的行为，以及遭受精神暴力的儿童"①；欧洲委员会在《保护儿童免遭性剥削和性虐待公约》中也规定，缔约方应确保对从事儿童工作的专业人员实行的信息保密规则，不得构成其报告儿童保护机构的障碍，并且应鼓励善意了解或怀疑发生了对儿童的性剥削或性虐待情事者，将这些情况报告主管部门（第12条第1款、第2款）。

由此，许多国家针对侵害儿童行为建立了强制报告制度。如美国联邦法律规定，如互联网服务商确实了解有人利用其服务器传播儿童色情制品，应将此种情况报告全国失踪和被剥削儿童中心网络②；澳大利亚各州也规定"强制报告义务"，要求医生、护士、警察和老师等具有特殊职责人员，一旦发现儿童遭受虐待、遗弃和性侵害等行为，负有强制报告义务。

我国台湾地区也建立了较为完备的性侵害未成年人犯罪报告制度，该制度由强制责任报告与一般报告两部分组成。台湾地区"儿童及少年福利与权益保障法"第53条、第49条规定：医事人员、社会工作者、教育人员、保育人员、警察、司法人员、村（里）干事及其他执行儿童与少年福

---

① 参见联合国人权理事会2011年3月通过的《买卖儿童、儿童卖淫和儿童色情制品问题特别报告员和暴力侵害儿童问题秘书长特别代表的联合报告》（联合国文件，A/HRC/16/56），United Nations Official Document，http：//www. un. org/en/ga/search/view _ doc. asp? symbol = A/HRC/16/56&referer = http：//www. un. org/zh/documents/index. html&Lang = C［2018 – 05 – 30］。

② 参见联合国人权理事会2011年3月通过的《买卖儿童、儿童卖淫和儿童色情制品问题特别报告员和暴力侵害儿童问题秘书长特别代表的联合报告》（联合国文件，A/HRC/16/56），United Nations Official Document，http：//www. un. org/en/ga/search/view _ doc. asp? symbol = A/HRC/16/56&referer = http：//www. un. org/zh/documents/index. html&Lang = C［2018 – 05 – 30］。

利业务的人员，知悉任何人对于儿童及少年有强迫、引诱、容留或媒介儿童与少年为猥亵行为或性交，应在 24 小时内向地方政府主管机构通报。另中国台湾地区"性侵害犯罪防治法"第 8 条、"家庭暴力防治法"第 50 条与"性别平等教育法"第 21 条都规定对性侵害案件、家庭暴力罪以及校园性侵害、性骚扰或性霸凌等行为，负有特定职责人员具有报告义务，并且规定，如没有正当理由不履行职责的人员，应受到处以新台币 6000 元至 15 万元的罚金或者予以解聘的处罚，我国台湾地区"监察院"有权对不认真履行上述职责的机构与人员提出弹劾与纠正案。① 在强制责任报告制度之外还规定一般报告制度，"儿童及少年福利与权益保障法"规定：任何人如果知悉有人对儿童及少年为强迫、引诱、容留或媒介儿童及少年为猥亵行为或性交时，可以通报地方主管机关。由于我国台湾地区性侵害报告制度的不断完善与推广，据其"卫生福利部"统计，上述有关未成年人保护案件的报告数量，从 2009 年的 21449 件攀升到 2014 年的 49881 件，增长超过两倍②，大幅度提高了案件的报告率，说明此制度实施确有成效。我国在制定相关制度以提高犯罪暴露度时，可以参考与借鉴上述制度的相关规定。

（二）性侵害人登记与社区通告制度

性侵害人登记与社区通告制度作为最为重要的预警制度，也是"刑事政策领域预防性侵害犯罪的一朵奇葩"。③ 美国有关性侵害人登记与社区通告制度经历一段时间的发展与完善，已经形成了以"梅根法案""亚当·沃尔什儿童保护及安全法"为代表的法案群，并成为各国效仿的榜样。以下主要以美国为例介绍该项制度。

美国加利福尼亚州、亚利桑那州等早在 20 世纪 40 年代就已经要求性犯罪人注册登记，但当时要求登记的目的主要是便于警察机构管理。直到 20 世纪 90 年代，一系列儿童性侵害案件的披露引发了人们的广泛关注，

---

① 参见高凤仙《性侵害及性骚扰之理论与实务》，五南图书出版股份有限公司，2016，第 202 页。
② 参见高凤仙《性侵害及性骚扰之理论与实务》，五南图书出版股份有限公司，2016，第 205 页。
③ 刘军：《性犯罪记录之社区公告制度评析——以美国"梅根法"为线索》，《法学论坛》2014 年第 2 期。

美国联邦及各州才以保护未成年人为目的，系统建立性侵害未成年人犯罪加害人联邦登记与社区通告制度。

1994 年，"雅各·威特灵侵害儿童和性暴力罪犯登记法令"（Jacob Wetterling Crimes Against Children and Sexually Violent Offender Registration Act）（以下简称"雅各·威特灵法"）通过，要求各州对性犯罪人制定严格登记制度；1996 年美国国会修改"雅各·威特灵法"，将性侵害犯罪人信息从"可以公布"变为"必须公布"，新法案被命名为"梅根法"（Megan's Law），自此美国有了联邦统一的性侵害犯罪人社区通告制度；同年，"帕姆·林彻尔关于性罪犯追踪及身份识别法案"（The Pam Lychner Sex Offender Tracking and Identification Act）通过，依据该法案追踪特定性侵害犯罪人全国性数据库建立；2005 年美国司法部又建立全部性侵害犯罪人信息登记数据库；2006 年，为纪念一名被刚刚释放的性犯罪人谋杀的大学生，这一数据库被命名为"Dru Sjodin 国家性犯罪者登记系统"；翌年，"雅各·威特灵改善法案"（The Jacob Wetterling Improvements Acts）通过，对原"雅各·威特灵法"做出重要修改，该法案要求迁移、工作或上学到其他州的犯罪人要按照新居住地法律注册，对联邦法院和军事法院判决的性犯罪人也扩展提出注册要求，并指导各州参加全国性犯罪注册系统。

2003 年"终止剥削儿童检诉及其他作为法令"开始实施，根据这一法令，各州都要创建收录性侵害犯罪人登记注册信息网站。2006 年，以"雅各·威特灵法"和"梅根法"为基础的"亚当·沃尔什儿童保护及安全法"（以下简称"AWA 法案"）涵盖了之前联邦政府对性侵害行为有关的法律规定，这部法案也体现了联邦政府对性侵害未成年人犯罪的最新态度。根据法案要求，未成年人实施犯罪行为时如果已满 14 周岁，就要被登记；犯罪人分别被登记在三个不同等级中，从第一级到第三级犯罪人的罪行严重程度层层递进，罪行的轻重决定了被登记等级，而被登记等级则决定着被登记的时间期限。① 《性罪犯登记与公告法》（Sex Offender Registra-

---

① "Adam Walsh Child Protection and Safety Acts of 2006"，http：//202. 202. 90. 30/ermsras/ffa z565ac3dff0504b32a9417d0427922573/cwhttps/Document/I336da191d3d111db8177e57198b88e 43/View/FullText. html？ transitionType ＝ UniqueDocItem&contextData ＝ （sc. Default） &userEnteredCitation ＝ 2006 ＋ WL ＋ 2232886 ＋ （INS）［2016 – 10 – 20］.

tion and Notification Act，以下简称"SORNA"）规定，性犯罪人再犯风险分为三个等级①，再依据不同等级决定性犯罪人应登记的时间期限长短以及犯罪人个人信息更新的频率。第一级性犯罪人负有登记义务期限为 15 年，第二级的为 25 年，第三级的则为终身。如第一级性犯罪人能够在 10 年内保持无再犯记录，就可免除剩余 5 年的登记义务；对于第二、三级的性犯罪人，则没有任何其他方式可以缩短其登记期限。在个人信息更新频率上，SORNA 要求第一级的性犯罪人应每年更新一次登记资料，第二、三级的性犯罪人更新资料频率则分别是 6 个月与 3 个月。针对违反登记的处罚，SORNA 要求各州订立承担 1 年以上有期徒刑的处罚，如若犯罪人所犯之罪是联邦性犯罪，并且未依照 SORNA 规定登记，或是所犯之罪是州法律规定的性犯罪，具有跨越州之间的行为未依规定登记者，则处以 10 年以下有期徒刑重罚。② 2014 年美国又通过《国际性犯罪通知法案》（International Megan's Law to Prevent Child Exploitation Through Advanced of Traveling Sex Offenders），要求注册登记的性侵害犯罪人在出国旅行时，护照上应注明识别标志以便告知有关国家。

　　另外，美国各州及哥伦比亚特区都已经颁布了本司法辖区的性侵害犯罪人登记和社区通告法令，各州在设计和执行联邦强制性的性侵害犯罪人登记和社区通告制度时，联邦法律也给予了广泛的自由裁量权，因此，登记和社区公告的具体要求在各州有所不同。例如，在新泽西州，性侵害犯罪人必须在当地警察局登记，犯罪人信息在线公布；在路易斯安那州，有关工作人员则会给当地居民发邮件，提醒居民注意性侵害犯罪者已搬迁到该区域居住；而在俄勒冈州，性侵害犯罪人则可能被强制要求在自家窗户上做标记。上述形形色色的社区通告制度被立法者和学者们大致分为了"积极"和"消极"两类，各州或者适用其中一类社区通告方式，或者会

---

① 根据《性犯罪登记与公告法》，第三级的性犯罪人是指所犯罪最重为 1 年以上有期徒刑，且程度上相当于或更严重于下列犯罪：性虐待、加重性虐待、对未满 13 岁未成年人施行不适当性行为、涉及绑架未成年人犯罪或已登记第二级性犯罪人再犯的任何犯罪；第二级的性犯罪人是指第三级性犯罪人以外其他的最重本刑为 1 年以上有期徒刑，且程度上相当于或更严重于下列犯罪的：性贩运、强暴与引诱、不适当的性行为以及任何涉及利用未成年人从事情色表演、引诱未成年人从事性交易或是制造、散布儿童色情制品的犯罪；第一级的性犯罪人是指第三级及第二级以外的其他性犯罪人。

② 法思齐：《性侵害犯罪加害人登记与公告制度之比较研究——从梅根法案对世界之影响谈起》，《台北大学法学论丛》2013 年第 5 期。

混合适用两类通告方式。

虽然美国性侵害犯罪人登记和社区通告制度的建立的核心目的在于对未成年人的保护与重视，但较为遗憾的是，该制度也适用于未成年性侵害犯罪人，联邦层面立法并未给予未成年犯罪人特殊区别待遇，不论是"梅根法"和还是 AWA 法案，都将未成年犯罪人纳入登记范围。美国有关性侵害犯罪人登记和社区通告的法律规定没有将未成年犯罪人区别对待，这样的做法实质上伤害了法律意图保护的同样的未成年人，并没有真正忠于这些法律所追求的目的。这些不足之处提醒我国，在参考境外有关做法与经验时，需要避免与注意的问题。

（三）性侵害人从业禁止制度

英国针对性侵害未成年人犯罪的预防，除了性犯罪人信息记录登记外，为针对机构性性侵害未成年人案件频发的问题，法律规定防止性侵害犯罪人通过组织机构与未成年人接触，不仅对"从事与儿童或者易受侵害的未成年人有关工作或志愿活动的个人犯罪记录进行持续管理，而且将曾被判为性犯罪的行为人应征与儿童相关的工作，或者雇主在明知情况下仍雇用上述人员的行为认定为犯罪"。[①] 此项制度是防止有性侵害风险人从事与未成年人有关工作，受监督范围广泛，不论是带薪还是义务的工作都将受到该制度约束。

我国香港地区 2011 年就开始实施"性罪行定罪记录查核"，要求雇主在聘用与儿童或其他精神障碍者经常接触的人员时，包括教师、照顾儿童的社工、儿科医生及护理人员、特殊学校导师等，可要求查核准员工是否有性犯罪记录，但属于自愿措施。查核申请由准员工向警方提出，再授权雇主致电自动电话查询系统查询。该查询机制推行以来到 2016 年底，已接受近 20 万件申请[②]，对于预防性侵害犯罪发生具有积极成效。

---

① 安妮·玛丽·麦克阿灵登：《欧洲性犯罪管理研究：刑罚政策、政治经济学以及风险制度化》，蒋圣力译，《犯罪研究》2013 年第 5 期。

② 《性罪行名册查核增 11 个月逾四万宗》，星岛日报，http：//aca.org.hk/media - report/20170108_SingTao.pdf［2018 - 05 - 30］。

二　高风险犯罪人社区管理经验——英国"苏格兰"模式

英国"对于社区矫正的犯罪人监督处遇态度，属于对犯罪人的风险管理，在注重风险评估同时能够有效运用社区资源"。[①] 由于英国受欧洲人权公约（European Convention on Human Rights，ECHR）与1998年英国人权法案（Human Rights Act）的约束，并加上其国内民众对于免受犯罪风险威胁的社会治安保障的要求，政府对于进入社区的性犯罪人进行监督与处遇，必须做到人权保障与防控犯罪二者之间平衡，才能同时满足多方利益并使之均衡。在国际社会，英国"苏格兰模式"被视为一种可以有效降低再犯风险的模式，并能够取得社会安全防卫与人权保障之间的平衡，其核心亮点主要在于建立了对犯罪人的风险管理与评估制度。

（一）社区犯罪人风险管理机构及其运行

苏格兰对社区性犯罪人的管理可以用"一个机构、两种措施"予以概括，一个机构是指风险管理办公室（Risk Management Authority，RMA），两种措施是指终身限制令（Order of Lifelong Restriction，OLR）与风险评估令（Risk Assessment Order，RAO）。以下介绍其管理机构及其运行。

1. 风险管理办公室

风险管理办公室设立的法律依据为2003年英国刑事司法法（Criminal Justice Scotland Act 2003），2005年在"严重暴力及性犯罪人委员会"的建议下成立，属于独立的非政府公共机构。该机构成立的出发点在于保障民众安全，建立完善的风险评估与有效风险管理方式，以降低严重暴力犯罪及性侵害犯罪人的再犯风险，并对英国司法部负有报告义务。该办公室的法定责任在于推动风险评估标准与准则制定，以保障法院风险评估令的良好实现。风险管理办公室实质是一个专家机构，负责制定风险评估标准即风险管理的作业标准与专业守则、认证及培训风险评估专业人士，并为社区犯罪管理人员提供咨询与指导。在法院裁定终身限制令后9个月之内，

---

① 参见郑添成《高风险小区犯罪人管理之探讨——英国模式与台湾经验》，载《刑事政策与犯罪研究论文集》（17），台北："法务部"司法官学院，2014，第63页。

风险管理计划方案需送到风险管理办公室审核备案，并由风险管理办公室准备案件判决的年度执行报告。风险管理办公室通过与苏格兰政府、犯罪人管理专业机构、矫正局、认证风险的评估专业人员、法院、假释委员会、大学院校以及专业学会等机构与人员的紧密合作，推进对犯罪人的风险管理。

2. 终身限制令

苏格兰高等法院 2006 年开始采用终身限制令。根据风险管理办公室的定义，终身限制令是指，对于高风险的暴力犯罪人或性犯罪人，在其法定刑期服刑完毕出狱后，必须接受终身社区监管，必要时加以严密监督，以确保其不再出现危害社会大众安全的巨大风险。社区监管期间属于判决执行一部分，持续至犯罪人终身。① 终身限制令是由"严重暴力及性犯罪人委员会"（Committee on Serious Violent and Sexual Offender）2000 年提出建议而设，目的是针对部分严重暴力或性侵害犯罪人，对此类人群进行长期的风险管理及治疗以保障公众安全，也是顺应针对性侵害犯罪采取"预防性拘留"（Preventive Detention）及"不定期刑"（Indeterminate Sentences）的国际潮流而创设的做法。"严重暴力及性犯罪人委员会"建议，与其关注犯罪的恶劣性或严重性，不如从病理的角度、危险性概念出发，即犯罪人的行为模式对社会公众造成持续性风险的可能性，因此，对犯罪人进行处遇的重点也就在于缜密的风险评估与风险管理执行。为了遵守人权法案与欧洲人权公约，上述防治性侵害犯罪的专业组织提出的建议都必须符合相关人权保障精神规定。因此，在国际社会上终身限制令被认为是能够同时兼顾社会安全保障与人权保护精神的做法，并被视为对社区犯罪人管理的创新，其特征主要表现为：

（1）该限制令为法院判决时同时裁定，并非在执行时采用民事监护方式执行；

（2）只有在进行风险评估后才能做此裁定，而风险评估通常由独立机构与个人作出；

（3）除了监禁外还包括更重要的社区监管内容；

（4）提供一种评估机制，以检验对性犯罪人管理的计划与实施能力；

---

① 参见郑添成《高风险小区犯罪人管理之探讨——英国模式与台湾经验》，载台北："法务部"司法官学院《刑事政策与犯罪研究论文集》（17），2014，第 71 页。

(5) 可适用于多种犯罪类型，但主要运用于严重暴力及性侵害犯罪。

由于终身限制令实质上是一种长期的社区风险管理，并非仅是无期徒刑式的监禁，因此需要专业而缜密的风险评估，否则由法官直接判决即可；同时此限制令包括对犯罪人出狱后的管理，因此要求整个风险管理计划包括监狱与社区部分，不是仅仅简单辨别出危险犯罪人而将其与社会隔离。在社区监督管理过程中，犯罪人再犯风险是一个动态概念，并非辨别出危险标定后就再不改变，能够与各种类型干预、治疗措施产生互动。因此，干预措施需要严密细致的指导才能起到良好效果。

3. 风险评估令

在审理性侵害犯罪、暴力犯罪与危害生命的犯罪，以及依据犯罪实质或其他情况，被法院认为具有前述三种犯罪之一倾向的犯罪时，当犯罪事实被认定，犯罪成立后，法官可以依照自由心证或者基于检察官建议，认为犯罪人达到需要加以确认的风险标准时，可裁定风险评估令；此时，由高等法院指派一位经风险管理办公室认证的风险评估专业人员，依据该办公室制定的评估标准，就犯罪人的犯罪情节与个人特性作出详细分析，在90日之内作出风险评估报告并提交法院，此报告供法官斟酌、审定对该案件是否裁定终身限制令。

（二）社区犯罪人风险管理模式评析

苏格兰风险管理办公室在 2007 年指出，暴力及性侵害犯罪具有复杂的现象及成因，所以需要从动态的、多面向的风险评估进行个别化处理。因此，需要多层次、多模式的风险管理计划书执行，并通过跨机构、跨领域联合达成目标。[①] 风险管理计划书是执行犯罪人管理机构针对裁定终身限制令为每一个犯罪人量身制定的处遇方案，包括风险评估、再犯危险因子及预防分析、降低犯罪人再犯风险监管措施以及执法中需要注意的特别事项等内容，是执行犯罪人风险管理的指导。该策略性指导主要面对四方面问题：第一，监督促进犯罪人矫正以回归社会；第二，监控犯罪人与情境

---

① Risk Management Authority, "Standard and Guideline: Risk Management of Offenders Subject to an Order for Restriction", Paisley, Scotland: Risk Management Authority, 2007, 转引自郑添成《高风险小区犯罪人管理之探讨——英国模式与台湾经验》，载台北："法务部"司法官学院《刑事政策与犯罪研究论文集》(17)，2014，第 71 页。

因素变化而调整管理措施；第三，通过团体、个人与家庭多方面努力降低犯罪人再犯危险；第四，保护被害人以降低未来受害的风险。因此，苏格兰的风险管理涵摄了一系列整合性方案，包含对犯罪人的特定限制措施、行为监控、治疗方案以及对潜在被害人的保护等多重内容。

苏格兰的犯罪人风险管理方法也确保了在限制人身自由时不影响刑法比例原则对人权保护的坚持。而有的其他国家所采取的"预防性拘留"等措施，由于涉及的危险性事件仅仅具有一种可能性，也可能不会发生，因此就比例原则角度而言，其会被视为一种过度干涉而有可能侵害人权。而在苏格兰此种管理机制之下，具有结合最低限度限制、犯罪人矫正与回归以及社会重整的优点；而且在调和处罚与治疗这相互冲突的问题上，苏格兰提出的办法是通过强化风险评估行为，利用风险评估来确保犯罪人处遇的透明性、均衡性以及公平性。因此，"苏格兰模式"具有其合理性与合法性，成为目前国际社会中较为推崇的一种犯罪预防模式，也值得我国在构建预防性侵害未成年人犯罪相关制度时学习与借鉴。

三　治疗与司法处遇一体化再犯预防模式

（一）美国多机构一体化监督模式

由于传统的监禁与矫治对性侵害犯罪人再犯预防效果并不明显，所以各国都在探索再犯预防的有效路径，其中较为有影响力的如美国科罗拉多州的"抑制模式"（Containment model）与佛蒙特州的性犯罪人多机构"监督钻石模式"（supervision diamond）等。前者"抑制模式"是以抑制为取向的社区处遇模式，对性侵害犯罪人除了参加原有的身心治疗、辅导教育外，还要求对具有较高再犯风险的假释性侵害犯罪人增加密集监督，包括每周3次至5次的家庭访视或报到；每隔3个月或半年到警察局接受一次预防性质的测谎仪测试，并询问有无接触高危险因素，如观看色情制品、酗酒、接近中小学、再犯等，或每半年或一年进行一次阴茎体积变化测试。[①] 后者由美国佛蒙特州负责性罪犯处遇方案的行政主任及临床主任所提出，是一种多机构合作共同支持与监督性侵害犯罪人的一体化防控模

---

① 参见许福生《犯罪学与犯罪预防》，元照出版有限公司，2016，第448页。

式。该模式认为对性侵害犯罪人社区监督应该像"菱形钻石一样具备四方面元素且缺一不可，此四方面元素包括监督管理人的社区监督、社区辅导治疗师、犯罪人周边的支持网络"① 如家庭、朋友、雇主的支持与帮助以及司法机构定期测谎等监控。此四方面因素形成一体化监控模式共同发挥作用，才能有效地防控再犯风险（见图 7 - 1）。

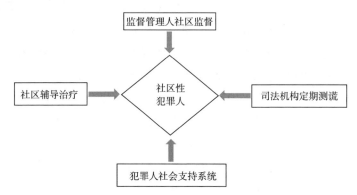

图 7 - 1　性犯罪人社区监督钻石

（二）我国台湾地区司法处遇与社区监管衔接机制

我国台湾地区在 1994 年以前并未将性侵害犯罪人的处遇方式区别于其他刑事犯罪。由于 20 世纪 90 年代多件严重性暴力犯罪事件发生，如 1996 年妇女运动重要参与人彭婉如女士遭强奸杀害，1997 年未成年人白××遭犯罪人绑架并奸杀等多件严重犯罪事件，震惊台湾社会上下。在该地区妇女运动团体积极推动下，"性侵害犯罪防治法"于 1997 年通过，台湾地区较为完整的性侵害犯罪处遇程序开始设立，性侵害犯罪人社区治疗制度也建立起来。台湾"内政部"根据"性侵害犯罪防治法"设立"性侵害防治委员会"，研拟"性侵害犯罪加害人身心治疗及辅导教育办法"；1998 年该办法公布"开启"了台湾地区"对性侵害罪犯施以社区治疗之处遇措施"。② 台湾地区从 1994 年进行性侵害防治立法开始，1999 年建立起有别

---

① 林明杰、张晏绫、陈英明、沈胜昂：《性侵害犯罪加害人之处遇——较佳方案及三个争议方案》，《月旦法学》2003 年第 96 期，转引自许福生《论风险社会与台湾性侵害犯司法处遇法制之变革》，《海峡法学》2016 年第 3 期。
② 黄翠纹：《"我国"性侵害防治政策推动现况及未来发展》，《社区发展季刊》2013 年第 2 期。

于其他刑事犯罪的性侵害犯罪人专门处遇制度，形成了由"刑前鉴定治疗"、"狱中治疗辅导"与"刑后社区治疗辅导"制度组成的处遇体系。①
2005 年台湾地区"刑法"修正了性侵害犯罪人接受强制治疗规定，"性侵害犯罪防治法"中增加了犯罪人接受处遇、治疗的规定，在性侵害犯罪人"接受有期徒刑或保安处分执行完毕、假释、缓刑、免刑、赦免或缓起诉处分时"，经评估被认为有施以治疗辅导必要的，"直辖市、县（市）主管机关"应命其接受身心治疗或辅导教育。与此同时，评估机制也得以增加，根据修改后的"性侵害犯罪防治法"，7 年之内性侵害犯应定期向"警察机关"办理登记、报到，如身份、就学、工作、车籍等资料有异动时也应主动登记；观护人在执行保护管束时处遇措施也增加许多，如"密集约谈及访视、协请警察机关查访、验尿、限制住居、宵禁、测谎、禁止接近特定场所或对象、转介其他相关机构以及辅以科技设备（电子脚镣）监控"。②"性侵害犯罪防治法""建立了全面的强制治疗辅助制度、社区监控制度以及犯罪人信息登记与查阅制度，并整合司法处遇与治疗制度"③，形成我国台湾地区预防性侵害犯罪人再犯综合处遇制度。

在 2011 年，林国政案④引发台湾地区"白玫瑰运动"⑤，再次引起岛内对性侵害犯罪人矫治政策的思考，尤其是对犯罪人司法处遇与社区矫正之

---

① 参见许福生《犯罪学与犯罪预防》，元照出版有限公司，2016，第 449 页。
② 黄翠纹：《"我国"性侵害防治政策推动现况及未来发展》，《社区发展季刊》2013 年第 2 期。
③ 参见许福生《犯罪学与犯罪预防》，元照出版有限公司，2016，第 449 页。
④ 林国政案主要内容是，犯罪人林国政在服刑期间共接受七次"性侵害治疗评估"，均显示其再犯概率非常高，因此其无法申请假释。依据"性侵害犯罪加害人身心治疗及辅导教育办法"规定，狱方在林国政服刑期满前一个月应发函至云林县政府家庭暴力及性侵害防治中心，安排其出狱后一个多月进行辅导治疗，却因云林县内心理师人手不足，将林国政的心理评估辅导工作向后排期，林国政却在 2011 年 3 月的空窗期，出狱仅一个多月就再次犯下强奸女中学生叶某的严重罪行。此案发生后，社会舆论掀起了对性侵犯"刑后强制治疗"制度执行成效的巨大质疑声浪。参见黄翠纹《"我国"性侵害防治政策推动现况及未来发展》，《社区发展季刊》2013 年第 2 期。
⑤ "白玫瑰运动"是指，2011 年 3 月 13 日，性侵害累犯林国政奸杀女中学生叶某案后，引发了台湾社会激愤。林国政曾因 2 次性侵案入狱，1996 年性侵未成年少女，被判刑 5 年 8 个月，2000 年假释出狱，又在 2002 年持刀性侵女子，被判刑 9 年。林国政在台中监狱服刑 9 年期间，曾进行 18 次矫正，全数没有通过，再犯概率很高，原安排他在 4 月初报到再评估与辅导，必要时就佩戴电子脚镣，然而林国政在 2011 年 3 月的空窗期，仅仅出狱 1 个多月就犯下奸杀案。该案引发台湾地区妇幼团体推动"性侵害犯罪防治法部分条文修正案"，希望借此加强对性侵罪犯的监控而降低再犯风险，该运动也被称为"白玫瑰运动"。

间无缝衔接问题的质疑。在当地妇幼团体推动下"性侵害犯罪防治法"再次修订，增加第22条之一，即规定对"2006年6月30日以前犯罪的性侵害犯罪人，在接受狱中治疗或社区身心治疗或辅导教育后，经鉴定、评估认为有再犯风险的，增加申请法院裁定强制治疗"①，即增订刑后强制治疗溯及既往的规定。除修改法律外，我国台湾地区政府部门也提出一系列方案与措施以强化衔接处遇机制，如2011年9月颁布"'法务部'所属检察、矫正机关强化监控及辅导性侵害附保护管束行动方案"，针对性侵害受保护管束人提前建立评估及分级处遇机制，畅通各机构、部门防治网络联系与沟通，加强外控并提升社会支持系统力量以防止再犯发生。② 借此，我国台湾地区形成了一套相对较为完整的性侵害犯罪人衔接处遇机制③，主要由监狱，"地检署"、观护人实施管护处遇，警察登记报到、查访，防止中心协调联络汇报，"卫生局"治疗评估会议以及社会支持系统等组成（见图7-2）。④

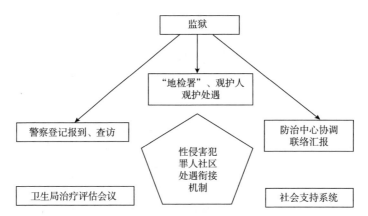

图7-2　我国台湾地区性侵害犯罪人社区处遇衔接机制

参见许福生《犯罪学与犯罪预防》，元照出版有限公司，2016，第452页。

---

① 参见许福生《犯罪学与犯罪预防》，元照出版有限公司，2016，第450页。
② 参见许福生《犯罪学与犯罪预防》，元照出版有限公司，2016，第450页。
③ 衔接处遇机制，是指介于机构内与社区（机构外）对犯罪人处遇与矫治的衔接，也是作为在犯罪人出狱后，一方面预防再犯，另一方面为促使其尽快回归社会，所实施的半开放式监督、辅导或治疗等一切改善措施，使犯罪人得以降低再犯危险性并能够在上述帮助下逐步进行再社会化——回归社会。参见许福生《犯罪学与犯罪预防》，元照出版有限公司，2016，第452页。
④ 参见许福生《犯罪学与犯罪预防》，元照出版有限公司，2016，第450~463页。

在我国台湾地区性侵害人的司法处遇与社区监管衔接机制中，由多方机构共同协调完成对犯罪人的监督与矫治、教育管理工作。我国台湾地区"检署"负责性侵害假释人或被保护管束人出狱前的衔接、拟定处遇计划与执行保护管束，并建立支持系统，如确立认辅制度、加强关怀其家庭成员、介绍更生保护系统，并定期召开社区辅导小组会议；警察部门在性侵害犯罪人离开监狱后的社区监控工作中，负责执行登记报到与定期、不定期查访与监督，起着威慑、预防与教化作用；性侵害防治中心除了对性侵害犯罪人进行追踪辅导与身心治疗之外，还肩负召开网络联席会议汇报执行相关情况职责，起到资源整合、协调联络等作用；医疗院所依据我国台湾地区"性侵害加害人身心治疗及辅导教育办法"规定，成立"性侵害加害人评估小组"，在"卫生局"主持下对监狱执行完毕、假释、免刑、赦免，或"法院"缓刑、免刑赦免，或者各地"检署"缓起诉的性侵害案件每月举行一次评估会议，作出再犯危险评估报告及处遇建议，决定对加害人身心治疗或辅导教育实施期间及内容，以及已经接受治疗与辅导的人员是否需要再治疗或者结案。实行多机构共同参与性侵害犯罪人矫正、治疗，形成一体化、相互衔接的社区处遇制度。

（三）分析与借鉴

"对于性侵害加害人之处遇并非单靠刑法机构之制裁所能控制，从众多学者的相关研究及临床文献中可以发现，单以目前机构内的处遇模式，无法完全保证这些性侵害加害人出狱后不再犯。"[①] 因此，对性侵害犯罪人再犯预防不是简单进行严刑重罚即可，在面对该类犯罪人的"性"行为不容易自然消减的事实时，美国科罗拉多州的"抑制模式"与佛蒙特州的性犯罪人多机构"监督钻石模式"为我们提供了有益的参考与借鉴，说明对性侵害犯罪再犯的预防需要建立多面向的监督与治疗机制。

近年来，我国台湾地区非常重视对性侵害未成年人犯罪的防治，不断修改与完善性侵害未成年人以及儿童保护的法律法规，建立了亚洲地区相对较为先进与完善的性侵害防治制度，通过建立防治教育基地着重被害预

---

① 郑添成、陈英明、杨士隆：《性侵害加害人之处遇——国内外现行主要制度评述》，《犯罪与刑事司法研究》2004 年第 2 期。

防与被害人权益保护；通过加害人身心治疗及辅导教育与行动监控着重加害预防与再犯预防，并以学校预防、机构预防与社区预防为辅助①，形成一个较为完备的预防体系。

制度与政策落实最重要的是地方"政府"相关部门之间的互相配合与衔接、"政府"有关部门与民间团体的相互合作，只有这样才能发挥应有的效果。② 因此，我国台湾地区颁布"性侵害加害人出监后与社区身心治疗及辅导教育衔接精进作为"方案以及"法务部""行动方案"的出台，针对性侵害受保护管束人建立评估及分级处遇制度，加强外在控制与社会支持系统以防止性侵害再犯；整合司法处遇与社区矫治之间衔接，通过各地"检署"、观护人保护管束、警察登记与查访、"卫生局"治疗评估会议与防治中心的协调联络，建立多机构、多单位组成的一体化处遇与矫正机制③，以降低性侵害人再犯危险。这些经验与做法对我国加强性侵害未成年人犯罪人的刑罚执行与社区矫正之间的配合与衔接，具有重要参考与借鉴意义。

四 我国香港地区社会多元化保护未成年人经验

我国香港地区未成年人保护工作具有多元化特点，不仅有政府提供的各项便利措施和保护，还有各类社会团体、公益组织、专业人士等多方面参与未成年人权益的保护。

香港未成年人权益保护政府职责主要由社会福利署承担，香港《保护儿童及少年条例》第34条第（2）款规定，将"曾经或正在受到袭击、虐待、忽略或性侵犯"的儿童或少年规定为需要受照顾或保护的情况④，对于此类未成年人，少年法庭可自行动议或依申请委任社会福利署署长为该儿童或少年的法定监护人；在保护未成年人工作中，由于需要各个部门和专业人士合作，一般由社会福利署负责协调与联络包括卫生署、教育局、

---

① 参见黄翠纹、孟维德《警察与犯罪预防》，五南图书出版股份有限公司，2012，第205页。
② 参见高凤仙《性侵害及性骚扰之理论与实务》，五南图书出版股份有限公司，2016，第241页。
③ 参见许福生《犯罪学与犯罪预防》，元照出版有限公司，2016，第475页。
④ 参见香港地区《保护儿童及少年条例》第34条（2）（a）。

警务处、法律援助处、医院管理局与房屋署等政府机构，以及相关非政府机构负责人、社工、医护人员、律师、教育工作者与心理学家等；为保护未成年人合法权益、促进未成年人身心健康发展，社会福利署还通过购买服务等方式，有针对性地为社会提供家庭及儿童福利服务、康复服务、青少年服务、违法者服务等社会专业性服务。①

我国香港地区的社会组织也承担了很多未成年人保护工作，其中不乏各类关注未成年人问题的专业人士。相较于政府相对有限的人力、财力、物力，专门的儿童保护社会组织的工作则更为细致并具有专业性。如"香港防止虐待儿童会"是一家规模较大，以提供专业的儿童虐待防范与治疗服务的非政府机构，该组织主要通过"为家庭和个人提供辅导和治疗服务，以此来降低虐儿危机，改善管教及照顾儿童的问题，促进家庭关系，帮助个人成长"。②其治疗包括施虐者治疗、舒缓压力、儿童治疗等方面，同时提供家庭探访计划、儿童正面管教以及家长互助平台等服务，从对被害儿童帮助治疗和家庭关系和谐化两方面为保护未成年人权利提供支持。"香港小童群益会"是另一家较为有影响力的儿童权益保护机构。该组织2015年发出"关于处理涉及儿童及青少年家庭暴力及性暴力的个案意见书"，认为儿童在家庭暴力和性暴力中受到了直接或间接伤害，有相当一部分儿童难以得到全面支持和帮助。因此，呼吁社会各方积极作为并深入学校、社区，加强公众、老师及社工对于任何性暴力的"零容忍"度和心理创伤的敏感度，以识别和支援受侵害儿童。③ 香港"护苗基金"则是1998年专门为保护儿童免受性侵害而设立的基金组织，以"保护18岁以下人士免于遭受性侵犯"为其使命。该基金会通过举办讲座唤起大众对性侵害儿童犯罪的关注，为全港中、小学生提供性教育课程，进行巡回宣传教育，教导学生建立正确的性观念并学会如何防范性侵犯。④

① 《关于香港未成年人保护情况的调研报告》，http：//www. rd. gz. cn/page. do? pa = 2c9ec0233a0016bd013a00366ab30059&guid = baa93658f27540ad8624f9a8f476e0f5&og = ff80808136152cab01365c0cb43b1583［2018 - 05 - 30］。

② 辅导及治疗，http：//www. aca. org. hk/top - ct. htm#. V8UB4eyEDqY［2018 - 05 - 30］。

③ 《香港小童群益会关于处理涉及儿童及青少年的家庭暴力及性暴力个案意见书》，香港小童群益会网，http：//www. bgca. org. hk/newslist. aspx? id = 2117fc27 - 8523 - 4e05 - 9875 - 867b17f39556&i = 491［2018 - 05 - 30］。

④ 护苗基金护苗教育课程，http：//www. ecsaf. org. hk/Chinese/work. php? Expandable = 1&mid2 = 3&mid = 2［2018 - 05 - 30］。

香港地区对未成年人的保护不仅倚重政府部门，更有赖于社会组织与各界人士的积极、主动参与，对提高香港社会上下对未成年人保护、预防性侵害未成年人犯罪的重视，起到了非常重要的促进作用，为形成预防性侵害未成年人犯罪、保护儿童的社会整体机制打下了坚实的社会基础，这些也为我国建立多元化未成年人保护机制提供了成熟的经验与借鉴。

小　结

在现代社会背景下，风险概念也渗透于犯罪应对策略中，从传统的以惩罚为主导思路转向预防与先发制人的思维模式，各国采取积极能动策略以应对性侵害犯罪的威胁。在现代社会公共管理日趋开放、多元与合作的转变中，刑事政策在社会治理与犯罪控制探索中也表现出多元化特征，在对犯罪的控制与预防中，国家不再是唯一的主体，法律预防也不再是仅有的预防方式，社会与个人也参与其中。随着被害人回归，刑罚开始注重社会保障与被害人利益保护之间的平衡。在重新审视性侵害未成年人犯罪成因及再犯特征，认识到在一般刑罚之外应进行心理治疗与矫正以改善犯罪人的心理认知障碍与人格违常现象，才能真正降低性侵害再犯风险。因此，对具有较高再犯风险的性侵害犯罪人，刑罚惩处与矫正治疗并行才是有效预防之道。

因此，在上述认识基础上本书提出性侵害未成年人犯罪积极刑事政策，即以"未成年人优先"为价值取向，秉持积极主动预防理念，注重多元主体参与犯罪治理与预防，强调刑罚与非刑罚矫治并行，惩治犯罪与未成年人保护并重，具有主动性、内在性与多元性的刑事政策。

积极刑事政策的价值与意义在于，通过建立社会共同规范、加强社会支持系统建设、注重学校与家庭教育化解犯罪倾向；运用多元化保护未成年人消除犯罪诱因、监督阻止潜在侵害人犯罪动机形成，阻碍潜在侵害人与"致罪因素"相互作用；采取危险评估发现高风险危险侵害人、治疗与矫正抑制危险侵害人危险因素，以阻止其进一步转化。

本书介绍与分析境外关于性侵害未成年人犯罪相关惩治与预防的成熟经验，为构建积极预防的性侵害未成年人犯罪刑事政策体系提供理论准备与经验借鉴。

第八章　性侵害未成年人犯罪积极刑事政策构建（下）

近年来社会与家长都意识到未成年人预防性侵害教育的重要性，国家也逐渐加大在中小学开展性侵害预防教育。然而，防范性侵害犯罪只靠对未成年人（潜在受害者）的预防教育是远远不够的。前文已经分析表明大部分侵害人在性侵害发生之前就认识受害未成年人，而且有研究成果表明"有47%的侵害人已经与未成年人建立情感联络和忠诚纽带，甚至与未成年人住在一起"[①]。在这种情况下，未成年人很难仅仅依靠单一的自我保护防止性侵害发生。"防治儿童性侵害的主要职责，全在大人，不在儿童。最安全、最能保护儿童免受性侵害的基本原则：唤起保护儿童、察觉危险、举报嫌疑人的社会意识，以提供更安全的生活环境。"[②] 因此，预防性侵害未成年人犯罪不是未成年人个人的事，仅仅对未成年人进行预防教育是不够的。一方面，关注重心需要转向针对潜在侵害人和危险犯罪人的预警、隔离和剥夺再犯能力机制建设上；另一方面，更需要全社会的积极参与，需要多元化的支持与保护。只有建立多重预警、监督与保护制度，才能形成积极的犯罪预防体系，从犯罪根源上形成对性侵害未成年人犯罪的预防。

第一节　建设情境预防机制

犯罪情境预防，就是着眼于控制犯罪场（现实场与心理场），主要目

[①] Smallbone, S., Marshall, W. L. & Wortley, R., "Preventing Childsexual Abuse: Evidence, Policy and Pratice", Portland, OR: Willan, 2008, 转引自龙迪《综合防治儿童性侵犯专业指南》，化学工业出版社，2018，第132页。

[②] 蔡启源：《儿童性侵害之检视：成因、影响与实务处遇》，载石丹理、韩晓燕《儿童青少年与家庭社会工作评论》，华东理工大学出版社，2015，第111页。

的与作用在于消除犯罪目标、减少犯罪机会、加大犯罪风险和代价，强化犯罪人（包括潜在犯罪人）以及一般公众对国家权威与刑罚的畏服，促使人们遵守与维护社会规范和社会秩序，从而把犯罪控制在政策范围之内。[1] 通过性侵害未成年人案件强制报告制度、性侵害人信息登记制度与性侵害人从业禁止制度的建设与完善，构建性侵害未成年人犯罪预警、隔离（剥夺犯罪机会）和剥夺再犯能力机制，以扩大犯罪暴露度、降低犯罪"黑数"，阻止危险侵害人接近或接触未成年人，以减少侵害机会、剥夺犯罪人再犯能力、降低未成年人日常行为危险，控制性侵害未成年人犯罪发生或重复发生，实现犯罪预防。

一　建设性侵害未成年人案件强制报告制度

从严惩治性侵害未成年人犯罪做到有罪必查、有罪必罚，提高刑罚对犯罪惩处的确定性，是惩治与预防性侵害未成年人犯罪的关键。因为"刑罚的确定性比严厉性更有效"[2]，而且"即使很小的不确定性也会大大削减我们所担心的痛苦的抵御力量"。[3] 而我国多年以来，由于约束性侵害行为外在因素与关系的缺失或不足，性侵害犯罪暴露度下降、犯罪"黑数"上升，有关数据与原因在前文已有介绍，这里不再重述。

联合国《儿童权利公约》要求各缔约国运用公权力采取有效措施查明、报告、处理与追究任何形式的危害未成年人行为[4]，中国作为《儿童权利公约》缔约国也与国际社会一道采取多种措施查明并打击危害未成年人犯罪。我国现有部分法律与各类意见也有对侵害未成年人犯罪提出报告的要求与部分规定，如 2013 年《预防性侵意见》要求"各地教育部门要

---

[1] 储槐植、许章润：《犯罪学》，法律出版社，1997，第 268 页。
[2] 恩里科·菲利：《犯罪社会学》，郭建安译，商务印书馆，2017，第 269 页。
[3] 恩里科·菲利：《犯罪社会学》，郭建安译，商务印书馆，2017，第 269 页。
[4] 《儿童权利公约》第 19 条规定："1. 缔约国应采取一切适当的立法、行政、社会和教育措施，保护儿童在受父母、法定监护人或其他任何负责照管儿童的人的照料时，不致受到任何形式的身心摧残、伤害或凌辱，忽视或照顾不周，虐待或剥削，包括性侵犯。2. 这类保护性措施应酌情包括采取有效程序以建立社会方案，向儿童和负责照管儿童的人提供必要的支助，采取其他预防形式，查明、报告、查询、调查、处理和追究前述的虐待儿童事件，以及在适当时进行司法干预。"

建立中小学生性侵犯案件及时报告制度"。2015 年《反家庭暴力法》第 14 条①也有类似规定，《性侵意见》第 9 条要求对未成年人负有特殊职责的人员与单位，一旦发现性侵害未成年人的，有责任和义务向司法机关报告。除此之外，国务院 2016 年《关于加强农村留守儿童关爱保护工作的意见》（国发〔2016〕13 号）提出"建立强制报告机制"，要求学校、幼儿园、医疗单位等在工作中经常接触儿童的机构及其工作人员，发现农村留守儿童出现各种意外，疑似遭受家庭暴力、不法侵害等行为的，都负有强制报告的责任与义务。

在我国现有法律规定中，一方面，缺乏单独针对性侵害未成年人案件的强制报告制度，都是笼统归入一般危害行为或危害未成年人行为报告制度之中。由于性侵害未成年人行为具有隐秘性、隐私性，性侵害刑事证据收集具有专业特殊性（如对证据收集的时间限制），以及未成年被害人具有易受"二次伤害"性等特殊性，对此类案件的强制报告不能混同于一般危害行为报告制度，应建立针对此类犯罪特点的报告制度才是符合犯罪规律的。另一方面，现有一般侵害行为的报告制度仍不完善，如缺乏对特定职责人员未履行报告义务的责任后果与惩处规定。② 现有规定的意义与价值更侧重于一种社会宣示、导向作用，表明公权力对违法、犯罪行为的谴责态度，缺乏对违反或不履行规定行为的法律责任与后果的规定，实践操作性有待强化。因此，建立专门针对性侵害未成年人行为的强制报告制度，以加大性侵害未成年人案件的暴露度，增加犯罪人心理成本，起到刑罚确定性对犯罪人的震慑意义，实现情境预防，降低未成年人生活环境中存在的风险。

建议完善性侵害未成年人案件强制报告制度，该制度中至少应包含以下内容。

---

① 《中华人民共和国反家庭暴力法》（2015 年第十二届全国人大常委会通过）第 14 条规定："学校、幼儿园、医疗机构、居民委员会、村民委员会、社会工作服务机构、救助管理机构、福利机构及其工作人员在工作中发现无民事行为能力人、限制民事行为能力人遭受或者疑似遭受家庭暴力的，应当及时向公安机关报案。"

② 如 2018 年 8 月 8 日杭州市全国首家市级层面推出的《关于侵害未成年人案件强制报告制度的意见》（杭检发未检字〔2018〕90 号），仅规定"未按照本意见规定向公安机关报案，造成严重后果的，由主管部门或者本单位对直接负责的主管人员或者其他直接责任人员依法予以处分"，处罚的前提是未报案"造成严重后果"的情况下，而且仅仅由主管部门或本单位进行行政处分，没有其他法律后果与责任承担。

1. 义务主体：明确规定有义务报告的特定职责人员，应包括对未成年人负有监护、教育、管理、训练、救助、看护、医疗等特殊职责的人员与单位、机构。

2. 报告范围：未成年人性器官遭受或者疑似遭受损伤的；结合医疗诊断认定 14 周岁以下的女性未成年人发生过性行为的；未成年人因非正常原因怀孕、流产的；未成年人遭受或疑似被强迫从事卖淫活动的；未成年人遭受或疑似被强迫进行色情表演或以此为素材制作色情制品的行为。

3. 报告方式、时间、对象：应在 24 小时内向当地公安机关、人民检察院、人民法院报案或者举报。

4. 责任豁免例外：规定可以废除特许保密沟通权以及对报告人提供法律责任豁免的情况，如对医患保密义务的解除。

5. 不履行或不认真履行义务法律后果与责任：对不履行报告义务或瞒报、假报的人员、单位规定承担相应法律责任，甚至刑事责任。

二 确立性侵害人信息登记制度

近年来，世界各国在犯罪风险倒逼之下，惩治策略出现了从预防性禁止向积极主动搜索的转变，对释放危险罪犯的管制从单一监管向多种手段并存方式转变，并建立确认和管理风险的系统性方法，对性侵害犯罪人等特定"存在风险的"人群进行针对性干预。[①] 各国对性侵害犯罪的预防与惩治，偏重于对具有较高再犯危险的犯罪人采取事先预警。其中最为严厉的制度应属于从美国梅根法案发展而来的性侵害犯罪人个人信息登记与公告制度。全世界除美国外，英国、加拿大、澳大利亚、法国、爱尔兰、南非、日本、韩国以及我国台湾地区等都制定、实施犯罪人信息登记制度。[②] 上述国家与地区中，除了美国、韩国及加拿大部分省采取的犯罪人个人信息"社区公告制"，将社区内的性犯罪人个人信息公告于社会大众；其他

[①] 安妮·玛丽·麦克阿灵登：《欧洲性犯罪管理研究：刑罚政策、政治经济学以及风险制度化》，蒋圣力译，《犯罪研究》2013 年第 5 期。

[②] 法思齐：《性侵害犯罪加害人登记与公告制度之比较研究——从梅根法案对世界之影响谈起》，《台北大学法学论丛》2013 年第 5 期。

大多数国家采取的是登记制，要求性侵害犯罪人出狱后，必须向特定单位报到登记，这一预防性侵害犯罪再犯的制度为当前大多数国家所采用。

虽然各国、地区在适用犯罪范围、登记的期限、个人信息更新的频率等各方面都有差别，登记披露方式各异。但不论是英美法系还是大陆法系国家和地区，性侵害犯罪人信息登记与公开已成为大多数国家和地区重要的预防制度。

我国近年来有关公开性侵害未成年人犯罪人信息呼声日盛，并且实务部门已经开展相关司法探索与实践。2013 年 9 月，女大学生肖美丽徒步穿越全国，沿途向各地政府递交防校园性侵政策信息公开申请和建议信呼吁改变对性侵犯处理态度①；2017 年 3 月，全国政协委员、湖南师范大学汤素兰教授在全国政协会议提交要求公开性侵儿童犯罪人信息的议案②；同年春，在"女童保护"基金与凤凰公益举办的座谈会上，全国两会代表呼吁对性侵害儿童犯罪人信息进行适度公开。③

2012 年两高三部《关于建立犯罪人员记录制度的意见》④ 开始我国犯罪记录制度建立探索之路；2016 年 6 月，浙江慈溪市检察院出台《性侵害未成年人犯罪人员信息公开实施办法（试行）》，建立信息登记数据库；2017 年 12 月，江苏淮安淮阴区检察院、法院、公安局等共同制定《关于性侵害未成年人犯罪人员从业禁止及信息公开制度》，并将 4 名强奸、猥亵未成年人犯罪人的个人信息通过司法机关门户网站、微信公众号、微博等渠道向社会公众公开。⑤ 但此消息一经公布，就引发社会各方热议。大多数人认为，曝光猥亵儿童的犯罪分子，可以避免类似悲剧的发生；但也有律师认为，"向社会公开这些犯罪人员信息有很大副作用"，此规定侵犯

① 《肖美丽：女权主义行遍中国》，2014 女性传媒大奖二月人物，网易女人，http://lady. 163. com/special/sense/2014renwu01. html［2018 - 05 - 30］。
② 李拓、卢冠琼：《【基层代表委员议国是】汤素兰委员：呼吁合理公开性侵儿童犯罪人信息》，http://news. youth. cn/gn/201703/t20170313_9279649. htm［2018 - 05 - 30］。
③ 程楠：《全国两会代表呼吁对性侵儿童犯罪人信息进行适度公开》，《中国社会组织》2017 年第 6 期。
④ 最高人民法院、最高人民检察院、公安部、国家安全部、司法部：《关于建立犯罪人员犯罪记录制度的意见》（法发〔2012〕10 号）。
⑤ 赵凯迪：《公开"性侵未成年人犯罪人员"信息引争议》，深 e 度，http://epaper. bjnews. com. cn/html/2017 - 12/05/content_704224. htm？div = - 1［2018 - 05 - 30］。

了犯罪人的个人隐私，也不利于犯罪分子日后融入社会①，并有可能让信息被披露的犯罪人员心存怨恨而变本加厉。②

对性侵害犯罪人信息登记问题的争议与疑虑，应该从客观、辩证角度去认识与理解。从辩证的角度来看，任何一项事物都具有肯定与否定的一面，正如法律人都熟知的一句格言：刑罚是一把"双刃剑"。刑罚有其维护正义的一面，但也有可能伤及无辜的一面，关键在于如何选择、把握二者之间的平衡。性侵害犯罪人员个人信息登记从性侵害犯罪人角度来说，是对其个人隐私权与相关权利的限制与剥夺；但与未成年人利益相比较，未成年人利益应属于"必要的国家利益"③，优先于其他权利。有关对犯罪人权利的侵害与限制问题的争议，实质上是"以成人为本位"还是"以儿童为本位"这两种理念的冲突。从"未成年人优先"出发，当其他权利、利益与未成年人利益发生冲突时，在两害相权间做出"不得已的正义"④的选择，是性侵害未成年人犯罪刑事政策的价值取向的要求。因此，对该问题的选择从"未成年人优先"价值取向出发，以"未成年人利益最大化"为目标，建立性侵害犯罪人信息登记制度是必要并且必需的。

当然，对此问题认识还存在另一面，就是如何把握对未成年人权益保护与性侵害犯罪人利益之间平衡的问题。"法律的存在不是简单的选择某一利益，而是在不同的利益之间进行调和平衡，法律必须要准确界定不同层级利益的重要性，并设定差异性的利益冲突调和标准。"⑤ 因此，在建构性侵害犯罪人信息登记制度时，要注意兼顾对性侵害犯罪人员权利的保障，采用有选择、有限制的信息登记制度而非公告制度，并建立能提前解除登记义务的机制，不能无限地剥夺与限制性侵害犯罪人的权益。

---

① 赵凯迪：《公开"性侵未成年人犯罪人员"信息引争议》，深 e 度，http：//epaper. bjnews. com. cn/html/2017－12/05/content_704224. htm？div＝－1［2018－05－30］。
② 唐伟：《公开性侵未成年人罪犯信息 立法应当跟上》，http：//www. xinhuanet. com/comments/2017－12/06/c_1122064043. htm［2018－05－30］。
③ 此处借鉴美国对未成年人利益的提法，认为属于"必要的国家利益"，是指国家必须保护的、较个人权利更为重要的利益。当国家因为保护这种利益而采用的国家行为侵犯公民所享有的、应平等地受到保护或宪法第一修正案赋予个人的权利时，该国家行为不为违宪，应予以支持。
④ 姚建龙：《限制性侵违法犯罪人员从业——不得已的正义》，《人民法院报》2017 年 9 月 16 日，第 2 版。
⑤ 转引自田刚《性犯罪人再次犯罪预防机制——基于性犯罪记录本土化建构的思考》，《政法论坛》2017 年第 3 期。

性侵害人信息登记制度应建立一个不断筛选的机制，将有限的司法资源与社会管理力量集中于需要重点监控与矫治的人员身上，高效预防犯罪发生或再犯。一方面是"宽严相济"基本刑事政策、"抓大放小"司法政策的要求；另一方面，禁止登记的犯罪人从事与未成年人有密切接触的相关职业，通过隔离与阻断犯罪机会的方式防患于未然，也是事前预防、主动防范的积极刑事政策应有之意。有关犯罪人信息登记的相关法律，虽然2012年我国就出台了《关于建立犯罪人员犯罪记录制度的意见》（法发〔2012〕10号），但这仅仅是一个司法行政意见，尚未形成犯罪记录体系，更没有性侵害犯罪人信息登记的专门规定。

在总结我国现有司法实践经验并参考借鉴国外成熟做法与经验的基础上，本书建议尽快建立性侵害犯罪人信息登记制度。建议包含以下内容。

1. **采取申请披露方式公开信息**

信息公开一般分为主动公开与申请查询两种不同方式。如美国实行社区公告制度，英国以及我国香港地区采取的是申请查询制度。公告制度具有直接性、便捷性，便于警示所有民众，但容易受到性侵害犯罪人极大反感并影响登记制度的施行；申请查询制度提供了获取信息的途径与可能，采取申请查询记录人不仅限于政府机关部门，一般民众也可以申请查询获取相关信息。这样，一方面，保障普通民众都有权查询性侵害犯罪人信息；另一方面，不选择公告制对性侵害犯罪人隐私权形成一定保护，有利于犯罪人的后续矫正与回归社会。

2. **明确登记性侵害犯罪范围**

英、美与韩等国，几乎将所有与性活动相关的犯罪都纳入应登记范围，以周延对未成年人保护。在我国现有司法意见与实践中，性侵害未成年人犯罪一般是指以强奸罪、猥亵儿童罪为代表的集中于直接性接触类犯罪，而儿童色情性剥削类犯罪几乎未纳入现有犯罪类别范围中。关于应登记的性侵害犯罪范围，建议在《性侵意见》规定的犯罪基础上，将引诱未成年人聚众淫乱、引诱幼女卖淫等犯罪，以及制作、贩卖、传播淫秽物品罪中，利用未成年人为淫秽物品题材、以未成年人为传播对象的犯罪纳入登记范围，以实现对未成年人权益的全面保护。

3. **登记期限与资料更新分级管理**

浙江慈溪的《信息公开办法》已初具分级管理犯罪人信息的雏形，采用"刑罚量"加上"再犯情形"作为分级管理的主要标准,依据犯罪情节与人身危险性差异性而采取不同的登记或披露期限。[①] 建议在"慈溪经验"基础上,依据犯罪种类、刑罚及再犯风险评估予以更精细的分级、分类管理,这样不仅符合罪刑比例原则,亦能明示不同犯罪人再犯的危险性以提醒公众具有不同的警惕性。

4. 设立提前解除登记义务机制

一般情况下,社会管理制度设计必须考虑设立退出机制,作为对性侵害犯罪人风险管理的信息登记制度也不应例外。设立犯罪人在一定条件下可以提前解除登记义务的规定,不仅可以鼓励与敦促犯罪人员积极进行自我改造与约束,争取早日实现社会回归,同时也可以减轻与降低相关部门与司法机构的负担与成本,将有限的司法与行政资源投入更有效的管理与控制中。

5. 违反登记义务的惩罚

犯罪人员是否依照规定登记、登记信息是否真实,是关系到登记制度能否切实发挥作用的关键。美国、加拿大等国家和地区直接规定刑事处罚,英国则通过网络公示,将具有较高再犯风险且未依规定登记并失踪的性侵害犯罪人个人资料于网上公开,迫使犯罪人依法登记并可以警示社会公众。[②] 我国可借鉴英国做法,先公开,如在一定期限内仍未登记或更正信息的再予以进一步刑事处罚。

三 完善性侵害人从业禁止制度

鉴于性侵害犯罪再犯率较高,为了保证未成年人成长环境的安全,2014 年联合国在《消除预防犯罪和刑事司法领域内暴力侵害儿童行为的示范战略和实际措施》中,要求各成员国确保任何被判定犯有侵害儿童的刑事犯罪者,没有资格在向儿童提供服务的机构或组织工作;并要求为儿童

---

① 姚建龙、刘昊:《"梅根法案"的中国实践:争议与法理——以慈溪市〈性侵害未成年人犯罪人员信息公开实施办法〉为分析视角》,《青少年犯罪问题》2017 年第 2 期。

② 法思齐:《性侵害犯罪加害人登记与公告制度之比较研究——从梅根法案对世界之影响谈起》,《台北大学法学论丛》2013 年第 5 期。

提供服务的机构或组织防止被判定犯有侵害儿童刑事犯罪的人与儿童接触。[①] 在我国性侵害未成年人犯罪中，侵害人与未成年被害人大多数具有熟人关系，并且有相当一部分性侵害发生于中小学与幼儿园。因此，对未成年人周边从业人员的审查与限制具有重要意义。

我国近年来逐渐重视从业禁止制度的规定，从刑法前科制度、2011 年《刑法修正案（八）》修改《刑法》第 72 条[②]规定缓刑禁止、2013 年《性侵意见》第 28 条[③]规定对性侵害犯罪人实行缓刑禁止，到 2015 年《刑法修正案（九）》规定的刑法从业禁止。还有《教师法》第 14 条、《检察官法》第 11 条、《律师法》第 7 条等法律，对被判处有期徒刑人员从业资格的限制等，初步形成对性侵害犯罪人员资格限制与剥夺的一般性规定。虽然上述制度在法律性质、法律后果、具体内容上都有差异，但都具有相似的法律功能，都是基于人身危险性的考量而实行的犯罪预防手段。[④] 对于从业禁止的设立，全国人大常委会法工委负责人表示，刑法从业禁止"主要是防止犯罪分子利用职业和职务之便再次犯罪，从预防犯罪角度，赋予法院按照犯罪情况对这类犯罪采取预防性措施的权力"。[⑤] 因此，从业禁止适用的前提在于犯罪人员的再犯危险性，主要目的在于防卫社会。[⑥]

当前刑法禁止制度在司法适用中存在的最大问题在于，缺乏对犯罪人的再犯风险评估。禁止适用的实质前提在于犯罪人员具有再犯风险，当前司法实践中的做法是在对犯罪人判处刑罚时一并宣告禁止。虽然此种方式

---

① 2014 年 5 月联合国预防犯罪和刑事司法委员会第二十三届会议通过的《联合国消除预防犯罪和刑事司法领域内暴力侵害儿童行为的示范战略和实际措施》（联合国文件，E/CN. 15/2014/L. 12/Rev. 1），United Nations Official Document，http：//www. un. org/en/ga/search/view_ doc. asp? symbol = E/CN. 15/2014/L. 12/Rev. 1&referer = http：//www. un. org/zh/documents/index. html&Lang = C ［2019 – 03 – 20］。

② 《刑法修正案（八）》第 11 条将刑法第 72 条修改为："宣告缓刑，可以根据犯罪情况，同时禁止犯罪分子在缓刑考验期限内从事特定活动，进入特定区域、场所，接触特定的人"。

③ 《性侵意见》第 28 条规定："对于判处刑罚同时宣告缓刑的，可以根据犯罪情况，同时宣告禁止令，禁止犯罪分子在缓刑考验期内从事与未成年人有关的工作、活动，禁止其进入中小学校区、幼儿园区及其他未成年人集中的场所。"

④ 于志刚：《从业禁止制度的定位与资格限制、剥夺制度的体系化——以刑法修正案（九）从业禁止制度的规范解读为切入点》，《法学评论》2016 年第 1 期。

⑤ 刘茸、李婧：《臧铁伟："禁止从事相关职业三到五年"不是新刑种》，http：//npc. people. com. cn/n/2015/0829/c14576 – 27531225html ［2018 – 05 – 30］。

⑥ 卢建平、孙本雄：《刑法职业禁止令的性质及司法适用探析》，《法学杂志》2016 年第 2 期。

具有简便易行性，但是这种做法不符合从业禁止设立的初衷与目的。如若在判处刑罚时就决定从业禁止，那么决定的依据与基础是什么？并没有考虑到犯罪人通过服刑改造，在刑罚执行期间矫治效果以及对再犯风险大小的影响。在服刑前就决定了服刑以后的犯罪人再犯风险的有无与大小，不具有科学性与针对性。"宽严相济"刑事政策要求有选择、有重点地打击严重的犯罪与危险性大的犯罪人，通过筛选机制实现精准化打击与预防，这也是现代刑事政策的要求与发展趋势。因此，刑法从业禁止制度还需要进一步细化完善。

当性侵害未成年人犯罪人刑罚执行完毕时，是否需要采取进一步预防性处遇措施，需要对犯罪人的再犯危险性进行评估与预测，不仅是采用从业禁止措施与否评估的需要，也是为性侵害犯罪人进行继续矫治提供科学、客观的意见与建议。因此，尽快建立我国统一的性侵害未成年人犯罪人从业禁止制度，要注重从以下几方面进行完善。

1. 职业禁止宣告应在刑罚执行完毕时做出，即在犯罪人刑罚执行完毕准备释放之前，或者作出假释决定时，再做出从业禁止的决定。

2. 建立危险评估委员会或小组。①

3. 明确做出禁止的程序规定：对刑罚执行完毕或符合假释条件的犯罪人，由刑罚执行机关向原审法院提出适用从业禁止建议书，由法院组建危险评估委员会或小组，法院依据评估委员会或小组意见再做出是否予以从业禁止的决定。在决定对犯罪人适用从业禁止时，采用单独刑事裁定书或假释裁定书载明禁止的具体内容、时间期限与法律依据，并说明理由。

4. 从业禁止实施联动机制。从业禁止与性侵害未成年人犯罪人员信息库衔接，所有可能与未成年人有密切接触的机构、单位，如中小学校、幼儿园、教育培训机构与早教机构等，在录用人员时必须查询信息库，任何具有性侵害犯罪记录人员一律不得进入上述行业或岗位，真正发挥从业禁止制度的预防犯罪作用，保护未成年人健康成长。

---

① 有关再犯危险性评估制度与危险评估委员会或小组的设立内容部分，本书将在第八章第二节进行详细说明，因此，本书在此未进行分析。

第二节　建立性侵害犯罪人危险性评估与矫治制度

对于具有较高再犯风险的性侵害未成年人犯罪人，为了降低其犯罪风险，可以借鉴境外成熟做法，建立性侵害犯罪人危险性评估与矫治制度，在对犯罪人进行危险性评估的前提与基础上，进行狱内矫治与狱外社区矫正、监督管理相结合。这样，既可以最大限度地矫正与帮助犯罪人降低其再犯风险，实现保障社会安全的目的，同时也可以保护犯罪人的人权不受侵害。

一　建立性侵害犯罪人危险性评估制度

危险性评估也称为风险性评估，包括对严重犯罪人危害性持久性、潜在性评估和犯罪人可能重新犯罪因素评估两种类型。根据国外对性侵害犯罪危险性评估司法情况，对此类犯罪人的危险评估重点在于对可能引发重新犯罪的因素与指征评估，为进一步的处遇提供准确、科学依据。因此，本书在此也主要围绕性侵害犯罪人再犯危险性评估进行探讨。

一般影响犯罪再犯可能性因素，主要包括外在客观因素与内在个人因素两大类。外在客观因素主要是独立于个人意志的自然和社会状况等因素，包括社会道德状况、就业率、社会保障水平、帮教政策与社会"婚姻挤压"状况等。因此，有学者将源自客观环境（社会）影响犯罪率高低的因素组合称为"社会危险性"。

内在个人因素则是依附于个体自身状况，如生理、心理、社会属性、犯罪行为以及服刑期间接受矫正表现等。将出于个人（个体）影响犯罪可能性大小的各因素组合称为"人身危险性"。[1] 于是，犯罪人再次犯罪风险大小则取决于其所处社会环境影响因素和个体自身影响因素的危险程度，即犯罪人再犯危险程度取决于再犯社会危险性与再犯人身危险性的情况。对于犯罪人而言，假设外在客观环境影响因素在一定时间段内相对恒定不变，那么，考察犯罪人再犯风险的重点在于影响再犯人身危险性因素。因

---

① 孔一：《再犯预测基本概念辨析与选择方法评析》，《江苏警官学院学报》2005 年第 6 期。

此，对性侵害未成年人犯罪人再犯风险评估，主要围绕着犯罪人内在个体因素进行考察，"以违法历史为事实基础，犯罪人格为内在动力，人际环境为触发条件而进行测量"。[①]

一般评估因素包括静态与动态两种基本类型，静态危险因素主要是指犯罪人个人资料与以往越轨、违法犯罪记录和犯罪客观事实特征，如犯罪人的性侵害犯罪记录、暴力犯罪历史、犯罪人年龄以及青少年时期反社会记录等，相对客观并具有记录可查的资料与犯罪事实；动态危险因素又包括动态稳定因素与动态急性因素两类，包括性兴趣、性异常情况，对性认知态度——如对性权利的信念、对抗的性态度尤其是对女性的敌对态度[②]，社会情感功能状况，接受矫治与服刑合作情况等动态稳定因素，以及消极情绪，被害人获得行为——接触潜在被害人的嗜好、接触潜在被害人的职业、增加的涉性行为、接受司法处遇态度[③]、对监督与约束的合作行为情况等动态急性因素。[④] 评估内容包括对性侵害犯罪人行为情况与心理状况因素，采用通过犯罪人自我报告[⑤]与客观评估[⑥]等多重工具预测，以及对性侵害犯罪人再犯风险及其程度进行评价与预测。评估种类包括刑前、刑中和刑后评估。刑前风险评估不仅对定罪、量刑有影响，而且为是否需要狱内服刑、狱内分类矫治与管理提供重要依据；刑中风险评估不仅是做出假释等执行方式改变的重要基础，也是出狱后是否需要进入社区持续矫正与监督管理的依据。

我国可以借鉴境外再犯危险性评估制度，建立专门性侵害犯罪人危险

---

① 参见文姬《人身危险性重构》，载陈兴良《刑事法评论》，北京大学出版社，2013，第491页。

② Firestone, P., "Hostility and Recidivism in Sexual Offenders", *Archives of Sexual Behavior*, 2005, 34 (3): 277–283, 转引自刘旭刚、迟希新、徐杏元《国外性犯罪人重新犯罪的风险因素及其评估工具》，《中国性科学》2011年第10期。

③ 陈玉书：《再犯特性与风险因子之研究：以成年假释人为例》，《刑事政策与犯罪研究论文集（16）》，"法务部"司法官学院，2014，第5页。

④ 刘旭刚、迟希新、徐杏元：《国外性犯罪人重新犯罪的风险因素及其评估工具》，《中国性科学》2011年第10期。

⑤ 在国外，自我报告工具包括多项性量表、明尼苏达多项人格量表、性犯罪人风险评估指南、精神病检查表等多种由犯罪人填写测量表格进行评估工具。参见刘旭刚、迟希新、徐杏元《国外性犯罪人重新犯罪的风险因素及其评估工具》，《中国性科学》2011年第10期。

⑥ 国外采用阴茎体积描记法、阿尔法性兴趣评估以及测谎器等手段对性犯罪人进行生理与心理因素测评。

性评估委员会，由刑罚执行机构人员、法院、检察院以及心理学、犯罪学专家等多方人士组成。通过对犯罪人员犯罪行为情节以及刑罚执行期间改造情况分析评估，以做出是否具有近期再犯的危险及其程度大小的判断。对犯罪人再犯危险性评估的依据，包括静态因素与动态因素两部分。静态因素包括：性侵害犯罪定罪次数、性侵害犯罪历史时间长短、性侵害行为是否发生在公共场所、是否使用暴力或威胁、是否具有多重性侵害行为、性侵害被害人是否包括12周岁以下儿童、被害人是否为陌生人、犯罪人青少年时期是否具有反社会行为曾受到强制管束等。动态因素包括：犯罪人服刑期间记录、性侵害犯罪心理治疗记录、犯罪人出狱时的年龄等；评估方法可以借鉴苏格兰风险权威组织风险管理办公室（Risk Management Authority，RMA）的规定，建立由精算型量表与结构性专家评估量表组成的再犯风险评估量表①，将精算型评估②与结构性专家评估③相结合，考察犯罪人静态因素与动态因素体现的再犯风险情况，在此基础上综合确定危险程度等级，作为对犯罪人进行分类矫治与管理的科学依据。

二　完善狱内循证矫治模式

（一）重视性侵害犯罪人分类矫治

我国学者用明尼苏达多项人格量表，分别对不同罪名的男性性侵害犯罪人和非性侵害犯罪人进行对比测量发现，强奸犯罪人与奸淫、猥亵幼女犯罪人的人格偏离最为突出，这部分人群往往"缺乏社交、具有反社会倾

---

① 参见文姬《再犯风险性评估在英美法系的应用》，载陈兴良《刑事法评论》，北京大学出版社，2012，第571页。

② 精算评估来源于保险领域，由于保险领域统计数据严密监测以便于调整个体的价格政策，从而达到风险高的个体比风险低的要缴纳更多的保险费这一公正目的。精算方法通过对群体统计数据得出一些指标来评估风险。根据罪犯的个人情况得到各个项目得分，每一个总得分与一个具体的再犯可能概率相对应，从而估计罪犯再犯风险。参见文姬《再犯风险性评估在英美法系的应用》，载陈兴良《刑事法评论》（第31卷），北京大学出版社，2012，第571页。

③ 结构性专家评估，是指由经过训练和有经验的评估者预测风险因素的量表。结构性专家是对评估文化、性暴力犯罪文化有相当理解的专家，通过收集罪犯详细信息，同时辅以反映最相关的风险因素的评估工具指导，得出罪犯的风险水平。参见文姬《再犯风险性评估在英美法系的应用》，载陈兴良《刑事法评论》，北京大学出版社，2012，第571页。

向和社会道德性人格障碍。一般表现为：社会退缩和孤独；漠视社会常规习俗，行为越矩；判断不良，有攻击行为；行为呈冲动性，婚姻与工作均存在问题"。① 而这些特征也与前文中作者统计的性侵害未成年人案件中犯罪人的就业与婚姻状况特征相一致。性侵害人整体心理具有以下特征：认知歪曲、社会机能缺乏、性欲倒错障碍与人格缺陷。除了上述特征外，该类犯罪人还存在精神活性物质滥用（如吸毒、酗酒）、愤怒失控、对女性的敌意以及激素分泌失调等方面问题。② 在性侵害犯罪人个体心理表现上，心理学学者分析发现，性侵害犯罪人组在神经质、精神质方面特征明显高于对照组。神经质评分明显高者，通常表现为：情绪焦虑、紧张、易怒或沮丧、抑郁，对外界刺激反应较为激烈且难以控制自己，不能很好地适应环境，容易采取非理性或固执性行为。精神质评分明显高者的个性特征表现为：孤独、冷漠、残忍、敌意，同情心缺乏并不具有内疚感、罪恶感，往往具有易冲动、好进攻、求冒险的倾向。③ 这说明此类犯罪人普遍存在认知偏差、人格缺陷与低自我控制特点。

我国监狱长期以来对犯罪人采取惩罚与教育相结合的"劳动改造"模式，监狱劳动改造，能够培养犯罪人的劳动技能与生活技能，有助于犯罪人养成积极、健康的生活方式，帮助其尽快回归社会，是我国长期以来行之有效的矫正模式。但这种模式也存在局限，对于存在严重认知偏差、人格缺陷以及冲动型的犯罪人，尤其是对于具有精神认知障碍和人格缺陷的性侵害犯罪人来说，这种方式很难起到有效地改善人身危险性、降低再犯危险的效果。进入"21 世纪以来，我国刑释人员的重新犯罪率大概在15%～20%。近年来，随着社会犯罪数量增长，我国刑释人员重新犯罪率也在不断攀升"。④ 在罪犯服刑分类管理与教育矫治方面我国起步较晚，司法部于 1989 年提出了对罪犯实行"三分"（分押、分管、分教）的实施意见，虽然确立了"十六字原则"⑤，但分押标准一般只划分为两个层面：第

---

① 参见陆峥《性功能障碍与性心理障碍》，人民卫生出版社，2012，第 204 页。
② 参见陆峥《性功能障碍与性心理障碍》，人民卫生出版社，2012，第 204～205 页。
③ 王冠军、刘炳文、王立涛、王东明、李玉焕：《性犯罪相关因素的综合性研究》，《精神医学杂志》2007 年第 5 期。
④ 参见金高品、周雨臣《中国监狱"5 + 1 + 1"教育改造模式研究》，《中国治理评论》2013 年第 1 期。
⑤ "十六字原则"内容为"横向分类、纵向分级、分级处遇、分类施教"。

一，是根据罪犯性别和年龄分为男犯与女犯、成年犯与未成年犯。第二，是在第一层面基础上，综合罪犯刑期、案由、前科情况、服刑时间以及改造表现等，划分为侵财型罪犯、暴力型罪犯、性犯罪型罪犯以及其他类型罪犯等；在一些地区监狱，还依据国籍、民族、老病残、恶习程度以及劳动能力等标准进行划分。但整体而言，现有分类方式较为粗犷，分类标准简单、笼统，缺乏科学性、系统性与规范性，教育矫正的效果并不理想。

性侵害未成年人犯罪人一直具有较高再犯率，而且即使在性侵害犯罪中，不同犯罪类型的再犯情况也各不相同。如在性侵害儿童犯罪人中，侵害对象为陌生男童的比侵害对象为陌生女童的犯罪人有较高再犯率；侵害对象包括男、女儿童的再犯率又高于仅侵害男童或女童的；有多重性倒错的性侵害犯罪人又比单一性倒错的具有较高再犯率；而乱伦犯则是所有性侵害犯罪人中再犯率最低的类型。[①] 因此，不同犯罪类型具有不同的再犯特点，对犯罪人的改造也应该分类管理、区别矫治才能产生良好的改造效果。

（二）完善性侵害犯罪人循证矫治模式

美国学者马丁森1974研究报告除了给美国社会造成极大震动，还给予司法界与学界很多提示，其中一个就是：矫治并不必然产生效益。[②] 而只有采用科学、正确符合犯罪人特点的方法，才能产生良好的矫治效果。因此，近年来各国都开展了对犯罪人进行矫正的新探索与实践。

循证矫正（Evidence - based Corrections）是指在"矫正罪犯时，针对罪犯具体问题寻找并按照现有的最佳证据（方法、措施等），结合罪犯特点和意愿实施矫正活动的总称"。[③] 循证矫正以风险、需求和响应性（Risk - Need - Responsivity，RNR）模型为理论基础。该模型由加拿大公共安全中心和卡尔顿大学在1990年提出，其核心要点在于：高风险的罪犯需要给予更多的矫正服务；循证矫正的直接目的是降低反应性需求；矫正项

[①] 参见林明杰《性侵者的分类学与危险评估》，载林明杰《家庭暴力与性侵害的问题与对策》，元照出版有限公司，2013，第241页。

[②] 参见翟中东《国际视域下的重新犯罪防治政策》，北京大学出版社，2010，第298页。

[③] 参见张苏军、杨波、陈志海等《循证矫正在中国的实践探索——以山东省任城监狱的暴力犯矫正为例》，法律出版社，2016，第6页。

目应该与罪犯个人能力和学习方式相适应。①循证矫正的理论假设为：1. 犯罪风险水平是可以被评估和预测的，影响犯罪行为的风险因素涵盖犯罪个体的内部生理、心理因素及外部社会环境因素，这些因素是能够被量化与评估的；2. 影响犯罪形成因素具有多样性，矫正方法应在风险评估与分析基础上发现犯罪形成路径；3. 矫正的直接目的，在于通过减少犯因性需求从而降低再犯率；4. 通过实证的与价值中立的方法确定犯罪人的犯因性需求，并采取针对性的矫正设计；5. 循证矫正的最终目标是降低再犯可能性以减少社会危害。② 循证矫正中以犯因性需求为关注核心，以风险评估为开展循证矫正的基础。犯因性需求是指那些可改变的与犯罪行为——尤其是与再犯——紧密相关的动态风险因素③，其中包括反社会行为史、反社会人格模式、反社会认知、反社会同伴、家庭或婚姻环境、学校或工作、娱乐或空闲以及物质滥用八方面因素。④ 如美国辛辛那提大学刑事司法学院学者通过对1.3万名罪犯的矫正情况研究发现，"针对罪犯的犯因性需要的干预项目平均可以降低重新犯罪率5%；而针对非犯因性需要的干预项目不仅没有降低重新犯罪率，反而增加了罪犯的重新犯罪率；根据罪犯危险与犯罪性需要安排矫治计划，平均可以降低7%的重新犯罪率，而不考虑罪犯的危险与犯罪性需要安排矫治计划，矫治没有效果"。⑤ 使用认知行为方法包括角色互换，平均可以降低重新犯罪率10%；"使用强有力的干预政策，干预时间占罪犯每日时间的40%～70%，平均可以降低罪犯重新犯罪率10%。共同使用上述原则与措施，则可以大幅度降低重新犯罪率，综合使用甚至可以降低重新犯罪率40%"。⑥ 这说明采用科学、准确的

① 肖玉琴、杨波：《循证矫正的理论基础——RNR 模型解读》，《犯罪与改造研究》2014 年第 3 期。
② 参见肖玉琴、杨波《循证矫正的理论基础——RNR 模型解读》，《犯罪与改造研究》2014 年第 3 期。
③ 参见张苏军、杨波、陈志海等《循证矫正在中国的实践探索——以山东省任城监狱的暴力犯矫正为例》，法律出版社，2016，第 6 页。
④ 肖玉琴、杨波：《循证矫正的理论基础——RNR 模型解读》，《犯罪与改造研究》2014 年第 3 期。
⑤ 翟中东：《国际视域下的重新犯罪防治政策》，北京大学出版社，2010，第 236 页。
⑥ Edward, J. Latessa & Christopher, T. Lowenkamp, "Evaluation of Ohio's Connunity - Based Correctional Facilities and Halfway House Programs: Final Report", *Cincinnati: Center for Criminal Justice Research*，转引自翟中东《国际视域下的重新犯罪防治政策》，北京大学出版社，2010，第 236 页。

矫正方式能够取得明显的矫正效果。

正是由于循证矫正具有针对性、精确性和有效性等特点，2012 年 9 月司法部副部长张苏军在我国监狱系统率先引入了"循证矫正"的概念和方法。① 司法部先后选择了江苏、山东、浙江、陕西、四川及司法部燕城监狱作为循证矫正的试点省份和试点单位。如江苏连云港监狱采用的"结构式临床评估"法、陕西汉中监狱以个案管理为基础，实行的"1 + 1 + 1"矫正模式②等，各试点单位通过积极探索与创新，已经积累了一定的成功经验并初见成效。

但是，上述已进行循证矫正的试点活动均未将性侵害未成年人犯罪人作为单独一类的特殊罪犯进行类型化矫正，仍然进行一般性劳动教育改造，仍然以是否有悔罪表现、能否积极接受劳动教育为评价标准。如在一份典型的性侵害犯罪人假释裁定书中③，法院裁定予以假释的理由仍然是"罪犯在监狱服刑期间能认罪悔罪；认真遵守法律法规及监规，接受教育改造；积极参加思想、文化、职业技术教育；积极参加劳动，努力完成劳动任务"④，并未涉及类型化矫正内容，也未提到是否进行了针对性改造与矫治。

在性侵害犯罪人中，有相当一部分罪犯具有精神障碍或人格缺陷。如2014 年吕盼等的报告提到，在 1997 年 1 月至 2011 年 12 月鉴定的 3720 件

---

① 丁国锋：《开展试点推动教育改造方式方法创新》，http：//legal. people. com. cn/n/2012/0918/c188502 - 19033856. html［2017 - 06 - 12］。

② "1 + 1 + 1"矫正模式，即针对排查出来的一名危险犯或重点犯，制定一套矫正方案，确定一名矫正官实行矫正转化；四川省锦江监狱采用的"三步三级"工作法，第一步对罪犯进行风险评估，第二步根据矫正难易程度实施分类管理，第三步针对不同类别罪犯采用不同矫正方案，根据不同危险程度与矫正难易程度实施不同的矫正措施。参见张苏军、杨波、陈志海等《循证矫正在中国的实践探索——以山东省任城监狱的暴力犯矫正为例》，法律出版社，2016，第 331 ~ 334 页。

③ ［2014］菏刑执字第 155 号司法文书内容："罪犯牛辉田……执行机关菏泽监狱，以罪犯牛辉田在菏泽监狱服刑期间能认罪悔罪；认真遵守法律法规及监规，接受教育改造；积极参加思想、文化、职业技术教育；积极参加劳动，努力完成劳动任务，确有悔改表现等为由，提出予以假释建议。并附罪犯牛辉田在服刑期间的表现、奖励记录等书证。经审理查明：罪犯牛辉田在菏泽监狱服刑期间能认罪悔罪；认真遵守法律法规及监规，接受教育改造；积极参加思想、文化、职业技术教育；积极参加劳动，努力完成劳动任务。曾获记功二次、嘉奖一次。上述事实，有罪犯奖励审批表、计分考核统计表等证据予以证实。本院认为，罪犯牛辉田在服刑期间确有悔改表现，符合假释条件……"

④ 司法文书编号：［2014］菏刑执字第 155 号。

刑事案件中强奸、猥亵占 8.1% （303 件），其中：精神分裂症占 303 件中的 23.4% （71 件），酒精所致精神障碍占 5.6% （17 件），精神发育迟缓占 38% （115 件），器质性精神障碍占 7.3% （22 件），心境障碍占 2% （6件），人格、品行、性心理障碍占 1% （3 件），待分类及其他精神障碍占 8.9% （27 件），无精神病的仅占 13.9% （42 件）。[①] 2015 年学者对四川某精神医学司法鉴定所 2009~2012 年，进行司法精神疾病鉴定的 803 件案件中的 40 件性侵害犯罪分析发现，犯罪人作案时精神发育迟缓的占 45%（18 件），精神分裂症占 25% （10 件），酒精所致障碍的占 2.5% （1 件），无精神病症的占 27.5% （11 件）。其中，精神发育迟缓者作案时侵害对象多为儿童。[②] 实施性侵害犯罪的精神障碍者大多数具有服刑能力，如人格障碍者、性变态者、轻度精神发育迟滞者以及其他轻型精神障碍者，都需要在监狱服刑与矫正。但是在一份对性侵害犯罪精神障碍者变更执行的司法裁定书中[③]，对具有精神障碍的性侵害犯罪人，假释的裁定条件仍然以"认真遵守监规，积极追求改造"为标准，并未对其精神、心理状况进行任何评估，也未提到对其进行过专业心理、精神矫治。

值得庆幸的是，实践中司法机构已经开始认识到正视性侵害犯罪人心理状况的重要性。在 2015 年最高法公布的典型案例——"魏连志猥亵儿童案"中，辩护人提出被告由于个人特殊原因患有恋童癖，因其心理疾病才实施了犯罪行为。法院为了帮助其治愈心理疾病、克服心理障碍，在庭审后专门邀请心理专家进行疏导、矫治。在这件案件中，法院对于在审理

---

① 吕盼、刘建梅、胡俊梅：《3720 例刑事责任能力鉴定案例分析》，《华西医学》2014 年第 8 期。

② 刘均富、黄英、余瑞、魏庆平：《40 例性犯罪司法精神医学鉴定的特点分析》，《四川精神卫生》2015 年第 1 期。

③ 黔 03 刑更 395 号司法文书内容："罪犯罗骏……执行机关以该犯服刑以来，认罪服法，遵规守纪，积极追求改造，于 2016 年 1 月 20 日提出假释建议，报送本院审理。本院受理后依法组成合议庭进行了审理，现已审理终结。经审理查明，罪犯罗骏自服刑以来，认真遵守监规，积极追求改造，2014 年 06 月至 2015 年 10 月考核周期累计积分 152.31 分，兑现 145 分，获评改造积极分子一次；另查明，该犯系精神分裂症患者，系限定刑事责任能力人。执行机关报送该犯的改造表现，有提请假释建议书、假释审核表、考核积分手册、评审鉴定表、奖励审批表、鉴定结论及罪犯原所在社区矫正机构意见等证据相互印证，形成锁链，本院予以确认。本院认为，罪犯罗骏执行原判刑期已过二分之一，在服刑期间，认真遵守监规，接受教育改造，确有悔改表现，且其系精神分裂症患者，系限定刑事责任能力人，司法行政机关同意将其纳入社区矫正，符合假释条件……"

中发现的犯罪人具有的心理问题采取积极应对措施，以科学预防再犯。①
2016 年国务院发布的《中华人民共和国社区矫正法（征求意见稿）》［以
下简称《社区矫正法（征求意见稿）》］第 25 条第 4 项提出，"针对未成年
社区矫正人员的年龄、心理特点和发育需要等特殊情况，采取有益于其发
展的矫正措施"②；又在第 32 条建议，"社区矫正机构可以公开择优购买社
区矫正社会工作服务，为社区矫正人员在思想教育、心理矫治、职业技能
等方面提供必要的帮扶"③，说明政府已经注意到了心理矫治的重要性。但
较为遗憾的是，该征求意见仍然未能明确规定心理矫治为一项社区矫正的
必要措施。

由于性侵害犯罪人的犯罪行为与精神障碍存在不同程度的联系，如果
不加以专业矫治，该类犯罪人刑满释放后仍具有较高的再犯风险。但我国
目前监狱改造并未区别进行专业的精神和心理方面的矫治。因此，在具有
精神障碍与心理认知偏差的性侵害犯罪人服刑改造的同时，建议对其给予
专业精神与心理矫正和治疗，通过刑罚与专业矫治起到预防再犯的显著
效用。

在对性侵害未成年人犯罪人进行循证矫正过程中，以降低犯罪人再犯
风险为直接目标，认真遵行循证矫正的"风险、需要和反应性"三项基本
原则：第一是风险原则，即经过人身危险性风险评估，对具有较高再犯风
险的性侵害罪犯进行密集监护，对低再犯风险的性侵害犯罪人进行适度干
预，可以转入社区进行矫正与监护；第二是需要原则，即在矫正过程中关
注被矫治对象的犯因性需求，如对反社会人格模式、性认知偏差等进行矫
治，对社交、人际交往障碍及自我情绪控制等进行辅导与训练，帮助其建
立正确的价值观与性观念等，是循证矫正的核心与关键；第三是反应性原
则，指矫正项目的设计与实施应当根据性侵害犯罪人的能力与学习方式特

---

① 王小磊：《魏连志猥亵儿童案》，https：//www. chinacourt. org/article/detail/2015/05/id/
　　1637977. shtml［2018 – 05 – 30］。
② 《法制办关于〈中华人民共和国社区矫正法（征求意见稿）〉公开征求意见的通知》，国
　　务院部门政务联播，http：//www. gov. cn/xinwen/2016 – 12/01/content _ 5141139. htm
　　［2018 – 05 – 30］。
③ 《法制办关于〈中华人民共和国社区矫正法（征求意见稿）〉公开征求意见的通知》，国务
　　院部门政务联播，http：//www. gov. cn/xinwen/2016 – 12/01/content_5141139. htm［2018 –
　　05 – 30］。

点进行，采取较为有效的认知行为疗法和认知社会学习模式①，并重视被矫治对象的内在心理与精神状况，发掘其人格特质与认知方式，"对症下药"才能取得较好的矫治效果。

三 建立社会监督与社区矫正模式

（一） 重视社会监督与社区矫正

性侵害未成年人犯罪人的犯罪原因是多方面的，其中相当一部分高危犯罪人存在人格违常、认知偏差或具有精神障碍，对这些犯罪人进行精神与心理矫治是一个反复而漫长的过程。国外学者对性侵害犯罪人群进行长期追踪研究发现，很多人在几年后重新犯罪，甚至有 25% 的人到第 22 年仍会重新犯罪。②

美国进行多年性侵害犯罪人矫治探索后，认为矫正、治疗的目的并非治愈，而仅仅是协助犯罪人进行内在自我控制，并通过外在监督力量有效阻断其潜在的再犯循环，达到控制再犯风险效果。③ 因此，对于性侵害犯罪人的矫正并非仅靠刑罚制裁就能控制，从众多学者相关研究及临床文献中可以发现，单以目前机构内的矫正处遇模式，无法完全保证这些性侵害犯罪人出狱后不再犯。④ 因为，当性侵害犯罪人刑满释放或假释回到社区生活后，由于自我控制低的内在特质，再加上缺乏监督与控制的外在环境，易触发再次犯罪。所以，在性侵害犯罪人回到社会后，仍需要持续进行社区矫正与监督。但《社区矫正法（征求意见稿）》第 2 条关于矫正的对象，仍然是仅限于"对被判处管制、宣告缓刑、假释或者暂予监外执行的罪犯实行监督管理、教育帮扶的社区矫正活动，适用本法"⑤，限于刑罚

---

① 参见张苏军、杨波、陈志海等《循证矫正在中国的实践探索——以山东省任城监狱的暴力犯矫正为例》，法律出版社，2016，第 21 页。

② 参见陆峥《性功能障碍与性心理障碍》，人民卫生出版社，2012，第 204 页。

③ 参见许福生《"我国"性侵害犯刑后强制治疗之检讨》，载《刑事政策与犯罪研究论文集（17）》，"法务部"司法官学院，2014，第 219 页。

④ 郑添成、陈英明、杨士隆：《性侵害加害人之处遇——国内外现行主要制度评述》，《犯罪与刑事司法研究》2004 年第 2 期。

⑤ 《法制办关于〈中华人民共和国社区矫正法（征求意见稿）〉公开征求意见的通知》，http://www.gov.cn/xinwen/2016 - 12/01/content_5141139.htm〔2017 - 05 - 28〕。

执行中的罪犯，不包括执行完毕需要继续监督、矫正的特殊行为人。这是一个较大的遗憾，建议在最后出台的正式社区矫正法中，将部分特殊的犯罪人——如性侵害犯罪人中具有精神与心理障碍者——即使在刑满释放后也应纳入社区矫正对象范围，进行持续辅导与监督。

（二）建立多维度社会监督与社区矫正模式

在性侵害犯罪人刑满释放或假释前进行危险性评估，将性侵害犯罪人分为高度危险、中度危险与低度危险三类。对高度危险性侵害人严格管理，实行心理矫治与危险监控模式，一方面，社区矫正机构通过与社会心理咨询机构、高校、医院合作或者购买心理矫治服务，对高危性侵害人进行持续矫治与辅导，消除或改善其负面心理与危险行为倾向；另一方面，对高危性侵害人实行严格风险管控，如进行手机或电子腕带定位监管，定期复查病情并提交复查报告。如江苏省矫正信息管理系统通过省、市、县、乡四级平台以及 GPS 手机定位、视频监管、现场实时工作与安全监控等管理系统，实现对矫治对象全方位监管和全覆盖监控①；对中度与低度危险性侵害人采取心理矫治与社会工作模式，一方面，坚持予以心理矫治与辅导；另一方面，采用社会工作模式，以性侵害人为中心，通过社会支持系统增强其内在自我约束力，帮助性侵害人早日回归与融入社会。

不论是对具有较高再犯风险还是一般再犯风险的性侵害犯罪人，除了坚持进行心理矫治外，还可以参考与借鉴国外的"性犯罪人社区监督钻石方案"的一体化处遇模式。对性侵害犯罪人矫正采取多维度模式，以社区矫正为基础，"采取多面向的、全方位的配套观点，才能有效地降低性加害人再犯的可能"。② 可以结合司法矫正机构监督、社区教育辅导、社会组织心理矫治和帮扶帮教，以及通过加强家庭、单位和社会网络等支持系统，给予性侵害人精神上与物质上的支持，缓解其压力，帮助增强自我控制能力，最终降低性侵害人的再犯危险性（见图 8 - 1）。

① 丁国锋、郁奇、张全连：《江苏升级社区矫正风险防范体系》，http：//www.china.com.cn/le-gal/2015 - 07/09/content_36020175.htm［2017 - 05 - 28］。
② 转引自许福生《论风险社会与台湾性侵害犯司法处遇法制之变革》，《海峡法学》2016 年第 3 期。

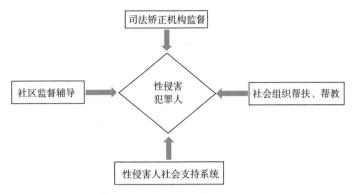

图 8 – 1 性侵害人多维度社会监督与社区矫治模式

第三节 建设良好社会支持系统

"寻求一种道德共识的必要性来自社会本身，而其迫切性则来自这个时代，来自现代社会。任何一个社会都需要一种基本的道德共识才能维系，才不致崩溃。"① 在社会转型时期，建设社会主义核心价值观引领的社会道德体系和社会支持系统，对于增强社会凝聚力、预防犯罪行为滋生具有迫切的现实意义。社会支持系统从倡导一种主动的、内在的、非强迫性的犯罪预防策略出发，通过社会政策的客观支持缓解外部压力、主观支持缓解内在紧张以降低犯罪可能性。

一 以道德体系增强社会凝聚力

社会控制理论认为，犯罪行为的发生，不仅受到社会环境外部控制的影响，而且个体内在自我控制能力的强弱，也是影响犯罪发生与否的重要因素。而道德具有"通过内心的自身、良心的发现以及舆论的谴责约束与规范人的思想，并进而影响人的行为"② 的功能。基于道德共识之上的价值观与基本准则"为社会凝聚力提供了支持，并因此成为一种维持秩序的手段"。③ 因此，从犯罪预防角度来看，在完善法律制度体系、增强正式控

---

① 参见何怀宏《伦理学是什么》，北京大学出版社，2002，第 84 页。
② 参见梁根林《刑事法网：扩张与限缩》，法律出版社，2005，第 41 页。
③ P. 诺内特、P. 塞尔兹尼克：《转变中的法律与社会》，张志铭译，中国政法大学出版社，1994，第 52～53 页，转引自梁根林《刑事法网：扩张与限缩》，法律出版社，2005，第 39 页。

制外，还需要树立良好的社会主义道德体系，通过强化社会成员内在道德意识和价值观，将外在强制约束力内化为自觉抵御犯罪倾向的内在动力。

（一）建立社会主义核心价值观引领的道德体系

"一个国家和社会是否拥有广泛认同的核心价值观，直接影响到一个国家的凝聚力与影响力。"① 在社会转型时期，社会价值观多元化发展的同时也伴随着原有道德系统消解、社会道德滑坡和社会个体自我约束削弱等现象。因此，形成广泛认同的核心价值观是社会转型时期道德体系建设的关键。党的十八大报告倡导"富强、民主、文明、和谐，自由、平等、公正、法治，爱国、敬业、诚信、友善"② 的社会主义核心价值观。在国家层面上，以实现"富强、民主、文明、和谐"为社会主义发展现阶段任务；在社会层面上，将"自由、平等、公正、法治"作为当前社会发展的价值导向；在个人层面上，以"爱国、敬业、诚信、友善"为新时期公民的基本道德规范和准则，不仅是"中华民族传统美德和新时期道德要求的融合"③，也是当代社会的共识。

"道德的基础是人类精神的自律。"④ 围绕社会主义核心价值观建立的道德体系，不仅是社会各层面的共识，也是各种思潮的融合，体现了社会主义价值导向与新时期对公民基本道德行为规范的要求。不断完善道德体系建设，可以逐渐将社会主义核心价值观转化为社会成员的内在价值标准，发挥道德规范与行为导向在约束自我、预防犯罪的潜在影响与积极作用。

（二）树立科学文明健康的性观念

人类的性具有生物、心理与社会三重属性，性观念也具有心理属性和社会属性，是"人们对性的总的认识和看法，包括对性生理、性心理、性道德、性规范和性文化等总的认识和看法，如贞操观、恋爱观、婚姻观、生育观等"。⑤ 其中，对性的道德评价是性价值观的体现，也是性观念的核

---

① 李小玲：《加强社会主义核心价值观社会认同研究》，《上海商学院学报》2012年第6期。
② 党的十八大报告，http://www.wenming.cn/xxph/sy/xy18d/201211/t20121119_940452.shtml ［2018 – 05 – 30］。
③ 李小玲：《加强社会主义核心价值观社会认同研究》，《上海商学院学报》2012年第6期。
④ 《马克思恩格斯全集》，人民出版社，1974，第15页。
⑤ 徐天民：《试论中国现代性观念的建设》，《中国性科学》2001年第4期。

心。由于性观念是"经过社会文化锻造的性心理和性伦理的综合产物，集中体现出特定文化对性问题的看法和态度……人们一旦确立了某种性观念，就有可能把它作为一种信念或信条"①，成为认识和判断性行为的标准、支配性活动的行为准则。② 因而，建设科学、文明的性观念对于规范与引导人们的性活动具有重要意义。

作为意识形态领域的性观念，受社会因素影响较大，随着不同时期的经济、政治、文化发展而改变，甚至有时这种影响使性观念远离生理基础。③ 在社会转型时期，性观念也越来越多元化，性与婚姻、家庭、生殖逐步分离，性的生殖功能明显减弱而享乐功能显现，性商品化发展迅速。随之而来的是一系列性越轨、性违法甚至性犯罪发生。于是，树立与建设既符合我国文化历史传统又切合时代要求的、科学文明的性观念，是道德体系建设的迫切任务之一。虽然性观念的形成受到阶层、地域、年龄、性别以及民族文化传统等多方面因素影响，但"崇尚科学，反对愚昧；崇尚文明，反对野蛮；崇尚健康，反对病态；强调性行为要有益于家庭幸福和社会稳定，这是全社会的共同理想和共识的主流"。④

因此，建设科学、文明的性观念，应坚持三项原则。一是科学原则。性观念应建立在现代生物科学、心理学与社会学等科学基础上。二是文明原则。性行为应是人们纯真感情与高尚情趣的体现，而不是简单的生理宣泄。三是坚持民族优秀文化与传统，立足国情，在坚持开放与宽容态度的同时，谨慎对待导致性观念失范的"性自由"与"性解放"思潮。

二 运用社会支持系统降低犯罪风险

(一) 采取积极的社会预防策略

在犯罪学研究领域，较早将社会支持理论引入的学者是美国犯罪学家弗兰西斯·卡伦 (Francis T. Cullen)。在对犯罪学中社会控制理论进行反思与批判的基础上，卡伦试图弥补社会控制借助外部力量、依靠强制控制

---

① 徐天民：《建设中国当代性观念之我见》，《性学》1995 年第 3 期。
② 徐天民：《试论中国现代性观念的建设》，《中国性科学》2001 年第 4 期。
③ 张景琦：《中国传统社会与现代社会性观念之比较研究》，《法制心理研究》1995 年第 3 期。
④ 徐天民：《试论中国现代性观念的建设》，《中国性科学》2001 年第 4 期。

治理的被动性和有限性，提出了社会支持理论，认为"社会支持是由社区、社会网络以及可信任的他人所实际或想象中可能提供的物质和精神上的帮助"。[①] 社会支持理论认识的出发点是"假设人既有自私和犯罪的动机，因此需要控制；但又有利他及接受和给予的潜力"[②]，进而认为"社会支持高低与犯罪的可能性成反比，而且不仅能够对预防和减少犯罪起到直接的作用，还会影响社会控制从而对预防和减少犯罪产生间接的影响"。[③]

社会支持理论是"从人的利他动机视角探寻犯罪原因，从社会支持视角寻求预防犯罪对策，倡导一种主动的、内在的、非强迫性的积极刑事政策"[④]，对于在社会转型时期，潜在性侵害人面临日益增大的外在社会环境压力和内在自我心理压力，通过给予其精神上和物质上的支持，不仅可以舒缓压力还可以帮助其充分发挥自我控制能力，抑制内在犯罪倾向形成、抗拒外在犯罪诱惑与刺激，起到预防和降低犯罪风险的积极作用。

（二）完善社会政策客观支持

笔者在对性侵害未成年人犯罪生成机制分析中，发现流动人口的增长加大了潜在侵害风险，而"婚姻挤压"状况的加剧促进侵害动机形成。因此，通过完善社会经济政策，缩小东、西部经济发展水平差异，发展中、西部农村经济，尽量使大量外出流动农民工回乡就业，不仅可以提高农民收入、增大就业面，还可以通过增加劳动力在本地就业减少家庭分离情况，增强个体对社会与家庭的依附性与归属感，从而降低性侵害动机产生的可能性。

男女性别比失衡引起大龄单身男性增多，成为潜在性侵害风险。从社会支持视角来看，完善我国人口政策和社会经济政策，促进性别结构平衡[⑤]，缓解"婚姻挤压"对潜在侵害人的外在压力，使大多数人能够通过

---

① Cullen Francis, T., John, P., Wright and Mitchell, B. Chamlin, "Social Support and Social Reform: A Progressive Crime Control Agenda", *Crime and Delinquency*, 1999，转引自魏红、耿琳琳《社会支持理论下农村留守儿童犯罪预防探析》，《行政与法》2016 年第 9 期。

② 汪明亮：《以一种积极的刑事政策预防弱势群体犯罪——基于西方社会支持理论的分析》，《社会科学》2010 年第 6 期。

③ 曲伶俐：《论社会支持理论下的社会性弱势群体犯罪预防》，《法学论坛》2014 年第 1 期。

④ 汪明亮：《以一种积极的刑事政策预防弱势群体犯罪——基于西方社会支持理论的分析》，《社会科学》2010 年第 6 期。

⑤ 姜全保、李波：《性别失衡对犯罪率的影响研究》，《公共管理学报》2011 年第 1 期。

合法婚姻渠道组建家庭，成为稳定的社会组成基因，有助于降低性侵害犯罪风险。

通过完善与健全社会经济、人口等多方面社会政策，缓解潜在侵害人外在压力，增强其动态适应性，是预防性侵害犯罪的根本；虽然上述社会政策对于抑制犯罪的效果难以短时见效，但从根源上来看，预防犯罪降低性侵害风险的效应是长期而稳定的。

（三）强化"高危侵害人群"主观支持

从前文分析中得知，性侵害未成年人犯罪人大多数为单身大龄男性，受教育程度较低、无业人员居多，中、西部地区犯罪人所占比例较大。上述人群由于受教育不多、掌握社会生存技能较弱，往往难以就业，经济状况不佳，处于社会底层。此部分人群属于性侵害未成年人犯罪的潜在高危侵害人群[①]，需要重点予以社会支持与关注。由于社会支持对弱势群体而言是应对外在客观环境压力的一个重要资源，不仅可以"提高个体的自我评价水平，增强其应对不良环境的心理能力，也可以直接缓冲外在压力事件的消极影响，对心理和行为适应具有一定的保护作用"[②]，从而起着降低犯罪风险的作用。

通过构建多元的社会支持系统在统筹协调政府、社会组织和个人三者关系基础上建立多元化支持体系。政府完善社会保障体系建设，社会组织提供积极有效的关爱活动，社会个体从亲情、友情以及博爱之心出发，提供来自家人、亲戚、同事与社会爱心人士的帮助与支持。社会不仅仅提供物质与经济上的帮助与支持，更为重要的是给予精神与心理上的关爱与疏导。在面对具有潜在性侵害性的高危侵害人群时，更要关注他们的精神与性心理健康，缓解其紧张心理状态，使其能够应对环境压力不良影响、提高社会适应力。因此，建立社会支持系统，帮助高危侵害人群适应社会压力，缓解心理紧张状态，提高社会适应能力，融入社会，具有积极预防犯

---

① 当然，还有部分具有特殊身份的人群，如与未成年人接触频繁的职业人员，如中、小学教职人员，教练，保育员等，对此部分人员，其主要采取的是重点监督与管理。因此，本书未将此部分人群纳入重点社会支持范围。

② 刘霞、范兴华、申继亮：《初中留守儿童社会支持与问题行为的关系》，《心理发展与教育》2007 年第 3 期。

罪、降低性侵害犯罪发生风险的作用。

不论是社会主义新时期道德体系的建设与发展，还是社会支持系统的构建与完善，都需要社会经济、人口、教育等各方面社会政策的综合支持，需要动员各方面力量积极参与，是一个较为漫长且庞大的系统工程，其效果显现也需要经历一段时间与过程。但增强社会凝聚力、提高社会成员思想境界、完善社会支持系统，有助于从根源上预防性侵害未成年人犯罪发生，其效应的发挥也较为稳定与长远，是一项功在当代、利在千秋的事业。

第四节　建设多元化未成年人保护体系

现代社会中，犯罪预防与犯罪干预实践基本上都围绕着降低犯罪风险因素和增加社会保护因素而展开。[①] 在性侵害未成年人犯罪预防中，除了控制与降低性侵害犯罪形成风险，另外一项重要内容就是强化未成年人保护。只有全社会树立起保护未成年人的整体社会意识，形成政府、社会、学校以及家庭多元化的未成年人生态圈层保护体系，并积极监督与防范各类侵害行为，才能让未成年人远离性侵害。

一　建立多元一体化保护机制

我国《未成年人保护法》提出，"保护未成年人，是国家机关、武装力量、政党、社会团体、企业事业组织、城乡基层群众性自治组织、未成年人的监护人和其他成年公民的共同责任"[②]，说明我国对未成年人保护坚持的是"共同保护原则"。因此，对未成年人保护，坚持政府行政保护、社会保护、学校保护与家庭保护共同组成的多元化未成年人生态保护体系，不仅是性侵害犯罪社会现实状况的迫切需要，也是法律的必然要求。

---

① 戈登·休斯：《解读犯罪预防——社会控制、风险与后现代》，刘晓梅、刘志松译，中国人民公安大学出版社，2009，第66页。
② 《中华人民共和国未成年人保护法》，http://www.china.com.cn/policy/txt/2006-12/30/content_7582808.htm［2017-05-28］。

（一）行政保护

在未成年人保护体系中，行政保护居于主导地位。政府不仅是保护政策的制定者和组织领导者，同时也承担具体保护职责。如政府运用行政手段强化对未成年人监护权保障，并在未成年人受到侵害时直接介入，由民政部门代为行使监护权，保护未成年人免受侵害或受到持续侵害。对性侵害未成年受害人，政府民政部门进行安抚与救济、补偿，卫生部门为未成年受害人提供免费救治与康复，教育管理部门履行对学校的监督与管理职责，督促学校、幼儿园等机构积极履行防控校园性侵害、保护未成年人的责任。更为重要的是，政府还要积极组织宣传与引导，"倡导儿童优先的社会文化，提升社会公众的儿童优先理念和儿童保护意识"①，最终形成未成年人保护的整体社会意识。

（二）家庭保护

父母是孩子天然的保护者，也具有法定的保护职责。家长是未成年人最容易接触、信任与亲近的成年人，家庭是最适合未成年人安全、健康成长的处所。在所有未成年人保护中，家庭能够提供给未成年人最为直接与快速的保护，也是未成年人保护的第一场所。因此，提升家庭保护能力、修复家庭功能关系、营造安全的家居环境，对于预防性侵害、保护未成年人有着重要的作用与意义。

1. 提升家庭保护能力

由于家长们普遍缺乏对性侵害未成年人犯罪的正确认识，普遍低估未成年人遭受性侵害危险的程度，并存在较多认识误区。如认为自己的孩子不会受到性侵害，却不知道男孩也会受到性侵害，女性也可能是性侵害人，孩子最容易受到周围熟人甚至亲友的性侵害。家长们往往不具备准确的预防性侵害知识和教导孩子的能力，如很多家长告诉孩子性侵害人是凶恶、相貌丑陋的陌生男性，而实际调查结果却是，性侵害人往往是孩子身边所熟悉的平时具有亲切表现的亲戚、朋友和照顾者等熟人。家长们往往不清楚性侵害未成年人犯罪的常识，如一般不会采用暴力、强制等方式，

---

① 宋文珍：《新时代儿童权利保护的价值取向》，《中国妇运》2018 年第 6 期。

而是采用引诱与哄骗等手段；性侵害不一定都是强奸，在现代网络社会还可能是要求未成年人在网络上裸体聊天，发送自己的露体相片、视频，或者其他的非接触性性侵害行为。因此，教育家长正确了解性侵害、澄清认识误区、学会识别危险情境和潜在侵害者发出的危险信号，有助于采取有效保护行为[①]，提升保护未成年人远离性侵害的能力。

2. 修复家庭功能关系

家庭作为社会细胞，其中一项重要功能就是父母具有照顾、监护未成年人的义务。督促父母、家长切实履行对未成年人的监护责任，是未成年人保护最重要的一环。对于未认真履行监护职责致使未成年人处于监护疏忽状况的家庭，可以参考我国台湾地区的"家庭重整服务"[②] 计划，通过政府民政部门对家庭监护进行指导，对不认真履行与疏忽履行监护责任的家庭，如果评估存在较高危险，可以将未成年人予以另行安置，直到对其原生家庭进行重整辅导，使其能够履行监护职责，再将未成年人送返家中。家庭是未成年人保护的最重要处所，父母、家长是最适合的保护人，一般不到不得已的极端情况下不会撤销其监护权，还是尽量修复与督促家庭履行监护的功能，这也是对"未成年人优先"价值取向的体现与落实。

3. 营造安全的家居环境

对性侵害未成年人犯罪生成机制分析发现，家庭环境中也存在性侵害的风险，有相当一部分的性侵害来自家庭成员或家庭熟悉的亲戚、朋友。如存在与家庭关系亲密的熟悉的"潜在性侵害人"、家中频繁更换孩子的照料者、家庭关系缺乏界限等，都会极大地增加未成年人在家中受侵害的危险。因此，营造安全的家居环境可以降低来自家庭内部的风险，阻断性侵害发生。在家庭保护中要改变错误认识，告诉孩子性侵害人也可能来自周边的熟人甚至是家人；家长、监护人要选择可靠的家人、亲戚、朋友或保姆照顾孩子，并注意观察是否有异常表现；单亲家长尽量避免孩子与自己的男（女）朋友单独在一起；允许并鼓励孩子拒绝自己不喜欢的身体接

---

① 参见龙迪《综合防治儿童性侵犯专业指南》，化学工业出版社，2017，第 166 页。
② "家庭重整服务"是指，台湾地区的儿童或少年存在受虐事件经过调查评估后，认为该儿童或少年继续生活在原生家庭的安全危险性程度较高，则依法安置儿童或少年于寄养家庭或安置机构的处理模式。参见沈黎、吕静淑《台湾儿童保护服务的实践与启示》，《当代青年研究》2014 年第 5 期。

触与情感表达①；引导孩子抵制色情文化，注意网络交友安全，拒绝网络色情信息与性邀请；多与孩子沟通交流，注意与孩子交流中其所表露出的异常信息；教孩子学会自我保护。

（三）学校保护

如何保护未成年人？最直接的办法就是教育他们。国务院妇女儿童工作相关负责人 2018 年在《中国教育报》上指出："教育是对新时代儿童最好的保护"②，认为通过未成年人预防性侵害教育可以提高未成年人自我保护意识和能力以远离性侵害。由于受到性侵害的未成年人大多数为中、小学生，因此中、小学是进行性侵害预防教育的重要平台。《预防性侵意见》就已要求"科学做好预防性侵犯教育"。但目前我国中、小学的"性侵害防治教育是被纳入安全教育范畴之内，无法区分性侵害防治教育与其他安全教育的差异，也无法反映出性侵害防治教育的特殊性"。③ 上述意见未对性侵犯（性侵害）进行准确界定，学校在对未成年人开展预防教育时，也往往停留在"知晓什么是性侵犯，遭遇性侵犯后如何寻求他人帮助"④，缺乏社会性别教育、对自身与他人身体与性自主权的认识与尊重。不仅应教育未成年人预防性侵害，学会自我保护，同时也要教育未成年人尊重他人性自主权，避免未成年人也成为侵害他人之人。

因此，对未成年人的性侵害预防教育内容应涉及：社会性别教育（认识不同的性别特质、尊重不同的性别与性倾向）、生理的性教育（认识身体与身体功能、身体感受、身体隐私处、身体自主权）、人际互动的身体界限、性侵害防范（认识什么是性侵害、遇到性侵害时该如何应对）、判断危险情境以及自我保护与救助的方法等。

（四）社会保护

《未成年人保护法》第 27 条规定："国家鼓励社会团体、企业事业组

---

① 参见龙迪《综合防治儿童性侵犯专业指南》，化学工业出版社，2017，第 167~168 页。
② 宋文珍：《教育是对新时代儿童最好的保护》，《中国教育报》2018 年 5 月 3 日，第 7 版。
③ 参见廖怀高《校园安全与农村中小学性侵害防治教育》，西南交通大学出版社，2017，第 7 页。
④ 教育部、公安部、共青团中央、全国妇联联合发布《关于做好预防少年儿童遭受性侵工作的意见》（教基一〔2013〕8 号）。

织以及其他组织和个人，开展多种形式的有利于未成年人健康成长的社会活动。"《中共中央关于全面深化改革若干重大问题的决定》在"创新社会治理体制"中也提出"激发社会组织活力"，将"适合由社会组织提供的公共服务和解决的事项，交由社会组织承担。支持和发展志愿服务组织"。① 在性侵害未成年人犯罪预防中，社会力量参与未成年人的保护不仅有助于形成全社会保护未成年人的意识，更为重要的是，可以扩大未成年人保护覆盖面，并提升未成年人保护的专业性与有效性。

因此，可以借鉴境外社会组织参与未成年人保护的经验，按照"政府主导、社会参与"的原则，政府积极引入并鼓励法律工作者、社会工作者、心理咨询师，儿童教育、医疗救助等专业群体、人士与志愿者组织、慈善组织加入，为未成年人、性侵害被害人及其家庭提供家庭教育指导、心理关爱疏导、社会救助帮扶以及法律援助等帮助与服务；或者通过政府购买社会服务方式，"培育、引导社会工作机构、社会组织、法律工作机构、爱心家庭、志愿者团队等社会各方面力量参与"②，充分发挥共青团、妇联、工会、关工委等群团组织优势，发动社会力量以爱心帮扶、心理关怀等形式帮助未成年人，使社会保护成为政府保护、家庭保护与学校保护的重要补充与延伸，共同形成未成年人多元保护体系。

（五）形成一体化保护机制

在 2013～2014 年，我国民政部先后开展了两轮未成年人社会保护试点工作，提出探索建立"监测预防、发现报告、帮扶干预"联动反应机制的要求③；2016 年最高法建议"设立预防惩治性侵害未成年人犯罪联席会议制度，以调动与协调各方工作积极性，共同解决性侵害未成年人犯罪突出

---

① 《中共中央关于全面深化改革若干重大问题的决定（全文）》，http://www.china.com.cn/news/2013-11/15/content_30615132_7.htm［2017-05-28］。

② 《民政部关于开展第二批全国未成年人社会保护试点工作的通知》，http://www.mdjmzj.gov.cn/411/5840.html［2017-05-28］。

③ 参见《民政部关于开展未成年人社会保护工作试点的通知》（2013 年），中华人民共和国民政部，http://www.mca.gov.cn/article/xw/tzgg/201305/20130515456869.shtml［2017-05-28］；《民政部关于开展全国第二批未成年人社会保护试点工作的通知》（2014 年）（民函〔2014〕240 号），《民政部关于开展第二批全国未成年人社会保护试点工作的通知》，http://www.mdjmzj.gov.cn/411/5840.html［2017-05-28］。

的迫切问题"。① 经过几年实践，各地积极探索社会保护与家庭保护、学校保护和司法保护的融合与衔接，以形成未成年人协同一体化保护系统。通过资源整合引导社会力量参与，初步形成了"检测、预防、报告、转介、处置等'五位一体'的未成年人社会保护工作机制"②，未成年人一体化保护初见成效。

对于性侵害等严重危害未成年人事件，依据保护"共同责任原则"，各级机关、组织与部门都有保护未成年人的责任与义务。但实际情况是，很多情形下由于缺乏牵头、协调组织单位，存在"说起来重要，做起来次要，忙起来不要，出了问题找不到"③ 的情况，"'共同责任原则'所造成的'责任稀释困境'亟待破解"。④ 于是，有学者提出构建未成年人保护综合反应平台的设想，建议"整合国务院妇儿工委、中央综治委预防青少年违法犯罪专项组以及各类涉及未成年人保护的部级联席会议等，在国家层面设立未成年人保护委员会及办公室"⑤，明确未成年人保护的主体责任地位；并建议依托 12355 平台建立"六位一体"的未成年人保护综合平台，融监测预防、发现报告、应急处置、研判转介、帮扶干预以及督查追责六大功能为一体。⑥ 此建议切合当前未成年人保护症结，能够有效促进未成年人保护机制一体化建设，值得参考借鉴，并进一步深入研究。

二　建立留守流动儿童社会关爱网络

对近年性侵害未成年人犯罪状况分析发现，我国留守流动儿童是易

---

① 黄彦馨：《最高法：应设防治性侵未成年人犯罪联席会议制度》，http://news.163.com/16/0531/22/BOE72O9V00014AED.html［2019-03-20］。
② 刘星：《全国20个地区试点未成年人社会保护一年来"五位一体"机制初步形成》，《四川日报》2014年6月19日，第2版。
③ 姚建龙、滕洪昌：《未成年人保护综合反应平台的构建与设想》，《青年探索》2017年第6期。
④ 姚建龙：《我国未成年人法律保护的进步与发展建议——在6月13日刘延东副总理主持召开的国务院儿童健康发展座谈会上的发言》，《预防青少年犯罪研究》2017年第3期。
⑤ 姚建龙：《我国未成年人法律保护的进步与发展建议——在6月13日刘延东副总理主持召开的国务院儿童健康发展座谈会上的发言》，《预防青少年犯罪研究》2017年第3期。
⑥ 姚建龙、滕洪昌：《未成年人保护综合反应平台的构建与设想》，《青年探索》2017年第6期。

受性侵害的高危群体。因此,《预防性侵意见》专门提出,"要将预防性
侵犯教育纳入女童,尤其是农村留守流动女童家庭教育指导服务重点内
容,维护女童合法权益"。[①] 2016 年国务院又发布专门意见要求"强化
家庭监护主体责任,加大关爱保护力度"。[②] 司法实践中,2015 年最高法
与联合国儿童基金会合作,在四川眉山中级人民法院设立预防惩治侵害
留守儿童权益犯罪联动机制试点,通过建立农村留守儿童基础数据库、
合适成年人数据库、侵害留守儿童犯罪案件数据库,积极探索被害人救
助、心理辅导等工作,提高对留守儿童的司法保护效率。[③] 国家发布的这
些意见与采取的措施,都说明已经充分认识到对留守流动儿童重点保护的
重要性。

留守流动儿童存在的突出问题主要有两方面:一方面,由于父母外出
务工或忙于生计,家庭功能不健全,留守流动儿童与父母沟通交流陌生
化,难以形成安全感,容易出现心理、情感依赖与行为方面偏差与问题;
另一方面,父母监护责任与能力的缺失或履行不力是留守流动儿童成为高
危受侵害对象的重要原因。因此,对留守流动儿童的保护重点在于加强监
护、落实关爱责任,形成以家庭为主体、政府主导、学校尽责、社会参与
的关爱网络。

(一) 以家庭为主体

"家长是子女最主要的照顾者与资源提供者;最适合孩子成长的处所
是能够给予孩子终身安全与幸福关系的家庭。"[④] 世界儿童问题首脑会议也
认为:"父母、家人、法定监护人和其他看护者对儿童的福利发挥着重要
作用并承担重大责任。"[⑤] 因此,在关爱保护留守流动儿童工作中,应以家
庭为主体,坚持父母尽责为首位。可以劝留守儿童父母回乡就业创业、动

[①] 参见教育部、公安部、共青团中央、全国妇联联合发布《关于做好预防少年儿童遭受性
侵工作的意见》(教基一〔2013〕8 号)。

[②] 2016 年国务院《关于加强农村留守儿童关爱保护工作的意见》(国发〔2016〕13 号)。
参见《关于加强农村留守儿童关爱保护工作的意见》,http://www.rmzxb.com.cn/c/
2016 - 02 - 14/697693.shtml〔2017 - 05 - 28〕。

[③] 周斌:《最高法加强留守儿童司法保护》,《法制日报》2017 年 9 月 6 日,第 3 期。

[④] 沈黎、吕静淑:《台湾儿童保护服务的实践与启示》,《当代青年研究》2014 年第 5 期。

[⑤] 联合国儿童议题,公约文件《适合儿童生长的世界》,http://www.un.org/chinese/chil-
dren/issue/aworldfitforchildren.shtml〔2017 - 05 - 28〕。

员有条件的外出务工人员携带未成年子女外出共同生活、督促父母委托有能力的亲属代为监护；实现教育资源公平分布，劳动力流入地区保障农民工随迁子女进入当地学校就学，尽量使留守流动儿童处于学校教育与家庭监护之下。

本书建议结合我国社会实际，运用法律措施督促家长履职。通过家长培训提高留守儿童家长、监护人的法律意识；司法部门通过法律援助、发放昭告书等形式督促家长履行监护责任，对父母拒不履职的，由村委会和有关部门及时予以劝诫，情节严重的，由公安等有关机关依法追究责任；通过村民自治强化监督约束，充分发挥村一级组织和族老、寨老的教育、监督作用，县（区）通过地方人大牵头指导村民组织修改完善村规民约，设立"红榜"和"黑榜"①，加大对村民教育引导和约束惩戒，督促留守儿童父母履行法定职责。

（二）政府主导

政府进行分类施策，通过各地政府制定留守儿童风险评估标准，定期开展风险评估，实行分类动态管理，将（受侵害）风险等级高、安全隐患大的未成年人列入重点保护对象。政府落实强制报告制度，如贵州省毕节市制定出台《毕节市留守儿童强制报告制度》，督促乡（镇、街道）、村（居）、学校、医疗机构、福利机构、救助管理机构及其工作人员签订强制报告承诺书，切实履行留守儿童处于困境或受侵害强制报告责任。政府应通过完善困境儿童救助保障体系，严密留守流动儿童基本生活保障安全网，为未成年人提供一个安全、有保障的生活环境。

（三）学校尽责

充分发挥学校预防性侵害的主平台功能，除了对学生与家长进行性侵害预防教育与宣传，重要工作就在于加强学校内部安全管理监督，预防师源性性侵害发生。如贵州省《毕节市中小学预防学生受性侵"十严格"、"十不准"》规定：严格女生宿舍"封闭式"管理；严格住校女生外出审

———
① 2017年贵州省毕节市民政局有关"毕节市农村留守儿童关爱保护和流浪乞讨人员救助管理工作情况介绍"材料。

批权限；严格教职工从业资格规定；严格学校警务登记审查制度；严格关注有异常行为的教职工动态；严格规范教职工的教育教学行为；严格落实家长或监护人的管理职责；严格性侵知识和自我保护的教育；严格学生网络防范知识培训。①通过加强校园安全管理与人员监督，让留守流动儿童能在安全、健康的校园环境中学习、成长。

（四）社会参与

为形成留守流动未成年人生态圈层保护体系，应动员社会多方力量参与关爱留守流动儿童活动。如以共青团、妇联、工会和关工委为核心组织力量，发动社会力量通过"爱心家长""城乡少年手拉手"等形式帮扶留守流动儿童；组织开展留守儿童安全自护、心理关怀、爱心帮扶、家庭教育普惠行动等关爱活动；招募心理咨询师、社会工作者等志愿者深入乡镇为留守流动儿童开展心理辅导、情感疏导及安全知识讲解等帮扶活动；组织讲师志愿者到中、小学开展儿童安全与性侵害防治教育讲座；引导企业、社会组织积极承担社会责任，参与资助与帮扶留守流动儿童活动。

小　结

"如果法律在今天是社会控制的主要手段，那么它就需要宗教、道德和教育的支持；而如果它不能再得到有组织的宗教和家庭的支持的话，那么它就更需要这方面的支持了。"② 积极刑事政策通过情境预防机制建设，构建性侵害未成年人犯罪预警、隔离与再犯机制，降低未成年人生活环境中的侵害风险；建设、完善社会主义道德体系、修复社会支持系统，加强社会个体自我控制与约束，降低犯罪倾向产生的可能；重视对危险性侵害犯罪人的评估与矫治，通过狱内与狱外矫正、监督管理持续进行，改善与降低再犯风险预防犯罪；提倡并引导形成关心、保护未成年人的整体社会意识和观念，构建未成年人多元保护体系；特殊保护留守流动儿童等高危

---

① 参见《毕节市中小学预防学生受性侵"十严格"、"十不准"》（毕教安发〔2014〕81号）。

② 罗斯科·庞德：《通过法律的社会控制》，沈宗灵译，商务印书馆，2010，第37页。

易受侵害群体，形成留守流动儿童关爱网络。

积极刑事政策从降低危险个体犯罪危险性、控制犯罪动机形成，并形成多元化未成年人社会保护与关爱网络，力求从根源上预防性侵害未成年人犯罪的发生。

结　语

　　著名思想家卢梭曾说："人性的首要法则，是要维护自身的生存，人性的首要关怀，是对其自身所有的关怀。"① 中国儒家代表孔子也认为"饮食男女，人之大欲存焉"，孟子的"食色，性也"② 更是尽人皆知。性权利是一种与人类生存与繁衍息息相关的权利，具有自然属性的一面并以此为基础。但同时，人作为社会人，还要受到文化、伦理、道德与经济、政治因素的约束，更具有社会属性本质性的一面。在天主教神学家眼中，男女性欲望的存在就是上帝因亚当与夏娃之罪而对人类的诅咒，每次的性行为与性欲望都是对人类始祖原罪的新的惩罚。而希腊先哲柏拉图则从不同角度谈论了同样的主题，承认人对于性有着强烈的欲望。对话篇章《法律》中认为，性是"以最疯狂的激情支配着男人的灵魂——繁衍子孙的欲火熊熊燃烧，支配着人类对破碎天性重新组合的疯狂潜意识"。③ 但是，不能认为性仅仅是一种人类的原始冲动，正如法国著名学者米歇尔·福柯在《性经验史》中所言，"千万不要把性经验描述成本质上与一种竭力驯服它，而又往往无法完全控制它的权力毫无关系的一种桀骜不驯的倔强的冲动"④，而认为性是权力关系中较为活跃、适用面广、最具变化性的要素，存在于"男人与女人之间、年轻人与老年人之间、父母与子女之间、教师与学生之间、神父与俗人之间、政府与人民之间等关系中"⑤，认为性不仅是权力关系中来往特别密集的通道与交集点，也是能够为权力关系提供连

---

① 参见卢梭《社会契约论》，施新州译，北京出版社，2007，第5页。

② 参见《孟子·告子上》。

③ 转引自埃里克·伯科威茨《性审判史——一部人类文明史》，王一多、朱洪涛译，南京大学出版社，2015，第13页。

④ 米歇尔·福柯：《性经验史》，余碧平译，上海人民出版社，2005，第67页。

⑤ 米歇尔·福柯：《性经验史》，余碧平译，上海人民出版社，2005，第67页。

接的支撑点与连接点。而性侵害未成年人犯罪的实质就在于，是成年人利用不平等权力关系强加于未成年人身上的一种强制与剥削。

芬克霍尔教授曾告诫人们："以为儿童性侵害现象罕见于某种文化的看法，通常是错误！即使采用最保守的统计估算，儿童性侵害的普遍率仍远远超出根据官方接到举报所推论出的数字。"[1] 时至今日，这个告诫仍然有效，世界各国依然必须面对严峻的性侵害未成年人犯罪现实。

经过几十年法治建设与发展，我国对性侵害未成年人犯罪的认识与应对已经从对该问题的"有所认识"阶段转向"开始重视"阶段，并开始着手解决问题。现在正处于治理与应对性侵害未成年人犯罪的关键时期，也是性侵害未成年人犯罪刑事政策体系构建的重要阶段。因此，全面、客观、准确地认识当前我国性侵害未成年人犯罪状况，科学地分析性侵害未成年人犯罪生成机制，明确以"未成年人优先"为价值取向，确立严厉刑事政策与积极刑事政策并重的犯罪应对策略，通过严厉刑事政策控制犯罪现象进一步蔓延与发展，运用积极刑事政策从根源上预防与抑制犯罪生成，构建由严厉刑事政策与积极刑事政策组成的性侵害未成年人犯罪刑事政策体系，具有重要的理论价值与社会现实意义。

"如果说愿望的道德是以人类所能达致的最高境界作为出发点的话，那么，义务的道德则是从最低点出发。它确立了使有序社会成为可能或者使有序社会得以达致其特定目标的那些基本规则。"[2] 保护未成年人的义务不论从人类社会最基本族群延续的目的，还是作为社会文明程度的体现，都将是人类社会永恒的主题。"我们做此努力不仅是为了现在这一世代，也是为了今后所有的世世代代。让每个儿童享有更美好的未来，这是一项最为崇高的使命。"[3] 因此，只有科学、有效地组织应对性侵害未成年人犯罪，才能为未成年人创造一个"适合成长的世界"[4]，给人类社会一个更美好的未来。

---

[1] Finkelhor, D., *Child sexual abuse*: *New theory and research*, New York: Free Press, 1984, pp. 12 - 32, 转引自龙迪《综合防治儿童性侵犯专业指南》，化学工业出版社，2018，第 13 页。

[2] 富勒：《法律的道德性》，郑戈译，商务印书馆，2005，第 8 页。

[3] 联合国世界儿童问题首脑会议（纽约）1990 年 9 月 30 日颁布《儿童生存、保护和发展世界宣言》。

[4] 联合国儿童议题，公约文件《适合儿童生长的世界》，http://www.un.org/chinese/children/issue/aworldfitforchildren.shtml［2017 - 05 - 28］。

参考文献

A. 中文著作

王雪梅:《儿童权利论——一个初步的比较研究》,社会科学文献出版社,2005。

北京师范大学社会发展与公共政策学院家庭与儿童研究中心:《儿童保护制度建设研究——目标、策略与路径》,社会科学文献出版社,2017。

梁根林:《刑事政策:立场与范畴》,法律出版社,2005。

龙迪:《综合防治儿童性侵犯专业指南》,化学工业出版社,2018。

任继愈:《中国哲学史(三)》,人民出版社,2010。

陆士桢、李玲:《揭露,为了预防——我国儿童性侵犯研究报告》,华东理工大学出版社,2011。

王利明:《人格权法新论》,吉林人民出版社,1994。

江平:《民法学》,中国政法大学出版社,2000。

李拥军:《性权利与法律》,科学出版社,2009。

刘邦惠:《犯罪心理学》,科学出版社,2004。

刘芳:《中国性犯罪立法之现实困境及其出路研究》,东北大学出版社,2015。

杨兴培:《犯罪构成原论》(修订版),北京大学出版社,2014。

刘军:《性犯罪记录制度的体系性构建——兼论危险评估与危险治理》,知识产权出版社,2016。

顾建光:《公共政策分析述论》,上海人民出版社,2013。

许福生:《风险社会与犯罪治理》,元照出版有限公司,2010。

杨杰辉、袁锦凡:《刑事诉讼视野中性犯罪被害人的特别保护研究——以强奸案被害人为主要视角的分析》,法律出版社,2013。

吴大华:《刑法总论 刑法各论》,中国人民大学出版社,2008。

欧阳涛、刘德法:《当代中外性犯罪研究》,社会科学文献出版社,1993。

刘白驹:《性犯罪:精神病理与控制》(上、下),社会科学文献出版社,2017。

黄尔峰、周峰、薛淑兰等:《最高人民法院、最高人民检察院、公安部、司法部性侵害未成年人犯罪司法政策案例指导与理解适用》,人民法院出版社,2014。

汪明亮:《公众参与型刑事政策》,北京大学出版社,2013。

岳慧青:《性侵害未成年人案件证据的运用》,法律出版社,2018。

谭兢嫦、信春鹰:《英汉妇女与法律词汇释义》,中国对外翻译出版社,1995。

康均心:《未成年人权益保护及救济理论与实务》,武汉大学出版社,2000。

王大伟:《中小学生被害人研究》,中国人民公安大学出版社,2003。

陈振明:《公共政策学:政策分析理论、方法和技术》,中国人民大学出版社,2010。

林明杰:《家庭暴力与性侵害的问题与对策》,元照出版有限公司,2013。

李双元、李娟:《儿童权利的国际法律保护》(第2版),武汉大学出版社,2016。

皮勇:《网络犯罪比较研究》,中国人民公安大学出版社,2005。

盛来运:《中国统计年鉴》(2016),中国统计出版社,2016。

陈泽宪:《犯罪定义与刑事法治》,中国社会科学出版社,2008。

汪明亮:《社会资本与刑事政策》,北京大学出版社,2011。

《辞海》,上海辞书出版社,2010。

卢映洁:《犯罪与被害——刑事政策问题之德国法制探讨》,新学林出版股份有限公司,2009。

许福生:《犯罪学与犯罪预防》,元照出版有限公司,2016。

张旭:《犯罪学要论》,法律出版社,2003。

许章润:《犯罪学》(第4版),法律出版社,2016。

宋浩波、靳高风:《犯罪学》,复旦大学出版社,2009。

汪明亮：《犯罪生成模式研究》，北京大学出版社，2007。

吴宗宪：《西方犯罪学》，法律出版社，2006。

朱春奎：《公共政策学》，清华大学出版社，2016。

李树茁、姜全保、费尔德曼：《性别歧视与人口发展》，社会科学文献出版社，2006。

魏红：《刑法原理实务解析（分论）》，法律出版社，2019。

储槐植：《刑事一体化》，法律出版社，2004。

中共中央马克思恩格斯列宁斯大林著作编译局：《列宁全集》，人民出版社，1984。

翟中东：《犯罪控制——动态平衡论的见解》，中国政法大学出版社，2004。

严励：《刑事政策学前沿与热点问题研究》，中国法律出版社，2018。

汪明亮：《热点刑事案件理论解读——刑法规范之外的视角》，中国人民公安大学出版社，2010。

杨靖：《犯罪治理——犯罪学经典理论与中国犯罪问题研究》，厦门大学出版社，2013。

高铭暄、赵秉志：《新中国刑法立法文献资料总览》，中国人民公安大学出版社，2015。

高铭暄：《中华人民共和国刑法的孕育诞生和发展完善》，北京大学出版社，2012。

严励：《中国刑事政策的建构理性》，中国政法大学出版社，2010。

魏东：《刑事政策原理》，中国社会科学出版社，2015。

李帮友、王德育、邓超：《性犯罪的定罪与量刑》，人民法院出版社，2001。

柳忠卫：《刑事政策与刑法关系论》，法律出版社，2015。

叶青：《刑事审前程序诉讼化问题研究》，法律出版社，2017。

张明楷：《刑法学》，法律出版社，2011。

白建军：《刑法规律与量刑实践——刑法现象的大样本考察》，北京大学出版社，2011。

孙笑侠：《程序的法理》，商务印书馆，2005。

侯宏林：《刑事政策的价值分析》，中国政法大学出版社，2005。

杨敏：《儿童保护——美国经验及其启示》，江苏人民出版社，2016。

段厚省：《证明评价影响因素分析》，法律出版社，2009。

张文显：《20 世纪西方法哲学思潮研究》，法律出版社，1996。

卢建平等：《刑事政策与刑法完善》，北京师范大学出版社，2014。

谢望原：《刑事政策与刑法专论》，中国人民大学出版社，2017。

马贵翔：《刑事证据规则研究》，复旦大学出版社，2009。

《论语》，张燕婴译，中华书局，2006。

陈振明：《公共政策学：政策分析理论、方法和技术》，中国人民大学出版社，2010。

侯健、林燕梅：《人文主义法学思潮》，法律出版社，2007。

卫磊：《刑事政策的当代发展》，中国法制出版社，2010。

吴鹏飞：《儿童权利一般理论研究》，中国政法大学出版社，2013。

陈庆云：《公共政策分析》，北京大学出版社，2011。

侯健：《表达自由的法理》，上海三联书店，2008。

徐金春：《犯罪学》，台湾三民书局，2000。

白建军：《关系犯罪学》，中国人民大学出版社，2005。

杜宇：《传统刑事责任理论的反思与重构：以刑事和解为切入点的展开》，法律出版社，2012。

苏俊雄：《刑法理论Ⅰ：刑法之基础理论、架构及适用原则》，台湾大地印刷股份有限公司，1995。

陈兴良：《走向哲学的刑法学》，法律出版社，1999。

张文：《刑事法学要论——跨世纪的回顾与前瞻》，法律出版社，1998。

汪明亮：《刑事政策研究新视角》，法律出版社，2008。

宣刚：《刑事政策场域中的犯罪被害人研究》，中国社会科学出版社，2018。

周建军：《刑事司法政策原理》，清华大学出版社，2011。

赵海峰、张小劲：《欧洲法通讯》，法律出版社，2002。

李双元、李赞、李娟：《儿童权利的国际法律保护》，人民法院出版社，2004。

魏东：《刑法各论若干前沿问题要论》，人民法院出版社，2005。

杜景林：《德国民法典——全条文注释》，中国政法大学出版社，2014。

戴森雄：《民法案例实务》，台湾三民书局，1981。

郭卫华：《性自主权研究——兼论对性侵害之受害人的法律保护》，中国政法大学出版社，2006。

储槐植、许章润：《犯罪学》，法律出版社，1997。

马献钊：《宽严相济刑事政策实证研究》，法律出版社，2015。

许福生：《刑事政策学》，中国民主法制出版社，2006。

孙笑侠：《法律对行政的控制》，光明日报出版社，2018。

翟中东：《国际视域下的重新犯罪防治政策》，北京大学出版社，2010。

刘宪权：《刑法学专题理论研究》，上海人民出版社，2012。

储槐植：《美国刑法》，北京大学出版社，2005。

黎宏：《日本刑法精义》，中国检察出版社，2004。

于志刚、郭旨龙：《信息化时代犯罪定量标准的体系化构建》，中国法制出版社，2013。

肖建荣、姚建龙：《女性性犯罪与性受害》，华东理工大学出版社，2002。

储槐植：《刑事一体化与关系刑法论》，北京大学出版社，1997。

陈兴良：《刑事法评论》（第13卷），中国政法大学出版社，2003。

谢望原：《刑罚价值论》，中国检察出版社，1999。

大谷实：《刑事政策学》，黎宏译，法律出版社，2000。

李卫红：《刑事政策学》，北京大学出版社，2018。

梁根林：《刑事法网：扩张与限缩》，法律出版社，2005。

《马克思恩格斯全集》，人民出版社，1974。

陆峥：《性功能障碍与性心理障碍》，人民卫生出版社，2012。

张苏军、杨波、陈志海等：《循证矫正在中国的实践探索——以山东省任城监狱的暴力犯矫正为例》，法律出版社，2016。

廖怀高：《校园安全与农村中小学性侵害防治教育》，西南交通大学出版社，2017。

何立荣：《性权利的刑法规制研究》，中国法制出版社，2017。

马斯洛：《动机与人格》，中国人民大学出版社，2007。

汪明亮：《刑法学概论》，中国人民公安大学出版社，2010。

帕维尔·亚洛斯：《一种关于儿童权益和教育的国际性视角——雅努什·科扎克研讨会文集》，世界知识出版社，2015。

黄教授东熊先生八轶华诞祝寿论文集编辑委员会：《刑事法学现代化动向——黄东熊先生八轶华诞祝寿论文集》，台湾法学出版股份有限公司，2012。

于海：《西方社会思想史》，复旦大学出版社，1993。

安翱、杨彩霞：《侵犯公民人身权利罪比较研究》，中国人民公安大学出版社，2005。

刘远：《刑事政策的哲学解读》，中国人民公安大学出版社，2005。

林山田：《刑法各罪论》上册（修改5版），元照出版有限公司，2005。

罗宁、陆卫群：《贵州妇女地位研究》，中国妇女出版社，2013。

龙迪：《性之耻，还是伤之痛——中国家外儿童性侵犯家庭经验探索性研究》，广西师范大学出版社，2007。

广东律师协会：《未成年人权益保护前沿与实践——律师视角》，法律出版社，2015。

胡志强、庄晓晶、张春宇：《性侵害犯罪公诉办案证据适用指南》，中国检察出版社，2015。

张小虎：《宽严相济刑事政策的基本思想与制度建构》，北京大学出版社，2018。

杨东平、秦红宇、魏佳羽：《中国流动儿童教育发展报告》（2016），社会科学文献出版社，2017。

颜九红：《为了弱者的正义——和谐社会构筑中刑事政策的价值取向》，中国检察出版社，2009。

张武举：《刑法的伦理基础》，法律出版社，2008。

蔡墩铭：《刑法精义》，翰芦图书出版有限公司，2005。

谢佑平：《司法评论》（第5卷），中国检察出版社，2014。

沈善洪：《蔡元培选集》（下卷），浙江教育出版社，1993。

章武生：《司法公正的路径选择：从体制到程序》，中国法制出版社，2010。

林山田：《刑罚学》，商务印书馆，1983。

高凤仙：《性侵害及性骚扰之理论与实务》，五南图书出版股份有限公司，2016。

谢文蕙、邓卫：《城市经济学》，清华大学出版社，1996。

蒋硕亮：《公共政策学》，复旦大学出版社，2018。

段厚省：《证明评价原理》，法律出版社，2011。

肖扬：《中国预防犯罪通鉴》，人民法院出版社，1998。

于志刚：《刑罚消灭制度研究》，法律出版社，2002。

郭建安：《犯罪被害人学》，北京大学出版社，1997。

何怀宏：《伦理学是什么》，北京大学出版社，2002。

公安部刑侦局、中国人民公安大学侦查系项目课题组：《公安机关办理性侵害犯罪案件工作指导手册》，中国人民公安大学出版社，2006。

严强：《公共政策学》，社会科学文献出版社，2008。

黄富源：《台湾地区性犯罪防治对策之研究》，载《2007 年海峡两岸暨香港、澳门警学研讨会论文集》，2010。

B. 中文译论著

韦罗妮克·莫捷：《性存在》，刘露译，译林出版社，2017。

冯·李斯特：《论犯罪、刑罚与刑事政策》，徐久生译，法律出版社，2016。

哈夫洛克·霭理士：《性心理学》，贾宁译，译林出版社，2015。

西原春夫：《刑法的根基与哲学》，顾肖荣等译，法律出版社，2004。

露易丝·谢利：《犯罪与现代化》，何炳松译，中信出版社，2002。

温迪·夏丽特：《寻找贞操》，杨荣鑫译，南海出版公司，2001。

戴维·迈尔斯：《心理学》（第 9 版），黄希庭等译，人民邮电出版社，2013。

路易斯·谢利：《犯罪与现代化》，何炳松译，中信出版社，2002。

杰克·D. 道格拉斯、弗兰西斯·C. 瓦克斯勒：《越轨社会学概论》，张宁、朱欣民译，河北人民出版社，1987。

詹姆斯·马吉尔：《解读心理学与犯罪——透视理论与实践》，张广宇等译，中国人民公安大学出版社，2009。

约翰·列维斯·齐林：《犯罪学及刑罚学》，查良鉴译，中国政法大学出版社，2003。

理查德·A. 波斯纳：《性与理性》，苏力译，中国政法大学出版社，2013。

伊莱恩·卡塞尔、道格拉斯·A. 伯恩斯坦：《犯罪行为与心理》，马皑、户雅琦等译，中国政法大学出版社，2015。

米歇尔·福柯：《性经验史》，佘碧平译，上海人民出版社，2005。

汉斯·约阿希姆·施耐德：《国际范围内的被害人》，许章润等译，中国人民公安大学出版社，1992。

弗兰茨·冯·李斯特：《德国刑法教科书》，徐久生译，法律出版社，2000。

戈登·休斯：《解读犯罪预防－社会控制、风险与后现代》，刘晓梅等译，中国人民公安大学出版社，2009。

木村龟二：《刑法学词典》，顾肖荣等译，上海翻译出版公司，1991。

《西班牙刑法典》，潘灯译，中国政法大学出版社，2004。

戴维·伊斯顿：《政治生活的系统分析》，王浦劬译，华夏出版社，1999。

斯特法尼：《法国刑法总论精义》，罗结珍译，中国政法大学出版社，1998。

哈特：《法律的概念》（第3版），许家馨、李冠宜译，法律出版社，2018。

罗斯科·庞德：《通过法律的社会控制》，沈宗灵译，商务印书馆，2010。

马克斯·韦伯：《社会科学方法论》，韩水法、莫茜译，商务印书馆，2012。

李斯特：《德国刑法教科书》（修订译本），徐久生译，法律出版社，2006。

R. M. 霍姆斯：《性犯罪及刑事审判体系》，张继宗、刘刚、方芳译，群众出版社，1989。

魏德士：《法理学》，丁晓春、吴越译，法律出版社，2005。

约翰·罗尔斯：《正义论》，何怀宏、何包钢、廖申白译，中国社会科学出版社，1988。

道格拉斯·N. 胡萨克：《刑法哲学》，谢望原等译，中国人民公安大学出版社，2004。

E. 博登海默：《法理学——法哲学与法律方法》，邓正来译，中国政法大学出版社，1999。

约翰尼斯·安德聂斯：《刑罚与犯罪预防》，钟大能译，法律出版社，1983。

马克·马圭尔、罗德·摩根、罗伯特·赖纳等：《牛津犯罪学指南》，刘仁文、李瑞生译，中国人民公安大学出版社，2012。

乔治·维加莱洛：《性侵犯的历史》，张森宽译，湖南文艺出版社，2000。

理查德·霍金斯、杰弗里·P. 阿尔帕特：《美国监狱制度》，孙晓雳、林遐译，中国人民公安大学出版社，1991。

加罗法洛：《犯罪学》，耿伟、王新译，中国大百科全书出版社，2004。

埃米尔·涂尔干：《社会分工论》，渠东译，三联书店，2009。

大谷实：《刑事政策学》（新版），黎宏译，中国人民大学出版社，2009。

欧文·沃勒：《有效的犯罪预防——公共安全战略的科学设计》，蒋文军译，中国人民公安大学出版社，2011。

乔治·B. 沃尔德、托马斯·J. 伯纳德、杰弗里·B. 斯奈普斯：《理论犯罪学》，方鹏译，中国政法大学出版社，2025。

J. C. 史密斯、B. 霍根：《英国刑法》，李贵方等译，法律出版社，2000。

《德国刑法典》，徐久生、庄敬华等译，中国方正出版社，2004。

《法国刑法典》，罗结珍译，中国人民公安大学出版社，1995。

威廉·A. 夏巴思：《国际刑事法院导论》，黄芳译，中国人民公安大学出版社，2006。

雅克·博里康：《法国当代刑事政策研究及其借鉴》，朱琳译，中国人民公安大学出版社，2011。

恩里科·菲利：《犯罪社会学》，郭建安译，商务印书馆，2017。

米海依尔·戴尔玛斯-马蒂：《刑事政策的主要体系》，卢建平译，法律出版社，2000。

克劳斯·罗克辛：《德国刑法总论》，王世洲译，法律出版社，2005。

切萨雷·贝卡利亚：《论犯罪与刑罚》，黄风译，北京大学出版社，2008。

西田典之：《日本刑法各论》，刘明祥、王昭武译，武汉大学出版社，2005。

李在祥：《韩国刑法总论》，韩相墩译，中国人民大学出版社，2005。

汉斯·约阿希姆·施耐德：《犯罪学》，吴鑫涛等译，中国人民公安大学出版社、国际文化出版公司，1990。

世界卫生组织：《性暴力受害者法医学监护指南》，李旭译，人民卫生出版社，2006。

中村英郎：《新民事诉讼讲义》，陈刚等译，法律出版社，2001。

弗里德里希·卡尔·冯·萨维尼：《论立法与法学的当代使命》，许章润译，中国法制出版社，2001。

穆尔、布鲁德：《思想的力量：哲学导论》，李宏昀、倪佳译，上海社会科学院出版社,2011。

迈克尔·戈特弗里德森、特拉维斯·赫希:《犯罪的一般理论》,吴宗宪、苏明月译,中国人民公安大学出版社,2009。

P. 诺内特、P. 塞尔兹尼克:《转变中的法律与社会》,张志铭译,中国政法大学出版社,1994。

卢梭:《社会契约论》,施新州译,北京出版社,2007。

埃里克·伯科威茨:《性审判史——一部人类文明史》,王一多、朱洪涛译,南京大学出版社,2015。

哈伯特·帕克:《刑事制裁的界限》,梁根林等译,法律出版社,2008。

富勒:《法律的道德性》,郑戈译,商务印书馆,2005。

Curt R. Bartol, Anne M. Bartol:《犯罪心理学》(第 7 版),杨波、李林等译,中国轻工业出版社,2017。

David Garland:《控制的文化——当代社会的犯罪与社会秩序》,周盈成译,巨流图书有限公司,2006。

艾伦·诺里:《刑罚、责任与正义》,杨丹译,冯军审校,中国人民大学出版社,2009。

克劳斯·罗克辛:《刑事政策与刑法体系》(第 2 版),蔡桂生译,中国人民大学出版社,2011。

京特·雅科布斯:《行为·责任·刑法:机能性描述》,冯军译,中国政法大学出版社,1997。

西原春夫:《犯罪实行行为论》,戴波、江溯译,北京大学出版社,2006。

汉斯·海因里希·耶塞克:《世界性刑法改革运动概要》,何天贵译,《法学译丛》1981 年第 1 期。

安妮·玛丽·麦克阿灵登:《欧洲性犯罪管理研究:刑罚政策、政治经济学以及风险制度化》,蒋圣力译,《犯罪研究》2013 年第 5 期。

张乐宁、史蒂文·F. 梅斯纳:《中国女性性犯罪受害特征研究》,林少伟译,《青少年犯罪问题》2014 年第 2 期。

雷蒙·加桑:《解析西方国家刑事政策的变化:以法国为例》,朱琳译,《比较法研究》2010 年第 3 期。

保罗·H. 罗宾逊:《进行中的刑罚理论革命:犯罪控制意义上的公正追求》,王志远译,《当代法学》2012 年第 2 期。

Steven Stack, Liqun Cao, Amy Adamzyck:《犯罪率、法律与秩序》,蔡宏瑀译,《犯罪与刑事司法研究》2010 年第 3 期。

特雷弗·琼斯:《安全治理:犯罪控制的多元化、私有化与极化》,张淑芳译,载麦克·马奎尔、罗德·摩根、罗伯特·赖纳《牛津犯罪学指南》,刘仁文、李瑞生等译,中国人民公安大学出版社,2012。

杰里米·边沁:《惩罚的一般原理》,邱兴隆译,载邱兴隆《比较刑法》(第二卷·刑罚基本理论专号),中国检察出版社,2004。

Melvin Huang、Vishnu:《美国儿童性侵害案件处理指南》,韩晶晶译,载黄尔梅、周峰、薛淑兰《性侵害未成年人犯罪司法政策案例指导与理解适用》,人民法院出版社,2014。

Malcolm M. Feeley、Jonathan Simon:《新刑罚学:矫治策略的出现及其启示》,乔远译,载陈兴良《刑事法评论·刑法规范的二重性论》,北京大学出版社,2017。

韩尚勋:《韩国有关性暴力犯罪的药物治疗与治疗监护必要性的探讨》,孔金萍译,载周永坤《东吴法学》,中国法制出版社,2012。

卡罗琳·霍伊尔卢西亚·泽德纳:《被害人、被害与刑事司法》,载麦克·马奎尔、罗德·摩根、罗伯特·赖纳《牛津犯罪学指南》,刘仁文、李瑞生等译,中国人民公安大学出版社,2012。

《俄罗斯联邦犯罪被害人权利保护问题——俄罗斯联邦人权全权代表机关专题报告》,载刘明祥、田宏杰《刑事法探究》,中国人民公安大学出版社,2009。

C. 中文论文

曹兴华:《台湾地区未成年人性侵害制度研究》,《中国青年研究》2017 年第 7 期。

徐菁菁、王海燕:《打破沉默,正视真相——向儿童性侵说"不"》,《三联生活周刊》2017 年第 37 期。

汪明亮:《论定罪量刑的社会学模式》,《现代法学》2009 年第 5 期。

刘立杰:《关于依法惩治性侵害未成年人犯罪的意见解析》,《人民司法》2014 年第 2 期。

周峰、薛淑兰、赵俊甫等：《〈关于依法惩治性侵害未成年人犯罪的意见〉的理解与适用》，《人民司法》2014 年第 1 期。

赵国玲、徐然：《北京市性侵未成年人案件的实证特点与刑事政策建构》，《法学杂志》2016 年第 2 期。

李银河：《中国当代性法律批判》，《南京师大学报》（社会科学版）2004 年第 1 期。

何立荣、王蓓：《性权利概念探析》，《学术论坛》2012 年第 9 期。

袁翠清：《我国网络环境下儿童性权益保障的缺失及对策探讨》，《北京青年研究》2014 年第 4 期。

董有恒：《性侵未成年人犯罪的性法学思考》，《法制与经济》2015 年第 23 期。

谢俊龙：《我国刑法加强未成年人性权利保护的前度探寻》，《青少年犯罪问题》2016 年第 4 期。

陈鸿朋、郭荣龙：《儿童性权利保护相关概念的刑法学界定》，《闽南师范大学学报》2015 年第 4 期。

周玲：《性侵幼女犯罪之成因及其防范》，《政法学刊》2013 年第 6 期。

何挺、林家红：《中国性侵未成年人立法的三维建构——以美国经验为借鉴》，《青少年犯罪问题》2017 年第 1 期。

朱眉华、刘茂香：《中小学校园侵害探析》，《华东理工大学学报》2005 年第 2 期。

刘娥：《论性侵害犯罪中受害儿童的权益保护》，《青少年研究》2010 年第 3 期。

熊伟：《儿童被害及其立法预防》，《青少年犯罪问题》2015 年第 4 期。

刘守芬、申柳华：《强奸案件的加害与被害——71 个强奸案例的法律实证分析》，《犯罪研究》2004 年第 4 期。

王晨：《江苏省灌南县人民检察院 2006—2012 年度性侵幼女案件调查报告》，《法制博览》（中旬刊）2013 年第 11 期。

张晓燕、潘涛、李娟：《女童屡遭性侵之殇与防范保护之策——日照市东港区人民法院对性侵女童案件进行调查分析》，《山东人大工作》2013年第 9 期。

上海市奉贤区人民检察院课题组、孙静：《性侵害未成年人犯罪案件的惩治、预防救助机制研究——以 S 市 D 区人民检察院实践为例》，《犯罪研究》2016 年第 4 期。

陈晶琦：《565 名大学生儿童期性虐待经历回顾性调查》，《中华流行病学杂志》2004 年第 10 期。

汪明亮：《社会网络分析之犯罪学意义》，《法律科学》2010 年第 6 期。

李成齐：《大学生儿童期遭受性侵害的回顾性调查研究》，《中国特殊教育》2008 年第 4 期。

王永红、陈晶琦：《1762 名大专学生童年期虐待经历及影响因素分析》，《现代预防医学》2012 年第 18 期。

申群翼：《论儿童性侵害案件侦查难点及对策》，《铁道警察学院学报》2016 年第 3 期。

康均心、刘猛：《我国中小学校园性侵犯罪的防制》，《青少年犯罪问题》2014 年第 2 期。

孙言平、段亚平：《606 名成年男性儿童期性虐待发生情况调查报告》，《中国行为医学科学》2004 年第 3 期。

唐晓英：《公共政策评估研究》，《黑龙江社会科学》2015 年第 5 期。

江海燕：《我国儿童性侵害法律保护现状及对策分析》，《法制与社会》2013 年第 10 期。

钟昭会、常静：《农村留守儿童遭受"禽兽教师"性侵之家庭原因与防范对策》，《贵州大学学报》2015 年第 11 期。

侯健：《法律判断过程中的反思平衡》，《清华法学》2016 年第 5 期。

何荣华、袁海龙：《中小学生遭遇性侵害之特点、原因及防范》，《安庆师范学院学报》2011 年第 4 期。

林雪卿：《教师对学生实施性侵害的特点、危害、原因及对策》，《长春教育学院学报》2005 年第 3 期。

于力：《未成年女性遭受性侵害的特点、原因及对策》，《新疆警官高等专科学校学报》2005 年第 3 期。

孙晶：《我国社会转型期儿童性侵害现象的社会成因探究》，《齐鲁学刊》2016 年第 4 期。

陈伟、金晓杰：《性侵未成年人案现状、原因与对策一体化研究》，《青少年犯罪问题》2016 年第 4 期。

汪明亮：《刑事政策制定过程中的公民参与》，《华东政法大学学报》2009 年第 6 期。

付玉明、席晓运：《防范儿童性侵害的法律对策》，《江西社会科学》2014 年第 5 期。

邵宗林、曹琼洋：《论我国儿童性权利的法律保护》，《青年与社会》2014 年第 10 期。

王慧、贾密：《惩治性侵害未成年人犯罪的现实困境与制度转型》，《法律适用》2014 年第 8 期。

鲍书华、李庆：《域外惩治与预防性侵未成年人犯罪制度及其对我国的启示》，《中国检察官》2016 年第 5 期上。

常晖、琚红金：《对熟人性侵害未成年人犯罪的司法规制》，《人民司法》2015 年第 1 期。

郭金霞：《对性侵未成年犯罪的调查分析》，《法制与社会》2016 年第 8 期。

樊荣庆、钟颖、姚倩男等：《论性侵害案件未成年被害人"一站式"保护体系构建——以上海实践探索为例》，《青少年犯罪问题》2017 年第 2 期。

李志萍：《防范未成年女性被性侵的法治思考》，《成都师范学院学报》2014 年第 1 期。

孙秀艳：《美国联邦反儿童性侵害犯罪立法沿革及评价》，《青少年犯罪问题》2009 年第 3 期。

汪明亮：《过剩犯罪化的道德恐慌视角分析》，《法治研究》2014 年第 9 期。

王金鑫：《域外性犯罪人信息登记和公告制度的本土思考》，《河南警察学院学报》2015 年第 1 期。

郑添成、陈英明、杨士隆：《性犯罪加害人之处遇——国内外现主要制度评述》，《犯罪与刑事司法研究》2004 年第 2 期。

林萍、童峰、王颖：《未成年人女性遭受性侵害的文献研究评价》，

《重庆工商大学学报》2018 年第 2 期。

陈金林：《刑罚的正当化危机与积极的一般预防》，《法学评论》2014 年第 4 期。

汪明亮：《逐级年龄非正式社会控制理论及其借鉴意义》，《青少年犯罪问题》2008 年第 2 期。

隋双戈、陈柳月、袁晓飞等：《城市女性遭遇性侵犯的风险因素》，《中国心理卫生杂志》2011 年第 11 期。

孙晓勉、刘黎明、王懿：《儿童性虐待》，《国外医学》（妇幼保健分册）2002 年第 1 期。

黄惠婷：《从性自主权检视刑法保护儿童及少年之规定与修法建议》，《司法新声》2011 年第 1 期。

靳高风、王玥、李易尚：《2017 年中国犯罪形势分析及 2017 年预测》，《中国人民公安大学学报》2017 年第 2 期。

刘建利：《日本性侵未成年人犯罪的法律规制及其对我国的启示》，《青少年犯罪问题》2014 年第 1 期。

钟佩怡、沈黎、吕静淑：《让陌生人走进——网络性侵害幸存少女的自我揭露历程研究》，《青年学报》2017 年第 1 期。

许正昊、林明杰、姚冠汶：《网络与手机软件导致儿少性侵害之现状与对策——并兼论亲子学习单的建构》，《亚洲家庭暴力与性侵害期刊》2014 年第 1 期。

皮勇：《网络淫秽信息涉罪的几个问题分析》，《人民检察》2005 年第 11 期。

曹兴华：《台湾地区未成年人性侵害防范制度研究》，《中国青年研究》2017 年第 7 期。

姚建平：《国际青少年网络伤害及其应对策略》，《山东警察学院学报》2011 年第 1 期。

高玉泉：《互联网上儿童色情资讯规范回顾与检讨（1999—2002）——一个由儿童人权出发的观点》，《中正法学集刊》第 11 期。

王礼鑫：《公共政策的知识基础与决策权配置》，《中国行政管理》2018 年第 4 期。

朱正威、石佳、刘莹莹：《政策过程视野下重大公共政策风险评估及其关键因素识别》，《中国行政管理》2015 年第 7 期。

史晋川、吴兴杰：《我国流动人口与刑事犯罪率的实证研究：1997—2007》，《制度经济学研究》2010 年第 2 期。

张海鹏、陈帅：《劳动力外出就业与农村犯罪——基于中国村级面板数据的实证分析》，《劳动经济研究》2016 年第 4 期。

姜全保、李波：《性别失衡对犯罪率的影响研究》，《公共管理学报》2011 年第 1 期。

徐晓秋：《西部贫困村大龄单身男性攻击性问题调查研究》，《浙江科技学院学报》2017 年第 2 期。

姜全保、果臻、李树茁：《中国未来婚姻挤压研究》，《人口与发展》2010 年第 3 期。

陈友华、德米勒·乌尔里希：《中国婚姻挤压研究与前景展望》，《人口研究》2002 年第 3 期。

张鹏、李晋锴：《城市化发展 S 曲线的判别与超越：基于中心地理论视角》，《商业经济研究》2015 年第 7 期。

陈利、朱喜刚：《中国城镇化的地域非均衡及其动态演进——来自基尼系数及核密度估计的经验证据》，《统计与信息论坛》2017 年第 5 期。

高梦滔：《农村离婚率与外出就业：基于中国 2003—2009 年村庄面板数据的研究》，《世界经济》2011 年第 10 期。

张冲、孙炜红：《社会转型背景下城镇失业率对财产犯罪的影响研究——基于中国 1986—2011 年时间序列数据的实证研究》，《江西财经大学学报》2013 年第 6 期。

陈晓玲：《中国人口结构对犯罪率的影响研究》，《犯罪研究》2017 年第 3 期。

全国妇联课题组：《我国农村留守儿童、城乡流动儿童状况研究报告》，《中国妇运》2013 年第 6 期。

于真：《论机制与机制研究》，《社会学研究》1989 年第 3 期。

赵辉、江帆：《集群犯罪形成机制初探——犯罪化学反应方程式路径下的模型构建》，《河北法学》2015 年第 2 期。

田刚：《性犯罪人再次犯罪预防机制——基于性犯罪记录本土化建构的思考》，《政法论坛》2017 年第 3 期。

姜敏敏、张积家：《恋童癖的病因、评估和治疗》，《中国健康心理学杂志》2008 年第 5 期。

陈建安：《社会认知评价与犯罪经验之关系：一项针对不同犯罪类型之比较》，《中华心理学刊》2011 年第 3 期。

张伟：《现代西方"性革命"、"性解放"理论评析》，《现代哲学》1987 年第 6 期。

李银河：《性的多元论》，《博览群书》1998 年第 10 期。

吴鲁平：《当代中国青年婚恋、家庭与性观念的变动特点与趋势》，《青年研究》1999 年第 12 期。

高尔升、赵双玲等：《婚前体检女性对婚前性行为的态度及影响因素分析》，《中国卫生统计》1999 年第 4 期。

李艳红、刘凤华：《我国青年对婚前性行为的社会态度分析》，《南京人口管理干部学院学报》2004 年第 1 期。

杨建科、程诚、随雯茜：《我国居民性容许程度的现状及影响因素——基于社会经济地位理论与社会化理论的比较解释》，《西安交通大学学报》2011 年第 4 期。

陈敏燕、王进鑫：《社会转型时期青少年性欲态度及其影响因素的实证调查》，《成都电子机械高等专科学校学报》2012 年第 4 期。

孙笑侠：《基于规则与事实的司法哲学范畴》，《中国社会科学》2016 年第 7 期。

曲伶俐：《论社会支持理论下的社会性弱势群体犯罪预防》，《法学论坛》2014 年第 1 期。

刘亚臣、周健：《基于"诺瑟姆曲线"的我国城市化进程分析》，《沈阳建筑大学学报》2009 年第 1 期。

严小兵：《中国省域犯罪率影响因素的空间非平稳性分析》，《地理科学进展》2013 年第 7 期。

章元、刘时菁、刘亮：《城乡收入差距、民工失业与中国犯罪率的上升》，《经济研究》2011 年第 2 期。

孙玮红、谭远发：《1989—2030 年中国人口婚姻挤压研究》，《青年研究》2015 年第 5 期。

倪晓峰：《中国大陆婚姻状况变迁及婚姻挤压问题分析》，《南方人口》

2008 年第 1 期。

邓希泉：《婚姻挤压对社会稳定的影响研究》，《青年探索》2010 年第 6 期。

陈友华：《"光棍阶层"就要出现》，《百科知识》2006 年第 9 期。

果臻、李树茁、Marcus W. Feldman：《中国男性婚姻挤压模式研究》，《中国人口科学》2016 年第 3 期。

张群林、孟阳：《农村大龄未婚男性的性风险及其影响因素：基于 KAP 的实证分析》，《西安交通大学学报》2016 年第 2 期。

卢勤忠：《"张氏叔侄强奸致死案"中"证人"的角色》，《法学》2013 年第 5 期。

段厚省：《论证明对象对法官证明评价的影响》，《法学论坛》2008 年第 1 期。

王海燕：《儿童性侵，海面下的冰山》，《三联生活周刊》2017 年第 37 期。

单纯：《儿童性侵害的法治思考》，《中国政法大学学报》2015 年第 2 期。

许福生：《论风险社会与台湾性侵害犯司法处遇法制之变革》，《海峡法学》2016 年第 3 期。

钟志宏、吴慧菁：《从犯罪共通性理论探讨性犯罪再犯现象》，《犯罪与刑事司法研究》2009 年第 13 期。

李洪杰：《刑事禁止令适用状况实证研究》，《法商研究》2017 年第 4 期。

张小虎：《犯罪行为的化解阻断模式论》，《中国社会科学》2002 年第 2 期。

卢映洁：《性犯罪之分别状况及再犯率研究——以德国及台湾为说明》，《台大法学论丛》（第 34 卷）2005 年第 5 期。

佟丽华：《性侵未成年人被害人权益保护》，《中国青年社会科学》2015 年第 6 期。

段成荣、吕利丹、王宗萍：《城市化背景下农村留守儿童的家庭教育与学校教育》，《北京大学教育评论》2014 年第 3 期。

张明楷：《简评近年来的刑事司法解释》，《清华法学》2014 年第

1 期。

赵秉志：《中国刑法最新修正宏观争议问题研讨》，《学术界》2017 年第 1 期。

卢建平：《论刑事政策（学）的若干问题》，《中国刑事法杂志》2006 年第 4 期。

牛旭：《性侵未成年人犯罪及风险治理——一个新刑罚学的视角》，《青少年犯罪问题》2014 年第 6 期。

张永红、吴茵：《论嫖宿幼女行为的刑罚规制》，《中国刑事法杂志》2010 年第 11 期。

赵俊甫：《猥亵犯罪审判实践中若干争议问题探究——兼论〈刑法修正案（九）对猥亵犯罪的修改〉》，《法律适用》2016 年第 7 期。

邓学仁：《离婚后子女亲权酌定之问题与对策》，《月旦法学杂志》2011 年第 191 期。

李立如：《离婚后父母对未成年子女权利义务之行使负担：美国法上子女最佳利益原则的发展与努力方向》，《欧美研究》2010 年第 3 期。

王顺双：《论最大利益原则在儿童性权利保护中的法律运用》，《政法探索》（理论月刊）2014 年第 2 期。

姚建龙、刘昊：《"梅根法案"的中国实践：争议与法理——以慈溪市〈性侵害未成年人犯罪人员信息公开实施办法〉为分析视角》，《青少年犯罪问题》2017 年第 2 期。

顾立雄、苏孝伦：《"性犯罪加害人登记及社区公告制度"之合宪性检验及刑事政策分析》，《万国法律》2011 年第 12 期。

汪明亮：《以一种积极的刑事政策预防弱势群体犯罪——基于西方社会支持理论的分析》，《社会科学》2010 年第 6 期。

周波、褚玉耀：《论我国累犯制度的不足与完善——一起猥亵儿童案引发的思考》，《湖南高等专科学校学报》2010 年第 3 期。

杨士隆、郑添、陈英明：《性犯罪者之处遇与矫正制度》，《月旦法学杂志》2003 年第 5 期。

王胜俊：《全国人民代表大会常务委员会执法检查组 关于检查〈中华人民共和国未成年人保护法〉实施情况的报告》，《全国人民代表大会常务委员会公报》2014 年第 5 期。

张小虎：《犯罪学的研究范式》，《法学研究》2001年第5期。

江宝详：《与有性侵犯他人问题人士共行的探索旅程——香港的经验》，《亚洲家庭暴力与性侵害期刊》2009年第2期。

黎宏：《中国性侵害防治之法律现状》，《亚洲家庭暴力与性侵害期刊》2009年第2期。

刘根：《宽严相济刑事政策及其实施》，《江西社会科学》2009年第9期。

《关于加大对恶性性侵儿童犯罪的惩处和受害人保护力度的建议》，《中国妇运》2016年第4期。

李唯：《浅析民意与死刑存废的命运》，《法学研究》2007年第1期。

莫晓宇：《民意的刑事政策分析：一种双向考量后的扬弃》，《甘肃政法学院学报》2007年第5期。

苏力：《司法解释、公共政策和最高法院——从最高法院有关"奸淫幼女"的司法解释切入》，《法学》2003年第8期。

高铭暄：《宽严相济刑事政策与酌定量刑情节的适用》，《法学杂志》2007年第8期。

劳凯声、刘复兴：《论教育政策的价值基础》，《北京师范大学学报》（人文社会科学版）2000年第6期。

姜涛：《"宽严相济"刑事政策的制度基础与价值边界》，《法商研究》2007年第1期。

王雪梅：《儿童权利保护的"最大利益原则"研究》（上），《环球法律评论》2002年冬季号。

李克强：《在第六次全国妇女儿童工作会议上的讲话（摘要）》，《人权》2017年第1期。

张朝霞、冯英菊：《从〈所有人的正义〉看英国的刑事司法改革》，《法学家》2004年第6期。

周吉忠：《论现代制度的秩序功能》，《学术界》2002年第6期。

蔡道通：《犯罪与秩序——刑事法视野考察》，《法学研究》2001年第5期。

索长清：《我国慈幼文化的历史嬗变及其省思》，《早期教育》（教科研版）2017年第2期。

谭友坤、卢清：《施善与教化：中国古代慈幼恤孤史述论》，《历史与比较》2006 年第 12 期。

俞宁：《中国传统慈幼恤孤制度探析》，《安徽史学》2011 年第 1 期。

张先昌、刘新媛：《中国传统法中老龄犯罪宽宥的考察》，《法学》2011 年第 11 期。

宋文珍：《新时代儿童权利保护的价值取向》，《中国妇运》2018 年第 6 期。

李波：《当代美国刑事政策发展新趋势及其启示》，《法商研究》2016 年第 6 期。

竹怀军、利子平：《我国刑事政策的抉择及其合理性论证》，《法学评论》2006 年第 4 期。

周光权：《转型时期刑法立法的思路与方法》，《中国社会科学》2016 年第 3 期。

黄军义：《男性少年的强暴迷思、遭遇性侵害经验与强暴行为》，《亚洲家庭暴力与性侵害期刊》2016 年第 2 期。

汪明亮：《预防校园惨案之治本与治标措施——基于犯罪学视角的分析》，《江西警察学院学报》2011 年第 1 期。

庄劲、廖万里：《犯罪预防体系的第三支柱》，《犯罪研究》2005 年第 2 期。

赵合俊：《禁止儿童性剥削——国际法与国内法之比较》，《妇女研究论丛》2013 年第 1 期。

牛旭：《保护儿童及少年免受性剥削岂可止于废除嫖宿幼女罪——以我国台湾地区"儿童及少年性剥削防制条例"为视角》，《青少年犯罪问题》2015 年第 6 期。

李拥军：《现代西方国家性犯罪立法的特点与趋向——关于完善我国当前性犯罪立法的一点思考》，《河北法学》2006 年第 7 期。

蔡一军：《西方刑罚目的观的整合与修正》，《社会科学家》2013 年第 9 期。

翟中东：《危险评估与控制——新刑罚学的主张》，《法律科学》2010 年第 4 期。

卢勤忠：《"中罪中刑"的刑法结构之提倡——对"严而不厉"的一

点质疑》，《当代法学》2012 年第 6 期。

王志祥、韩雪：《刑法结构优化论——与"严而不厉"和"中罪中刑"两种刑法结构论商榷》，《人民检察》2016 年第 23 期。

夏草：《刑罚的犯罪学演变——以化学阉割方式为视角》，《学术探索》2013 年第 2 期。

张龙：《法律对妇女权益的优越性保护——基于性犯罪应当适用精神损害赔偿的分析》，《东南大学学报》2017 年第 6 期。

程楠：《全国两会代表呼吁对性侵儿童犯罪人信息进行适度公开》，《中国社会组织》2017 年第 6 期。

徐辉：《应规范公开性侵犯者个人信息》，《浙江人大》2018 年第 1 期。

于志刚：《从业禁止制度的定位与资格限制、剥夺制度的体系化——以〈刑法修正案（九）〉从业制度的规范解读为切入点》，《法学评论》2016 年第 1 期。

卢建平、孙本雄：《刑法职业禁止令的性质及司法适用探析》，《法学杂志》2016 年第 2 期。

杜宇：《刑法体系建构的三种思路——兼论"类型"的体系形成功能》，《浙江社会科学》2009 年第 7 期。

谢俊龙、田然：《我国刑法加强未成年人性权利保护的前度探寻》，《青少年犯罪问题》2016 年第 4 期。

于沛鑫：《性侵害未成年人等犯罪的从严评价体系》，《云南大学学报》2014 年第 6 期。

劳东燕：《公共政策与风险社会的刑法》，《中国社会科学》2007 年第 3 期。

卢映洁：《由强吻案谈起——论我国"刑法"第 224 条强制猥亵罪之猥亵行为的界定》，《台湾法学》2003 年第 42 期。

甘添贵：《强吻与猥亵》，《月旦法学教室》2003 年第 4 期。

陈旭均、蒋小美：《提供手淫"服务"不构成介绍、容留卖淫罪》，《人民司法》2008 年第 16 期。

侯健：《国家治理的人权思维和方式》，《法学》2017 年第 6 期。

庄建南、叶建丰：《宽严相济刑事政策与刑罚完善》，《浙江大学学报》

2006 年第 6 期。

储槐植：《美国刑事政策趋向》，《北京大学学报》1985 年第 3 期。

卞建林、封利强：《构建刑事和解的中国模式——以刑事和解为基础》，《政法论坛》2009 年第 2 期。

张鸿巍：《少年司法语境下的"国家亲权"法则浅析》，《青少年犯罪问题》2014 年第 2 期。

胡泽卿：《英美国家关于精神损伤的评估》，《法律与医学杂志》1999 年第 1 期。

关今华：《精神损害赔偿数额评定问题五论》，《中国法学》2001 年第 5 期。

杨宇冠、郭旭：《"排除合理怀疑"证明标准在中国适用问题探讨》，《法律科学》（西北政法大学学报）2015 年第 1 期。

赵秉志、袁彬：《实体程序并重 全方位保护未成年人利益》，《检察日报》2013 年第 3 期。

陈瑞华：《刑事证明标准中主客观要素的关系》，《中国法学》2014 年第 3 期。

庄忠进：《儿童性侵案件侦审问题与对策》，《上海公安高等专科学校学报》2013 年第 4 期。

汪明亮：《刑事司法过程中的公民参与》，《人民司法》2012 年第 19 期。

沈威、徐晋雄：《审判中心视野下性侵未成年人被害人证词、证言问题研究——基于海峡两岸司法个案判例之比较》，《青少年犯罪问题》2018 年第 1 期。

李江海：《经验法则及其诉讼功能》，《证据科学》2008 年第 4 期。

许章润：《法律的实质理性——兼论法律从业者的职业伦理》，《中国社会科学》2003 年第 1 期。

汪明亮：《积极的刑事政策论纲》，《青少年犯罪问题》2012 年第 5 期。

王牧：《职务犯罪预防的刑事政策意义》，《国家检察官学院学报》2007 年第 1 期。

徐勇：《治理转型与竞争——合作主义》，《开放时代》2001 年第

7 期。

严励、岳平：《犯罪预防理论与实践的推进与展望——第二届犯罪学论坛会议综述》，《上海政法学院学报》（法治论丛）2015 年第 6 期。

马贵翔、黄国涛：《儿童证言的证据能力探析》，《青少年犯罪问题》2017 年第 4 期。

李小玲：《加强社会主义核心价值观社会认同研究》，《上海商学院学报》2012 年第 6 期。

曾赟：《中国监狱罪犯教育改造质量评估研究》，《中国法学》2013 年第 3 期。

钟志宏、吴慧菁：《性罪犯强制治疗成效评估：社会控制理论观点探讨》，《犯罪学期刊》2012 年第 2 期。

孔一：《再犯风险评估中的几个基本问题》，《河南警察学院学报》2016 年第 2 期。

林明杰、张晏绫、陈英明等：《性侵害犯罪加害人之处遇——较佳方案及三个争议方案》，《月旦法学》2003 年第 96 期。

汪明亮：《刑罚福利主义不利于转型时期的社会稳定》，《探索与争鸣》2014 年第 6 期。

杜宇：《犯罪观的“交锋”：“刑事和解”与传统犯罪》，《浙江大学学报》（人文社会科学版）2010 年第 2 期。

徐天民：《试论中国现代性观念的建设》，《中国性科学》2001 年第 4 期。

张景琦：《中国传统社会与现代社会性观念之比较研究》，《法制心理研究》1995 年第 3 期。

刘霞、范兴华、申继亮：《初中留守儿童社会支持与问题行为的关系》，《心理发展与教育》2007 年第 3 期。

孔一：《再犯预测基本概念辨析与选择方法评析》，《江苏警官学院学报》2005 年第 6 期。

刘旭刚、迟希新、徐杏元：《国外性犯罪人重新犯罪的风险因素及其评估工具》，《中国性科学》2011 年第 10 期。

王冠军、刘炳文、王立涛等：《性犯罪相关因素的综合性分析》，《精神医学杂志》2007 年第 5 期。

肖玉琴、杨波：《循证矫正的理论基础——RNR 模型解读》，《犯罪与改造研究》2014 年第 3 期。

汪明亮、郭俊超、胡红建：《社会资本视野下的青少年犯罪原因及控制对策分析》，《犯罪研究》2010 年第 4 期。

刘均福、黄英、余瑞等：《40 例性犯罪司法精神鉴定的特点分析》，《四川精神卫生》2015 年第 1 期。

沈黎、吕静淑：《台湾儿童保护服务的实践与启示》，《当代青年研究》2014 年第 5 期。

姚建龙、滕洪昌：《未成年人保护综合反应平台的构建与设想》，《青年探索》2017 年第 6 期。

李长山：《701 名成年女生儿童期性虐待发生情况及危险因素分析》，《中国性科学》2004 年第 13 期。

陈刚、李树、陈屹立：《人口流动对犯罪率的影响研究》，《中国人口科学》2009 年第 4 期。

韩铁：《二十世纪后期美国刑罚领域的"严厉革命"》，《历史研究》2012 年第 6 期。

刘军：《性犯罪记录之社区公告制度评析——以美国"梅根法"为线索》，《法学论坛》2014 年第 2 期。

法思齐：《性侵害犯罪加害人登记与公告制度之比较研究——从梅根法案对世界之影响谈起》，《台北大学法学论丛》2013 年第 85 期。

田刚：《性犯罪人再次犯罪预防机制——基于性犯罪记录本土化建构的思考》，《政法论坛》2017 年第 3 期。

卫磊：《从严惩治性侵害未成年人犯罪与刑法解释的严格责任化》，《青年探索》2014 年第 9 期。

陈晶琦、韩萍、Dunne MP：《892 名卫校女生儿童期性虐待经历及其对心理健康的影响》，《中华儿科杂志》2004 年第 1 期。

石化东：《论国民教育体系中开设防范犯罪侵害教育课程》，《青少年犯罪问题》2014 年第 6 期。

李佳玟：《近年来性侵害犯罪之刑事政策分析——从妇运的角度观察》，《中原财经法学》2005 年第 14 期。

吕盼、刘建梅、胡俊梅：《3720 例刑事责任能力鉴定案例分析》，《华西医学》2014 年第 8 期。

王行娟：《性骚扰的现状与研究》，《妇女研究论丛》1998 年第 3 期。

杨杰辉、毛建中：《证据法视野下强奸被害人的特殊保护》，《江西警察学院学报》2012 年第 1 期。

崔海英：《情境犯罪预防本体理论解读》，《净月学刊》2014 年第 6 期。

徐天民：《建设中国当代性观念之我见》，《性学》1995 年第 3 期。

姚建龙：《我国未成年人法律保护的进步与发展建议——在 6 月 13 日刘延东副总理主持召开的国务院儿童健康发展座谈会上的发言》，《预防青少年犯罪研究》2017 年第 3 期。

高玥：《社会支持理论的犯罪学解析与启示》，《当代法学》2014 年第 4 期。

孙笑侠：《论司法多元功能的逻辑关系——兼论司法功能有限主义》，《清华法学》2016 年第 6 期。

樊凤林、刘东根：《刑法立法的完善》，《公安研究》2006 年第 10 期。

张晓玲：《农村教师对中小学生性犯罪的启示与思考》，《法制博览》2016 年第 2 期。

刘星：《我国公共政策评估发展面临的困境及对策研究》，《商》2016 年第 4 期。

D. 析出文献

莫洪宪、任娇娇：《试析性侵儿童案件立案难之原因及对策》，载赵秉志《刑法论丛》（第 41 卷），法律出版社，2015。

陈慧女：《性侵害被害人的社区工作与辅导》，载林明杰《家庭暴力与性侵害的问题与对策》，元照出版有限公司，2013。

汉斯－约格·阿尔布莱希特、周子实：《德国性犯罪刑法的改革与成果》，周子实译，载《刑法论丛》（第 35 辑），法律出版社，2013。

赵军：《色情资讯与未成年人犯罪经验研究——以对数回归模型为分析工具》，《刑法论丛》2010 年第 2 期。

欧树军：《网络色情的法律规管》，载张平《网络法律评论》，北京大学出版社，2007。

蔡启源：《儿童性侵害之检视：成因、影响与实务处遇》，载石丹理、韩晓燕《儿童青少年与家庭社会公众评论》，华东理工大学出版社，2015。

严励、卫磊：《论社会转型对刑事政策调整的正负效应》，载谢望原、肖中华、吴大华《中国刑事政策报告》（第 3 辑），中国法制出版社，2008。

最高人民法院刑一庭课题组：《关于惩治性侵害未成年人犯罪及开展审判指导工作的调研报告》，载中华人民共和国最高人民法院刑事审判第一、二、三、四、五庭《刑事审判参考》（总第 98 集），法律出版社，2014。

胡鞍钢、王磊：《中国转型期的社会不稳定与社会治理》，载胡鞍钢《国情报告》（第 8 卷）2005 年（下），党建读物出版社，2012。

李翔：《刑事司法解释政策化的疑问——以近年来的"两高"刑事司法解释为中心》，载严励《刑事政策论坛》，中国法制出版社，2016。

汪明亮：《犯罪治理市场化与均等化》，载陈兴良《刑事法评论：犯罪的阶层化》，北京大学出版社，2015。

欧洲委员会：《儿童保护——防止儿童性剥削和性侵害公约》，载黄尔梅、周峰、薛淑兰《最高人民法院、最高人民检察院、公安部、司法部性侵害未成年人犯罪司法政策案例指导与理解适用》，人民法院出版社，2014。

卢建平：《社会防卫思想》，载高铭暄、赵秉志《刑法论丛》，法律出版社，1998。

颜九红：《为了弱者的正义——和谐社会的刑事政策走向》，载谢望原、肖中华、吴大华《中国刑事政策报告》，中国法制出版社，2008。

江溯：《社会学视野下的刑罚：刑罚社会学研究》，载陈兴良《刑事法评论》（第 23 卷），北京大学出版社，2008。

谢锡美：《重刑化思想生成基础初论》，载游伟《华东刑事司法评论》，法律出版社，2003。

郑善印：《两极化的刑事政策》，载《罪与刑——林山田教授六十岁生日祝贺论文集》，1998。

李洁、王志远：《国家刑罚权根据论纲》，载于改之、周长军《刑法与道德的视界交融——西原春夫刑法理论研讨》，中国人民公安大学出版社，2009。

杨建军：《被害人理论的刑法学研究》，载赵秉志《当代刑事法学新思潮：高铭暄教授、王作富教授85华诞暨联袂执教60周年恭贺文集》，北京大学出版社，2013。

田刚：《美国现代强奸犯罪的法律变革和实践检视》，载赵秉志《刑法论丛》，法律出版社，2017。

许恒达：《妨害未成年人性自主刑责之比较法研究》，载《刑事政策与犯罪研究论文集（19）》，台北："法务部"司法官学院，2017。

林明杰：《性侵者的分类学与危险评估》，载林明杰《家庭暴力与性侵害的问题与对策》，元照出版有限公司，2013。

金日秀：《韩国刑事政策中的严罚主义倾向》，载赵秉志《当代刑事法学新思潮：高铭暄教授、王作富教授85华诞暨联袂执教60周年恭贺文集》，郑均男译，北京大学出版社，2013。

刘淑珺：《日本刑法学中的谦抑主义之考察》，载陈兴良《刑事法评论》，北京大学出版社，2008。

赵俊甫、王钰：《吴茂东猥亵儿童案——如何认定"猥亵"和界分猥亵行为与猥亵违法行为以及在教室讲台实施的猥亵是否属于"在公共场所当众猥亵"》，载中华人民共和国最高人民法院刑事审判第一、二、三、四、五庭《刑事审判参考》（总第98集），法律出版社，2014。

周波、庞一超：《从一起案例谈猥亵儿童犯罪的惩治、预防及法律完善》，载最高人民法院刑事审判第一、二、三、四、五庭《刑事审判参考》（总第98集），法律出版社，2014。

沈腾昂、廖秀娟、董道兴等：《性侵化学去势的本质与争议》，载《刑事政策与犯罪研究论文集（16）》，台北："法务部"司法官学院，2013。

郑添成：《高风险小区犯罪人管理之探讨——英国模式与台湾经验》，载《刑事政策与犯罪研究论文集（17）》台北："法务部"司法官学院，2014。

文姬：《人身危险性重构》，载陈兴良《刑事法评论》（第32卷），北京大学出版社，2013。

陈玉书：《再犯特性与风险因子之研究：以成年假释人为例》，载《刑事政策与犯罪研究论文集（16）》，"法务部"司法官学院，2014。

文姬：《再犯风险性评估在英美法系的应用》，载陈兴良《刑事法评论》，北京大学出版社，2012。

许福生：《"我国"性侵害犯刑后强制治疗之检讨》，载《刑事政策与犯罪研究论文集（17）》，"法务部"司法官学院，2014。

E. 报纸报告

赵丽：《偏远地区为何成儿童性侵案"重灾区"》，《法制日报》2014年7月16日，第4版。

张晓敏：《呼吁增强儿童性自护意识 堵塞可能遭致性侵漏洞——天津高院通报性侵儿童犯罪状况》，《人民法院报》2015年5月28日（1）。

江畑颐、张晓敏：《性侵儿童案件逐年递增：请警惕社交软件》，《天津日报》2015年6月4日（11）。

笠萍：《网上儿童色情泛滥 各国政府高度重视》，《法制日报》2001年12月22日（4）。

《全国人大常委会关于批准〈儿童权利公约〉关于买卖儿童、儿童卖淫和儿童色情制品问题的任择议定书的决定》，《人民日报》2002年8月30日第8版。

徐明磊、陈福宽：《基础教育体检报告：热点 痛点 发力点》，《光明日报》2016年12月1日（13）。

赵丽：《偏远地区为何成儿童性侵案件"重灾区"》，《法制日报》2014年7月16日（4）。

靳晓燕：《流动儿童教育面临新挑战》，《光明日报》2017年4月1日（6）。

何勇海：《教师性侵学生，禁止从教三年的法律价值》，《检察日报》2017年1月25日（006）。

刘冠南、万晓华：《保护受害男童，扩大强奸罪法律定义》，《南方日报》2014年8月5日（A13）。

本报评论员：《最高限度保护最低限度容忍 依法严惩性侵未成年人犯罪》，《法制日报》2013年10月25日（001）。

南方日报评论员：《以零容忍打击性侵未成年人犯罪》，《南方日报》2013年10月25日（F02）。

陈兴良：《解读宽严相济的刑事政策》，《光明日报》2006年11月28日（9）。

姚建龙：《限制性侵违法犯罪人从业——不得已的正义》，《人民法院报》2017 年 9 月 16 日 （002）。

邢红枚：《强化国家和社会责任 防治网络性侵儿童》，《中国妇女报》2017 年 8 月 30 日 （B01）。

《2013 年度最高人民法院十大司法政策》，《人民法院报》2014 年 1 月 4 日 （2）。

邓建新：《办理女童性侵害案存在五大司法困境》，《法制日报》2012 年 4 月 26 日 （008）。

薛媛：《合适成年人在场制度有待完善》，《检察日报》2016 年 8 月 15 日 （003）。

蔡一军：《澳大利亚：司法前置预防儿童性侵》，《法制日报》2013 年 6 月 25 日 （010）。

宋文珍：《教育是对新时代儿童最好的保护》，《中国教育报》2018 年 5 月 3 日 （7）。

刘星：《"五位一体"机制初步形成》，《四川日报》2014 年 6 月 19 日 （2）。

周斌：《最高法加强留守儿童司法保护》，《法制日报》2017 年 9 月 6 日 （3）。

肖菁、杭检：《保护未成年人 杭州首推市级层面强制报告制度》，《钱江日报》2018 年 8 月 8 日 （3）。

杨世强、王映：《女童遭受性侵害情况的调研报告》，2012。

贵州省高级人民法院：《刑事附带民事诉讼赔偿调研报告》，2018。

F. 学位论文

赵合俊：《作为人权的性权利》，中国社会科学院，2002。

刘金莲：《黔东南州性侵未成年人犯罪分析与预防研究》，西南政法大学，2014。

崔小倩：《网络儿童色情犯罪若干问题研究》，复旦大学，2014。

陈屹立：《中国犯罪率的实证研究——基于 1978—2005 年的计量分析》，山东大学，2008。

王道虎：《中国失业率与犯罪率之间关系的定量研究——基于中国 2000—2009 年 20 个城市面板数据的实证研究》，山东大学，2012。

何胜男:《论性犯罪中的生物性治疗——以韩国"化学阉割"法案为视域展开》,苏州大学,2014。

G. 电子文献

人民法院报出版部,美国《环球法讯》,http://rmfyb. chinacourt。org/paper/html/201008/06/content_13619. htm? div = -1 [2016 -10 -27]。

中华社会救助基金会儿童安全基金女童保护项目,《2014 年儿童防性侵教育及性侵儿童案件统计报告》,http://edu. 163. com/15/0302/17/AJNGB-VCM00294N01. html [2016 -02 -22]。

中华社会救助基金会儿童安全基金女童保护项目,《2016 年性侵儿童案件统计及儿童防性侵教育调查报告发布》,http://www. wgcmw. com/news/Content_19661. html [2018 -06 -10]。

中国少年儿童文化艺术基金会女童保护基金:《"女童保护"2017 年性侵儿童案例统计及儿童防性侵教育调查报告》,https://baijiahao. baidu. com/s? id = 1593915148651696。990&wfr = spider&for = pc [2018 -06 -10]。

中国青年政治学院社会工作学院课题研究组:《儿童性侵犯调查期待您的参与——留守不流泪 [Ⅱ]》,http://gongyi. qq. com/Activity/activityin-fo/883/ [2016 -02 -22]。

中国少年儿童文化艺术基金会女童保护基金:《"女童保护"2015 年性侵儿童案件统计及儿童防性侵教育调查报告》,http://toutiao. com/i6257750510179189249/ [2018 -06 -10]。

最高人民法院中国应用法学研究所:《涉及家庭暴力婚姻案件审理指南》,http://acwf. people. com. cn/n1/2016/0406/c403513 - 28254835. html [2018 -06 -10]。

联合国大会:《儿童权利公约》,http://www. ccc. org. cn/html/report/1078 -1. htm [2017 -04 -15]。

何龙:《性侵幼女频发反映少年安全失守》,http://legal. people. Com. cn/n/2013/0514/c188502 -21480000. html [2015 -03 -10]。

王晓易:《人民法院依法严惩性侵害未成年人犯罪》,http://news. xinhuanet. com/legal/2015 -05/28/c_127853537. html [2017 -03 -10]。

中国少年儿童文化艺术基金会女童保护基金:《"女童保护"2016 年

儿童防性侵教育调查报告》，http：//gongyi. ifeng. com/a/20170303/44550261_0. shtml［2017 - 05 - 06］。

钮东昊：《检察机关起诉性侵、拐卖等侵害未成年人犯罪 16078 人》，2017 全国两会，http：//www. china. com. cn/Lianghui/news/201703/12/content_40445447. html［2017 - 05 - 06］。

程姝雯、刘嫚：《最高法发布惩治侵害未成年人犯罪典型案例》，http：//www. toutiao. com/a6426554294766371073/［2017 - 05 - 26］。

徐日丹、杨永浩：《北京：近三年办理侵害未成年人犯罪案件 1108 件 1255人》，http：//news. sina. com. cn/c/2017 - 05 - 25/doc - ifyfqqyh8260842. shtml［2017 - 05 - 26］。

张尼：《侵害未成年人犯罪典型案例发布 此类案件有啥特点?》，http：//www. china. com. cn/news/2017 - 06/01/content_40940767. htm［2017 - 08 - 26］。

中共中央网络安全和信息化领导小组办公室：《第 40 次中国互联网络发展状况统计报告》，http：//www. cac. gov. cn/2017 - 08/04/c_1121427728. html［2017 - 10 - 06］。

中国互联网络信息中心：《2015 年中国青少年上网行为研究报告》，http：//www. cnnic. cn/hlwfzyj/hlwxzbg/［2017 - 10 - 06］。

倪红梅、顾震球：《联合国调查发现未成年人面临网络性侵风险》，http：//news. cyol. com/content/2016 - 06/08/content_12759385. html［2017 - 10 - 06］。

《北京市遭性侵未成年人呈低龄化趋势》，新语，http：//news. k618. cn/society/201706/t20170616_11719844. html［2017 - 10 - 06］。

张晖：《未成年人玩智能手机遭性侵案频发 检方：父母监管》，http：//news. 163. com/16/1010/15/C31CBC3I00014SEH. html［2017 - 10 - 06］。

《台湾励馨基金会二十年，儿少性剥削与色情减少（杜绝）了吗?》，https：//www. goh. org. tw/tc/p2 - news. asp? Class1 = aBNMaB32［2018 - 12 - 01］。

刘声：《网络直播平台制作传播淫秽信息车利案出现》，http：//news-cyol. com/content/2017 - 01/05/content_15195815. htm［2017 - 10 - 06］。

全国"扫黄打非"工作小组办公室：《福建：龙岩市审结一起传播淫秽物品牟利案》，http：//www. shdf. gov. cn/shdf/contents/772/336846. html［2017－10－06］。

全国"扫黄打非"工作小组办公室：《"老虎"直播平台被打，"黄鳝门"女主播被抓》，http：//www. shdf. gov. cn/shdf/contents/767/331704. html［2017－10－06］。

网络观察基金会：《美国领衔全球儿童色情淫秽物品 韩国儿童色情片居全球第六》，http：//www. kankanews. com/a/2012－09－06/0011505758_2. shtml［2017－10－06］。

海闻：《欧洲已成网上儿童性虐待视频图像"内容中心"》，http：//www. guancha. cn/europe/2017_04_03_401933. shtml［2017－10－06］。

陈升龙：《菲律宾贫困村成全球网络儿童色情中心 2岁女童也未能幸免》，http：//www. jiemian. com/article/217004. html［2017－10－06］。

arieljwang：《全球儿童网络色情猖獗：夫妻逼7个孩子镜头前"表演"》，http：//news. qq. com/a/20160608/044698. htm［2017－10－06］。

国家统计局：《2016年农民工监测调查报告》，http：//www. Stats. gov. cn/tjsj/zxfb/201704/t20170428_1489334. html［2018－02－22］。

《司法大数据专题报告之性侵类犯罪》，https：//www. Chinacourt. org/article/detail/2016/12/id/2491752. shtml［2017－06－10］。

孙丹：《我国以2人或3人家庭为主体 家庭收入最高差19倍》，http：//www. ce. cn/xwzx/gnsz/gdxw/201505/13/t20150513_5354169. shtml［2018－02－22］。

全国妇联课题组：《我国农村留守儿童、城乡流动儿童状况研究报告》，http：//acwf. People. com. cn/n/2013/0510/c99013－21437965. html［2018－02－22］。

李欢：《全国农村留守儿童精准摸排数量902万人 九成以上在中西部省份》，http：//news. xinhuanet. com/Politics/2016－11/09/c_1119882491. html［2018－02－22］。

胡溦：《外媒：中国正经历性革命 71%的人有过婚前性行为》，http：//www. cankaoxiaoxi. com/china/20150426/755936. shtml［2018－02－28］。

胡雪英：《报评优衣库视频网络疯传：性革命没有降温》，http：//

www. cankaoxiaoxi. com/china/20150721/858213. shtml ［2018 - 02 - 28］。

姜贞宇：《最高检谈性侵害未成年人案件发生原因：是综合的》，ht-tp：//www. chinanews. com/gn/2018/05 - 29/8525196. shtml ［2018 - 06 - 28］。

魏丽娜：《广州日报数字报》，《性侵儿童熟人作案占六成》，http：//gz-daily. dayoo. com/pc/html/2018 - 06/28/content_95787_519654. html ［2018 - 06 - 30］。

张华、祝丽娟、沙兆华：《上海二中法院关于性侵害未成年人案件的调研报告——净化成长环境 严打性侵犯罪》，http：//www. zhongguofazhi. org/Content_3281082. html ［2018 - 06 - 28］。

张龚：《幼女屡遭强奸 农村未成年人保护堪忧》，http：//www. cqjcy. gov. cn/qfwy/infos/InfoDisplay. asp? NewsID = 1131 ［2018 - 02 - 22］。

程雪：《87 岁老校长性侵少女 剖析老年人性犯罪心理（4）》，http：//henan. china. com. cn/special/2015/0722/613357_4. shtml ［2018 - 02 - 22］。

王会贤：《公益机构发布儿童安全教育及性侵案件报告》，http：//www. Gongyishibao. com/html/yaowen/6554. html ［2018 - 07 - 06］。

佚名：《甘肃一小学教师强奸、猥亵 26 名幼女被执行死刑》，http：//news. sohu. com/20150528/n414012534. shtml ［2018 - 07 - 06］。

刘茸、李婧、臧铁伟：《"禁止从事相关职业三到五年"不是新刑种》，http：//npc. people. com. cn/n/2015/0829/c14576 - 27531225. html ［2018 - 07 - 06］。

付中正：《保护未成年人 斩断伸向孩子的魔爪》，http：//edu. cztv. com/news/gn/2014/04/2014 - 04 - 304377387. html ［2018 - 07 - 06］。

中国法学会：《中国法律年鉴 1985 年至 2016 年统计资料数据统计资料》，http：//kns. cnki. net/kcms/detail/detail. aspx? dbcode = CYFD&filename = N2017050076000799&dbname = CYFDLM&uid = WEEvREcwSlJHSldRa1Fh dkJkVWEySnZyWnJNOHEwN2xQNWxFMFdCMjFPaz0 = $9A4hF_YAuvQ5obg VAqNKPCYcEjKensW4IQMovwHtwkF4VYPoHbKxJw！！ ［2018 - 07 - 06］。

章宁旦：《留守与外来儿童成性侵主要受害群体》，http：//News. eastday. com/eastday/13news/node2/n4/n6/u7ai41566_K4. html ［2018 - 07 - 06］。

韩景玮、李顺子：《马进周性侵 5 女童被执行死刑 对象多留守流动儿童》，http：//henan. youth. cn/2015/0326/1066837. shtml ［2018 - 07 - 06］。

苏婷：《留守、流动和智障儿童易受到性侵害》，http：//www. jyb. cn/china/gnxw/201309/t20130921_552994. html ［2018 - 07 - 06］。

李婧、张雨：《给遭性侵未成年人"秋后算账"留个机会》，http：//legal. people. com. cn/n1/2016/1102/c42510 - 28827369. html ［2018 - 07 - 06］。

于潇：《最高检：侵害未成年人犯罪案件仍呈多发态势》，http：//news. jcrb. com/jxsw/201805/t20180529_1871705. html ［2018 - 05 - 30］。

于潇：《最高检：去年 1 月至今年 4 月批捕侵害未成年人犯罪 4. 42 万》，http：//news. jcrb. com/jxsw/201805/t20180529_1871699. html ［2018 - 05 - 30］。

屠春技、岑瑾：《浙江慈溪：公开性侵未成年人犯罪人员信息》，中华人民共和国最高人民检察院，http：//www. spp. gov. cn/dfjcdt/201606/t20160613_119788. shtml ［2018 - 05 - 30］。

程琳、闵行建：《涉性侵犯罪人员名单 禁从事接触未成年人行业》，http：//sh. sina. com. cn/news/m/2017 - 08 - 26/detail - ifykkfas8679520. shtml ［2018 - 05 - 28］。

白阳、丁小溪：《我国探索对侵害未成年人犯罪人员从业禁止和信息公开制度》，http：//www. xinhuanet. com/2017 - 12/30/c_1122190364. htm ［2018 - 05 - 30］。

黄安琪、仇逸：《上海探索对性侵害未成年人违法犯罪人员进行从业禁止》，http：//www. xinhuanet. com/2018 - 05/03/c_1122780128. htm ［2018 - 05 - 30］。

刘岗：《8 岁女孩遭强奸累犯性侵杀害 | 强奸累犯，性侵女童，奸杀女童》，http：//news. sina. com. cn/s/p/2012 - 05 - 23/123624464353. shtml［2018 - 05 - 30］。

宇文杰：《湖南一男子两年强奸 14 名幼女 被执行死刑》，http：//news. china. com/socialgd/10000169/20170601/30621077. html ［2018 - 05 - 30］。

崔宁宁：《透视性侵儿童案 | 重复性侵累犯多发，专家建议公开案犯信息》，http：//edu. youth. cn/jyzx/jyxw/201701/t20170111_9029286. htm

［2018 – 05 – 30］。

林中明：《上海闵行：性侵人员禁入与未成年人有密切接触行业》，http：//toutiao. china. com/shsy/gundong4/13000238/20170903/31267279. html ［2018 – 05 – 30］。

孙安清、丁德振：《神维东黄岛法院发出首例性侵未成年人案"从业禁止令"》，http：//www. chinapeace. gov. cn/2017 – 05/12/content _ 11409314. htm ［2018 – 05 – 30］。

李宁：《性侵未成年人犯罪禁业限制应全国推广》，http：//www. chinacourt. org/article/detail/2017/08/id/2982780. shtml ［2018 – 05 – 30］。

郭萍：《美女作家自杀揭台湾补习班乱象 性侵事件层出不穷》，http：//news. 163. com/17/0508/15/CJU4OKMJ000187VE. html ［2018 – 05 – 30］。

韩佳鹏：《老汉性侵 13 岁少女获刑 11 年 法院首判赔心理康复》，http：//news. 163. com/17/1130/13/D4GB5BKE0001875P. html ［2018 – 05 – 30］。

何勇海：《性侵案首判心理康复费有破冰意义》，http：//epaper. legaldaily. com. cn/fzrb/content/20171130/Articel07005GN. htm ［2018 – 05 – 30］。

胡淑丽：《美国又双叒叕曝出女教师性侵多名男生案》，http：//news. 163. com/17/0428/08/CJ3ICICQ00018750. html ［2018 – 05 – 30］。

阮子文：《女老师性侵男学生被判猥亵 男童不该被法律"歧视"》，http：//news. ifeng. com/a/20170601/51190462_0. shtml ［2018 – 05 – 30］。

周佳佳：《近在咫尺的"恶魔"！最高法：4 年中每天超 7 个孩子遭性侵》，http：//www. rmzxb. com. cn/c/2017 – 08 – 16/1726930_1. shtml ［2018 – 05 – 30］。

王晓易：《近年 24 省发生 44 起幼儿园恶性事件 仅 6 起追刑责》，http：//news. 163. com/14/0326/13/9O90HV0F0001124J. html ［2018 – 05 – 30］。

郭灵林、施云娟：《福建南平政和 6 个月大女婴遭性侵 被告堂叔获刑 5 年无经济赔偿》，http：//fj. people. com. cn/GB/n/2015/0702/c234953 – 25433308. html ［2018 – 05 – 30］。

张倩：《男子性侵半岁侄女被轻判 因发生在旧刑法适用期》，http：//

news. ifeng. com/a/20151214/46654942_0. shtml〔2018－05－30〕。

齐永：《河南女童遭幼儿园园长丈夫性侵案原被告均提出上诉》，http：//gz. people. com. cn/n/2014/0511/c344102－21181041. html〔2019－03－20〕。

陈屹：《贵州省留守儿童信息录入系统显示全省留守儿童总数同比减少21.9%》，http：//china. huanqiu. com/hot/2017－07/11042205. html〔2017－07－18〕。

郭晓磊：《毕节教师性侵至少 12 名女童多为留守儿童》，http：//news. 163. com/16/0114/11/BD9LMU7800014N4Q. html〔2018－01－06〕。

《贵州毕节小学校长性侵 6 名幼女 一审获死刑》，长江新闻，http：//news. sohu. com/20150706/n416269865. shtml〔2018－01－06〕。

《贵州毕节大方县 7 名女童遭教师猥亵 嫌疑人被刑拘》，新京报，http：//hebei. news. 163. com/15/0526/17/AQIDPICR02790DNK. html〔2018－01－06〕。

联合国大会第二十七届特别会议：联合国儿童议题，公约文件《适合儿童生长的世界》，http：//www. un. org/chinese/children/issue/aworldfitfor-children. shtml〔2017－05－28〕。

黄彦馨：《最高法：应设防治性侵未成年人犯罪联席会议制度》，http：//news. 163. com/16/0531/22/BOE72O9V00014AED. html〔2018－05－30〕。

韩影、田米文：《福建泉州：5 岁女童在工地遭强暴染上性病（图）》，http：//news. ifeng. com/photo/society/detail_2013_06/02/25986082_0. shtml〔2018－05－30〕。

王晓易：《12 岁幼女"生子取证"的悲剧不该发生》，http：//www. qstheory. cn/zl/bkjx/201307/t20130717_249978. htm〔2018－05－30〕。

王晓易：《福建政和女婴被性侵案开庭 检方未提供证据》，http：//fj. sina. com. cn/news/s/2015－05－22/detail－icczmvup2124966. shtml〔2018－05－30〕。

黄玉杰：《广东 25 家公益组织倡议建立校园性侵害防治体系》，http：//society. people. com. cn/n/2013/0608/c136657－21792942. html〔2018－05－30〕。

zhdongsong：《童年遭性侵造成多大伤害？这些运动员说出自己的故事》，http：//sports. qq. com/a/20171124/023829. htm ［2018 – 07 – 06］。

姚培培：《2017 年日本刑法立法动向：性犯罪大幅度修改、"共谋罪" 7 月 11 日起实施》，http：//article. chinalawinfo. com/ArticleFullText. aspx? ArticleId = 100247 ［2018 – 05 – 30］。

《性罪行名册查核增 11 个月逾四万宗》，星岛日报，http：// aca. org. hk/media – report/20170108_SingTao. pdf ［2018 – 05 – 30］。

《肖美丽：女权主义行遍中国》，2014 女性传媒大奖二月人物，http：//lady. 163. com/special/sense/2014renwu01. html ［2018 – 05 – 30］。

赵凯迪：《公开"性侵未成年人犯罪人员"信息引争议》，深 e 度，http：//epaper. bjnews. com. cn/html/2017 – 12/05/content_704224. htm? div = – 1 ［2018 – 05 – 30］。

李拓、卢冠琼：《【基层代表委员议国是】汤素兰委员：呼吁合理公开性侵儿童犯罪人信息》，http：//news. youth. cn/gn/201703/t20170313_9279649. htm ［2018 – 05 – 30］。

唐伟：《公开性侵未成年人罪犯信息 立法应当跟上》，http：//www. xinhuanet. com/comments/2017 – 12/06/c_1122064043. htm ［2018 – 05 – 30］。

佟亮：《男子利用网络猥亵 3 名儿童 逼迫模仿不雅动作并裸聊》，http：//ln. qq. com/a/20180119/003368. htm ［2018 – 05 – 30］。

《南京同性卖淫案　惊动全国人大》，http：//bbs. tiexue. net/post2_3126859_1. html ［2018 – 05 – 30］。

吴庆宝：《架法律高压线防性侵未成年人》，http：//news. sina. com. cn/pl/2013 – 10 – 25/072128527799. shtml ［2017 – 05 – 30］。

饶健平、梁敏：《江西：打工仔奸杀女中学生被判死缓》，https：//www. chinacourt. org/article/detail/2006/10/id/222049. shtml ［2016 – 05 – 28］。

何杰、焦伟：《汉中 19 岁小伙强奸朋友 12 岁女友 判处有期徒刑 3 年》，http：//news. hsw. cn/system/2011/12/13/051184262. shtml ［2016 – 05 – 28］。

李伟豪：《徐州女孩遭生父性侵 其父母监护权资格被撤销》，http：//js. ifeng. com/city/detail_2015_02/05/3525315_0. shtml ［2018 – 07 – 06］。

2005 年 4 月 15 日联合国 2005/20 号决议通过的《关于在涉及罪行的

儿童被害人和证人的事项上坚持公理的准则》，联合国公约，条约，协定和规则汇编，http://www.un.org/chinese/documents/decl-con/chron-con.htm［2018-05-28］。

杜江茜：《官方回应重庆14岁"童养媳"四大焦点：无法认定强奸》，http://www.china.com.cn/shehui/2017-02/27/content_40366266.htm［2018-05-30］。

刘淑娟：《浙江义乌："一站式"询问避免未成年被害人遭受二次伤害》，中华人民共和国最高人民检察院，http://www.spp.gov.cn/spp/dfjcdt/201801/t20180106_208279.shtml［2018-05-30］。

刘德宾：《女孩举报性侵将全家送入狱 叔叔表哥已提国家赔偿》，http://news.sina.com.cn/s/wh/2018-02-01/doc-ifyrcsrw3210606.shtml［2018-05-30］。

《关于香港未成年人保护情况的调研报告》，http://www.rd.gz.cn/page.do?pa=2c9ec0233a0016bd013a00366ab30059&guid=baa93658f27540ad8624f9a8f476e0f5&og=ff80808136152cab01365c0cb43b1583［2018-05-30］。

香港小童群益会：《关于处理涉及儿童及青少年的家庭暴力及性暴力个案意见》，http://www.bgca.org.hk/newslist.aspx?id=2117fc27-8523-4e05-9875-867b17f39556&i=491［2018-05-30］。

王小磊、魏连志：《猥亵儿童案》，https://www.chinacourt.org/article/detail/2015/05/id/1637977.shtml［2018-05-30］。

H. 外文文献

Finkelhor, D., "Child Sexual Abuse, Challenges Facing Child Protection and Mental Health Professionals", In Ullman, E. and Hilweg, W. (eds.), *Childhood and trauma: separation, abuse, war*, Aldershot Hants England; Brookfild, Vt: Ashgate, 1999.

Finkelhor, D. *Child Sexual Abuse: New Theory and Research*, New York: Free Press, 1984.

David Finkelhor, *Childhood victimization*, Oxford University Press, 2008.

Ronald, V. Clark, *Situational Crime Prevention: Successful Case Studies*,

New York: Harrow and Heston Publish, 1997.

Wurtele, S. K. & Kenny, M. C. "Preventing Hildhood Exual Buse: An Cological Ooroach", Goodyear－Brown, *Handbook of child sexual abuse: Identificatio, Assessment and treatment. Hoboken*, NJ: Wiley Press, 2012.

Barth, J., Bermetz, L., Heim, Et al., "The Current Prevalence of Child Sexual Abuse Worldwide: A Systematic Review and Meta－Analysis", *International Journal Public Health*, 2013 (58).

Lochner and Moretti, "Education, Work, and Crime: A Human Capital Approach", *International Economic Review*, 2004, 43 (3).

Mary, R. Block, *Rape Law in 19th－Century America: Some Thoughts and Reflections on the State of the Field*, History Compass, 2009 (5).

Neutze, J., Grundmann, D., Scherner, G., Beier, K. M., "Undetected and etected Hild Exual Buse and Hild Ornography Ffender", *International Journal of Law and Psychiatry*, 2012 (35).

Cullen, Francis T., "Social Upport as an Rganizing Oncept for Riminology: Presidential Ddress to the Academy of Criminal Justice S Cciences", *Justice Quartely*, 1994 (11).

Summit, R. C., "Sexual Ictimization and Exual Ehaviour in Hildren", *Child Abuse and Negl ect*, 1983 (7).

Brofenbrenner, U., "Toward an Experimental Ecology of Human Development", *American Psychologist*, 1977 (7).

Jordan Dawson Hayes and Mark Capaldi, "The Global Scale of Commercial Sexual Exploitation of Children", *ECPAT International Journal*, 2015 (10).

Cullen, Francis T., "Social Support as an Organizing Concept for Criminology: Presidential Address to the Academy of Criminal Justice Science", *Justice Quarterly*, 1994 (11).

Cullen, Francis, T., John, P. Wright and Mitchell, B. Chamlin, "Social Support and Social Reform: A Progressive Crime Control Agenda", *Crime and Delinquency*, 1999 (45).

Firestone, P., "Hostility and Recidivism in Sexual Offenders", *Archives of Sexual Behavior*, 2005, 34 (3).

Brofenbrenner, U. , "Toward An Experimental Ecology of Human Development", *American Psy chologist*, 1977 (7).

Angela Hawke, Alison Raphael, "Global Syudy on Sexual Exploitatuin of Children in Travel and Tourism", *ECPAT*, 2016.

"Global Status Report on Violence Prevention 201", WHO, http: // www. who. int/violence_ injury_ prevention/violence/status_ report/2014/en/ [2016 −02 −22].

World Health Organization Guidelines for Medico − Legal Care for Sexual Vilence, 7. 4, 2003, "Guidelines for Medico −Legal Care For Victims of Sexual Violence", http: //www. who. int/violence_ injury_ prevention/publications/violence/med_leg_ guidelines/en/ [2018 −12 −01].

后 记

"作为孩子的父亲母亲，和作为父亲母亲的孩子。"

稚嫩的身心，承受着社会的无妄之罪，嘤嘤而泣，嗦嗦而行。

人类精神文明的神圣希望和荣光，刑事法律学术学科的社会责任，替那些可怜的孩子撑伞和发声，是写作本书的最初动力和持久的精神指向。

经过我数年的实地调研、思考和写作，本书终于成文了。愿我有限的能力对孩子们有所助益。

当写下后记二字时，我不禁感慨万分，似有千言万语，但又不知从何说起。

在进行性侵害未成年人犯罪研究近 5 年的调研与写作过程中，我首先要感谢的是复旦大学汪明亮教授。感谢汪老师尽心尽力予以指导和帮助。从选题方向的确立，到调研与方法的选择，汪老师都是不厌其烦、耐心指导。汪老师不论外出开会、调研还是在平常工作中，一旦发现与此研究方向有关的问题与资料，总是第一时间提醒我并予以推荐。

感谢复旦大学杜宇教授、侯健教授、段厚省教授、潘伟杰教授、马贵翔教授，华东政法大学卢勤忠教授，湖南大学谢佑平教授，上海社会科学院魏昌东教授，厦门大学李玉英教授，贵州师范大学李运才教授，复旦大学裴长利博士给书稿提出的意见与积极建议；感谢复旦大学唐韵博士、杨军博士、何丹博士给予我的各种支持与帮助，感谢贵州大学刑法硕士刘国胜、唐玥玥同学在实地调研和资料收集过程中给予我的大力支持和帮助。

贵州大学法学院领导的支持和资助，使本书得以顺利出版；感谢贵州大学法学院老师们对我的关心与体谅，尤其是"案例与法"课程组和刑法教研室的老师们，没有大家的关心与帮助，我很难顺利完成本书的调研与写作，更要感谢社会科学文献出版社岳梦夏、张春玲编辑的辛勤付出与积极帮助，以及王利民先生与出版社各级部门领导的大力支持。

最后要感谢的是我最亲爱的家人，也是我最愧对的亲人。随着父亲的去世，年迈母亲身体日趋衰弱，长期患慢性病需要照顾，而自己总是忙于工作，无法一直陪伴和照顾，有愧于老母亲；作为一名母亲，儿子高考期间也在外学习，我没有尽到关心照顾的责任；作为妻子，家里的很多大事小情我都无法顾及，全是先生在尽心尽力，毫无怨言。我真的很希望以后能有更多的时间和精力去陪伴他们。

岁月安好，愿孩子们在温暖光明的目光里幸福成长，沐浴并传继人性的荣光。

2019 年冬于花溪

图书在版编目（CIP）数据

　　一切以未成年人优先：性侵害未成年人犯罪刑事政
策研究／魏红著. -- 北京：社会科学文献出版社，
2021.6
　　ISBN 978 - 7 - 5201 - 8509 - 7

　　Ⅰ.①一… 　Ⅱ.①魏… 　Ⅲ.①性犯罪 - 青少年犯罪 -
刑事诉讼 - 研究 - 中国 　Ⅳ.①D925.204

　　中国版本图书馆 CIP 数据核字（2021）第 112678 号

一切以未成年人优先
——性侵害未成年人犯罪刑事政策研究

著　　者／魏　红

出　版　人／王利民
责任编辑／岳梦夏
文稿编辑／张春玲

出　　版／社会科学文献出版社·政法传媒分社（010）59367156
　　　　　　地址：北京市北三环中路甲 29 号院华龙大厦　邮编：100029
　　　　　　网址：www. ssap. com. cn
发　　行／市场营销中心（010）59367081　59367083
印　　装／三河市龙林印务有限公司

规　　格／开　本：787mm × 1092mm　1/16
　　　　　　印　张：24.25　字　数：397 千字
版　　次／2021 年 6 月第 1 版　2021 年 6 月第 1 次印刷
书　　号／ISBN 978 - 7 - 5201 - 8509 - 7
定　　价／128.00 元

本书如有印装质量问题，请与读者服务中心（010 - 59367028）联系